ESCOLHA SUA DISTOPIA

(OU PENSE PELO AVESSO)

LUIZ EDUARDO SOARES

Rio de Janeiro, 2025

Escolha sua Distopia

Edições 70 é um selo da Editora Almedina do Grupo Editorial Alta Books (Starlin Alta Editora e Consultoria LTDA).

ISBN: 978-65-5427-296-4

Impresso no Brasil — 1ª Edição, 2025 — Edição revisada conforme o Acordo Ortográfico da Língua Portuguesa de 2009.

Dados Internacionais de Catalogação na Publicação (CIP)
(BENITEZ Catalogação Ass. Editorial, MS, Brasil)

S676e
1.ed. Soares, Luiz Eduardo
Escolha sua distopia : (ou pense pelo avesso) / Luiz Eduardo Soares. - 1.ed. - Rio de Janeiro : Edições 70, 2025.
336 p.; 15,7 x 23 cm.

Bibliografia.
ISBN 978-65-5427-296-4

1. Brasil - Política e governo. 2. Democracia. 3. Sociedade. I. Título.

06-2025/19 CDD 320.981

Índice para catálogo sistemático:
1. Brasil : Política e governo 320.981
Aline Graziele Benitez - Bibliotecária - CRB-1/3129

Grupo Editorial Alta Books

Produção Editorial: Grupo Editorial Alta Books
Diretor Editorial: Anderson Vieira
Editor da Obra: Marco Pace
Vendas Governamentais: Cristiane Mutüs
Gerência Comercial: Claudio Lima

Produtora Editorial: Andreza Moraes
Revisão: Lívia Rosa Rodrigues
Diagramação: Aurélio Corrêa
Capa: Junior Santos

ALTA BOOKS
GRUPO EDITORIAL

Rua Viúva Cláudio, 291 — Bairro Industrial do Jacaré
CEP: 20.970-031 — Rio de Janeiro (RJ)
Tels.: (21) 3278-8069 / 3278-8419
www.altabooks.com.br — altabooks@altabooks.com.br
Ouvidoria: ouvidoria@altabooks.com.br

Editora **afiliada à:**
abdr
ASSOCIADO CBL Câmara Brasileira do Livro

Para Miriam Krenzinger, parceira e guia nessa jornada.

À memória de Luiz Jorge Werneck Vianna – lucidez, inteligência, generosidade, compromisso e paixão.

SUMÁRIO

Parte IV **Pensar Pelo Avesso**

PARTE I

BRASIL DAS MILÍCIAS

CAPÍTULO 1

À GUISA DE INTRODUÇÃO: ONDE ESTAMOS E COMO CHEGAMOS AQUI[1]

Para Miriam Krenzinger, parceira e guia nessa jornada.
Luiz Eduardo Soares

EPÍGRAFE 1:

Em 2013, levamos o ódio pra passear e foi lindo, a despeito de tudo. Hoje, jantamos em família, um pouco inquietos, porque intuímos o dragão na garagem – diligentemente o alimentamos com as sobras do dia e o sangue do futuro. Dormimos com um barulho desses.

(Postei no Facebook, em 14 de dezembro de 2020)

***

EPÍGRAFE 2:

Leitura da carta histórica em defesa da democracia, no Largo de São Francisco, na USP. Que bom! Fico feliz e choro como todo mundo. Todo mundo, digamos, civilizado. Afi-

1 A tradução francesa de uma primeira versão da primeira parte do presente artigo, sob o título "La démocratie brésilienne en ruines", foi publicada na revista **AOC media – Analyse Opinion Critique** (em 28.06.21)

nal, um país não vive sem mitos – mas o que é um país? – e os mitos se fazem de remissões reverentes a si mesmos, esculpidos em bronze no altar das tradições. Ante a majestade das Arcadas, a escumalha não vitupera o capitalismo – imperam os bons modos, enfim. Para exorcizar o mal maior, sacrificam-se as diferenças de classe. Para enxotar o fascismo, celebra-se a união entre capital e trabalho, etc. É isso mesmo, estou de pleno acordo: quem haveria de contestar a razão? Mas nem por isso nos eximimos de pensar. E pensar pra valer, visceralmente. Hoje, disputam a cena – e o poder de ordenar o caos de vislumbres e afetos – dois mitos: o mito das Arcadas – as Cartas do Largo de São Francisco, 1977 & 2022 – e o mito das ruínas; o passadista e o escatológico. O primeiro remete a antecedentes respeitáveis que fizeram história e se agarra às conquistas que construíram as cidades e seus labirintos – e nos trouxeram ao impasse, acumulando iniquidades. O segundo, fascista, promete ruínas, fogo e sangue. O primeiro fala às elites, evocando o povo. O segundo rosna e grasna, acena ao ódio aceso no braseiro da história, cutuca o ventre vazio do que os doutos chamam povo. Um dia, teremos de superar o dó de peito eloquente dos bacharéis e falar francamente, sem empostação de voz, sobre não sermos um país, sobre os limites do que chamamos democracia, sobre a pusilanimidade das instituições. Hoje, porém, mais uma vez hoje dependemos da patriotada de fancaria para não sermos devorados por Leviatã. Sigamos juntos, então. Marchemos lado a lado com os homens ocos, apertemos as mãos geladas do burguês fidalgo, como se fôssemos imunes ao odor pútrido do cadáver engalanado. O que a conjuntura exige de nós não é coragem, mas um pouquinho de transigência com o patético. Já, já – não vai demorar muito, talvez nem mesmo um século – recuperaremos a compostura. Mas esqueçam tudo isso assim que terminarem de ler. Se me cobrarem por essa irresponsabilidade, negarei. Negarei sempre, sem piscar, sem hesitar. Negarei. Nunca escrevi nada disso. Essas palavras não são minhas. Também sei transigir com a transigência ilimitada da alma plástica e flexível desta nação varonil. E viva o Brasil!

(Postei no Facebook, em 11 de agosto de 2022)

I. UM PAÍS FLERTANDO COM A DISTOPIA

Em junho de 2013, um milhão de pessoas ocuparam a maior avenida do Rio de Janeiro, em um clima de festa e revolta, erguendo pequenos cartazes individuais bem-humorados, repletos de indignação e ironia, bradando gritos de guerra e amor, e não era carnaval. Dirigentes esquerdistas da tradicional organização nacional dos estudantes caminhavam anônimos e atônitos, em meio à multidão, perguntando-se quem convocara, quem estava no comando, quem tinha aquele poder imenso. Quem, se não havia carro de som, bandeiras, palavras de ordem? Quem, se lá não estavam partidos e sindicatos? Não acreditavam que aquele mar de gente pudesse se mobilizar sem liderança, atendendo ao chamado espontâneo das redes sociais. O mesmo acontecia, por contágio, em quase todo o país. Estavam perdidos como as demais lideranças da esquerda e da direita, como o governo Dilma Roussef e os intelectuais ouvidos pela presidenta, cuja opinião predominante logo se fixou na tese convencional: "Só pode ser coisa da CIA, do NSA, do imperialismo, associados às forças reacionárias da burguesia brasileira". Governos estaduais lançaram suas polícias na impossível e sangrenta missão repressiva, e o caldo entornou. As manifestações se multiplicaram. Quem esteve nas ruas constatou, entretanto, que as pautas e demandas eram plurais e contraditórias, havia grupos assumidamente direitistas, mas muitos outros identificados com agendas e valores de esquerda.

A única definição fiel à realidade era: Babel. Evidentemente, a CIA estava presente, mas quando não esteve? Entretanto, óbvio que não seria capaz de montar tamanho espetáculo. O desejo de mudança, à esquerda, também estava lá, animando sobretudo os mais jovens. Todas as correntes de opinião tomaram as ruas. E se todas as tendências estavam nas ruas, a questão política passava a ser: quem será capaz de canalizar tamanha energia disruptiva? A postura defensiva, paranoica e insensível do Partido dos Trabalhadores prenunciava que as esquerdas não saberiam lidar com aquele deslocamento de placas tectônicas da subjetividade coletiva. Não saberiam dialogar com aqueles desejos e afetos, nem dar curso àquela vontade de participação, àquela ânsia de protagonismo.

Nas ruas, só uma certeza era compartilhada por todos: a representação política e sua institucionalidade haviam colapsado; a sociedade se tornara complexa e dinâmica demais para o figurino envelhecido da democracia limitada ao voto e à escolha entre discursos cada vez mais parecidos e distantes da realidade cotidiana, sobretudo das grandes cidades, mal atendidas por serviços públicos deficientes, assoladas por desigualdades abissais, corrupção e violência, carência de moradia e transporte decente, saúde pública e saneamento precários.

Paradoxalmente, a sociedade despertava de sua aparente letargia, porque o país havia melhorado muito, em quase todas as áreas, sobretudo nos governos do PT, desde 2003. Dezenas de milhões de pessoas foram integradas ao mercado de consumo, o desemprego quase desapareceu, o salário mínimo valorizou-se, trabalhadores tiveram acesso a crédito, o Brasil saiu do mapa da fome e políticas afirmativas abriram as portas das universidades públicas a negros e pobres. As iniciativas distributivas foram muito importantes, embora tímidas e absolutamente insuficientes, ante o racismo estrutural, a brutalidade do machismo patriarcal, as iniquidades aviltantes no acesso à Justiça, o encarceramento em massa da juventude favelada – na hipócrita guerra às drogas –, a descontrolada violência policial e as elevadas taxas de exploração do trabalho. Os críticos à esquerda desprezavam as políticas sociais por considerá-las concessões irrelevantes, face aos lucros crescentes do capital financeiro e do agronegócio, mas as massas populares reconheciam os avanços como conquistas que transformavam seu cotidiano. Não por acaso, Lula concluiu seu segundo mandato presidencial, em 2010, com mais de 80% de aprovação.

A população foi às ruas, em 2013, porque se sentia potente para reivindicar o que passara a perceber como seus direitos. Queria mais, queria ir além, agora que compreendera que seria possível e que era legítimo pleitear mais. A massa popular e as camadas médias baixas, tratadas pela primeira vez como cidadãs, passavam a agir como cidadãs, protagonistas da história de seu país. A classe média sentia que havia espaço para cobrar serviços públicos dignos em troca dos impostos que pagava. Em meio ao rumor da multidão, também rugiam vozes fascistas e racistas, que rejeitavam políticas afirmativas e valores igualitários. Havia também o rancor reacionário dos recalcados e ressentidos.

Desde o começo dos anos 1990, a religiosidade popular neopentecostal se expandia, celeremente, difundindo a teologia da prosperidade, que prometia benefícios nesse mundo, nessa vida. Os tempos de Lula e a maior parte do primeiro mandato de Dilma confirmavam as profecias otimistas, a prosperidade era real, fortalecendo os vínculos das camadas mais pobres com a nova religiosidade e suas igrejas, cujos líderes viriam a se tornar, na sequência, majoritariamente, porta-vozes do ultraconservadorismo. Para dizê-lo em "sociologuês": o êxito dos governos do PT ofereceu estruturas de plausibilidade ao discurso neopentecostal, tornou verossímil a teologia da prosperidade. Em paralelo, a ascensão social, mesmo limitada, abria horizontes, elevava expectativas, estimulava o endividamento e ampliava ambições. Tais condições fariam com que uma eventual crise econômica, além de dramática, se convertesse em uma decepção em larga escala, em uma dolorosa e deprimente reversão de expectativas, que seria vivida pelo povo trabalhador, e mesmo pelas camadas médias, como traição. E a crise chegou, lançando o segundo governo Dilma, em 2015, no abismo da impopularidade, de que se aproveitaram os abutres, sempre atentos à oportunidade de enfiarem goela abaixo da sociedade a agenda neoliberal: austeridade, ajuste fiscal, privatizações, supressão de direitos, desemprego para controlar as massas e depreciar salários, retração do Estado e transferência de renda para as elites.

A oposição liberal-conservadora identificou na crise instalada a grande oportunidade para golpear o governo – com um *impeachment* fundado em crime de responsabilidade inexistente –, isolar o PT, os movimentos sociais progressistas, as organizações dos trabalhadores, e implantar uma agenda neoliberal selvagem, devastando direitos e conquistas sociais, consagradas na Constituição de 1988, que coroara a transição da ditadura para a democracia. Dilma foi substituída pelo vice-presidente Temer e a agenda regressiva começou a ser implementada. Nada disso teria sido possível, entretanto, não fosse a operação de *lawfare* articulada pelas elites econômicas com as maiores empresas de comunicação brasileiras, segmentos do Judiciário, do Ministério Público, da Polícia Federal, de unidades de inteligência norte-americanas e do meio político. A operação se chamou Lava Jato.

Essa articulação ofereceu a linguagem e a narrativa capazes de canalizar e dirigir a energia desprendida em 2013, marginalizando a parcela inassimilável, resistente a tal captura. A fábula contada, diariamente, a milhões de leitores, ouvintes, internautas e telespectadores era a seguinte: a sociedade foi dominada pelo Estado – composto de parasitas corruptos – que vampiriza seu esforço e drena os frutos de seu trabalho. A tarefa dos "homens de bem", portanto, deveria ser apoiar os Torquemadas da Nova Inquisição, que travam a guerra santa para libertar a sociedade, por meio de um higienismo antipolítico, uma faxina moral, exorcizando a corrupção. Note-se que a mensagem acaba sendo: o Estado e seus tripulantes (políticos, funcionários, burocratas) são a fonte do mal e se expressam sob a forma de taxas, impostos e normas que regulam práticas econômicas e relações de trabalho, obstam a liberdade e o fluxo das energias produtivas. Ao conjunto de agentes, leis e instituições dá-se o nome de "O Sistema". A contrapartida da crítica ao sistema é clara: se o mercado for entregue a si mesmo, libertado do fardo de impostos e regulações, a riqueza virá em abundância, recompensando a todos, de acordo com os respectivos méritos. Eis o neoliberalismo moralmente legitimado e compatibilizado com a meritocracia e os valores da teologia da prosperidade.

Os primeiros passos das ações judiciais anticorrupção pareciam corajosos e bem-intencionados, porque os criminosos de colarinho branco começavam a ser investigados e presos, pela primeira vez na história do Brasil. Todavia, não demoraram a surgir evidências de que os procedimentos legais e as garantias individuais estavam sendo atropelados. Tampouco escapava à atenção de qualquer observador atento e independente (mas a maioria estava longe de manter sua independência crítica) o significado dos vazamentos seletivos para a mídia, a focalização preferencial em políticos do PT e a destruição das maiores empreiteiras brasileiras, multinacionais de capital nacional, que empregavam centenas de milhares, competiam com os conglomerados estrangeiros e haviam desenvolvido reconhecida *expertise* técnica. Foi ficando cada vez mais claro que o objetivo era destruir segmentos da economia nacional, Lula, o PT, as esquerdas, os movimentos sociais e qualquer vestígio de resistência organizada à pauta neoliberal. A trama, finalmente, acabou desmascarada, quando *hackers* divulgaram os bastidores da operação, depois que Lula havia sido preso e impedido de concorrer em 2018 – observe-se que a 21 dias do primeiro turno, ele chegava aos 40% de intenções de voto e Bolsonaro tinha 22%. O juiz que perseguiu Lula e, às vésperas da eleição, divulgou delações premiadas contra ele, delações que se mostrariam posteriormente insustentáveis, tornou-se ministro da Justiça do governo Bolsonaro. Em 2021, Moro foi julgado parcial pelo Supremo Tribunal Federal e as condenações de Lula foram anuladas.

Jair Bolsonaro, deputado obscuro por 30 anos, que só atuava na defesa corporativista dos militares e era conhecido por seus pares como medíocre, ignorante, grosseiro, misógino, homofóbico e extremista, foi eleito presidente em 2018, defendendo a mesma agenda neoliberal que levara Temer ao poder, no golpe parlamentar de 2016. Na votação do *impeachment* de Dilma, na Câmara Federal, ele, Bolsonaro, se destacou por uma declaração de voto chocante, transmitida ao vivo pelas televisões a todo o país. Chamou de herói nacional o mais conhecido torturador da ditadura e completou: "o terror de Dilma Roussef". Aquele coronel assassino havia torturado pessoalmente Dilma, durante a ditadura. Mas isso não era tudo. Sua campanha prometia uma revolução para destruir o Estado corrupto e os inimigos de Deus, da pátria e da família: comunistas, homossexuais, feministas, ambientalistas, ativistas negros, militantes dos direitos humanos, lideranças das sociedades originárias e dos movimentos sociais. Em seu último discurso, dirigido, via celular, a dezenas de milhares de fãs reunidos na avenida Paulista, em São Paulo, ameaçou opositores: "Vão para o exílio ou para a 'ponta da praia'", código usado pela ditadura militar (entre 1964 e 1985) para se referir às execuções de opositores do regime.

Aliado de Trump e Steve Bannon, herdeiro de bandeiras do Integralismo, o movimento fascista brasileiro (criado nos anos 1930 e ativo, mais ou menos ostensivamente, desde então), Bolsonaro, ao longo de seu governo, confrontou a Suprema Corte, sugerindo repetidas vezes que estaria na iminência de intervir se as decisões continuassem a limitar seu poder. Cooptou a maioria do Congresso, eleita no rastro do extremismo direitista, e buscou agradar as elites econômicas, encaminhando a agenda neoliberal, embora desde o início de seu mandato tenha enfrentado a oposição de parte da mídia comercial – que, entretanto, não deixou de aplaudir sua política econômica. Bolsonaro hostilizou, permanentemente, a mídia crítica, enquanto seu governo e segmentos do judiciário assumidamente bolsonaristas procuraram "criminalizar" líderes sociais, comunicadores e intelectuais. Enquanto presidente, Bolsonaro defendeu o legado da ditadura militar e não escondeu a intenção de, assim que fosse possível, desfechar um golpe contra as instituições democráticas que o estariam "impedindo de governar". Com frequência, convocou sua militância fiel a manifestar-se nas ruas e mobilizou uma rede ampla, na internet, em torno do grito de guerra "ditadura militar com Bolsonaro". Ao longo de seus quatro anos de governo, Bolsonaro desfez praticamente todas as regulamentações que visavam proteger as sociedades originárias e o meio ambiente, especialmente a Amazônia, aliou-se a garimpeiros e predadores da floresta, cancelou multas e punições. Suspendeu comissões que abriam os ministérios a alguma forma de participação da sociedade. Suprimiu ou reduziu, drasticamente, verbas e apoios a atividades culturais, artísticas, científicas e educacionais. Pressionou o Congresso para que aprovasse a "exclusão de ilicitude", proposta pelo ex-juiz Moro, que impediria a punição a policiais violentos. Moro afastou-se do governo, ensaiou uma ruptura com o bolsonarismo, tentou candidatar-se à presidência, mas voltou a apoiar o antigo chefe nas eleições de 2022 contra Lula, e se elegeu senador.

Bolsonaro, que fora obrigado a deixar o Exército por envolvimento em planos obscuros de atos terroristas contra a redemocratização, em fins da década de 1970, afirmou na TV, em 1999, já deputado, que a ditadura matara pouco e que seu erro consistira em torturar e não matar. Considerava inviável o progresso do país sem que fossem mortos "uns 30 mil", a começar pelo então presidente Fernando Henrique Cardoso. Nos anos subsequentes, homenageou policiais condenados por execuções extrajudiciais e propôs a legalização das milícias, máfias criminosas compostas por policiais e ex-policiais, que se apresentam como "justiceiros" e se apropriam de parcelas dos ganhos gerados por todas as atividades econômicas das comunidades pobres sob seu domínio armado, inclusive o acesso a terras públicas. Já presidente, Bolsonaro flexibilizou o acesso às armas e vetou as medidas que viabilizavam o rastreamento de armas e munições. Seu filho, ainda hoje senador, manteve, em seu gabinete, quando deputado, familiares de milicianos.

Em 2020, esse percurso avassalador contra o Estado democrático de direito chocou-se contra o imprevisível: a pandemia. Poderia ser a chance de Bolsonaro assumir o papel de estadista, conclamar à superação do ódio, convocar o apoio da sociedade, cercar-se de cientistas especializados e coordenar, com estados e municípios, ações sanitárias e econômicas efetivas. Não foi o que aconteceu. O presidente avaliou a situação como uma oportunidade de radicalizar seu projeto golpista, intensificando as investidas contra as oposições. Definiu a pandemia, inicialmente, como farsa, mero espetáculo midiático, depois como fruto de uma conspiração chinesa contra ele, Trump e seus aliados, visando destruir o mundo cristão ocidental. Na sequência, na medida em que os números de infectados e mortos cresciam, se recusava a aceitar os dados, denunciava-os como superestimados e incentivava seus aliados a invadir hospitais e desmascarar a farsa. Negava-se a sequer considerar a hipótese de endossar as políticas que vários governadores e prefeitos adotavam, na linha do distanciamento social e da exigência do uso de máscaras. Passou a denunciar tais autoridades regionais e locais como ditadores e a ameaçar convocar o Exército para "libertar o povo". Em reunião ministerial, em 22 de abril de 2020, cuja gravação foi posteriormente divulgada por determinação judicial, Bolsonaro afirmou que era preciso armar o povo para resistir aos poderes locais. Em inúmeras declarações públicas, o presidente atribuiu aos governadores de oposição a responsabilidade pela crise econômica, que já existia antes da pandemia e foi por ela potencializada.

Quando os efeitos da pandemia se tornaram dramáticos demais para serem ocultados, Bolsonaro aceitou distribuir auxílio emergencial aos mais pobres e, sempre minimizando o drama sanitário, passou a defender o uso preventivo de medicamentos rejeitados pela ciência. Apoiado por gabinete paralelo de acólitos, endossou a estratégia proposta pelos principais negacionistas: a "imunidade de rebanho". As mortes seriam inevitáveis, mas morreriam os mais fracos. Tratava-se de projeto higienista, que não ousava dizer o próprio nome. Quando a contaminação se expandisse suficientemente, a pandemia cederia. Os mais fortes sobreviveriam. Recusou-se a contratar vacinas, ensaiou recusá-las, chegou a criticá-las e só cedeu à necessidade de adquiri-las quando a segunda onda já matara mais de 200 mil brasileiros. A população mais afetada foi aquela vulnerabilizada pelas desigualdades raciais e socioeconômicas.

Durante o governo Bolsonaro, o desemprego atingiu níveis sem precedentes; a fome voltou a se instalar no país; o Congresso nem sempre foi dócil ao presidente (embora mais de uma centena de pedidos de *impeachment* tenham sido descartados); Lula, inocentado pela Justiça, em 2021, voltou a liderar as pesquisas sobre intenções de voto em 2022; e o número de vítimas fatais da pandemia passaria de 700 mil. Apesar deste cenário devastador, Bolsonaro se manteve eleitoralmente competitivo e seu governo continuou contando com o apoio de quase metade do eleitorado. O apoio foi expressivo, mas insuficiente para reelegê-lo. Por isso, Bolsonaro investiu em articulações com as Forças Armadas e as Polícias para a eventualidade de um golpe. Avisou que não aceitaria resultados fraudados, nas eleições de 2022, e que o sistema eleitoral brasileiro, com urnas eletrônicas, produziria fraudes. Denunciou ter sido vítima de fraude, na eleição de 2018, a qual teria vencido no primeiro turno, mas jamais apresentou qualquer prova que sustentasse qualquer das acusações. O sistema funciona há muitos anos e nunca houve sequer suspeita plausível de fraude. Bolsonaro exigiu que o Congresso mudasse o sistema e determinasse que os votos fossem impressos, o que abriria brechas para a guerra de impugnações, denúncias, tumultos e a inviabilização do processo. A desordem sempre foi a utopia de Bolsonaro, o caos seria prenúncio do golpe que preparou, dia após dia, mas não logrou desferir.

Em 31 de outubro de 2022, a vitória de Lula no segundo turno das eleições presidenciais deu-se por margem muito pequena, apenas 1,8%: 50,90% dos votos válidos contra 49,10% de Bolsonaro. A diferença foi de cerca de 2 milhões e 100 mil votos: 60.345.999 contra 58.206.354. Essa diferença não conferiu ao governo empossado em primeiro de janeiro de 2023 força suficiente para mudar o eixo da política econômica e até mesmo para desembaraçar-se da ameaça militar[2], a qual, mesmo velada, pesa como a espada de Dâmocles sobre a cabeça do presidente – e de toda a nação. Pelo menos esta é a mensagem subjacente às posturas adotadas pelo governo federal ao longo do primeiro ano de mandato. Não se trata de afirmar que a leitura do presidente sobre a correlação de

2 Alguns comentaristas falam em tutela militar, o que não seria correto, como alerta Manuel Domingos Neto, com sua notória acuidade (cf. Domingos Neto, Manuel. O que fazer com o militar? Anotações para uma nova defesa nacional. Parnaíba: Gabinete de Leitura, 2023). O verdadeiro problema é o fato de que as Forças Armadas são refratárias ao comando político, civil, são impermeáveis ao exercício efetivo da autoridade política do chefe da nação, autoridade que lhe delega a soberania popular, pela mediação do voto – anomalia análoga ocorre com as polícias, conforme sustento em alguns capítulos deste livro. O fenômeno corresponde à formação do que tenho denominado *enclave institucional*.

forças está correta ou não, o que afirmo é que esta é a leitura com a qual ele opera – ou é o que podemos deduzir de seus atos. Concorde-se ou não com as decisões governamentais, motivos não faltam para tanta cautela, sobretudo quando consideramos não só a divisão eleitoral do país e o compromisso ostensivo e agressivo dos grupos mais poderosos de comunicação com a agenda neoliberal, mas também a composição do Congresso Nacional e o alinhamento à extrema direita dos governadores dos estados economicamente centrais – São Paulo, Rio de Janeiro e Minas Gerais. A situação é delicadíssima porque, sem mudar o eixo da política econômica e reverter a autonomia inconstitucional (autoatribuída) das Forças Armadas (e das Polícias), além de avançar em outras frentes, dificilmente o presidente Lula conseguirá alterar a seu favor a correlação de forças, ampliando significativamente seu apoio popular.

O quadro desafiador nos reenvia à fratura social e à pergunta decisiva: como é possível que a extrema-direita, depois do desastroso governo Bolsonaro, mantenha tamanha popularidade, em votos, adesões e intensidade afetiva das identificações?[3] Intensidade que se manifesta pelo avesso, como ódio e repúdio, na percepção da imagem de Lula.

O núcleo de adeptos mais aguerridos e mobilizados, que se identificam afetiva e ideologicamente com o que se convencionou chamar bolsonarismo (cf. Soares, LE. Dentro da noite feroz: O fascismo no Brasil. São Paulo: Boitempo, 2020), mostra-se insensível a argumentos "racionais", indiferentes a evidências, isto é, a informações devidamente verificadas e a dados empíricos – aos fatos, portanto. Daí serem frequentemente tratados como irracionais e negacionistas. Não raro, analistas empregam conceitos como dissonância cognitiva, equivalente a uma inaptidão na apreensão da "realidade". O problema dessas soluções interpretativas está na dificuldade de definir tanto racionalidade, quanto realidade.

Alguns intérpretes reduzem a explicação ao papel alienante das *fakenews*, que inundam os nichos ou bolhas de comunicação da ultradireita. Supõem que, se os fiéis apoiadores tivessem acesso a informações verídicas, ruiria o amálgama bolsonarista. Amálgama formado por valores, afetos, visões de mundo e avaliações sobre as sucessivas conjunturas e seus protagonistas. Essa tese peca, a meu juízo, por não compreender que não se trata apenas de informações mais ou menos confiáveis sobre fatos, mas de uma radical redefinição coletiva, em processo, do que sejam confiabilidade e realidade ou de como operam a confiança e a verossimilhança: crer é ser leal a um grupo e a

---

3 Segundo pesquisa do DataFolha, em dezembro de 2023, apenas 7% dos eleitores de Bolsonaro se diziam arrependidos de seu voto.

um sistema mitológico em construção (que se cola – amálgama – a outros, magneticamente, devora e dissolve contradições, e assimila fragmentos de outros sistemas, metonimicamente, ao longo do caminho de sua construção). Para esses segmentos, a confiança de uma informação deriva de sua gramaticalidade – ou de sua adaptabilidade – a sistemas de relatos em parte especulares, tautológicos, mutuamente referidos, de elevada taxa de redundância (marcados por "viés de confirmação"), e em parte abertos à absorção de novos ingredientes, segundo filtros que combinam modos de empregar tecnologias de comunicação e rituais de consagração, horizontais e verticais, participativos e hierarquizados.

Nesse quadro, teorias da conspiração correspondem a movimentos de expansão de vocabulários, narrativas, dinâmicas identificatórias e reconhecimento de inimigos. Tais extensões, promovidas pela criatividade mitológica (e paranoica), flexibilizam o âmbito de abrangência semântica e de integração de novos personagens e eventos, recalibrando critérios de admissão ou de validação da gramaticalidade.

Gramaticalidade é a qualidade do que pode ser incluído. Não se visa cognitivamente distinguir erro e acerto, veracidade ou não, fidelidade ou não a um real anterior e independente, mas, performaticamente, separar o interior do exterior, o familiar e o alienígena. Visa-se também somar vozes para contar uma história tecida em conjunto, aberta a subtramas que prosperam ou decaem, repletas, as que frutificam, de suspense e emoção. A gramaticalidade não é uma propriedade lógica, abstrata, metafísica (embora busque radicar-se também nessa dimensão, como provam as elaborações de seus "intelectuais orgânicos"), mas sobretudo uma espécie de cadastramento que agrega e afasta, um *ticket* simbólico para a admissibilidade de discursos e para o ingresso de indivíduos nos grupos de whatsapp e na comunidade dos "patriotas". A experiência do pertencimento será tão mais gratificante quão mais coeso for o grupo, o qual será tão mais coeso quão mais intenso for o antagonismo aos inimigos. Daí a tendência agonística e belicista das células que compõem a fratria bolsonarista, e daí seu impulso natural a realizar-se sob a forma de movimento. A mobilização não é uma possibilidade eventual, em circunstâncias excepcionais, mas o modo de realização plena de suas virtualidades.

A informação que circula no interior da órbita desse movimento extremista é verdadeira se chancelada por mediadores autorizados ou pelo meio coletivamente estimado – o grupo de whatsapp, por exemplo. Confiança ou credibilidade – suporte da verdade de um fato relatado, ou de uma informação, no mundo dos "patriotas" – é igual ao valor da relação social e política entre emissor e receptor, não efeito da qualidade que se possa atribuir ao procedimento cognitivo, no tribunal da consciência. Nada tem a ver com questões alusivas à objetividade da observação (de um repórter ou de uma testemunha dos fatos), muito menos à consistência epistemológica ou metodológica da perícia que examina "evidências". Por isso, não creio que se sustentem as hipóteses interpretativas que aludem ao conceito dissonância cognitiva. É hora de retomar as hipóteses esboçadas com mais objetividade, ilustrando com exemplos as teses abstratas.

II. A HISTÓRIA AO ALCANCE DA MÃO, O FETICHE DO PROTAGONISMO DIGITAL E O GARIMPO LIBIDINAL DA CULPA

Veja como se dá a infiltração afetivo-cognitiva e a difusão contagiante do que poderia ser chamado imaginário retrátil do bolsonarismo, que se expande e retrai conforme as circunstâncias, amalgamando figuras dissonantes em sua nebulosa ideológica inconsistente, e parasitando fragmentos culturais dispersos. Homens e mulheres, jovens e idosos, em todas as partes do Brasil, manipulam celulares e acessam o aplicativo whatsapp, entre outros. Observe que a manualidade das operações se confunde com protagonismo e a comunicação de *fakenews* – e não apenas-, sussurrada ao pé do ouvido, nos áudios, ou escrita "só pra você", envolve cada pessoa nas malhas do segredo e proporciona a experiência valiosa do pertencimento a um grupo exclusivo. Você é o escolhido, a escolhida, como não acreditar? A crença é um hábito mental, que se transfere do intelecto às mãos, aos gestos, às práticas, e que percorre o mesmo caminho em sentido contrário, o que é ainda mais fascinante: também vai dos gestos à consciência. Como dizia Pascal: Ajoelha-te e acreditarás. Hoje, não é preciso ajoelhar, basta abrir o whatsapp e descobrir que o compartilhamento com você da (suposta) informação lhe dará a sensação de exclusividade – exclusividade o fará sentir-se escolhido – e soará como segredo. Ter acesso ao segredo, àquilo que poucos sabem, pressupõe o pertencimento a um clube seleto (exclusivo), uma espécie de família extensa, envolvendo identificação (que implica reconhecimento, adesão, constância, fidelidade, confiança) e estimulando a reiteração do movimento: você repassará a mensagem e/ou abrirá de novo, mais tarde, o whatsapp. Você fará isso, ligando, conectando, abrindo, fechando, escrevendo, redirecionando, repassando mensagens. Você é parceiro, cúmplice, os outros confiam em você e você pagará essa confiança com lealdade. Nada disso se vincula a questões epistemológicas, que se refiram a métodos de verificação. A verdade aqui corresponde a acolhimento, valorização, reconhecimento. Se você é alçado à posição de sujeito (imaginariamente), há verdade aí, porque, sentindo-se potente (protagonista), você se liberta das subordinações que o humilham e oprimem. Ora, como leu na Bíblia que "a verdade liberta", você deduz que a comunicação virtual contém a verdade, porque o faz sentir-se livre.

O que aconteceu em 2 e em 31 de outubro de 2022, assim como nos dias imediatamente anteriores, era previsível e reproduz, supõe-se que em escala ampliada, o que houve em 2018: uma descarga torrencial de *fakenews* e mensagens geradoras de adesão eleitoral a Bolsonaro e seus aliados. A tática é conhecida e tem sido aplicada em diferentes países pelos movimentos neofascistas. Requer financiamento vultoso e uma estrutura de comunicação de alcance gigantesco. A carga venenosa funciona como arma de destruição em massa, porque os efeitos se espalham velozmente, sem que haja tempo para respostas dos adversários, e provocam danos em um raio vastíssimo. No entanto, note que o abalo só é efetivo porque havia solo fértil, previamente adubado. A mensagem encontra estrutura de receptividade solidamente montada, fidelizada, conferindo plausibilidade aos conteúdos transmitidos. Eleitores e eleitoras se engajam na medida em que não se sentem meros receptores passivos mas, sim, imbuídos de uma missão: repassar a mensagem, transmitir "a palavra", contaminar outros eleitores, gerar um tsunami pandêmico e votar.

Por outro lado, para que tudo funcione é preciso que haja o longo e paciente cultivo do terreno da comunicação, o que inclui desde a formação de grupos à proliferação de canais liderados por influenciadores bolsonaristas, testando e consolidando múltiplas dicções, repisando temas chave com vocabulário comum.[4] O imaginário tradicional conservador é reavivado e atualizado com focos variáveis, conforme as conjunturas. É indispensável que as mensagens do *front*, emitidas na véspera da batalha, sejam amparadas por estruturas de plausibilidade que lhes confiram verossimilhança e as façam circular em redes já enlaçadas por lealdade e confiança.

Em contraponto ao pertencimento e à identificação, afetos opostos e negativos vão sendo aquecidos em fogo brando para que, uma vez lançada a maldi-

---

4 É curioso observar que se fala muito, no campo das esquerdas, na necessidade de voltar aos bairros, às comunidades, aos espaços cotidianos populares que, abandonados pela militância, teriam sido ocupados pelas igrejas evangélicas. Entretanto, pouco se fala na necessidade de ocupar, com linguagens e conteúdos cidadãos e democráticos, os espaços virtuais, empreendimento que não se confunde com intervenções histriônicas em campanhas eleitorais, e que exige cultivo árduo, duradouro, persistente, diário, permanente.

ção sobre o inimigo, a crítica se transforme em repulsa e ódio. A intensidade anima o engajamento e fortalece a hostilidade aos competidores.

A estética, a gramática e a apologia do ódio e do aniquilamento ganharam espaço e tornaram possível a montagem da máquina de guerra comunicacional bolsonarista, que é também política libidinal, porque se endereça, como veremos adiante, à demanda por restauração da ordem ontológica. Esses ingredientes estéticos e afetivos, sem cuja maturação anterior o bolsonarismo não teria encontrado tração na sociedade, ajudam a compreender a captura das energias babélicas de 2013 pelo neofascismo (energias que eram plurais e contraditórias na origem), o golpe parlamentar de 2016, os movimentos da guerra híbrida que aproximaram militares e a ultradireita transnacional, a Lava Jato como operação midiático-jurídico-política, destinada a desaparelhar setores do capital nacional e a excluir Lula das eleições de 2018, e finalmente o triunfo do bolsonarismo.

Conforme procurei demonstrar em meu livro **Dentro da noite feroz; o fascismo no Brasil** (Boitempo, 2020), a passagem da compaixão à indiferença e daí ao ódio, como afetos dominantes (do ponto de vista da ética pública) em distintos momentos estruturais de nossa história, conta como se deu o trânsito sinuoso e convulsivo da hierarquia autoritária católica, engatada ao capitalismo nascente – em cujo âmbito prevaleciam o favor, o patrimonialismo, o compadrio e a escravidão –, ao neoliberalismo ultraindividualista globalizado sob hegemonia do capital financeiro. No mesmo livro, trabalhei as relações do bolsonarismo com a morte, que constituem objeto importante do qual não tratarei aqui, porque nos levaria muito longe. Essencial, no momento, é tentar entender a postura alucinatória implicada no remédio tóxico (gerador de traumas que voltarão no futuro a assombrar a sociedade brasileira) que o bolsonarismo oferece aos brasileiros para curá-los da culpa, a culpa tremenda que sentem não só pelos desejos inconfessáveis, mas por conviverem com o escândalo normalizado. O escândalo das desigualdades abissais, da violência racista, das violações de mulheres, da devastação ambiental meticulosamente executada. A culpa profunda leva à prostração, à apatia (a depressão se alastra), e quão mais impotente o sujeito se sente, mais culpado por negar-se a ver as abjeções e reconhecê-las como tais, ante seu testemunho inerte. O discurso liberal da meritocracia não basta, é hipócrita demais, contrasta demais com a empiria observável no dia a dia. O individualismo convencional brasileiro tampouco funciona, porque é permeável a ideias e afetos coletivistas: fraternidade, solidariedade, corresponsabilidade.

Restou a Bolsonaro o garimpo libidinal que extrai ouro do nariz dos mortos e suscita prazer. Vejamos: o imaginário alucinatório do capitalismo neoliberal que Bolsonaro encampa e aprofunda precisa levar o culto à indiferença (a ode ao "foda-se") às últimas consequências. Precisa assentar em bases firmes seu projeto e, portanto, necessita de mais do que o mero apaziguamento que a indiferença proporciona. É nesse ponto que o messias da revolução destrutiva propõe a solução óbvia, o ovo de Colombo: sugere a metamorfose da voz interior que causa culpa – o senso autocrítico de moralidade – em acusação pública contra aqueles que tenderiam a suscitar empatia e seriam alvos da compaixão. Bolsonaro interpela as vítimas e convoca os culpados a exorcizar até a última gota seu senso de responsabilidade e empatia, passando ao ato. Eis, em suma, o sentido de sua performance: convoca sua militância a acusar as vítimas – vitimismo-, os pobres, ultrajados e explorados – coitadismo-, as mulheres violadas – mimimi. Bolsonaro decreta, assim, a alforria a quem ainda se deixava prender ao sentimento de corresponsabilidade. Sentimento, aliás, do qual a culpa representa uma versão psiquicamente mal elaborada, autopunitiva, cujo efeito acaba sendo paradoxal: a dissolução do amor e da empatia no ácido da ira e da vingança.

Enquanto as esquerdas vacilavam, com seu punitivismo estúpido e demagógico, em reconhecer que responsabilidade é uma virtude e um dever, dos quais a culpa constitui um espelho negativo – espelho que adoece e inibe seu portador, e expele o chamado à ação –, enquanto isso, Bolsonaro se apropriava dessa problemática central para a organização da sociabilidade e dos afetos, soltando as amarras da matilha de cães selvagens. A matilha feroz é o espírito humano, instalado no corpo impotente, interpelado pela fome, a injustiça, o desejo de sentir-se livre e a vontade de poder. O militante modelar está livre para odiar, humilhar e aniquilar os que refletem sua própria impotência. Impotência que ele amargava pelo viés neurótico da culpa. Culpa que agora o eleitor bolsonarista pode purgar, culpando a vítima pela violência, o miserável pela miséria. Uma elaboração saudável teria de integrar a culpa, convertendo-a em senso de responsabilidade e disposição para agir politicamente em direção à solidariedade.

Voltemos ainda uma vez às eleições e ao exame de algumas condições que, embora negligenciadas, talvez tenham sido relevantes para o êxito do candidato da extrema direita neofascista. Assinale-se que na campanha eleitoral de 2018, ganhou tração o movimento bolsonarista que buscamos compreender.

Nos dramas sociais, como são as eleições, estão presentes as mais diversas dimensões que compõem a vida em sociedade. Por esse motivo, faz todo sentido refletir sobre as conexões entre interesses e voto, renda e voto, classes sociais e voto. Assim como entre faixas etárias, escolaridade, adesões religiosas, regiões, raça ou cor, gênero e voto. Em outras palavras, todas essas relações merecem ser objeto de reflexão e pesquisa. Todavia, é evidente que isso não basta. Não bastou e não bastará. Por este motivo, a contribuição que pretendo oferecer – e o tenho feito, insistentemente, desde pelo menos 2017 – põe em circulação hipóteses relativas à relevância de outras dimensões, entre elas, e em primeiro lugar, a demanda, amplamente ativa na sociedade, pela restauração da mais profunda e matricial das ordens, aquela que, abalada, provoca insegurança mais intensa e dramática do que a violência e a criminalidade. Uma ordem que não se promove com polícia e justiça criminal. Refiro-me à ordem no plano matricial – que é imaginária mas vivida como o pressuposto mais essencialmente real da existência –, plano que delimita e suporta o próprio ser de cada sujeito humano, define seu destino e lhe dá sentido, plano que merece ser denominado "ontológico".

III. A RESTAURAÇÃO DA ORDEM ONTOLÓGICA

A tempestade feminista varreu certezas, referências e toda a arquitetura patriarcal e falocêntrica que organizava homens, mulheres, adolescentes e crianças em torno de papéis consolidados e funções padronizadas – sociais, econômicas, culturais e reprodutivas –, cada qual com suas contrapartidas psíquicas, isto é, afetivas e libidinais. A luta das mulheres por igualdade não se esgotou nem se esgota na paridade salarial, na redistribuição do trabalho doméstico, no direito ao voto, à representação e à propriedade. Avança no campo das autoimagens e das imagens sociais, reconfigura a sexualidade, reestrutura os vínculos entre sexo e moralidade, erotismo e reprodução, amplia o espectro semântico e político da liberdade e dos direitos, e reivindica o controle do próprio corpo.

O capitalismo e a ideologia liberal demonstraram plasticidade suficiente para absorver parte substancial das energias precipitadas pelos movimentos das mulheres, mas sinalizaram dificuldades para conviver com as interseções entre as mobilizações feministas e as lutas antirracistas, que trouxeram consigo as contradições entre as classes (as quais já atravessavam as pautas e as linguagens feministas). As tensões se intensificaram quando, a essa pororoca de protestos, reivindicações e intervenções cívicas, culturais e políticas, se somaram, progressivamente, as lutas LGBTQIA+. Deu-se um nó no trânsito da política tradicional pelas novas esquinas da história. A retórica, o horizonte do possível, o princípio de realidade e os procedimentos da política liberal institucionalizada foram abalroados por novos projetos e desejos e subvertidos pela babel (ininteligível e chocante às sensibilidades convencionais) de aspirações, estéticas e modalidades organizativas. Não se tratava do mesmo indivíduo, o cidadão racional da República democrática, que simplesmente passava a acumular alguns itens originais à sua agenda, assim como o empresário liberal acrescenta papéis à sua carteira de negócios, ao seu portfólio. A praça ficou grande demais, agitada demais, febril e incandescente demais, imprevisível e incompreensível demais para caber no mercado.

O liberalismo, radicalizado por seu rebento monstruoso, o neoliberalismo (que não pervertia a origem, apenas a revelava com mais crueza), não demorou a desmascarar sua natureza excludente, autoritária e brutal, desde os primeiros confrontos com sindicatos de trabalhadores (lembremo-nos da resposta de Thatcher aos mineiros e das razões pelas quais o Chile de Pinochet sediou o primeiro grande experimento neoliberal). Pois o desafio seria bem mais complexo do que as greves na Inglaterra prenunciavam. O fim da guerra fria não implicaria o desaquecimento das tensões sociais, até porque as desigualdades, os processos neocoloniais, as manifestações crescentes e contínuas do aquecimento global e os antigos mecanismos repressivos se expandiam, suscitando novas formas de consciência e distintas modalidades de resistência. Entretanto, e essa é a beleza da história (beleza tantas vezes trágica e sangrenta), por mais que a primeira-ministra britânica decretasse o fim da sociedade e a primazia absoluta do indivíduo, inaugurando a era da precariedade generalizada – salvo para os salvos do dilúvio, evidentemente – e debilitando as organizações populares e as concepções coletivistas, novas individualidades eram gestadas, envolvendo revoltas políticas de novo tipo, a invenção de comunidades experimentais e a emergência de inesperadas solidariedades transversais.

Essa energização recíproca – apesar de contradições internas aos múltiplos movimentos e, em parte, graças a elas – alcançou patamares surpreendentes com a disseminação das redes sociais e das tecnologias digitais de comunicação. Os tipos de individualidade surgiram, paradoxalmente, da exacerbação do individualismo neoliberal, mas transcenderam os limites do figurino moldado pela economia, na medida em que precisavam, para se viabilizar, de ações coletivas e acolhimento mútuo, que apontavam para projetos políticos socializantes e radicalmente democráticos. Essas individualidades originais que transbordavam o capitalismo neoliberal (e foram se constituindo em meio a saltos e recuos, encontros e desencontros, graças às mobilizações feministas e LGBTQIA+) exerciam uma estética de si que pressupunha inusitado campo de liberdade e apontava para alianças não apenas táticas com movimentos antirracistas e aqueles assentados na luta de classes: à sua coragem libertária devemos a conquista extraordinária que correspondeu à dissociação entre corpo, gênero e sexualidade. Assim, a anatomia deixou de ser um destino; o gênero se rendeu à vontade política e às sinuosidades do desejo, explodindo a camisa de força das classificações e suas canalizações institucionais, familiares e sociais; e o sexo abriu-se à arte indeterminada das experimentações.

Por óbvio, não estamos diante do velho personagem: o indivíduo-consumidor de mercadorias, que aluga a força de trabalho, ou ao agente utilitarista, que calcula. Estamos frente a frente com a *persona* gestada por um complexo processo político consciente e inconsciente, em (re)construção permanente, que evoca a linguagem da solidariedade, da liberdade, da participação e de um protagonismo cívico-político inusitado. Não se trata de fantoche produzido pelo neoliberalismo, nem seu apelo político radical à individualidade corresponde ao que se convencionou denominar individualismo. Como procuro demonstrar em **O Brasil e seu duplo** (SP: Todavia, 2019), gestação das novas individualidades significa, do ponto de vista do capital, uma anomalia, justamente porque realiza uma de suas tantas contradições estruturais. Isso não significa, por exemplo, que todas as mulheres sejam revolucionárias, até porque o machismo não faz a cabeça somente dos homens. Mas não é coincidência que os fascistas se oponham tão ferozmente ao que denominam "ideologia de gênero". Eles não odeiam as mulheres, individualmente, mas o feminino como signo de um mundo que ignoram e temem, um mundo que poderia vir a ser hostil ao autoritarismo falocêntrico e à exploração mercantil. Eles odeiam o potencial de construção política do feminino. Eles odeiam a população LGBTQIA+ porque temem a subversão dos papéis tradicionais, promovida por quem ousa privilegiar a liberdade fluente do próprio desejo e experimentar a indisciplina no jogo das identidades. Às vezes, na esquerda, nós escorregamos, seja por negligenciar como "identitárias" as lutas que não compreendemos, seja por compartilhar preconceitos patriarcais.

E aqui chegamos ao ponto que importa diretamente à análise do bolsonarismo e das lutas políticas em curso no Brasil. Não apenas os fascistas estão desnorteados ante o tensionamento dos arquétipos. O macho está desnorteado – o que inclui as mulheres que assimilaram a estrutura mental do patriarcado. E não só no Brasil, mas, agora, é do Brasil que se trata. O fascismo bolsonarista é (entre muitas outras coisas) uma das respostas ao desespero dos que sentem o chão tremer sob os pés e, sem norte, se agarram ao último fio de esperança que os ligue à ilusão de que poderiam ver restaurada a ordem ontológica subvertida. Bolsonaro endereça seu discurso, seus atos, sua performance aos machos em agonia, homens e mulheres que se veem na beira do abismo da própria insegurança. Se o ser é movimento, se corpo, gênero e sexo não formam uma unidade inquebrantável, sancionada por Deus e pela natureza para todo o sempre, se não há uma essência substantiva que ancore aquilo que cada um(a) é, no âmago de seu ser, orquestrando seus afetos fundamentais, se a família patriarcal não é a única forma sadia e sagrada de união, como cada um e cada uma pode se reassegurar contra a correnteza de incertezas? Insegurança e medo clamam por ajuda, apoio, resposta. Bolsonaro se dirige a esse medo matricial com performances que evocam tanto o tio do churrasco, racista, homofóbico e misógino, quanto o Deus de Primeiro Testamento, um deus de opereta, messias de fancaria, mas que faz sentido para o homem sem norte. A coreografia com a arminha é a cena grotesca e canhestra dessa mensagem: eis-me aqui, o macho grosseiro, tosco, rude, sou pura violência vingadora, vim expulsar o Outro que encarna o mal e as perversões, que é a antinatureza – o anticristo. Quem protege a natureza sou eu, ele dirá, a verdadeira Amazônia é o falo inflamado pelo poder que impõe a ordem definitiva. Bolsonaro é o esboço de tirano imbrochável, sem amarras, que não conciliará com a alteridade. O Outro será expurgado de nossa pátria. Ela é o solo comum sobre o qual se sobreporão novamente (tratar-se-ia de repetição, de recuperação do passado idealizado) o mandamento divino atemporal, a essência do homem e da mulher, e a natureza humana imutável. O Outro e a história serão banidos. E todos estarão armados para essa guerra terminal. Bolsonaro inscreveu na política a promessa de restauração da ordem ontológica fraturada pelos movimentos emancipadores e libertários. Essa é a segurança que de fato importa, a outra – onde policiais caçam bandidos – é menor e vicária.

É possível viver das mais diversas formas o desmonte progressivo do poder falocêntrico. Por exemplo: aderindo ao desmonte; recalcando o incômodo perturbador com mais ou menos sucesso (isto é, formando neuroses ou psicoses); buscando ajuda em terapias; aproveitando sua adesão religiosa para elaborar a resistência nos termos simbólicos de cosmologias teológicas; ou passando ao ato com a violência de linchamentos ou de ataques individuais, abusos e violações, disseminando preconceitos e discursos de ódio, e/ou vinculando-se ao bolsonarismo, ao integralismo e a outros movimentos neofascistas.

A hierarquia de classes e o racismo estrutural também se articularam, historicamente, com os pilares arquetípicos da família patriarcal. Somos uma sociedade forjada na escravidão. Não à toa a Casa Grande é a síntese do poder no Brasil. Portanto, a pirâmide toda parece balançar quando o masculino e o feminino se desgarram de sua ancoragem supostamente natural e não apenas quando os trabalhadores se organizam e os movimentos antirracistas se afirmam. O imaginário da Casa Grande, dominante na elite branca, sempre foi retrátil: contrai-se feito sanfona quando se esgarçam direitos e liberdades, na esteira das lutas sociais, mas permanece armado sobre a base que lhe dá tração, mantendo-se pronto a estender-se a qualquer momento, encerrando sob a noite política os episódicos experimentos democráticos. Enquanto o terror ontológico que estremece o patriarcalismo alimentar a política neofascista, permaneceremos flertando com a distopia. O primeiro passo para desatar esse nó, que engata a angústia da impotência à mobilização extremista, é dar-lhe nome, reconhecer sua existência, seus significados profundos e sua importância histórica. E parar, de uma vez por todas, de desqualificar por "identitárias" as lutas da nova cidadania.

CAPÍTULO 2

ESTRUTURAS ELEMENTARES DA VIOLÊNCIA E DO NEOFASCISMO NO RIO DE JANEIRO[1]

A Otavio Velho, que nos deu régua e compasso

O desenvolvimento da experiência democrática, no Brasil, desde os anos 1980, correspondeu, paradoxalmente, ao aviltamento progressivo das expectativas quanto às práticas políticas, seja nos debates acadêmicos, seja nas percepções da sociedade. A trajetória que marca as últimas décadas encontra raízes em nossa formação social e é apenas uma das manifestações do capitalismo autoritário que vertebra nossa história[2]. Segmentos policiais degradados, justiça criminal inconsciente de seu papel na própria geração da violência, Legislativo e Executivo capturados por dinâmicas atávicas que reproduzem racismo estrutural, patriarcalismo e espoliação de classe, toda essa constelação desafortunada forma o ambiente adequado à fecundação das mais diversas modalidades criminosas, no limite indistinguíveis do fluxo normalizado da vida institucional.

Prefiro começar por aí, isto é, pela análise, mesmo sumária, da ruína da política ou, mais especificamente, das mediações políticas, para descrever o quadro agônico do Rio de Janeiro[3]: a decadência vertiginosa que culmina com crise econômica, crescimento continuado da informalidade, deterioração dos serviços públicos, ocupação desordenada do solo, deficiência crôni-

---

1 Este artigo foi escrito, originalmente, para a revista Margem Esquerda (1º volume de 2024), da editora Boitempo, atendendo à gentileza do professor Luiz Bernardo Pericás, portador do convite do conselho editorial.

2 Procuro ser fiel ao conceito tal como o definiu Otavio G. Velho, em sua obra clássica *Capitalismo autoritário e campesinato* (SP: Difel, 1976).

3 Há muitos anos, Mauro Osório, discípulo de Carlos Lessa e um dos mais destacados estudiosos do caso fluminense, vem chamando a atenção para o fato de que o centro da crise do Rio é institucional. Registro, aqui, meu reconhecimento.

ca na mobilidade urbana, aumento exponencial das mais variadas formas de violência, veto à participação popular, desmoralização do espaço público, corrosão da autoridade e expansão acelerada das milícias, que se infiltram nos poderes da República, para além das fronteiras do estado. A insegurança é o nome de um processo muito mais amplo do que o exame exclusivo da criminalidade poderia indicar.

Direto ao ponto: quem quiser começar a entender o que se passa e se passou no estado do Rio e por que somos a sede do fascismo à brasileira, não comece observando a capital, estude a história política, econômica e social da região metropolitana, especialmente da Baixada Fluminense[4]. A capital herdou e mimetizou o modelo forjado na Baixada. Em certo sentido, fez-se colonizar pela potência inscrita no amálgama lá consagrado entre violência armada (policial e criminal – a captura das polícias foi decisiva), política eleitoral, manejo de interesses econômicos inseparáveis dos condomínios políticos locais e consolidação por estratagemas mafiosos de elites dirigentes. Por estratagemas mafiosos entendo as práticas e as relações por meio das quais se realiza o modelo hegemônico de negócio e dominação. Em português claro, ele opera por meio de chantagens e provisão de benefícios, cuja viabilidade depende do uso da força não só como recurso extremo, mas como "moeda" corrente. Sinteticamente, o modelo articula a distribuição desigual de riscos existenciais e acesso a privilégios. A pregnância e a efetividade do modelo não lhe conferem estabilidade: entre 2015 e 2020, um político foi assassinado na Baixada a cada 50 dias.[5] Sua vocação expansionista se relaciona à instabilidade: a movimentação tentacular busca em aliados externos reforço para a hegemonia interna. Gradualmente, a oposição entre os termos interno e externo deixa de fazer sentido, porque, assim como o capital, o poder local, nas condições em que é exercido na região, apenas se preserva na medida em que se amplia, agregando novos agentes e interesses, e estendendo, via respaldo de novos atores institucionais, as bases de sua legitimidade.

---

4 Rendo homenagem aos colegas que têm dedicado a vida a pesquisar a região metropolitana do Rio de Janeiro e a participar da resistência cidadã, nessa área, mencionando, desde logo, José Claudio Souza Alves. Uma de suas obras corajosas e esclarecedoras é *Dos Barões ao extermínio; uma história da violência na Baixada Fluminense*. Editora Consequência, 2020. Importante também citar a contribuição de Chico Otavio e Aloy Jupiara com seu livro indispensável: *Os Porões da contravenção; jogo do bicho e ditadura militar: história da aliança que profissionalizou o crime organizado*. Record, 2015. Aguardo ansioso a publicação da pesquisa da antropóloga Lili Raim, com foco no potencial crítico e revificador da cultura popular na região: *Longe é muito perto; O Rio perante a Baixada*.

5 https://www.metropoles.com/brasil/rj-a-cada-50-dias-um-politico-e-assassinado-na-baixada-fluminense

Eis o campo fértil em que prosperaram "máfias" ou redes de interesses (legais e ilegais[6]) politicamente enoveladas em torno de: transportes, coleta de lixo, serviços de saúde, grilagem de terras públicas, manipulação de fiscalizações, renúncias fiscais, multas e anistias, licitações dirigidas (exatamente por esses conluios entre empresários e gestores públicos), pagamentos seletivos da dívida pública (mediante, por exemplo, contribuições para caixinhas eleitorais) e ocupação de cargos municipais, na ausência de servidores públicos devidamente concursados – indispensáveis ao funcionamento de um Estado republicano, comprometido com o bem público. Como se deduz, políticas imediatistas, voluntaristas, falta de planejamento e de investimentos de longo prazo não derivam apenas da falta de visão de políticos e gestores, mas dessa infraestrutura que subordina os executivos sobretudo municipais a uma lógica de tomada de decisão reativa e defensiva, equilibrando-se entre parâmetros constitucionais e chantagens venais em certos Tribunais de Contas e algumas Câmaras Municipais. Os recursos públicos, desviados para ações de interesse coletivo (ou simplesmente distribuídos, privadamente) patrocinadas por políticos locais, são drenados para a formação de blocos de apoio eleitoral. O mecanismo aplicado no escandaloso orçamento "secreto" do Congresso Nacional há décadas vinha sendo ensaiado em escalas modestas em estados e municípios, quando os Tribunais de Contas eram manietados pela indicação política de seus membros, anulando sua independência e os incluindo no pacto de espoliação. Eis aí os anéis da nova democracia brasileira, que emergiu dos anos 1980, sem Justiça de transição, mudando regras mas conservando práticas, procedimentos, mecanismos, valores e visões de mundo: clientelismo político degradado, aliado à economia de baixo teor republicano, buscando a privatização do Estado, acoplado a um mundo popular superexplorado e submetido, se necessário pelas armas (legais e ilegais), às contingências da sobrevivência.[7]

---

6 Ambivalência para cuja importância há tempos a professora Vera da Silva Telles chama a atenção. Cito, entre seus trabalhos mais importantes, *A cidade nas fronteiras do legal e do ilegal* (BH: Editora Fino Traço, 2011). Essa perspectiva analítica está na origem de linhas de pesquisa muito fecundas que marcam trajetórias de colegas como Gabriel Feltran e Daniel Hirata. Não por acaso, o grupo de pesquisas (GENI) que Hirata coordena, na UFF, ao lado de Carolina Grillo, Diogo Lyra e Renato Dirk, tem como objeto os novos ilegalismos, cuja natureza embaralha as fronteiras da legalidade, as quais um formalismo positivista estaria tentado a reificar.

7 Este parágrafo e o seguinte, com pequenas modificações, estão em meu artigo "Brasil em contagem regressiva", publicado pelo site **Outras Palavras**, em 10 de outubro de 2022. Descrevo em detalhes o funcionamento desse modelo de negócio e poder, especialmente na área da saúde, no capítulo "Você está proibido de morrer", de meu livro **Rio de Janeiro, histórias de vida e morte** (Cia das Letras, 2015) – para viabilizar a publicação, sacrifiquei a identificação de indivíduos e locais, e embaralhei a concatenação dos fatos relatados. A

À voracidade predatória da fatia do empresariado atuante nos municípios de pequeno e médio portes – e não só –, mais ou menos vinculado à grande burguesia e ao capital financeiro, inexoravelmente presente na fluidificação dos negócios de todas as magnitudes e latitudes, juntou-se o empreendedorismo diretamente criminal, em que se irmanaram bicheiros, traficantes de armas e drogas, ex-membros da repressão na ditadura e policiais corrompidos – atuando em núcleos autonomizados como *scuderies*, esquadrões da morte, segurança privada ilegal e informal, depois milícias. As milícias – formadas em sua maioria por policiais e ex-policiais – são a expressão extrema desse pacto, porque sujam as mãos de sangue, mas apenas traduzem sem mediações, com maior nitidez, os valores e as práticas com que se identificam os demais parceiros do conluio: a força se autolegitima e é esteio do poder, reconhecido pelas instituições. O exercício da força prescinde de regras e intervenções externas, alheias aos limites ditados pelo pacto. Se algum prefeito ou vereador ousar romper a *omertá*, será enquadrado pela ameaça de *impeachment* ou por emboscadas mais rústicas. As armas e os artifícios normalizados variam de acordo com a circunstância e a conveniência. No município, como nas lutas sociais no meio rural, "polícias privadas" substituem intervenções das Forças Armadas. Os coronéis locais, com aviões e seguros de saúde que lhes garantem atendimento cinco estrelas em São Paulo, prescindem de exegeses enviesadas do artigo 142, nem precisam invadir o STF. O crime político lá é cotidiano e faz parte das dinâmicas rotinizadas em que o bolsonarismo se enraizou, organicamente. O conservadorismo boquirroto do Brasil profundo (e não apenas) é o bolsonarismo, agora em versão três ponto zero, com capacidade de comunicação e mobilização de massa. O conservadorismo – edulcorado por palavras gentis e benignas como tradição e rotina– já era sanguinário; a diferença é que agora ronda o poder total.

De fato, como se vê pelas redes de apoio locais e pelo acompanhamento diacrônico de seus percursos, o bolsonarismo não se ajustou à realidade política capilarizada, ele sempre foi isso, nunca foi senão a superestrutura "natural" – sem mediações cosméticas– da modernização selvagem do capitalismo brasileiro. Se o bolsonarismo empolgou os operadores desse pacto degradado de poder local foi porque seus protagonistas eram bolsonaristas *avant la lettre*, antes de Bolsonaro inscrever seus valores comuns na política nacional.

É irônico pensar que, a despeito da retórica reformadora da Nova República e das ambições do contrato constitucional, celebrado em 1988, talvez seja

sobrevivência do pesquisador por vezes requer adoção de procedimentos nada acadêmicos e soluções não convencionais.

necessário retornar a clássicos como "Coronelismo, enxada e voto", de Vitor Nunes Leal, que eventualmente ainda nos dirá mais do que os paradigmas institucionalistas dos teóricos da democracia liberal. Por outro lado, assim como se mostra insustentável a tese de que as instituições democráticas funcionam[8], tampouco seria razoável afirmar que o modelo tirânico descrito atua sem brechas, sem falhas e contradições. Sua vigência é porosa e claudicante, seja porque encontra resistência em lutas populares, seja porque divisões internas são ao mesmo tempo fonte de sua energia e origem de suas crises sucessivas.

Retomemos o fio da história mais detidamente.[9]

A política do Rio de Janeiro sofreu uma inflexão quando a Guanabara, palco vibrante das grandes disputas nacionais, perdeu o *status* de capital do país, em 1960, e quando, em 1975, fundiu-se ao antigo estado do Rio, cumprindo a estratégia da ditadura militar, que visava diluir seu potencial oposicionista. O plano era dissolver a hegemonia petebista na moderação oportunista e adesista do PSD de Amaral Peixoto. O resultado foi o MDB de Chagas Freitas: a fachada de oposição sob controle do situacionismo. Esse processo envolveu a exclusão das principais lideranças populares tanto da Guanabara quanto do país, gerando um hiato geracional e um vácuo de protagonismo civil. Mas não só isso: estruturas de poder local, particularmente na Baixada fluminense, foram cooptadas e reforçadas pela ditadura. Agentes das máfias do jogo do bicho, já influentes na política dos municípios antes da ditadura, serviram à repressão nos porões da tortura, fazendo girar o fluxo que interconectava grupos criminosos, militares e policiais, recrutados para o mesmo trabalho sujo. Matadores, pistoleiros, membros de esquadrões da morte e de *scuderies* policiais, que atuavam como seguranças dos bicheiros, ou como seus parceiros (participando dos lucros da operação: cada delegacia tinha sua "caixinha"), foram chamados a colaborar com as autoridades e treinados para aplicar métodos, digamos, extralegais de obtenção de informações.[10]

Ao longo do processo de redemocratização, policiais retornaram a suas ocupações anteriores ou refluíram para o bicho. A transição política não impactou as elites políticas locais, ligadas a grupos de interesse legais e ilegais. Os personagens eram os mesmos, com algumas exceções, ou seus filhos, her-

---

8 Costumo dizer que funcionam como o ventilador no fim do mundo: continua a girar e a soprar as cinzas do apocalipse, enquanto houver carga na bateria. O que não quer dizer que não haja momentos –inclusive ocasiões importantes – que negam meu ceticismo crítico. Ocorre que o efetivo funcionamento é antes a exceção que a regra.

9 A descrição desse processo está, com alguns ajustes, em meu artigo "Rio de Janeiro e a quebra da omertà", postado no site **GGN**, em 2022.

10 Esses fatos estão bem documentados na obra já citada de Eloy Jupiara e Chico Otavio.

deiros e velhos aliados. As práticas tampouco sofreram alterações significativas, de tal modo que a redefinição dos marcos legais, consagrada pela promulgação da Constituição, em 1988, não interferiu na dinâmica da reprodução das elites locais, marcada sobretudo pela continuidade.

Aqui, retomamos a menção à relevância do Chaguismo, esse MDB que se acomodara tanto à ditadura quanto à realidade brutal da Baixada e de São Gonçalo, eximindo-se de obstar a perpetuação dos poderes locais, mesmo manchados de sangue – ao contrário, aliando-se a eles, patrocinando-os e sendo por eles patrocinado. Com frequência, criticamos a ausência, no Brasil, da "Justiça de transição", mas é incomum o cuidado em observar as implicações concretas desta ausência, que promoveu a continuidade e a naturalização da violência como mecanismo da vida política local, onipresente no cotidiano popular.

As máquinas de morte que operavam na Baixada, antes, durante e após o período designado como redemocratização, das quais participavam membros das máfias do jogo do bicho, policiais e militares – as três funções por vezes se sobrepondo –, atuaram também na capital, embora menos ostensivamente nas áreas onde a mídia concentrava seus holofotes. Esses agrupamentos híbridos, eventualmente disputavam entre si, o que os punha em evidência e os enfraquecia, levando a que reagissem e se recompusessem, repactuando a divisão de territórios, negócios e redes de influência.

Governos locais em municípios de reduzida visibilidade midiática (e não apenas) podem ser conquistados por meio da injeção de recursos na campanha, expedientes de constrangimento, trocas de votos por supostos benefícios coletivos ou individuais, ou por meio de coação posterior à eleição, via dossiês, ameaças de tipos diversos, paralisação de serviços, controle da Câmara de vereadores, e atos de desestabilização até o extremo da ingovernabilidade. No limite, se recorre à pistolagem – de que não está livre a própria Justiça, como demonstrou o assassinato da juíza Patricia Acioli, em 2011. Patricia enfrentava a violência policial em São Gonçalo, a segunda cidade do estado. Foi morta por policiais militares. A violência não era um valor ideológico para os assassinos, mas um instrumento de poder, o qual se vinculava, como sempre, a redes de negócios, indissociáveis de elos políticos, e assim sucessivamente. Retornamos à teia de promiscuidades, à trama de cumplicidades, da qual tratamos, aqui, não pelo viés da moralidade pública – embora este ângulo seja legítimo e pertinente –, mas pela perspectiva da análise sociológica. Nosso objeto são estruturas específicas de poder e suas dinâmicas de formação, manutenção e expansão – cujo impacto agregado alcança escalas superiores.

Houve ocasiões em que o comando geral da PM pretendeu romper os laços de seus subordinados com os referidos blocos criminosos de interesses, na região metropolitana, o que teria de começar pela nomeação de comandantes locais independentes e dispostos a compartilhar o projeto de recuperação institucional. Haveria pessoal qualificado e identificado com o projeto saneador, mas a substituição de peças colocaria em xeque o equilíbrio de forças no interior da própria corporação, inviabilizando as condições políticas (internas e externas) para o exercício da autoridade, no vértice da hierarquia. Isso porque a política interna – sim, ela existe – se ordena em torno de acordos que alterem ou preservem a distribuição dos territórios aos oficiais, cada território importando em blocos de interesses determinados, econômicos e políticos. Desse modo, interesses e articulações políticas atravessam as fronteiras da corporação, relativizando, também nesse ponto, a distinção entre o interno e o externo. O mesmo se aplica à polícia civil, evidentemente.

Questões alusivas às polícias transcendem o que se denomina segurança pública. Inclusive, está longe de se esgotar na problemática das milícias – por maior que seja sua gravidade –, muito menos do tráfico de drogas ou das ações criminais ordinárias, que atingem o conjunto da sociedade. As polícias, no estado do Rio de Janeiro, a despeito dos esforços corajosos e dignos de inúmeros profissionais, tornaram-se, por intermédio de alguns de seus segmentos – e eles são numerosos e muito influentes –, partes das constelações criminosas que envolvem negócios e poder.[11]

Observadores da cena fluminense nunca deixaram de prestar atenção ao que se chamava, até os anos 1980, política da bica d'água, síntese das trocas "fisiológicas", típicas da tradicional política populista, que o chaguismo herdou e atualizou. Os eleitores trocam o voto pelo benefício coletivo – gesto perfeitamente compreensível em situações de carência e abandono. Aqui e ali se focaliza também o papel da liderança local e sua eventual cooptação pelas máquinas políticas. Entretanto, quando o quadro observado assume foros eminentemente "criminosos" – o voto e o exercício do poder político se vinculam à coação, à chantagem, a execuções extrajudiciais, o fenômeno automaticamente parece perder, aos olhos dos observadores, sua natureza política para se transformar em objeto de abordagens "técnicas" de operadores da Justiça ou de pesquisadores e agentes da segurança pública. Os fatos perdem o *status* de

11 Para uma descrição minuciosa do processo de degradação das instituições policiais, confira-se o testemunho que publiquei em 2000, pela Cia das Letras: **Meu casaco de general; 500 dias no front da segurança pública do estado do Rio de Janeiro**. O livro recente que oferece o material mais farto e preciso sobre a indissociabilidade entre corrupção policial e brutalidade policial letal é o notável **Milicianos**, de Rafael Soares (Objetiva, 2023).

fenômeno político relevante quando a força entra em cena. Parece que aceitam tratar o "fisiologismo" como problema da cultura política, do subdesenvolvimento, do *déficit* democrático, da precariedade da consciência de classe, mas descuram de sua degradação em pura violência, transferindo ao escaninho da segurança pública tudo o que remeta a armas, exercício da força, assassinato, ilegalidade criminal. Desse modo, sem se darem conta, despolitizam a política, sempre que sua forma de existência for a brutalidade sem mediações.

Este verdadeiro negacionismo produz uma espécie de afasia analítica, cujas consequências práticas são graves: em vez de pensarem a questão democrática incorporando a garantia da vida, e portanto inscrevendo a tematização da violência no centro da agenda democrática, esses observadores recortam, na empiria, o que não está manchado de sangue e a isso limitam seu objeto, a isso reduzem o que é pertinente à análise política. Esta assepsia negacionista serviu e continua servindo ao oportunismo mais irresponsável dos políticos que se declaram progressistas mas se recusam a abandonar o pântano das alianças com os agentes que articulam segmentos empresariais e projetos pessoais sob a égide do controle armado e da chantagem. O problema, vale insistir, não é moral. Não se trata de udenismo mascarado de interpretação sociológica. O objeto, aqui, não é a corrupção. O tema é a transformação de um modelo de negócio em modelo de dominação política, em estratégia de poder, fundamentalmente antipopular e avesso à democracia, mesmo em sua versão liberal. O modelo em causa não admite a distinção republicana entre Executivo, Legislativo e Judiciário, tampouco tolera o caráter público das instituições policiais, muito menos convive com o monopólio estatal da força – pelo contrário, representa sua antítese. O modelo politiza a economia e submete a política ao império da violência.

Por isso, considero um despropósito a tática eleitoral defendida por setores das esquerdas fluminenses que, em nome do enfrentamento ao bolsonarismo, sinalizam a disposição de se aliarem a alguns desses nichos de lideranças locais mafiosas, que já colonizaram a capital e as diferentes instâncias da política fluminense, buscando seu quinhão no mercado de votos (cada vez menos mercado e mais oligopólio). Não se trata de advogar o purismo sectário de vestais, mas de compreender que, nesse caso, aliar-se a dinâmicas degradadas significa render-se à sua lógica de reprodução ampliada e fortalecer sua expansão, conferindo-lhe legitimidade.

Finalmente, resta uma questão decisiva: mal ou bem, o modelo tirânico de negócios e de dominação tem sido, reiteradamente, chancelado pelo voto popular. Como se produz esse resultado? Quais seus pressupostos e implicações? Em segundo lugar, caberia indagar se o modelo descrito tem sido capaz de eleger seus aliados também para os cargos majoritários. Em terceiro lugar, valeria perguntar: funciona indistintamente para a política municipal e a estadual? Como as eleições presidenciais são afetadas, no âmbito do estado do Rio, pelas dinâmicas descritas?

Os temas são muitos e complexos. O artigo, a rigor, deveria, aqui, recomeçar. Não sendo possível descer a detalhes, formulo respostas breves e sintéticas, focalizando o essencial. Como sabem os cientistas políticos e todos os envolvidos, direta e profissionalmente, em disputas eleitorais, são inúmeros os determinantes ou condicionantes do voto e os fatores relevantes mudam de acordo com as conjunturas. O despotismo local, na montagem municipal de suas máquinas, adota diversos filtros na seleção de potenciais candidatos, excluindo os virtuais antagonistas e valorizando seus aliados (por vários expedientes), visando sempre a redução da oferta ao eleitorado de alternativas oriundas do campo refratário à sua hegemonia. Há muitos modos de excluir candidaturas, de restringir seu alcance potencial ou de maximizá-lo. No cálculo para a definição do método e da tática se incluem esforços (mais ou menos ostensivos, materiais e intersubjetivos) de cooptação e de acuamento, de promoção e de inibição, tanto dos próprios candidatos ou candidatas, quanto de eleitores. O crivo seletivo impõe o estreitamento da oferta nas bases da pirâmide e avança para atuar com as mesmas intenções, embora adaptando seus métodos, sobre os demais pleitos proporcionais. As eleições majoritárias são menos suscetíveis ao controle por meio de intervenções restritivas ou por iniciativas envolvendo o amplo repertório que articula cooptação e coerção. Menos suscetíveis, porém nem por isso alheias às pressões que resultam da atuação dos mecanismos referidos. Tem se tornado cada vez mais difícil dispensar apoios que envolvam alianças com agentes vinculados ao modelo tirânico – cuja inscrição é originalmente territorial, mas vem se redefinindo como uma realidade crescentemente supraterritorial.

A emergência das redes sociais e a expansão das igrejas evangélicas nos meios populares introduziram variáveis novas, com potencial para desestabilizar a hegemonia do modelo tirânico. Talvez seja por esse motivo que a interveniência do ingrediente ideológico do neofascismo bolsonarista tenha surgido como a boia de salvação: era necessário conter, encapsular e organizar ao redor de um centro político de gravitação a riquíssima pluralidade e a gigantesca capilaridade de ambos, redes virtuais e agregações religiosas, cujos potenciais centrípetos seriam inequivocamente subversivos. Só o discurso reducionista unívoco, orbitando a simbologia da unidade, poderia exorcizar os riscos: apenas a guerra une e separa, alterando a hierarquia de prioridades e consolidando de vez o bloqueio a repertórios alternativos, a escolhas e votos alternativos. O outro se define como inimigo a liquidar. Afirma-se e se alastra a linguagem da unidade pétrea, reificada e reificadora, terraplanista: um chefe, um centro, um Deus, a família, a Pátria – dimensões laicas, afetivas e espirituais do mesmo ideal unificador (isso é que mereceria o título de identitarismo!). Um líder incontrastável, audacioso e guerreiro, mobilizador, duplicado no Deus também guerreiro do Primeiro Testamento, ambos contra o dragão da maldade, o Outro, em quaisquer de suas encarnações: o comunismo, o criminoso, o corrupto, o político, o ou a militante antirracista, a feminista, o representante da comunidade LGBTQIA+.

Eis a tese confirmada: o bolsonarismo é a superestrutura do modelo degradado e degradante de negócios e domínio político que o Brasil contemporâneo herdou de sua história brutal e genocida. Sem Justiça de transição, não houve, na prática, transição em todos os níveis das mediações políticas. O neofascismo é a metabolização ideológica do capitalismo autoritário brasileiro. As violências criminais no estado do Rio devem ser pensadas como dimensões de nosso complexo e dinâmico processo histórico. O enfrentamento desse Leviatã capilarizado não se fará por políticas públicas específicas, concebidas por especialistas em segurança, por melhores que sejam suas intenções – embora suas contribuições sejam parte significativa de um eventual esforço concertado, até porque nada avançará sem que seja desconstituído o enclave institucional em que as polícias se isolaram e que as tornou refratárias ao comando político civil e ao controle externo. O enfrentamento do Leviatã fluminense (cuja realidade talvez não se esgote no Rio) far-se-á pela política com ampla participação social (ou não se fará), porque está em jogo a possibilidade ou não de uma repactuação efetivamente democrática entre Estado e sociedade.

REFERÊNCIAS BIBLIOGRÁFICAS

OTAVIO, Chico e Jupiara, Aloy. **Os Porões da contravenção; jogo do bicho e ditadura militar: história da aliança que profissionalizou o crime organizado.** Rio de Janeiro: Record, 2015.

RAIM, Lili. **Longe é muito perto; o Rio perante a Baixada.** (PDF).

SILVA TELLES, Vera. **A cidade nas fronteiras do legal e do ilegal.** Belo Horizonte: Editora Fino Traço, 2011.

SOARES, Luiz Eduardo. **Meu casaco de general; 500 dias no front da segurança pública do estado do Rio de Janeiro.** São Paulo: Companhia das Letras, 2000.

_________. **Rio de Janeiro, histórias de vida e morte.** São Paulo: Companhia das Letras, 2015.

_________. "Rio de Janeiro e a quebra da omertà", postado pelo site GGN, em 17 de janeiro de 2022.

_________. "Brasil em contagem regressiva", publicado pelo site Outras Palavras, em 10 de outubro de 2022.

SOARES, Rafael. **Milicianos.** Rio de Janeiro: Objetiva, 2023.

SOUZA ALVES, José Claudio. **Dos Barões ao extermínio; uma história da violência na Baixada Fluminense.** Rio de Janeiro: Editora Consequência, 2020.

VELHO, Otavio G. **Capitalismo autoritário e campesinato.** São Paulo: Difel, 1976.

CAPÍTULO 3

MILÍCIAS E SUAS RELAÇÕES COM O PODER PÚBLICO[1]

À memória de Luiz Jorge Werneck Vianna, uma vida dedicada a pensar e mudar o Brasil, expressão do compromisso a que não renunciaremos

---

Milícias são organizações criminosas formadas por policiais militares e civis, ex-policiais, bombeiros e agregados, que dominam pela força das armas comunidades e controlam territórios, visando extrair benefícios ilegais do trabalho alheio e do patrimônio público, logrando obter, por coerção e constrangimento, obediência, lucro e voto, e consolidando, ao longo do tempo, prestígio, influência e autoridade. A categoria, antecedida na literatura especializada, na imprensa e nas referências coloquiais pelo epíteto "polícia mineira", foi originalmente empregada pela jornalista de O Globo Vera Araújo, em 2006. Aos membros que as lideram somam-se comparsas recrutados sob a condição de que se disponham a seguir as diretrizes ditadas pelos dirigentes, com lealdade e disciplina, cumprindo papéis específicos na divisão do trabalho, que varia conforme as especificidades de cada grupo. As variações decorrem da diversidade de modelos de negócios, das peculiaridades locais e das particularidades das conjunturas políticas e legais.

Tais conjunturas podem ser caracterizadas por: (a) estabilidade no relacionamento com as instituições da segurança pública e da justiça criminal, que se traduz em tolerância e nenhuma ação repressiva; (b) perfil baixo na mídia; (c) exclusão do tema da agenda política; (d) equilíbrio na correlação de forças com organizações criminosas rivais; (e) ampliação da presença direta ou da influência em governos e parlamentos; (f) ausência de tensões agudas e explícitas no relacionamento com as comunidades, o que implica elevado grau de

---

1 Agradeço a Miriam Krenzinger a leitura crítica e as sugestões.

previsibilidade e fluência normalizada na dinâmica de reprodução do domínio exercido sobre comunidades e territórios.

O polo oposto corresponde à "tempestade perfeita" contra essas agências criminosas: (a) Instabilidade nas relações com as polícias, a secretaria de segurança, se houver, o Ministério Público, a Defensoria Pública e a Justiça, traduzida em investigações, denúncias e ações repressivas; (b) alta visibilidade midiática; (c) inclusão do tema na agenda política; (d) desequilíbrio na correlação de forças com as demais milícias, entre elas e entre elas e as facções do tráfico de armas e drogas, importando em incursões violentas sobre territórios alheios, rearranjos geopolíticos e ameaças hegemonistas; (e) redução da presença e da influência em governos e parlamentos; (f) intensificação de tensões internas às comunidades exploradas, envolvendo, eventualmente, pressões de alguns de seus segmentos sobre instituições e entidades externas para que intervenham, reações a cobranças de taxas ilegais e à proibição de liberdade comercial (por exemplo, no consumo de gás), e resistência às determinações *ad hoc* do poder despótico local – que não se reduz a impor a "exação fiscal" paralela e arbitrária: inclui veto a comportamentos, desautorização de determinadas festas, punição a transgressões, etc.

Entre os dois polos, que assinalam os extremos – as condições ideais para a afirmação do poder miliciano e aquelas que lhe são mais desfavoráveis –, estende-se um *continuum*, modulado pelo gradiente de situações intermediárias, contextos híbridos e contraditórios, que exigem dos atores envolvidos perícia interpretativa, iniciativa e prudência. O empreendedorismo criminoso faz-se de ousadia e cautela, informações e articulação, racionalidade e potencial para a cooptação corrupta, habilidade agregadora e ferocidade dissuasória, crueldade e método, embora esse seja o mundo de traições e atropelos, prepotência e vingança, covardia e preconceito, medo e dissídio, pusilanimidade e mentira, improvisos e voluntarismo, armadilhas e tragédias. O êxito de uma organização criminosa que exerce o domínio armado sobre territórios e comunidades não prescinde do eterno jogo entre fortuna e *virtú*, sabendo-se que a primeira depende, por sua vez, das virtudes (decisões e acuidade analítica) dos demais atores, criminosos ou não, entre os quais o Estado, vasto campo atravessado por disputas e contradições, e a própria sociedade, em seu conjunto, protagonista maior e determinante quando alcança o consenso mínimo, pela mediação político-institucional, e se mostra capaz de coordenar a multiplicidade de vozes e interesses.

No espaço entre os polos extremos, configuram-se muitos cenários diferentes, relativamente ao modo de dominar e ser dominado. O domínio não se dá apenas segundo iniciativas de quem detém o poder, mas também de acordo com as resistências encontradas e o nível de aceitação obtido, que nem sempre deriva unilatelramente da coerção, pode também representar resposta positiva de quem se sente protegido frente a ameaças piores e mais humilhantes. Os cenários são cambiantes e as trocas entre coação e oferta de certas garantias mudam de qualidade, dinamicamente. O que, sim, é permanente e mereceria pesquisa à parte é a relação entre a tradição patriarcal e machista brasileira e a formação eminentemente masculina das milícias.

Quando se examina a realidade historicamente construída pelas milícias, em seu espaço privilegiado, o estado do Rio de Janeiro, sobretudo a capital, a Baixada e São Gonçalo (cf. Souza Alves, 2020; Paes Manso, 2020), verifica-se que o emaranhado de linhas de força, movimentações e projetos é extremamente complexo e dinâmico. Não surpreende que seja assim, porque, além da racionalidade que se possa atribuir a cada milícia e que tornaria seus movimentos relativamente previsíveis, como uma coletividade verticalmente ordenada por hierarquia e organicamente coesionada por interesses, há os efeitos de agregação e as consequências inesperadas e indesejadas das ações sociais, e os erros de cálculo, de planejamento, de diagnóstico, as avaliações equivocadas, as informações falsas ou falhas. Essa pluralidade de circunstâncias e fatores desvela a natureza multidimensional do fenômeno, contemplado o ecossistema que ele gera e que o gera, dialeticamente, e dificulta prospecções. Entre os elementos que obstam projeções estão até mesmo os resultados da economia local e a disposição dos atores políticos e institucionais, cujas opções derivam de seus interesses, de seus eventuais envolvimentos cúmplices, de seus deveres (cuja negação também é custosa) e do grau de risco a que se sujeitam, caso aceitem confrontar o crime.

O quadro se torna ainda mais turvo quando se reconhece a precariedade do conhecimento acerca de variáveis fundamentais como o nível de confiança na capacidade das instituições da ordem de proverem segurança para quem afronta projetos criminosos. Confiança aqui refere-se à expectativa de resposta positiva à demanda de proteção e não diz respeito ao que se poderia definir como taxa de competência ou efetividade, mensurável por experiência pretérita, nem mesmo à crença na fidelidade de profissionais a seus respectivos mandatos institucionais, mas, sim, à resposta que cada uma e cada um deles tenderia a obter formulando a mesma indagação: eu e minha família estaremos seguros se minha decisão for cumprir meu dever legal e confrontar milicianos, meus colegas, que sabem onde moro e estão respaldados por infiltrados nas corporações ou mesmo por essa ampla rede de proteção, tecida pelo medo, por ameaças subliminares ou pela simples suposição racional de que todos os meus aliados potenciais compartilham a mesma incerteza? Observe-se que quando a incerteza é relativa às condições de garantir a sobrevivência ela deixa de descrever opções alternativas equivalentes porque as hipóteses sopesadas não são comensuráveis. Ou seja, aqui, incerteza não suscita dubiedade ou indecidibilidade. A decisão é imperativa, precede o cálculo, em certo sentido está tomada ex-ante: pela vida.

Por analogia às máfias, cujo padrão tradicional de estruturação e funcionamento pode servir, ao menos em parte, de modelo para a análise das milícias, estas extraem rendimento financeiro da imposição de taxas, percentuais ou fixas, sobre todas as atividades econômicas desenvolvidas nas comunidades que exploram, e o fazem por meios coercitivos diretos e indiretos. A carteira de negócios inclui o controle monopolista do transporte e da venda de gás por preços acima dos praticados no mercado. Além da taxação ilegal, mera apropriação indébita do bem e do trabalho alheio, as milícias negociam o acesso a terras públicas e a conjuntos habitacionais edificados por investimentos governamentais, privatizando-os, em seu benefício, com o simples argumento da força. Trata-se de privatização selvagem e monopolista, versão vulgar e sangrenta, em meio urbano, do processo multissecular em curso no campo brasileiro, a grilagem latifundiária, não menos brutal, mas certamente menos ostensiva, do ponto de vista da opinião pública. Constitui também, em certa medida, o retrato irônico e informal do processo institucionalizado conduzido pelo neoliberalismo.

Entre as peculiaridades que distinguem as milícias das máfias se destaca a inserção institucional de seus membros, mais do que sua origem. Milicianos não apenas foram policiais; muitos deles continuam atuando como profissionais em suas corporações enquanto exercem seu poder local criminoso.

As milícias podem ser objeto de um estudo genealógico sistemático se as definirmos como um fenômeno estrutural e histórico de autonomização de profissionais que se desgarram de suas instituições de origem, sem cortar seus vínculos com elas –parasitando-as, portanto –, beneficiando-se da relação dupla e dúbia: extravio e inserção, independência e participação, desvio da linha de comando e controle, mas nem sempre. No caso em tela, as instituições de origem são as polícias, onde os futuros milicianos aprendem métodos e técnicas de uso comedido da força e incorporam culturas corporativas peculiares – valores, crenças, processos identificatórios e regências afetivas. A preparação para o exercício profissional e, sobretudo, o convívio cotidiano subsequente lhes proporcionam a experiência do pertencimento e a criação de laços de lealdade robustos, embora não necessariamente inclusivos – isto é, não necessariamente extensivos ao conjunto dos colegas e à integralidade da instituição. Laços parciais ou segmentares de lealdade correspondem a uma espécie de licença de portabilidade do pertencimento e da identidade.

Na medida em que transgressões à legalidade – e aqui o exemplo por excelência são as execuções extrajudiciais – são toleradas, quando não aplaudidas e incentivadas, pelos superiores, pelas autoridades e até mesmo por setores expressivos da sociedade, e na medida em que cada ato ilegal afasta-se da linha de comando e controle, cada ilegalidade cometida por policial, se tolerada, autoriza a ruptura do vínculo com a instituição, o que a estimula e gera um hibridismo anômalo, paradoxal e corrosivo: anarquia consentida. O paradoxo é a autorização do rompimento, pois, se autorizado, rompimento não há, e ainda: se uma ilegalidade flagrante não rompe nem suscita advertência ou punição, de que "instituição-esteio-da-legalidade" se trata? De qual legalidade se trata?

Esse ponto merece atenção: quebra de disciplina e hierarquia, transgressão de normas internas ou externas, tudo isso produz um quadro absolutamente distinto da anarquia mencionada, uma vez que esta é interna não só na origem, mas na permanência, no caráter estrutural de sua inserção. A anarquia de que falamos é fruto gestado e acolhido no seio da corporação, apresenta-se como uma modalidade de realização (ou assim se acredita) das funções a que se destina a estrutura organizacional em pauta. Aí está o busílis: a autonomização a que aludimos diferencia-se do corte de relações, puro e simples. A autonomização que está na gênese histórica e estrutural das milícias tem outra configuração, outro sentido, outra qualidade, sem cuja compreensão será impossível avaliar o que está em jogo, qual sua verdadeira escala, qual sua profundidade, o que se exigiria para reverter as dinâmicas em curso e extinguir a fonte da patologia.

Seria diferente se não estivéssemos sob o Estado democrático de direito, na vigência da Constituição federal, promulgada em 1988, e se a execução extrajudicial –mantenhamo-nos nesse exemplo – pudesse legalmente inscrever-se sob a forma de orientação na linha de comando e controle? A resposta é negativa: não seria diferente, em tese, formalmente, porque nem mesmo a Lei de Segurança Nacional editada pela ditadura de 1964 liberou a aplicação da pena de morte sem julgamento – registre-se que não se está focalizando a legítima defesa, evidentemente garantida sob quaisquer regimes jurídicos e referendada nos tratados internacionais e nas declarações dos direitos humanos.

Por outro lado, se for possível afirmar que o ato de um policial contrário à legalidade não rompe a linha de comando e controle da polícia à qual serve, a situação se agrava, porque, nessa hipótese, quem romperia o paradigma normativo e perderia sua legitimidade – sua institucionalidade – seria a própria linha de comando e controle, a qual, por definição, reflete a vertebração hierárquica da disciplina e de sua fundamentação legal, tanto entre civis quanto entre militares. Por isso, mesmo que execuções extrajudiciais, essas que vêm promovendo o genocídio de jovens negros e pobres nas periferias e favelas, tenham sido ordenadas pelos superiores, desde o comando, desde a chefia, o fato sempre foi negado. Admiti-lo implicaria decretar a ruína do que lhes resta de legitimidade. As polícias ainda o são porque negam o comprometimento da linha de comando e controle com o crime, rechaçam que a carnificina tenha constituído política de Estado. Por mais que evidências contrariem o discurso, deve-se à sua reiteração a linha tênue que separa o universo institucional da barbárie.

Claro que a realidade empírica borra a pureza dos tipos ideais e que a vida preenche as estruturas com som e fúria, tiros e paixões, ardis e os mais rasteiros interesses. Entre os líderes da *scuderie* Detetive Le Cocq, nos anos 1960, no Rio de Janeiro, estavam delegados. As denúncias contra o delegado Fleury, em São Paulo, famigerado algoz de presos políticos, incluem a execução de presos comuns (cf. Reina e Pedretti, 2020). Antes disso, nos anos 1950, o chefe da polícia do Rio criara o "Grupo de Diligências Especiais", embrião dos esquadrões da morte da década seguinte, destinado a executar criminosos, clandestinamente (cf. Misse, 2011). O estrato superior, civil e militar, não se comprometeu menos que os "operacionais" do extrato inferior da hierarquia. Nem por isso, entretanto, o modelo perde validade. Pelo contrário, embora saibamos que as práticas policiais que violam os direitos humanos sempre existiram e contaram com a anuência e, não raro, o estímulo dos superiores, e que não teriam sido possíveis depois de 1988 sem a perversa colaboração ativa ou passiva do Ministério Público e da Justiça, a constatação de sua continuidade histórica não nos leva, por si mesma, às milícias, porque elas são mais que violência policial concentrada e disposição violadora hipertrofiada. Elas constituem agências políticas e econômicas de novo tipo, cujas condições de emergência e reprodução só chegam a ser plenamente inteligíveis quando expostas ao crivo analítico da autonomização (paradoxalmente) semiestruturada (ou sobredeterminada). Autonomia determinada é heteronomia, ou seja, uma contradição em termos. Autonomia determinada pela mediação de terceiras instâncias, por isso, sobredeterminada, pode corresponder à descrição de um movimento, parcial e contido, rumo à contradição, que não se completa. É disso que se trata. Estamos frente a uma autonomia incompleta e uma contradição inconclusa. Obra em processo. Há menos estruturas funcionando que processos em movimento, dinâmicas e atritos, projetos em luta. O fenômeno das milícias são acontecimentos semiestruturados, manifestações da anarquia consentida, que foi e é acolhida no seio das organizações e convive com hierarquia e disciplina como seu avesso, sendo que verso e anverso giram em torno de eixos que variam no tempo e conforme conjunturas. As duas faces se negam, mutuamente, mas se reafirmam, sem serem reciprocamente funcionais, mesmo que, em diversos momentos, se reforcem, se alinhem, se aliem. A exposição a seguir explica a fórmula obscura.

Eis aí o desenho estrutural da autonomização. Vejamos a figura desdobrando-se no tempo. Os anos 1960 viram a emergência da scuderie Le Cocq, agrupamento de policiais formado para vingar a morte de um colega, que passaria, na sequência, a fazer "justiça com as próprias mãos" e se converteria no embrião dos famigerados esquadrões da morte, responsáveis por inúmeras chacinas. Não era novidade a existência de policiais "justiceiros", operando à margem da lei, frequentemente com a anuência dos superiores. A novidade era a divulgação midiática de seus feitos, difundidos como o triunfo da "lei do cão". Em grupo, nos esquadrões, ou individualmente, esses policiais "justiceiros" não eram senão pistoleiros de aluguel, que matavam a soldo, eventualmente aliando-se a assassinos que sequer eram policiais. Esse trabalho sujo não mobilizava reações das instituições nem inquietava as camadas médias e as elites porque fazia o sangue drenar por canais chancelados pelo racismo estrutural brasileiro e pelas desigualdades, matrizes das iniquidades na esfera da Justiça criminal. Eram pobres e negras, as vítimas dessa máquina bárbara. Sob silêncio oficial das autoridades policiais, tantas vezes sob sua inspiração, essa dinâmica atravessou décadas. A ditadura recrutou para operar os "porões" alguns desses personagens violentos, respeitados nas corporações policiais por sua valentia, e que não teriam dificuldade para se "recolocar no mercado", quando os centros de tortura fossem desativados, seja retornando aos postos de origem, seja assumindo o comando da segurança dos chefes do jogo do bicho, entre outras atribuições (cf. Jupiara e Otavio, 2015).

A tais nichos autonomizados, entretanto ligados às polícias, compondo esse híbrido estrutural singular – a anarquia consentida –, somaram-se muitos outros, durante e após o período da transição para a democracia, atraídos pela expansão acelerada da segurança privada informal e ilegal, que prosperaria na mesma proporção em que se degradava a segurança pública. Os nichos policiais autônomos foram também seduzidos pelo poder de compra dos traficantes de drogas – não mais somente dos bicheiros –, a partir dos anos

1980, quando o Brasil entra no mapa das rotas da cocaína colombiana para o mercado europeu.

A licença para matar serve também para não matar e negociar a sobrevivência do suspeito. Como a vida não tem preço, vendê-la é uma fonte inesgotável de lucro. A política que faculta aos policiais a execução de suspeitos abre as portas para o inferno da brutalidade, ensejando reações crescentemente violentas, e para a mercantilização da sobrevivência, cuja evolução culmina no acordo, o "arrego", pelo qual associam-se policiais e traficantes, estabilizando suas relações e precificando a cumplicidade (cf. Soares, 2020).

Historiadores chamaram a atenção para a importância do papel da emulação no desenvolvimento econômico. Países retardatários se beneficiariam das vantagens do atraso: aprenderiam com os tropeços dos outros, seus erros e acertos, e se credenciariam a saltar etapas. Guardadas as especificidades, a tese se aplica a outras esferas da experiência humana coletiva, inclusive ao crime. No longo convívio com traficantes, entre parcerias e confrontos, os policiais, membros de nichos autônomos, mais maduros e experientes, perceberam que seria possível maximizar lucros e minimizar custos e riscos, adotando método análogo, o domínio armado de comunidades e o controle de territórios, e diversificando os negócios. O comércio varejista das substâncias ilícitas, no modelo alternativo, seria apenas uma das atividades. Se eles, policiais, colocassem em prática esse modelo, prosperariam tanto que teriam condições de colonizar mais espaços, progressivamente, e investir em carreiras políticas, apoiando-se nos "currais eleitorais", subprodutos do poder que exerceriam. Como policiais, poderiam contar com suas instituições para acesso privilegiado a armas, informações e para ocupar comunidades, desalojando desafetos ou traficantes, que posteriormente seriam ser recrutados para atividades subalternas terceirizadas. O começo do itinerário rumo à riqueza e ao poder deveria fazer-se acompanhar do discurso da segurança contra traficantes, assaltantes, marginais. Na sequência, viriam as cobranças de taxas sobre acesso à TV por assinatura, à luz e ao gás, e logo o controle das Vans. Dali em diante, as terras públicas seriam apropriadas e o céu seria o limite – ou o inferno. As drogas voltariam ao cardápio, uma vez estabilizado o domínio miliciano, e alianças com facções do tráfico seriam bem-vindas – no momento, já há coalizões com o Terceiro Comando Puro. Em resumo, essa foi a história das milícias fluminenses, cuja transformação mais significativa deu-se como reação à primeira onda investigativo-repressiva, conduzida sobretudo pelo delegado Claudio Ferraz, de janeiro de 2007 a fins de 2010, no novo ambiente criado pelo ataque a uma jornalista, um fotógrafo e um motorista do Jornal O

Dia, ocorrido no primeiro semestre de 2008. A agressão amplamente noticiada obrigou o presidente da Assembleia Legislativa a instaurar a CPI das Milícias, que havia sido solicitada, sem sucesso, no início do ano anterior pelo então deputado estadual Marcelo Freixo. Se antes, governantes negavam a existência das milícias ou as exaltavam como "autodefesa comunitária", dali em diante as evidências se impuseram. Quase 500 milicianos foram presos. A virada induziu mudanças adaptativas: em vez de ostentar a força e punir em público, exemplarmente, as milícias criaram cemitérios clandestinos e passaram a evitar exibições gratuitas de violência. Por outro lado, contando com a retração do esforço repressivo e com a sempre renovada capacidade de corromper agentes públicos, intensificar o processo de autonomização e de ocupar espaços políticos, as milícias estenderam seus negócios para o setor imobiliário e outras áreas promissoras (cf. Cano e Duarte, 2012). Observe-se, todavia, que nenhuma generalização é procedente, porque os comportamentos variam conforme o histórico de ocupação dos locais, as relações ali estabelecidas, as características até mesmo pessoais dos membros da organização criminosa e as circunstâncias em que agem.

Outro fator decisivo no processo de autonomização tem sido a segurança privada informal e ilegal, que se tornou fonte de financiamento indireto do orçamento público na área da segurança. Para evitar o colapso do orçamento, provocado por demandas salariais, as autoridades toleram o envolvimento de policiais com o bico ou o segundo emprego na segurança privada, a despeito da ilegalidade. Caberia à Polícia Federal investigar e reprimir essa prática, mas lhe faltam agentes e recursos para missão dessa envergadura, da qual, por outro lado, prefere manter-se distante. Ocorre que, ao negligenciar a ilegalidade bem-intencionada de trabalhadores mal pagos que buscam nada mais que oferecer melhores condições de vida à família, as autoridades também deixam de identificar e reprimir práticas nocivas que geram fenômenos criminais como as milícias. Tudo assume maior gravidade quando delegados e oficiais da PM tornam-se proprietários de empresas de segurança, por interpostas pessoas (os "laranjas"), e agenciam seus comandados. Ilustremos: na segunda-feira, oficiais e delegados exigem dos subalternos obediência e respeito. Na terça-feira, são sócios do ilícito. Na quarta-feira, quão afetadas estarão as relações nos batalhões e nas delegacias? Emergem personagens de dupla face, servidores públicos e empresários, defensores da legalidade e agentes da ilegalidade. Espelham suas instituições, promotoras da ordem constitucional e incubadoras de nichos criminais.

A duplicidade gerada pela autonomização tem efeitos distintos nas duas corporações policiais estaduais, as civis e as militares, embora as consequências principais sejam comuns: a ingovernabilidade das instituições, seja pelos Poderes executivos, seja pelos próprios comandos centrais internos; a natureza peculiar de sua inscrição na República – elas atuam antes como enclave resistente à plena integração ao ecossistema republicano –; e a autorreferência que gesta e retroalimenta seus valores, performados rotineiramente, refratários à cultura democrática, embora profundamente enraizados na história da sociedade brasileira, marcada pelo racismo estrutural, o patriarcalismo e as desigualdades.

Quando contemplamos o processo de autonomização, podemos acompanhar o que sucede no dia a dia, junto à sociedade, e nessa trilha vamos das execuções extrajudiciais – que se estendem das scuderies aos esquadrões da morte e às incursões bélicas em favelas e periferias – à negociação com o crime, os "arregos", e daí à mimetização do crime, agravando-o e o disseminando na modalidade miliciana (cf. Soares, Ferraz et alii, 2010).

Contemplando a outra face do mesmo processo de autonomização, atentos para o que acontece no interior das instituições policiais, veremos que a proliferação dos grupos independentes e a arbitrariedade de seus atos correspondem a um pacto que redefine a autoridade hierárquica, deslocando a experiência do comando, e a restringindo, para a esfera administrativo-burocrática e a intimidade da vida na caserna, separada da sociedade e dos órgãos de controle. As divisões entre "rua" e "batalhão", "a ponta" e "o gabinete", espelham a valorização do policial dito "operacional" por oposição ao "burocrata", que "fala bonito, mas não faz". Fazer, aqui, significa atingir o objetivo, sabendo-se que os fins, nessa perversa ética utilitária, justificam os meios. O trabalho eventualmente sujo do operacional ofereceria aos superiores resultados, trunfos a serem recompensados com a moeda da confiança e do prestígio, que implicam, na prática, garantia de liberdade, isto é, cobertura para a autonomização em curso, na "ponta", na "rua". Os de baixo sabem que os de cima precisam deles para pavimentar suas trajetórias profissionais, galgando posições politicamente relevantes. Se os benefícios pecuniários obtidos ilegalmente por policiais agindo à margem da linha de comando e controle forem distribuídos para cima, as garantias serão mais robustas e duradouras, mas a autoridade institucional se fragilizará – a linha de comando e controle será progressivamente desmoralizada –, passando a depender cada vez mais apenas do poder do superior de produzir danos aos projetos (negócios ilícitos por achaques e acordos com criminosos) do subalterno – transferindo-o, por exemplo –, e à sua carreira, aplicando-lhe punições administrativas. Nem por isso o subalterno perderia seu próprio poder, a chantagem, dispositivo sempre acionável contra superiores.

Na polícia civil, hierarquia e disciplina apresentam outras características, assim como o processo de autonomização. Há mais horizontalidade, descentralização e flexibilidade, menos rotina, típica do patrulhamento, mais diversidade na definição dos focos de investigação e na economia de tempo. Enquanto a vertebração organizacional rígida da PM, centralizada e pronunciadamente vertical, destaca, por contraste, as ações de seus agentes quando atuam por sua conta e risco, sublinhando o processo de autonomização e sua natureza anárquica, a tendência centrípeta da polícia civil, menos centralizada e vertical, contribui para que a autonomização se confunda com seu funcionamento regular, na medida em que ela não seria mais que um esgarçamento de sua estrutura. Em outras palavras, antes da articulação entre as unidades distritais, imposta, no estado do Rio, pela informatização e os novos mecanismos introduzidos pelo programa Delegacia Legal, a partir de 1999, a polícia civil apresentava uma configuração mais próxima de um arquipélago de agências locais do que de uma instituição integrada e orgânica. Por isso, afirmava-se que a corporação era formada por baronatos feudais: delegados e agentes transferiam-se de uma delegacia a outra, levando consigo as informações e deixando a corporação sem memória, e sem a possibilidade de formular e implementar políticas, e avaliar seus resultados (cf. Soares, 2000). No arquipélago, não haveria chefia, mas consórcio de delegados e seus auxiliares permanentes, condomínio de interesses. O programa Delegacia Legal – que não por acaso custou ao autor ameaças de morte – modernizou a instituição, mas não o suficiente para inibir a autonomia que excede os limites de uma descentralização funcional e de uma multiplicidade coordenada. A autonomia penetrou tão radicalmente a corporação que o desafio tornou-se maior do que simplesmente bloquear a fragmentação centrípeta: tratar-se-ia de tecer os elos de comando e controle que estruturam uma instituição policial. Se o diagnóstico é consistente, compreende-se a dificuldade em separar o que é autonomização potencialmente cúmplice do milicianato (ou dos bicheiros, ou das máfias das maquininhas, etc.), daquilo que é autonomia intrínseca ao arranjo protoinstitucional. Como se vê, a anarquia não é o outro da polícia civil, como o é da PM.

Anarquia consentida instaura a instabilidade tensa que requer renegociações permanentes entre a ponta e o gabinete, as quais envolvem modulação nos graus de cumplicidade, comprometendo a hierarquia. Oficiais ou delegados que vão às ruas e participam de operações cumprem papel estratégico na mediação entre autoridade institucional e poder real, linha de comando e controle e a hierarquia reconhecida, aquela que vale, efetiva e praticamente. Assim como há anarquia consentida, fruto da anuência superior com a autonomização produzida na ponta, há a hierarquia consentida, a escala de poder admitida pelos operacionais, e que altera o estabelecido pelo organograma.

O preço a pagar é a ingovernabilidade pelos mecanismos institucionais e as hierarquias legais. Há governo, mas sob determinadas circunstâncias, até certo ponto, abarcando parcelas do contingente e não exercido por lideranças formais. Os superiores, inclusive governadores, sabem disso e cuidam para preservar laços com estratos mediadores. Essa discussão é importante, porque as atenções da imprensa e dos políticos, e até mesmo de promotores e juízes, frequentemente se detêm na perda do monopólio do uso da força por parte do Estado – evidenciada no controle territorial exercido por grupos criminosos –, ignorando que o Estado é uma rede de instituições e que elas – como é o caso das polícias – não necessariamente funcionam, ou melhor, não funcionam promovendo paz e ordem, segurança e estabilidade, a partir de decisões centralizadas, aplicadas por estruturas verticalmente organizadas, cumprindo mandatos constitucionais. O deslocamento da força dá-se sob impulsos espasmódicos e contingenciais, em direções díspares e com origens descoordenadas, o que inclui a participação ativa de fontes capturadas por interesses privados ilegais. Não basta olhar para os territórios sob domínio de poderes locais criminosos, é necessário olhar para dentro do Estado, cartografar sua anatomia anômala e verificar que começa aí a história dos territórios ao deus-dará, começa aí a epopeia funesta de desvirtuamentos que promove banhos de sangue, violações e genocídio, corrupções endêmicas e cumplicidades degradantes, epopeia reversa da qual as milícias representam apenas um capítulo. O conselheiro sensato confidenciaria ao Príncipe: é preciso estatizar o Estado.

A tese da autonomização articula: (A) A história da licença para a formação de grupos clandestinos para a execução de suspeitos, que passam a extorquir, negociar com o crime e matar a soldo, e na sequência se organizam para operar a fusão entre economia, política e crime, adotando o domínio local como método e cuja manifestação contemporânea são as milícias. (B) A natureza negociada da transição para a democracia, envolvendo a reserva da área da segurança pública por parte dos representantes do antigo regime, que a protegeram de reformas estruturais, legando para os novos tempos o modelo policial forjado na ditadura, que reforçava vícios herdados do passado autoritário e das origens escravocratas. Essa reserva estratégica criou um enclave refratário à Constituição, aos poderes republicanos e à cultura democrática, e contou com a cumplicidade do Ministério Público, da Justiça, de governos e de lideranças políticas. O sintoma de tal anomalia é a escala genocida das execuções extrajudiciais, que gera condições de possibilidade para as dinâmicas de autonomização. (C) A proliferação tolerada pelos poderes da República de agências de segurança privada informais e ilegais, compostas por policiais, inclusive membros de seus estratos superiores.

A configuração resultante indica a existência de duplo eixo de gravitação nas polícias, o primeiro repõe linhas institucionais de comando e controle, mas é tensionado pelo segundo, cujo magnetismo atrai e corrompe. Portanto, compreende-se que as milícias não sejam alvo de repressão e, mais que isso, disputem a liderança das corporações, influindo em indicações internas e externas para posições de comando. A alguns políticos oferecem, eventualmente, currais eleitorais e até apoio financeiro, e a não-utilização de dossiês negativos.

Dois casos emblemáticos ilustram a análise: o ex-policial militar Ronnie Lessa e o tenente-coronel Claudio Luiz Silva de Oliveira estão presos, respondendo pelos assassinatos de Marielle Franco e Anderson Gomes, o primeiro, e da juíza Patricia Acioli, o segundo. Em 1999, o então major Claudio comandava Lessa na famigerada Patamo 540200, do 9º Batalhão da PM, em Rocha Miranda, recordista em violações aos direitos humanos. O comando geral da PM não se beneficiava de qualquer vantagem pecuniária criminosa e recebia reiterados apelos da subsecretaria de segurança e da ouvidoria para intervir, mas via-se pressionado a não excluir os policiais, tidos como "operacionais" por comandos intermediários, os quais, além de relações no meio político, detinham o poder de desestabilizar a liderança institucional, atingindo o próprio governo – o chamado *spoiling power*. Na defesa dos policiais violentos somavam-se interesses inconfessáveis e convicções autoritárias que definiam a rendição ao discurso legalista dos direitos humanos como ameaça à cultura policial, à sua identidade institucional, à sua independência. Em suma, afastar os policiais "operacionais" significaria capitular ante o poder civil republicano. Era a voz do enclave que se fazia ouvir. Mais que corporativismo, era a bandeira da ditadura que ainda tremulava e, com ela, os valores refratários ao Estado de direito, enraizados em nossa história racista e autoritária. Ou seja, a autonomização traía a legalidade mas, em parte, no que dizia respeito ao uso da violência ilimitada, expressava valores caros à cultura do enclave. A ilegalidade ideologizava-se, em sua dimensão homicida, embora a problemática da corrupção – indissociável da violência – fosse negligenciada – era considerada inaceitável por alguns segmentos policiais e aceita por outros, como o preço a pagar para "produzir resultados". A luta interna, de resto atravessada por outras disputas ferozes, conduziu à exoneração, em março de 2000, do então subsecretário de segurança (o autor) e sua equipe. Não se poderia afirmar que a instituição polícia militar matava, extorquia, torturava, nem que essas práticas correspondessem à linha de ação adotada pela cúpula, seja da corporação, seja da secretaria, seja do governo. A PM e a secretaria constituíam campos de luta, e a existência, historicamente construída, do lugar estrutural para a anarquia consentida (na qual se sobrepõem a estrutura organizacional, suas dinâmicas internas e padrões de comportamento, legados pela ditadura como verdadeiro "enclave consentido") possibilitava a brutalidade policial letal e a corrupção contagiante, assim como a anteposição institucional às ilegalidades. A instituição funcionava? O verbo funcionar, nesse caso, não se aplicaria sem grosseiro reducionismo. Função é a superposição entre os domínios de duas variáveis, aqui traduzidas em impulso autonomista e força institucional, dinâmica centrípeta e energia centrífuga. As polícias foram capturadas por grupos criminosos? Captura e resistência à captura designam vitórias provisórias e parciais, de tal modo que as inclinações no balanço entre autoridade legítima e degradação institucional oscilam segundo os momentos políticos de nossa história (cf. RFPVSPDH, 2020). E esta é a formulação mais positiva possível, quando se observa o avanço miliciano sobre 57,5% do território da capital (cf. GENI/UFF et alii, 2020), a despeito de intervenções federais, quando recordamos que a segurança pública foi reservada como área impermeável à transição democrática, quando se reconhece que as polícias são tributárias de uma história maculada pela escravidão e sucessivas violações jamais enfrentadas com a necessária radicalidade.

Finalmente, uma indagação chave que sintetiza o percurso reflexivo: são as milícias subprodutos de uma necropolítica? Em certo sentido, sim, porque as políticas de segurança aplicadas pelos governos, com raras exceções, promoveram a morte em grande escala de jovens negros e pobres, sabendo quais seriam as consequências de suas escolhas quando adotaram a via do confronto e da tolerância com a brutalidade policial – houve até quem a estimulasse, publicamente. Se essa tolerância viabilizou os processos de autonomização que conduziram, combinando-se a outros fatores, à formação das milícias, a pergunta merece resposta afirmativa. Entretanto, é pertinente mostrar quais mecanismos são acionados, como operam, e quais dinâmicas se combinam para que a trama sinistra se ponha em marcha, o que, por óbvio, supõe uma história, escrita por escravidão, e uma sociedade, moldada por desigualdades. A qualificação de seus efeitos cumpre relevante papel político e dá nome justo à prática dos envolvidos, de alto a baixo, mas não basta para devassar a casa de máquinas, nem fornece as ferramentas para desmontá-las e construir alternativas.

REFERÊNCIAS BIBLIOGRÁFICAS

CANO, Ignacio; DUARTE, Thais. **No Sapatinho: a evolução das milícias no Rio de Janeiro (2008-2011).** LAV-UERJ e Fundação Heinrich Böll, 2012.

Grupo de Estudos dos Novos Ilegalismos (GENI/UFF), Datalab Fogo Cruzado; Núcleo de Estudos da Violência da USP; plataforma digital Pista News e o Disque-Denúncia. Expansão das organizações criminosas na capital fluminense. *El País*, 19 out. 2020.

MANSO, Bruno Paes. **República das milícias.** São Paulo: Todavia, 2020.

MISSE, Michel. **Crime organizado e crime comum no Rio de Janeiro: Diferenças e afinidades.** Revista de Sociologia e Política, v. 19, n. 40, p. 13-25, 2011.

OTAVIO, Chico; JUPIARA, Aloy. **Os porões da contravenção: jogo do bicho e ditadura militar: história da aliança que profissionalizou o crime organizado.** Rio de Janeiro: Record, 2015.

REDE Fluminense de Pesquisas sobre Violência, Segurança Pública e Direitos Humanos. Controle territorial armado no Rio de Janeiro. Nota técnica, outubro, 2020.

REINA, Eduardo; PEDRETTI, Lucas. **As mortes do esquadrão.** Ilustrada, Folha de São Paulo, 25 out. 2020.

SOARES, Luiz Eduardo. **Meu casaco de general: 500 dias no front da segurança pública do estado do Rio de Janeiro.** São Paulo: Companhia das Letras, 2000.

________. **Democracia despedaçada: a polícia contra o Estado.** Revista Piauí, n. 168, set. 2020.

________. FERRAZ, Claudio; BATISTA, André; PIMENTEL, Rodrigo. **Elite da tropa 2.** Rio de Janeiro: Nova Fronteira, 2010.

SOUZA ALVES, José Claudio. **Dos Barões ao extermínio: uma história da violência na Baixada Fluminense.** Rio de Janeiro: Editora Consequência, 2020.

.CAPÍTULO 4

MILÍCIAS, UM DESAFIO PARA A DEMOCRACIA

Depoimento a Francisco Ourique e Marcio Scalercio[1]

Temos diante de nós mais do que um tema, um desafio que nos angustia, nos mobiliza. É fundamental compreendermos o que significam as milícias, para que seja possível de alguma maneira definir políticas públicas, iniciativas e terapias para essa patologia tão dramática e com efeitos de fato degradantes para a sociedade, para a democracia.

É sabido que essas categorias variam historicamente e têm outras raízes, outras significações. Seguindo a trilha da história, recuo até os anos 60 ou talvez até meados dos anos 50 e, evidentemente, partindo de alguns pressupostos indispensáveis, levando em conta de que país estamos falando.

Nosso país é profundamente desigual e marcado pelo racismo estrutural. Um país cuja história tem sido muito dura e violenta. Portanto, os episódios, esses eventos, as circunstâncias e dinâmicas são profundamente violentos e, nesse sentido, compatíveis com as características da nossa sociedade. Sendo assim, dificilmente seriam possíveis em outros contextos.

Em meados dos anos 50 o chefe da polícia do Rio de Janeiro – esse episódio é narrado pelo professor Michel Misse – constituiu um grupo de policiais cuja função era executar supostos criminosos, os suspeitos para sermos mais precisos, e fazê-lo clandestinamente. Acentue-se a importância desse advérbio, clandestinamente, que evidentemente tem implicações. Nos anos 60, a partir de uma série de circunstâncias, que são inclusive bastante conhecidas, porque sempre são aludidas em relatos, inclusive os relativos à segurança pública ou à insegurança do Rio de Janeiro no início dos anos 60, formaram-se as "*scuderias*", particularmente a "Scuderie Detetive Le Cocq". Tratava-se

---

1 Este depoimento, aqui reduzido e revisto, foi originalmente publicado em *Insight Inteligência*, Ano XXIII, Número 91, Outubro/Novembro/Dezembro 2020.

de uma associação, um grupo de policiais inicialmente reunidos em torno de uma missão: vingar um colega, o detetive Mariel Mariscot, que havia sido morto por um criminoso.

A "Scuderie Detetive Le Cocq" se autocompreendia e se autodefinia como um grupo de justiceiros. Entretanto, cumprida essa missão mórbida, sinistra, o grupo não se desconstituiria, seguiria adiante atribuindo-se sempre novas missões, e todas orientadas por esse tipo de valor que lhes cabia, o de executar supostos criminosos. Ao longo dos anos 60, com desdobramentos diversos que não vêm ao caso, esse grupo original acabou se desdobrando tentacularmente, gestando um conjunto de coletivos ou de grupamentos policiais que então adquiriram um outro nome (esquadrões da morte), e que ainda eram orientados e atuavam sobretudo na Baixada Fluminense.

O professor José Claudio de Sousa estudou com profundidade única esse fenômeno, principalmente na Baixada, onde se realizava o mesmo tipo de tarefa, a execução de supostos criminosos. Esse tipo de prática depois alcançou outras vítimas. Se, inicialmente, a ideia era de que os suspeitos fossem executados, na sequência, esses grupos se converteram em pistoleiros a soldo, atendendo a demandas *ad hoc* no varejo do cotidiano e das políticas locais. Muitas vezes por motivos comerciais e econômicos; em outras, por motivos puramente pessoais ou políticos, executavam como profissionais do crime, profissionais do que se dizia, à época, da pistolagem. Atuaram não somente no Rio de Janeiro, pois isso foi um fenômeno conhecido Brasil afora. O Espírito Santo foi muito marcado por essa história também, assim como Minas Gerais, Norte e Nordeste. Há também episódios em São Paulo e no Sul.

Portanto, estamos diante não apenas daqueles grupos que foram gerados a partir da incubadora criminal que havia sido aquela Scuderie, inspirada já nas iniciativas dos anos 50, mas também tivemos a adoção da mesma prática e da mesma metodologia por grupos distintos de policiais Brasil afora. Os grupos aqui se converteram inclusive em protagonistas de manchetes na mídia.

POLICIAIS FORA DE FUNÇÃO, O REGIME MILITAR E OS BICHEIROS

Vários policiais foram, a partir de um certo momento, aliciados pela repressão da ditadura inaugurada em 1964 e, uma vez recrutados e treinados, serviram às práticas de tortura e de assassinato de opositores políticos do regime militar. Eles, entretanto, nunca deixaram efetivamente de estar organicamente vinculados às suas instituições policiais de origem. Com o declínio da ditadura e início do processo de transição, dedicaram-se integralmente às instituições das quais jamais deixaram de fazer parte.

Muitos deles foram perscrutando o mercado, encontraram nichos favoráveis e foram "adotados" pelos bicheiros, que eram os "capos", os chefes no crime organizado na Baixada Fluminense e na capital do Rio de Janeiro, atuando também para além dessas fronteiras. Eles serviram aos bicheiros não apenas como seguranças. Em algumas vezes, disputaram com os chefes e acabaram ocupando um lugar entre os barões do bicho. O caso mais conhecido é o do Capitão Guimarães (Aílton Guimarães Jorge).

São figuras híbridas, fruto dessa história heterogênea, irregular, descontínua, em que se passava sucessivamente da instituição policial para a atuação na repressão política, dali para o crime organizado diretamente e para um empreendimento econômico criminoso, finalmente. Alguns retornaram e foram absorvidos mais de uma vez por suas corporações. Essa história é muito importante porque é reveladora em alguns aspectos. Vamos suspendê-la, por ora, para nos concentrarmos na transição política.

AS MAZELAS DA TRANSIÇÃO POLÍTICA – MUDAR PARA QUE TUDO FIQUE COMO ANTES

A referência é um processo que se conclui, que culmina, em 1988, com a promulgação da nossa primeira Constituição efetivamente democrática. Evidente que isso não significa que ela tenha sido aplicada plenamente ou que tenha correspondido à realização substantiva da democracia tal como configurada formalmente nos seus termos normativos. No entanto, do ponto de vista formal, era efetivamente um documento importante e único em nossa história. Correspondia a uma conquista extremamente significativa. Entretanto, sabemos que as transições no Brasil, mesmo aquelas que envolvem algum nível de ruptura, se deram por negociações entre as elites, que acabaram sempre se recompondo. O Brasil é marcado pela modernização conservadora, pela via prussiana, se envolvendo com o capitalismo, pelas revoluções passivas, enfim pelo capitalismo intrinsecamente autoritário, que exclui a participação das massas, das classes subalternas e que acaba se reproduzindo, a despeito de suas mutações, por seu dinamismo, sempre a partir de rearranjos e novas coalizões que vão se formando entre representantes, líderes e as elites políticas, econômicas e sociais.

Isso não foi diferente em 1988, e nossa transição foi negociada. Nós saltamos do momento da verdade – para usar aquela distinção sugerida por Nelson Mandela e pelo caso da África do Sul, entre o momento de verdade e o momento de reconciliação –, e passamos diretamente para a reconciliação varrendo as cinzas do passado, as feridas, os cadáveres, as brutalidades, a barbárie toda, para debaixo do tapete e passamos imediatamente para o novo regime que se inaugurava com a promulgação da Constituição de 1988.

A negociação dessa passagem envolvia evidentemente os representantes do regime anterior, da ditadura militar, que ainda dispunham de alguma influência, e as demais forças políticas estabelecidas, sendo que o ambiente proporcionava aos representantes do antigo regime um poder de decisão razoável. Eles se interpuseram em alguns casos, e firmaram o pé em torno de algumas exigências; uma delas, entre outras, muito relevante para nós, aqui para nossa reflexão. Eles impuseram uma reserva na área da segurança pública. O campo institucional da segurança pública, quiçá em alguma medida, a justiça criminal, mais particularmente da segurança pública. E as estruturas organizacionais forjadas pela ditadura nos foram, portanto, legadas.

Na democracia herdamos as instituições sem qualquer reorganização, sem qualquer reestruturação. É claro que nos novos tempos, novos ares, novas referências legais, muitos procedimentos foram alterados. Mas percebam que, quando uma estrutura organizacional é preservada, é conservada, ela traz consigo seres humanos, indivíduos, homens e mulheres de carne e osso, com seus valores, crenças e disposições afetivas. Protocolos de ação, protocolos práticos, que estavam presentes na socialização, são absorvidos, incorporados, e mantidos de tal maneira que podemos dizer que essa reserva da área de segurança pública que, portanto, não foi atingida, não foi tocada, não foi atravessada pelo tsunami transformador da democracia, essa reserva acabou suscitando a inauguração, a instauração, de uma dupla temporalidade, se me permitem a imagem.

De um lado, tivemos o tempo fluente, vivo, da democracia: avanços, mobilizações, ampliação da experiência da cidadania, redução da pobreza bastante significativa ao longo das décadas subsequentes, maior participação; enfim, um conjunto muito significativo de avanço de conquistas, com limites, com contradições, evidentemente. Por outro lado, a consagração dessa outra temporalidade, uma temporalidade cristalizada, congelada, que remete aos tempos imemoriais, à nossa história mais funda, que é a história da escravidão, da brutalidade, do racismo estrutural, das desigualdades.

Essa história que marcou todo o percurso das instituições policiais ao longo do tempo esteve presente na reorganização ali forjada das instituições policiais. E essa história concentrada, temperada pela ditadura, nos foi legada. Portanto, é esse passado congelado, refratário às mudanças, ao dinamismo da democracia, é esse passado que convive, com todo seu peso, sua espessura e sua resistência com a vibração democrática da sociedade brasileira, sem idealizações, guardadas aqui todas as limitações já referidas.

Vejam que desenho paradoxal, uma dicotomia, uma dualidade, uma contradição. As corporações policiais não podem ser objeto de nenhuma descrição genérica, superficial, que sintetize toda uma complexidade em duas ou três palavras e qualificativos, mas não é equivocado dizer que depois da observação dessas últimas três décadas, no período democrático, está bastante patente que os segmentos mais numerosos desses quase 800 mil homens e mulheres que compõem nossas instituições policiais, a maioria de fato continua ligada a uma cultura corporativa, cujos valores foram aqueles apurados, maturados, que levedaram nos tempos do nosso passado mais remoto e que foram, digamos, atualizados durante a ditadura.

Ainda são aqueles que justificam execuções extrajudiciais, que confundem justiça com vingança e que são absolutamente refratários ao poder civil, à legitimidade republicana e à autoridade política. Imaginem então, homens e mulheres em armas, essa que é uma função crucial para qualquer estado democrático de direito. O estado democrático de direito não pode prescindir da força. O Estado é detentor monopolista do uso dos meios de coerção, do uso legítimo de coerção, e os aparatos policiais são aparatos fundamentais portanto, e lhes compete no limite o exercício comedido, moderado da força, seguindo evidentemente parâmetros legais, constitucionais, observando tratados internacionais de direitos humanos etc.

Essa é uma função preciosa, fundamental, em que se joga o jogo da vida e da morte. Portanto, estamos falando de instituições extremamente importantes, pois elas foram relegadas ao segundo plano, e toda nossa história republicana democrática recente se dá às expensas delas, como se elas permanecessem à sombra, à margem da vitalidade transformadora reformista. E o Brasil como nação conseguiu, então, conviver com o genocídio de jovens negros e de jovens pobres nos territórios mais vulneráveis, com a brutalidade policial letal sem paralelo entre os países que oferecem dados mínimos a esse respeito, com um nível de violência endereçada sempre, claro, predominantemente aos negros, aos mais pobres e residentes dessas áreas mais vulneráveis, sistematicamente, independentemente de governos, inclusive de suas orientações políticas ideológicas.

Essa temporalidade cristalizada, congelada, refratária aos princípios democráticos, esse enclave institucional que as polícias representam, mostrava inúmeras vezes que era refratária à democracia, repelindo a autoridade política republicana civil. Como se fazia isso? Impedindo que os governadores de fato comandassem essas polícias. É um fato que é preciso reconhecer: os governadores não comandam, salvo excepcionalmente, mas de fato não comandam suas polícias.

Os Ministérios Públicos, que são responsáveis constitucionalmente pelo controle externo das atividades policiais, a despeito de seus esforços admiráveis, infelizmente ainda são diminutos, insuficientes, minoritários. E a Justiça abençoa a cumplicidade, a que na prática verificamos em uma outra parte do Ministério Público, com a reprodução desse tempo congelado que é o passado redivivo que nos acompanha como uma sombra, como uma espécie de fantasma de um outro país a nos assombrar, um outro país que é o reverso, o avesso, que é o oposto daquilo que nossa Constituição define como sendo o nosso regime constitucional legal.

Isso se dá em função da natureza da nossa transição e das dificuldades extraordinárias que o poder civil teve ao longo de todos esses anos para lidar com essa questão, de elaborá-la, de compreendê-la, de compreender sua gravidade extraordinária.

Temos agora um fenômeno diante de nós que nos impõe a reflexão e a ação. Não é mais possível o silêncio negligente, a omissão cúmplice; não é mais possível pretender ignorar o que representam as polícias como instrumentos repressivos, com bases e com vieses que são inadmissíveis, cuja exibição ostensiva, cuja explicitação em alguns países, mesmo caracterizados pela violência crucial, como os Estados Unidos, provocam revoltas, insurreições que inundam a nação. Aqui temos episódios que lá são excepcionais, diariamente rotinizados, naturalizados. Isso não se daria, caso segmentos numerosos da sociedade não fossem coniventes, ou de alguma maneira compartilhassem também esses valores, e isso é extremamente interessante, é fascinante do ponto de vista sociológico, antropológico e histórico, mas é dramático para nós como brasileiras e brasileiros.

O Brasil convive com essa duplicidade, o enclave dessa força que resiste à democracia e convive com ela, com a anuência de instituições republicanas aceitando o inaceitável e aplausos da sociedade por conta do fato de que a cultura dessas corporações, que é uma cultura que tem traços fascistas, é uma cultura racista, misógina, homofóbica, brutal, que justifica o linchamento etc. Os seres humanos não são apenas isso ou aquilo, frequentemente são isso e aquilo e sociedades mais ainda. Pode haver – no caso brasileiro é evidente – empatia, compaixão, disposição afetiva e solidária e ao mesmo tempo a brutalidade mais atroz, a crueldade reiterada, e nós convivemos com isso, sendo simultaneamente o nosso passado e a antecipação de um futuro idealizado que nunca se realiza.

O QUE SÃO MILÍCIAS?

Não haveria isso que chamamos milícias, que são grupos compostos por policiais e ex-policiais civis e militares e alguns bombeiros e agregados que são recrutados e aceitos, além de, cada vez mais crescentemente, por traficantes de drogas que são cooptados para as novas coalizões, que hoje tem se estendido, tem se replicado. Por que foi possível chegar a esse ponto, em que temos 57% da população da capital do nosso estado sob o domínio seja de milícias seja de facções do tráfico, sendo a grande parte de milicianos? Nós temos hoje muito mais milicianos dominando a população do que traficantes. São quase 4 milhões de pessoas sob o domínio de grupos armados criminosos, milicianos ou traficantes, sobretudo milicianos, que é o poder que mais cresce e que se aliou ao Terceiro Comando puro, se opondo apenas ao Comando Vermelho, que é uma espécie de ilha de resistência do velho modelo. Como é possível que isso tenha ocorrido? E vejam: isso significa a negação do estado democrático de direito, porque é a negação do próprio Estado, que, ao deixar de ser monopolista dos meios de força legítimos, deixa de se apresentar propriamente como o Estado.

Isso foi possível por conta da nossa história, da natureza da nossa transição, cuja expressão mais imediata é uma política de segurança, por assim dizer, que, com exceções, com raras honrosas exceções ao longo de nossa história recente, se traduziram nessas chamadas políticas de segurança e autorizações para execuções extrajudiciais em confrontos criptobélicos ou protobélicos em áreas de favela e periferia, em territórios vulneráveis, com implicações dantescas e sem que houvesse a produção de qualquer êxito, de qualquer resultado razoável de interesse da sociedade, ou que estivesse minimamente em acordo com a legalidade constitucional.

Por que nossa história concorreu fortemente para a formação das milícias? Porque é uma história de autonomização, de nichos policiais que passam a agir com essa duplicidade de registro de referência, por isso eu falei dos esquadrões da morte, da Scuderie Le Cocq etc. São núcleos que permanecem na polícia, mas agem ilegalmente e clandestinamente. O leitor se recorda que logo no início foi dito para guardar esse advérbio; é relevante, porque isso não se converteu em padrão instituído, legalizado. Mesmo na ditadura, quando havia pena de morte, se requeria o julgamento. Mas o que está a se falar aqui é do linchamento, da execução extrajudicial, e, por favor, não confundam execução com legítima defesa, que é evidentemente autorizada pela Constituição e por todas as constituições democráticas e pelos tratados dos direitos humanos evidentemente.

Assim temos uma história de autorização tácita para a autonomização de nichos, de grupos que agem à margem da lei, permanecendo vinculados organicamente às instituições policiais. Esse modelo, na medida em que nós herdamos essa tradição acriticamente no momento inaugural da democracia que foi a transição, em que recebemos esse legado dessas estruturas organizacionais com essas práticas, elas trouxeram consigo seus vícios que eram intrínsecos às suas dinâmicas internas de funcionamento, e isso tudo é hipertrofiado e sublinhado pelas políticas que autorizam e recomendam as execuções extrajudiciais.

Por quê? Porque quando se concede ao policial na ponta a liberdade para matar, se lhe concede tacitamente também o direito de não fazê-lo; portanto, de negociar a sobrevivência e a vida, que é uma moeda extraordinária que está sempre se inflacionando. É uma fonte de recursos inesgotável. O que se paga para sobreviver? Tudo que se tem e mais alguma coisa. Atribuindo-lhe o direito de matar sem qualquer custo, sem qualquer condicionante, torna-se de fato o passaporte para a negociação da sobrevivência, e isso se estruturou, se organizou ao longo dos anos porque as economias acabam se compondo, se articulando segundo dinâmicas racionais.

Há uma tendência à racionalização, imperativos do cálculo etc., o que fez com que se passasse daqueles momentos iniciais de confrontos e debates no varejo, do comércio da vida no varejo, para uma situação mais estável, estruturada, que é a do "arrego", para usar a expressão carioca, ou seja, do contrato, do acordo, do pacto, enfim, da sociedade entre polícia e tráfico. E essa sociedade fez com que se tornasse indissociáveis as histórias – a história institucional e a do tráfico de drogas – cuja relevância no Rio não pode ser subestimada. Por mais que salientemos a importância desse fato, ainda estaremos salientando insuficientemente, porque isso foi decisivo ao longo de tantos e tantos anos, sobretudo quando associadas ao tráfico de armas, e isso tudo não se deu sem a participação e o protagonismo policial.

O "GATO ORÇAMENTÁRIO"

Durante a transição, as políticas que autorizam execuções, facultando aos policiais da ponta fazê-las, o que havia de novo? A autonomização, a constituição nesses nichos. E a isso vem se somar, e agora nos aproximamos da conclusão, um terceiro vetor nessa rápida genealogia, que é a segurança privada informal e ilegal. É preciso compreender isso. O orçamento público na área de segurança é gigantesco, não só no Rio de Janeiro. Contudo, é insuficiente para o pagamento de salários dignos, justos, à grande massa policial, porque são dezenas de milhares, sobretudo se nós incorporarmos os inativos. Desse modo, qualquer alteração tem um grande impacto. Esse orçamento irreal se torna real, ou seja, ele é viabilizado por um arranjo ilegal que eu chamo de "gato orçamentário", e só os cariocas e as cariocas me entenderão. Existe o "gato net", que são conexões entre o legal e o ilegal, que se dão de forma improvisada. Aqui nós temos o "gato orçamentário", que é essa conexão entre o legal e o ilegal. De que maneira isso se dá? Que ilegalidade é essa?

Todos os governos estaduais, não só do Rio de Janeiro, sabem que seus policiais vão para o segundo emprego, para o bico, a fim de completar a renda, porque os salários são insuficientes. E o fazem em que área? Como todos fazemos: na área de nossa expertise, da nossa competência. Ora, os governos sabem perfeitamente que milhares de policiais vão para a segurança privada informal e ilegal. Por quê? Porque é ilegal que o policial servidor público atue na segurança privada, pois se trata de óbvio conflito de interesse. Quanto melhor for a segurança pública, pior será a segurança privada.

É evidente que há uma divergência, e o que torna ilegal é essa conexão com a segurança privada informal e ilegal. Apesar disso, os governos olham para o lado e dizem que essa é uma responsabilidade da Polícia Federal e, efetivamente, pelo ponto de vista legal, é verdade. Mas a Polícia Federal não tem contingente, nem recursos, nem tempo, e nenhum interesse em meter a mão nesse vespeiro, sabendo que lá vai encontrar não só a arraia-miúda, para usar a expressão popular, mas também oficiais, delegados e autoridades das instituições policiais.

Assim, não estão na segurança privada apenas aqueles que buscam sobreviver com um pouquinho mais de dignidade, que tentam completar sua renda, honesta, perfeitamente compreensível e, digamos, até benigna, por suas motivações, embora ilegais. Temos ainda aqueles que são empreendedores e que aproveitam essa oportunidade, que não estão precisando disso para se alimentar, e estão buscando lucros em outra escala. E o fato é que, quando o governo não olha de forma consciente e negligencia como uma estratégia para viabilizar seu orçamento, deixando que os policiais complementem sua renda desse modo, não se dá então combate ao aspecto maligno do problema. E o que é maligno? São as ações e iniciativas daqueles policiais corrompidos que geram insegurança para vender segurança. E finalmente, existem aqueles que se organizam a partir da experiência no tráfico, compreendendo que podem ir muito além das quadrilhas, e aí formam de fato as milícias, com bases em alguma experiência local etc.

E quais desses policiais querem ir muito além do tráfico? Trata-se de homens mais velhos, mais maduros, mais experientes. São profissionais que observam o quadro, analisam a situação e averiguam se há possibilidade de domínio territorial e de controle sobre uma comunidade por grupos armados. E, em vez de apenas negociar substâncias ilícitas no varejo, uma vez assumindo o controle territorial, passam a taxar de forma arbitrária e evidentemente discricionária todas as atividades econômicas e custos dessa comunidade, inclusive o acesso à terra.

Desse modo, constituem-se como verdadeiros barões feudais. E esses espaços insulados conformarão uma geopolítica com uma configuração, uma espécie de grande arquipélago que tomou boa parte da cidade, na capital do estado do Rio de Janeiro e áreas da Baixada Fluminense, e ainda mais, avançando o estado adentro.

O PRIMEIRO COMBATE CONTRA AS MILÍCIAS

Chegamos à política. Esses grupos experimentados de homens mais velhos perceberam que não havia sentido, como os traficantes faziam, de simplesmente alugar acesso a candidatos. Os candidatos na hora da eleição querem ter acesso para fazer campanha, os traficantes escolhiam um ou outro, de acordo com pagamentos, e permitiam esse acesso. Os milicianos pensam com mais ambição e deduzem que eles mesmos podem se candidatar e ocupar espaço no Estado, na esfera política. E isso tem acontecido sistematicamente de tal maneira que eles, agora, não só utilizam a polícia para ajudá-los a conquistar espaços, a manter seus domínios, ao submeterem a polícia aos seus interesses, permanecendo a salvo, excepcionalmente incólumes, como também ocupam espaços de poder, espaços políticos nos Parlamentos e nos Executivos na Baixada Fluminense. Converteram-se no grande desafio, não só para a segurança pública do Rio de Janeiro, pois esse é um problema que tem aqui seu coração, mas que se irradia para todo o país, isto é, mais um o problema para a democracia brasileira.

Notemos que esse é um tipo de poder paralelo em ascensão. Diga-se de passagem, essa categoria, "milícia", passou a ser aplicada, a partir de 2006, graças à jornalista Vera Araújo, do *O Globo*, aos grupos que dominam territórios em comunidades aqui no Rio de Janeiro, grupos formados sobretudo por policiais. Até então nós nos referíamos a esses grupos como "polícia mineira", ou "polícias mineiras". Mineiras porque garimpavam, mineravam, agiam para se beneficiar ilegalmente etc. E Vera Araújo passou a usar o termo milícia, que em seguida foi adotado porque cabia muito bem para a definição dessas máfias locais por assim dizer.

E nós tivemos, a partir de janeiro de 2007, o privilégio de contar com um delegado muito corajoso, audacioso, que tinha naquele momento o suporte da Secretaria de Segurança; Claudio Ferraz, titular da DRACO (Delegacia de Repressão ao Crime Organizado). De 2007 a 2010, Ferraz prendeu quase 500 milicianos. Até então os milicianos não eram presos. Houve apenas um ou dois casos antes. Por quê? Porque, segundo as autoridades, sequer existiam, não se percebia isso; ou algumas outras autoridades se referiam à autodefesa comunitária, porque evidentemente essas milícias nasceram vendendo segurança privada, vendendo manutenção da ordem nas comunidades.

Vejamos um caso: o do irmão do deputado Marcelo Freixo, Renato Freixo, que se tornou um personagem relevante nessa história. Em 2006, foi eleito síndico do seu condomínio em Niterói e resolveu compreender que história era aquela, onde estavam os contratos, de quem era a empresa que oferecia, afinal de contas, segurança? Qual a legalidade daquilo? Foi assassinado.

Isso é um sintoma, uma demonstração muito triste, mas muito evidente e ilustrativa do que acompanhamos. As autoridades políticas, às quais convinha o silêncio, até porque tinham apoio nessas áreas que se convertiam em verdadeiros currais eleitorais em seu benefício, essas autoridades silenciavam ou negavam a existência das milícias ou apenas se referiam à autodefesa comunitária.

Naquele mesmo ano, Vera Araújo produziu algumas matérias importantes no *O Globo*, muito críticas, chamando atenção para a dimensão criminosa dessas organizações. Já em 2007, no início da nova legislatura estadual, o recém-eleito deputado estadual Marcelo Freixo apresentou, no primeiro dia, logo na primeira semana da nova legislatura, um pedido de abertura de uma CPI sobre as milícias. O presidente da Alerj, Jorge Picciani, negou e engavetou o pedido.

O delegado Claudio Ferraz começou a realizar seu trabalho, e as matérias se reproduziram. No primeiro semestre do ano seguinte, em 2008, houve um episódio que se tornou muito conhecido no Rio de Janeiro e muito triste, em que uma jornalista, um motorista e um fotógrafo do jornal *O Dia* foram feitos reféns, torturados e quase executados na favela do Batan, já sob o controle das milícias. Eles faziam uma reportagem sobre esses grupos. Foram salvos porque vazou a notícia, e os milicianos os libertaram. Mas o impacto sobre a vida deles foi trágico. Isso veio à tona, ocupou as manchetes da mídia na época, e a sociedade se sentiu de fato tocada e sensibilizada. O presidente da Alerj foi obrigado a desengavetar o pedido da CPI das milícias, e o deputado Marcelo Freixo se tornou o relator da CPI, que cumpriu um papel muito importante.

A CPI conduzida por Freixo indiciou mais de 250 indivíduos – policiais –, alguns inclusive com cargos eletivos. O trabalho de Claudio Ferraz permitiu muitas prisões e repressão qualificada. Depois desse período, nosso colega Ignácio Cano, com nossa colega Thais Duarte, realizaram uma pesquisa importante, que mostrava que, a partir dessa repressão, as milícias, de uma maneira geral, tinham alterado seus comportamentos, suas táticas. E elas, em vez dos tormentos públicos, das torturas e dos assassinatos públicos que eram usados como didática para assinalar seu poder como forma de coação, passaram a criar cemitérios clandestinos e agir, como se diz popularmente, no "sapatinho", termo que inclusive é título do relatório da pesquisa dos colegas Cano e Thais.

Dessa forma, houve uma alteração, um recuo, um refluxo e uma mudança de atitude. Os milicianos não se tornaram pacíficos e ordeiros, mas passaram a matar e a brutalizar de outra forma, com outros métodos. Daí se inaugurou um período muito longo, em que tiveram de novo a possibilidade de recomposição, se articulando com a política, obtendo apoios, promovendo um novo crescimento desses grupos. É claro que, quando nós temos na Presidência da República alguém como Bolsonaro, que defende a flexibilização de acesso às armas, que defende a violência policial e o faz ostensivamente elegendo um torturador como seu herói, logicamente esses grupos se sentem estimulados, incensados, e a brutalidade recebe assim um combustível importante. Nossos tempos são bicudos, são tempos dramáticos, difíceis.

Outro aspecto a ser enunciado é a situação dos policiais honestos. Isso não é simples, porque vamos nos colocar na posição de um policial honesto – e há milhares e milhares deles. Esses policiais honestos sabem perfeitamente o que seus colegas fazem. Mas quem de nós ousaria confrontar esses colegas criminosos, que gozam de prestígio, que sabem qual é o nosso endereço, conhecem nossa casa, onde nossa família mora, os quais são capazes de qualquer violência? Os policiais individualmente se sentem acuados é claro. Que força externa seria capaz de, com independência, fazer face às milícias?

INTERVENÇÃO MILITAR: O LABORATÓRIO FRACASSADO

O estado do Rio de Janeiro já teve um laboratório. Em 2018, tivemos a intervenção federal. Era um grande laboratório. Era um momento para que verificássemos se as Forças Armadas, ou Exército pelo menos, seria essa força capaz de, com independência, enfrentar esse desafio decisivo, de vida ou morte para democracia brasileira, não só para o Rio de Janeiro. Era um grande teste para verificar se haveria alguma competência para lidar com a questão. Mas não houve nem competência nem interesse, e se havia independência, ela não se manifestou na prática, e nós então continuamos assim, salvo um ou outro episódio eventual.

O assassinato de Marielle e Anderson é o sinal mais terrível da insubordinação, da arrogância das milícias. Então nos perguntamos: de onde virão essas forças? Quais serão as instituições? Por que o Ministério Público se cala com a violência policial e não age com o protagonismo, com as iniciativas que nós desejaríamos? Não compreendem as milícias como sendo um desvio ainda associado profundamente às próprias instituições cujo controle externo lhe compete. O Ministério Público não tem sido esse ator, e a Justiça muito menos; o que podem querer dizer é que abençoam a situação tal como está.

GOVERNADORES E CHANTAGEM: O PROBLEMA DOS DOSSIÊS

E os governos? Os governos, e eu acompanhei isso ao longo de muitos anos, se tornam presas fáceis dos grupos corruptos nas polícias. Tais grupos são muito hábeis na elaboração de dossiês e, nos primeiros dias do governo, apresentam aos governadores materiais que os incriminam. A partir dessa chantagem, os governadores se sentem acuados. Essa é uma prática reiterada.

Independentemente disso, o governador ou os governadores contam com as polícias. E as polícias são justamente as incubadoras das milícias, são a fonte do nosso problema. É um dilema extraordinariamente relevante, que tem de ser encarado pelo país inteiro e tem de ser da democracia. Deve mobilizar o que nos restar de oxigenação democrática para que, juntos, nós concebamos alternativas. Mas a prática política usual aponta na direção de envolvimentos crescentes. O fato é que não é possível ser muito otimista nesse momento.

Há um complemento que deve ser feito quanto aos dossiês. Inteligência hoje tem outros significados. Inteligência está associada à provisão de informações, sofisticação de diagnósticos, provisão de dados e evidências e de instrumentos metodológicos de análise. Inteligência é uma área efetivamente rica na articulação e na disponibilização do conhecimento produzido. Então é uma área muito interessante, que nada tem a ver com espionagem e com aqueles torneios turbulentos, arbitrários, aquelas tramas de cinema. Tem muito mais a ver com o trabalho nosso de pesquisa, universidade etc., a que coloca à disposição de gestores e de operadores, o que se conhece a respeito de questões relevantes da sociedade. Os agentes da área trabalham de outra maneira e têm uma longa tradição na ditadura; e aqui, de novo, estamos falando do que significou a continuidade ao longo da transição democrática nessa área. Essa é uma área reservada, não tangida, não transformada pela dinâmica da democratização.

Quem ouve conversa telefônica entre duas pessoas com autorização judicial ouve o que quer e o que não quer. Ouve o que busca e o que não busca, mas nem por isso deixa de ter algum interesse, se o propósito é a chantagem.

Então imaginem um político e um empresário conversando. Surgem não só informações atinentes a um caso específico objeto da autorização, do mandado judicial, como também surgem eventualmente conversas sobre amantes, sobre situações que podem ser até mais delicadas para os interlocutores do que propriamente o tema da investigação. Nos países democráticos com alguma tradição de mínimo respeito às regras do jogo, tudo aquilo que é sobra, que é excesso e que não diz respeito diretamente ao tema autorizado tende a ser destruído. No nosso caso, se tornou muito comum criar bancos de dados com as sobras, com os retalhos das conversas, os retalhos da arapongagem, que poderiam ser eventualmente úteis.

Percebe-se uma conexão interessante, miúda, provinciana, rasteira, primitiva, primária; entretanto, fundamental entre uma história da repressão da ditadura treinando operadores para um trabalho sujo e a aplicação do trabalho sujo na democracia como instrumento de coação, de constrangimento sobre autoridades.

Tais práticas têm esses impactos e explicam em parte a timidez de tantos de nossos Poderes Executivos estarem acuados por intimidações oriundas dos métodos dos porões.

MILÍCIAS E LUCRATIVIDADE

Quanto à lucratividade das milícias, claro que esse é um obstáculo à contenção do seu crescimento. É muito atrativo, sobretudo no momento de crise, quando policiais veem seus colegas comprando carros do ano, casas, enfim enriquecendo. E quando não há uma formação ética e um comprometimento institucional muito vigoroso, isso acaba se impondo. E como nós temos instituições estilhaçadas, despedaçadas, por conta desse atrito entre suas culturas corporativas e a institucionalidade republicana. Elas são estilhaçadas porque vivem um enclave. Aquilo que justifica o descumprimento da Constituição nas execuções extrajudiciais, justifica também a corrupção.

Esses grupos se retroalimentam, porque, no fim das contas, são justiceiros ou assim se pensam inicialmente; depois, nem eles próprios conseguem manter o discurso desse tipo. Mas percebam como o desajuste, esse desarranjo, essa torção que gera o enclave refratário à democracia, gera de fato uma área de sombra que proporciona a gestação não só de práticas de violência, mas também de práticas de corrupção, corroendo os valores republicanos. Grupos muito numerosos, que têm inspiração efetivamente fascista, não acreditam e não valorizam a política, isso que chamam de sistema, constituição e leis. Engana-se quem imagina que esses policiais violentos são apaixonados pela legalidade e mantêm o que fazem por amor ardoroso às leis, sendo mais rigorosos do que o próprio rigor. Não tem nada a ver com qualquer tipo de comprometimento com a legalidade.

A lucratividade, assim, é parasitária e depende do dinamismo econômico das comunidades, e a criatividade é grande: são as vans, o gato net, o controle sobre os bares e restaurantes e o pequeno negócio. Passa-se também ao gás, o monopólio da venda de gás, cobrando-se mais caro do que a concorrência, mas impondo aquele consumo. Depois, o controle de terras públicas, sua privatização selvagem, a apropriação e expropriação de conjuntos habitacionais, a expulsão de moradores originais, caso não sucumbam às imposições, revenda de apartamentos que são produzidos com dinheiro público e por aí vai. Construções ilegais, tais como vimos na Muzema, em cujo desastre morreram 24 pessoas, e os negócios, que vão aumentando, os transportes etc. São muitas as articulações.

É claro que um impedimento importante para reduzir a atratividade das milícias e, por consequência, reduzir a velocidade de sua reprodução e intensidade seria a criação de modos de proteção aos operadores da economia local, comerciantes, entre outros. Se as polícias honestas atuassem nesses territórios como atuam em Copacabana, no Leme, Ipanema ou Leblon, por exemplo, ficaria difícil para esses grupos coagir e impor a cobrança de taxas. Mas como esperar que isso se realize se de fato a cabeça política do estado e as lideranças institucionais não estão dispostas a esse enfrentamento por múltiplas razões?

Quanto ao envolvimento de milícias com igrejas, aqui não há o que dizer de muito específico. O que existe são trabalhos de pesquisadores, em geral com as referências conhecidas, sobre as relações entre facções do tráfico e igrejas em algumas denominações neopentecostais. Isso é muito conhecido. Nós temos traficantes religiosos que aderem de fato a esses pastores e a esses núcleos locais, que por sua vez se articulam com o tráfico de drogas e com milícias igualmente. Até que ponto servem também para a lavagem de dinheiro? Há muitas especulações nesse sentido, inclusive dentro da polícia honesta sobre essas possibilidades.

RIO DE JANEIRO EM COMPARAÇÃO A SÃO PAULO: MODELOS DE ORGANIZAÇÃO DO CRIME

São as milícias um fenômeno eminentemente carioca? Essa é uma pergunta difícil. Nós encontramos modalidades de nichos compostos por policiais, sobretudo que se autonomizam e que se convertem em novos personagens do universo criminal no Brasil todo. Mas nessa escala e com essa metodologia de controle territorial, não. É um fenômeno especialmente fluminense, mais do que carioca, que reproduz um arranjo inventado e inaugurado pelo tráfico de substâncias ilícitas, que é do controle territorial e de domínio sobre comunidades.

As diferenças entre o tráfico no Rio e o PCC foram muito bem estudadas. Há etnografias preciosas sobre o PCC e sobre o tráfico. Conhece-se bastante bem o tema por meio desses retratos oriundos de tantas boas pesquisas e há uma analogia possível ao que é proposta por mim em artigo publicado no livro organizado por Gabriel Feltran, que é um desses importantes estudiosos do PCC. No artigo em questão, sugere-se alguma associação entre a economia, a sociedade paulista e o PCC e a economia, a política fluminense e o tráfico, tal como nós o conhecemos. E é bastante interessante pensar nisso.

Para usar simplificações grosseiras e caricaturais em um desenho ligeiro e superficial, temos em São Paulo uma sociedade que foi fortemente industrial, com movimento popular intenso e dinamizado pelo sindicalismo, uma sociedade orgânica, estruturada em torno da divisão social do trabalho de ponta do capitalismo brasileiro. Já no Rio de Janeiro, o declínio do que havia de indústria, a decadência do setor industrial, predomínio dos serviços, a degradação econômica, o deslocamento da capital do país com uma série de implicações e uma sociedade marcada pela informalidade; por aquilo que o velho Marx chamava lumpesinato, que era um nome no fundo para designar a inorganicidade. Nós vivemos em um país da inorganicidade, e organizar é uma tarefa quase inglória. Então quem é que organiza no Rio de Janeiro? Agora são as igrejas populares evangélicas que organizam na base – antes eram as igrejas católicas progressistas. Se nós não pensarmos nas igrejas, o que mais organiza?

Não temos propriamente organizações em uma sociedade inorgânica, mas agregações em torno de lideranças carismáticas, como foi, por exemplo, o fenômeno Brizola. Há, neste momento, a possibilidade de endosso a uma liderança messiânica ou carismática, mesmo fascista ou pró-fascista como Bolsonaro. São agregações, *ad hoc*, circunstanciais, em torno de certos discursos de valores mobilizados e de certas negociações mais ou menos com esse propósito. O resto na política é também o varejão, a informalidade e a inorganicidade também em um mundo partidário. Vejam o que foram o PT de São Paulo e o do Rio em termos de impacto sobre a sociedade, inclusive brasileira. Aqui as negociações *ad hoc*, negociações locais que a chamamos de fisiológicas para resolver problemas imediatos.

Acompanhando o raciocínio, o tráfico tal como se organiza no Rio, é absolutamente antieconômico e irracional, não tendo como sobreviver. Só pode sobreviver enquanto a decadência do Rio persistir. Por quê? Quando se iniciaram as experiências das UPPs, dei uma entrevista para o *O Globo* dizendo que não acreditava naquilo, porque não era uma política pública; era um programa visando basicamente propósitos mais políticos, cosméticos, porque não havia reforma da polícia, e com essas polícias aquilo seria insustentável.

Enfim, se desse certo e onde desse certo, significaria um grande salto de qualidade de racionalidade para o tráfico. O tráfico se modernizaria, renasceria porque teria de abandonar esse modelo de domínio territorial. Isso porque é necessário um pequeno exército fortemente armado, correndo risco de vida, inviabilizando a fluxo do que se quer conseguir, tendo de comprar a adesão, a cumplicidade policial sempre por preços superiores, em uma situação instável, sobre risco permanente, para negociar substâncias ilícitas que no mundo inteiro são negociadas em um método errante, nômade, com trânsito em algumas áreas da cidade.

Já para a milícia, o domínio territorial é rentável porque se trata de impor a cobrança sobre todas as atividades econômicas, mas para o tráfico não faz nenhum sentido. O tráfico em São Paulo adota um modelo empresarial descentralizado, hiperflexível, com delegação de autonomia na ponta. É um modelo de negócio que funciona, prospera com menos atrito com a polícia, menos problema, menos custo, menos risco e que corresponde a uma dinâmica econômica mais desenvolvida.

O ponto é que as milícias acompanham modelos criminais e societários, econômicos e políticos, em uma sociedade inorgânica na qual se torna possível criar uma geopolítica com base em baronatos feudais, entre aspas, nesse arquipélago. Isso é impossível em São Paulo. E o Rio é a capital das milícias por conta também da história das nossas polícias, da brutalidade das nossas polícias desde a época da capital do país, com a centralização, a hiperpolitização que isso implicava. Então há elementos históricos que tornaram as polícias do Rio muito mais poderosas, politizadas, incontroláveis e menos sensíveis a apelos constitucionais, menos encantadas pela simbologia republicana democrática.

Acerca das conexões internacionais existentes, o tráfico fez isso. Primeiro foi o Fernandinho Beira Mar, que substituiu aquelas mulas, os sujeitos que vinham trazer aqui as drogas das fontes colombianas, peruanas e tal, mas sobretudo colombianas. O Fernandinho Beira Mar organizou isso, e quem conta muito bem essa história são Camila Dias e o Bruno Paes Manso em um livro sobre a guerra de disputa nas conexões internacionais sobretudo o PCC, mas também o Comando Vermelho mais e mais. As milícias terão de se internacionalizar na medida em que estão entrando no mercado das drogas com força.

PRIORIDADES DO ESTADO

É possível o Estado controlar as milícias? Bem, até agora o estado não foi capaz, nem se dispôs a fazê-lo. E mais: a agenda pública não impôs aos tripulantes do Estado, que são os governos, a definição do combate às milícias como prioridade. Há um exemplo anedótico que é bem expressivo disso. Eu estava em São Paulo em 2010, o filme "Tropa de elite 2" tinha feito um grande sucesso. Quem o assistiu sabe que o foco são as milícias. Subitamente aquilo ganhou uma projeção muito grande e uma projeção negativa para as milícias. Eu estava em um seminário em São Paulo e recebo um telefonema do Zé Padilha, diretor do "Tropa" dizendo: "Luiz você viu o que aconteceu? Tão fazendo 'Tropa 3'". "Que isso, Zé, como assim? Quem tá fazendo?" Era o início da invasão do Alemão, filmada em tempo real como se fosse efetivamente dramaturgia, ao vivo e em cores, com narradores no local, com cobertura em tempo real e as emoções todas. E qual foi o enquadramento midiático e político conferido àquela intervenção? De um lado o bem, do outro, o mal. Quem fazia o papel do mal? Eram os traficantes lá do Alemão, que fugiam pelo alto, sandália de dedo ou descalços, sem camisa, carregando algum fuzil. Esses eram a personificação do mal. Do outro lado, o Estado brasileiro, as Forças Armadas e as polícias representando o bem.

A questão das milícias, que é demanda das polícias, foi para o espaço, e a agenda sofreu uma reflexão imediata. Ora, aquilo tudo se deu com essa intenção? Não, claro que não. Mas esse foi um dos resultados. Quando naquele momento parecia que trazíamos para o centro da agenda a questão miliciana, surge uma situação que desloca de novo o tema, e retornamos à velha polaridade de polícia *vs.* tráfico, que é um engano, um engodo total, porque não há tráfico sem polícia, e o problema nosso é justamente a degradação das ações policiais, o que não significa uma acusação aos policiais e seu conjunto, ou as instituições em que há milhares deles que pagam um preço altíssimo e são honestos e honrados, arriscando sua própria vida com salários indignos tantas vezes.

Vamos reunir o que há de vivo, de inteligente, nas polícias, fora dela e na sociedade para pensar passo a passo. As milícias não terão mais sossego e as polícias começarão de novo. Como começamos de novo? Há muitas propostas, mas isso se resolve daqui há 2 anos? Não. Mas em algum momento tem de ser iniciada essa transformação.

Existe ainda outro ponto a ser destacado. São Paulo assistiu a um declínio espantoso dos homicídios, e o governo nadou de braçada e se apresentava jubiloso em triunfo, como responsável por domar a criminalidade sobretudo letal etc. E nós sabemos, pois as pesquisas são fartas nesse sentido, que depois daquela crise de 2006 o PCC, que detém o controle monopolista, não pleno, não é monopólio absoluto pleno, mas lidera o universo criminal em São Paulo, embora com muita flexibilidade de centralização, mas lidera.

O PCC, que tem uma cabeça muito mais empresarial do que a dos líderes do tráfico no Rio de Janeiro, decidiu que não se mataria mais, a não ser a partir de autorização da cúpula por mediações burocráticas específicas, a partir de critérios definidos de uma maneira sólida e consistente. Claro que há falhas e decisões que se impõem e que são perdoadas ou toleradas, mas se constituiu um mecanismo interno de controle porque não interessa criar essa violência, chamar a atenção da sociedade e acabar jogando a pressão da sociedade e das polícias contra os negócios.

Isso não ajuda os negócios do crime. Então houve um refluxo, e isso foi a principal razão da queda do número de homicídios no Brasil. Houve um plano nacional, uma queda entre... não me lembro se 2015 ou 2016 até 2017. Houve dois ou três anos de queda, que se deveu também a reajustes no mundo criminal. Nós não sabemos exatamente, isso requer mais pesquisas, mas essa é uma hipótese forte, associada à mudança no perfil demográfico e algumas outras variáveis possíveis.

ZONAS DE SIMBIOSE E ATRITO ENTRE MILÍCIAS E POLÍCIAS

Na zona oeste da cidade do Rio, o crescimento das milícias importou em menos mortes, como observo em um artigo que escrevi há muitos anos sobre o que é segurança pública. A gente fala muito disso, mas poucas vezes se define efetivamente. Eu definia como estabilização de expectativas favoráveis relativamente à cooperação social, estabilização de expectativas e sua generalização. Estabilização favorável à cooperação, e eu procurava justificar com base lá nos argumentos que vêm do século XVII, da filosofia política, mostrando que simplesmente não há alternativa de entendimento, porque, se definirmos segurança com ausência de crime, teríamos que reconhecer que os totalitarismos então é que garantem segurança pública, e nós não podemos confundir segurança pública com a paz nos cemitérios, com o império do medo e da coerção.

Segurança pública só pode ser um tema plausível no estado democrático de direito, senão nós podemos trocar a morte e o crime pela operação brutal do

Estado. Nesse sentido, essa queda de crimes da zona oeste não representa um aumento da segurança pública no Rio de Janeiro. Não pode ser assim definida, pois quando o governador afastado Wilson Witzel dizia que houve queda no número de crimes no Rio de Janeiro, eu lhe perguntava se ele estava computando entre os crimes – ele se referia aos roubos –, se ele estava computando entre os roubos as apropriações indébitas operadas cotidianamente pelas milícias em todo o estado.

Como a polícia se beneficia da milícia enquanto corporação? Sem dúvida, dessa forma há um resultado que interessa sobretudo aos comandantes e àqueles que se beneficiam com premiações ou algum reconhecimento institucional, que provém da redução de casos, mas o que há muito é o benefício na direção contrária. As milícias se beneficiam das polícias apontando áreas que devem ser objetos de incursões, para eliminação de competidores, para liquidação eventual de traficantes e depois a subordinação dos sobreviventes. São cooptados para tarefas terceirizadas do tráfico, para ameaças, para armamento etc. As polícias abastecem e fornecem instrumentos e mecanismos para as milícias. E esses acordos vão tomando conta e degradando a instituição.

Quais as zonas de simbiose e de atrito entre polícias e milícias? Essa é a última questão e talvez a decisiva e mais difícil. Zonas de simbiose são aquelas de cooperação. A cooperação pode se dar por benefício ou por redução de dano. Benefício quando há um escambo, uma distribuição do butim; há uma partilha do que é fruto do esbulho, a partir dessas operações criminosas todas, sistemáticas. Isso acontece frequentemente, e a redução de danos se dá quando a alternativa é pior. Por exemplo, como um policial poderia se dedicar a combater seus colegas milicianos se sabe que eles não têm limites, são violentos, assassinos e conhecem seu endereço? A sobrevivência, a paz, a tranquilidade é um benefício nesse caso diante de tantos riscos que se apresentam aos policiais.

O atrito se dá com uma contraface da redução de danos, de ameaça patente. E também o atrito se dá quando existe confronto efetivamente nos setores que resolvem enfrentar o problema. Cláudio Ferraz, o delegado titular da DRACO, que foi campeão em prisões de milicianos até pouco tempo atrás ainda andava com segurança. Marcelo Freixo só anda assim também. Há um preço alto a pagar. Eu mesmo tive que sair do país, de passar anos fora do Rio de Janeiro, também no período de enfrentamento. Os atritos são constantes.

DESMILITARIZAÇÃO DA POLÍCIA, UM CAMINHO?

O tema da desmilitarização me é muito caro, e dediquei ao assunto um livro em 2019, cujo título é "Desmilitarizar". Isso não é uma panaceia. Mas observem que temos nas milícias tanto policiais militares quanto policiais civis. A brutalidade policial letal não é um monopólio militar, nós encontramos envolvimento também de policiais civis. Aliás, me parece um contrassenso, até do ponto de vista constitucional, manter unidades bélicas ou protobélicas, unidades de ação de combate, como a CORE, que é um fac-símile do BOPE na Polícia Civil. Então quando discutimos a desmilitarização, não podemos nos iludir. Entendo que isso é imprescindível, mas está longe de solucionar nosso problema. É um passo necessário entre muitos outros.

Contribuí para a elaboração de uma Proposta de Emenda Constitucional, que foi apresentada pelo então senador Lindbergh Farias ao Senado Federal, em 2013, a PEC 51, em que nós elencamos um conjunto de medidas que funcionariam como uma verdadeira refundação das polícias brasileiras. Isso tudo realizado com pleno respeito aos direitos adquiridos dos trabalhadores policiais etc. Felizmente, um movimento importante, embora diminuto numericamente, dos policiais antifascismo tem na PEC 51 uma de suas principais bandeiras.

Hoje há pelo menos um discurso, uma proposta sobre a mesa para ser discutida para quem considere necessário refundar nossas instituições na área de segurança. A PEC 51 envolve a desmilitarização como um dos pontos fundamentais. Quem tiver interesse, sugiro dar uma olhada no livro "Desmilitarizar" ou no meu site, no qual há muitas matérias e artigos meus, entrevistas em vídeo, áudios sobre desmilitarização e temas análogos. O site tem meu nome: luizeduardosoares.com.

AS CONDIÇÕES DE TRABALHO DA PM

Mas, sobre policiais corretos, que são milhares, e para se ter uma ideia do que eles sofrem e passam, porque estamos aqui falando desses horrores todos, e não estamos demonstrando nenhuma empatia com os trabalhadores cidadãos policiais, e pelo seu padecimento. Eles são vítimas também, milhares e milhares deles. Uma promotora muito corajosa, honrada no Rio de Janeiro, resolveu apresentar um TAC ao governo do estado há poucos anos. TAC é um termo de ajuste de conduta, um instrumento legal, cuja utilização eu defendi ao longo de anos em palestras no Brasil inteiro para membros do Ministério Público, como uma ferramenta a ser aplicada, porque ações penais acabam embaraçadas pela política e condenadas a postergações sucessivas, enquanto o TAC é mais ágil, é um termo de ajuste, propõe correções a partir de diagnósticos, mobiliza a sociedade em instâncias independentes para acompanhar as correções, negocia e oferece alternativas e possibilidades de reajustes etc.

Então essa promotora ousou em elaborar um TAC, ouvindo as denúncias de policiais contra suas próprias instituições, particularmente a Polícia Militar, e montou a versão de seu relatório final dizendo o seguinte: "Visitei policiais militares nas UPPs A, B, C, D, e os encontrei trabalhando em condições análogas à escravidão. Eles estavam em contêineres a 50 graus à sombra, e os equipamentos de ar refrigerado evidentemente não funcionavam, sem manutenção, sem energia. Não tinham banheiros, fazendo as necessidades no mato, sem água e sem alimentação, tendo de contar com a boa vontade das biroscas e da comunidade, se sentindo absolutamente vulneráveis com coletes à prova de bala vencidos, sem treinamento e, o pior, trabalhando em condições em regimes de tempo, em jornadas que ultrapassavam inclusive aquelas previstas para momentos absolutamente excepcionais e críticos".

Quando ela preparou essa primeira versão do relatório, me pediu que levasse alguns oficiais da PM para uma conversa informal. Eram três coronéis amigos, grandes figuras que lutam até hoje, mas que já estão fora da corporação. Eles leram comigo essa primeira versão e, quando se depararam com esse parágrafo, eles se entreolharam, nos olharam e perguntaram: "Vocês sabem por que isso acontece? Porque eles são militares. Se eles fossem civis, jamais admitiriam esse nível de exploração, de espoliação, porque eles disporiam, senão de sindicatos, mas de organizações, de associações, a justiça trabalhista interviria. Porque isso é absolutamente desumano, mas eles não podem hesitar, eles não podem dizer um ai, não podem questionar, muito menos descumprir a ordem, sob pena de prisão administrativa, sem direito à defesa, sob pena de mácula em sua carreira, irremovível e indelével". Esse é o quadro do tratamento dos policiais da base. O que nós podemos esperar?

INCERTEZAS QUANTO AO PORVIR

Não basta impedir a eleição dos milicianos. É preciso muito mais do que isso, porque eles não chegaram onde estão por eles próprios. Aliás, é curioso que estou usando o masculino, mas aqui de propósito, porque só há miliciano homem. Há uma questão da violência com o patriarcalismo, machista, falocêntrico, e há uma questão das milícias com esses exercícios despóticos de poder com masculinidade, objeto de uma indagação à parte muito importante. Mas enfim, os milicianos não chegaram onde estão por eles próprios. Eles dependeram da anuência de tantas e tantas cumplicidades, de tantos apoios, de tanta pusilanimidade, com tanta covardia e tanta corrupção, no sentido mais amplo da palavra, não naquele sentido menor e falta de compromisso democrático institucional, falta de capacidade de definir agendas com base em prioridades e urgências, e isso tudo remete de volta à sociedade, que não impôs isso aos seus representantes.

Então vamos lá: primeiro ponto, estamos cientes que lidamos com uma questão vital para a história do Brasil, a democracia brasileira, que não é uma questão de segurança pública apenas, é uma questão multidimensional. Foram feitas alusões genealógicas a circunstâncias de décadas anteriores, da natureza da nossa transição, a segurança privada, o modo de estruturação de organização das polícias que herdamos da ditadura e nunca reformamos, nunca atualizamos, independentemente dos governos que tivemos. Falamos do racismo estrutural e das desigualdades, do capitalismo autoritário sem os quais não haveria endosso, apoio à brutalidade policial que foi alimento e instrumento, mecanismo que proporcionou a autonomização desses nichos criminosos que acabaram redundando nas milícias. Enfim, desenhamos um quadro necessariamente multidimensional. Portanto, a resposta, nossa reação, nossa disposição de resistência tem de ser multidimensional. Nós vamos ter de atuar em múltiplas esferas e em muitas dimensões. Na sociedade deve-se discutir todos os demais aspectos, desde a questão da política de drogas, do encarceramento em massa, temas de que trato sempre com muita intensidade e que, por falta de tempo, não chegaram a ser tratados aqui.

Teremos que lidar com uma multiplicidade grande de temas.[2] Mas acho que há um princípio a seguir: reconhecer a gravidade do que está diante de nós. Um presidente fascista, que não consegue impor o regime totalitário, mas é motivado por valores de natureza fascista, que encontra audiência fragmentada, digamos heterogênea, mas que também se apoia em uma base sólida, ainda que pequena, mas sólida, e encontra respaldo da história bra-

---

2 Inclusive o tema tão difícil quanto urgente da Defesa, das Forças Armadas. Meu amigo e mestre Manuel Domingos Neto sempre chama a atenção para a necessidade de combinar a reforma das polícias à mudança profunda das Forças Armadas. Ele crê que, sem esta última, a primeira jamais se realizará, ou se fará de modo insuficiente e inconsistente. Devemos levar a sério sua avaliação.

sileira autoritária, o que significa dizer que estamos diante de uma situação grave, de uma ameaça à democracia. E as milícias são, no Rio de Janeiro, demonstrações ostensivas de que há agentes operando no mundo do crime, dilapidando instituições fundamentais para a democracia e, portanto, corroendo as bases da democracia.

Nós estamos diante de uma situação grave e urgente. É inadmissível e não faz nenhum sentido, que um conjunto de atores políticos, a maioria deles de persuasão democrática e progressista, continue lidando com essa realidade como se nós vivêssemos uma situação trivial, normal, comum, tratando do seu quintal, da sua carreira, do seu projeto, e os partidos tratando dos seus quintais, da sua própria reprodução, dos seus próprios projetos.

Assim como parece inconcebível, como no caso desta pandemia, que alguém que tenha consciência da gravidade do que enfrentamos não tenha parado tudo, suspendido todas as dinâmicas e lógicas e compromissos anteriores, que são absolutamente razoáveis, justificáveis, mas que agora deveriam ser suspensos, para que todos nós nos uníssemos em torno da salvação das vidas, também é igualmente grave que não se mobilizem os setores responsáveis para enfrentar a ameaça à vida face às ações genocidas das políticas de segurança e da justiça criminal, encarceradora voraz. Tal enfrentamento é vital, essencialmente para a própria democracia brasileira. Todos os que se irmanam nesse sentimento, nessa percepção, não teriam por que estar divididos em torno do que quer que fosse, por mais significativas que sejam as divergências. Elas não poderiam se sobrepor à união estabelecida pelo reconhecimento da gravidade desse problema e por nossa disposição de defesa da democracia.

Então, sinceramente, não consigo entender como faltam para nosso país os estadistas, grandes lideranças com coragem de cortar na carne, de sacrificar seus partidos e seus projetos, de falarem francamente, de deixarem os jogos todos de lado. E cá estamos no Rio de Janeiro, caminhando para esse festival inacreditável de pulverizações pela cidade, em uma eleição municipal em que os democratas com sensibilidade social estão totalmente divididos, cada um tratando o lado da sua própria linha, como se nós estivéssemos em uma situação democrata normal.

Estamos diante de uma pandemia que vem sendo gerenciada de forma criminosa, e também diante dos crimes perpetrados pelas instituições da ordem, que geram o genocídio, e continuamos com as mãos sujas de sangue ao assistir tal espetáculo, que no fundo é uma manifestação do velho racismo estrutural, das desigualdades, mas agora em escala hipertrofiada, devorando o que resta de vida civilizada e democrática. Caso eu esteja errado, que bom, tomara. Está tudo normal, tranquilo; foi só um engasgo, um susto. Mas caso eu esteja certo, então nós estamos nos afastando de qualquer possibilidade de solução, porque ninguém tem a solução no bolso; até porque, para construí-la, precisamos de trabalho coletivo e de grande mobilização da sociedade, e isso tem de partir dessa disposição de dialogar, de superar essas divergências e de esquecer, por ora, 2022, pois talvez não haja 2022, talvez nós não cheguemos lá em condições efetivamente democráticas. Vejam o que aconteceu na Hungria e o que está acontecendo na Polônia. Temos o exemplo da Bolívia próximo de nós, com outra metodologia. Nós vimos o que aconteceu nos EUA e veremos qual será nosso desfecho.

PARTE II

COMO PERDEMOS O CONTROLE DAS POLÍCIAS?

CAPÍTULO 5

POLÍCIA E DEMOCRACIA[1]

Aos companheiros e às companheiras do movimento policiais antifascismo

---

1. O PESSIMISMO DA RAZÃO TEMPERA O OTIMISMO DA VONTADE

Antes de começar a refletir sobre qualquer aspecto da sociedade brasileira, a prudência e a humildade mandam que nos demoremos digerindo a *boutade* genial do mestre Tom Jobim: "O Brasil não é para principiantes". Se não bastar para conter o ímpeto explicativo que nos precipita em direção às conclusões definitivas, aqui vai o emplasto moderador, remédio contra a onisciência, vacina contra os arroubos dos sábios. Roger Bastide, pesquisador refinado e sensível, escreveu o seguinte parágrafo, delicioso e extraordinariamente revelador, há quase meio século – muito antes, portanto, que Bauman celebrizasse categorias aqui esboçadas: "[...] o sociólogo que estuda o Brasil não sabe mais que sistema de conceitos utilizar. Todas as noções que aprendeu nos países europeus ou norte-americanos não valem aqui. O antigo mistura-se ao novo. As épocas históricas emaranham-se umas nas outras. [...] Seria necessário, em lugar de conceitos rígidos, descobrir noções de certo modo líquidas, capazes de descrever fenômenos de fusão, de ebulição, de interpenetração, noções que se modelariam conforme uma realidade viva, em perpétua transformação. O sociólogo que quiser compreender o Brasil não raro precisa transformar-se num poeta." (Bastide, 1973, apud Vianna, 1995, p. 158)

Há, entretanto, fenômenos flagrantes e persistentes, que se repetem ao longo de nossa história e cuja reprodução quase atávica atesta solidez substantiva: desigualdades, racismo estrutural, dominação patriarcal, imobilização da força de trabalho, via escravidão e acesso monopolista à terra, e a exploração do trabalho no curso da modernização conservadora, típica do capitalismo autoritário brasileiro[2]. A concretude desse quadro dramático se transmite aos conceitos que o descrevem, analiticamente. Quem duvidaria da objetividade de tais enunciados? Por que, então, iniciar o presente artigo com referências à liquefação das certezas que se fundamentam em distinções rígidas? Porque, em nosso país, tão profundamente marcado pela crueza da espoliação, políticos que justificam e se dedicam a aprofundar as iniquidades mais abjetas têm sido eleitos por suas vítimas; candidatos que exaltam a tortura e as execuções extrajudiciais têm vencido eleições nos territórios mais vulneráveis; governos "de esquerda", com amplo apoio em meios populares, têm adotado práticas policiais brutais e apostado no proibicionismo, na insana e hipócrita guerra às drogas e no encarceramento em massa; a mais selvagem agenda neoliberal e a ideologia meritocrática conquistaram apoio expressivo nas massas urbanas, levando ao poder lideranças radicalmente antipopulares.

Em outras palavras, embora bastante sólidos e concretos, os fatos não formam uma série coerente, não são partes de um todo harmonioso, colidem entre si, apontam para direções opostas. Quem se apressar a sugerir uma solução dialética, assinalando a natureza contraditória do processo histórico, talvez esteja mais próximo da verdade, entretanto, corre o risco de substituir desafios cognitivos pela promessa de redenção, que apazigua os espíritos mas não ilumina a complexidade do real. A bela retórica, a velha toada doutrinária que promete desatar magicamente os fios emaranhados, alegra os corações, mas não responde à pergunta que importa: o que fazer? Não responde porque a prática política só será bem-sucedida se provier do conhecimento (ele próprio correspondendo a práticas específicas). Acontece que nem sempre o conhecimento agrada e tranquiliza, não raro subverte nossas crenças, nos surpreende e inquieta, e nos ensina que para promover transformações sociais temos de rever nosso modo de pensar. Quem não estiver disposto a atravessar tempestades e duvidar, e se autoquestionar, melhor não se arriscar na aventura do pensamento, cujos requisitos são rigor e radicalidade.

Por isso, é razoável adotar o tom da incerteza, evocando a humildade cognitiva e o caráter fugidio de nossos objetos. A tarefa não é trivial, a realidade não é transparente. O que se segue deve ser lido à luz dessa introdução cautelar. O saber que se compartilha, aqui, construído ao longo de um bom tempo

2 São várias as obras e os autores chave para a elucidação desse processo histórico. Destaco, para ser breve, Otavio Velho (1976) e Werneck Vianna (2004). Sintetizo esse debate em **O Brasil e seu Duplo** (2019).

de estrada, de tantas interlocuções e reinícios, polvilhado de ensaios e erros, leituras e pesquisas, projetos coletivos e derrotas, constitui apenas um conjunto de hipóteses e propostas, uma agenda comum de trabalho, na esteira de conclusões provisórias e parciais. Não se iludam, leitores e leitoras, com a firmeza na apresentação das teses, o vigor eventualmente normativo do vocabulário. As afirmações que soam definitivas e inquestionáveis expressam antes a eloquência da paixão do que veleidades dogmáticas ou a crença risível na irreversibilidade epistemológica.

Contudo, vale destacar: as cautelas antidogmáticas e o convite ao exercício autocrítico do pensamento não anulam as razões para crer na utopia e devotar-se à sua construção.

Expedida a bula, vamos ao tratamento das questões que mais imediatamente nos afligem, atentos às interrogações de fundo, que atravessarão o texto e conduzirão ao seu desfecho: Por que essa área é importante? Por que é necessário mudar as polícias? Que mudanças seriam indispensáveis? A que interesses elas servem? Que funções cumprem? Por que a questão do racismo é chave? Seria preferível aboli-las, começando por asfixiá-las, orçamentariamente? Comecemos por examinar as condições de possibilidade socioculturais e políticas das tragédias cotidianas, na área da segurança e da Justiça criminal.

2. ESPECIFICIDADES DO CAPITALISMO BRASILEIRO, A TRANSIÇÃO DEMOCRÁTICA E O ENCLAVE INSTITUCIONAL DA SEGURANÇA PÚBLICA

A via brasileira de desenvolvimento do capitalismo foi híbrida e sinuosa, mas aqui não se tem a pretensão de descrevê-la e analisá-la. O foco é bastante restrito: a transição democrática e o enclave institucional da segurança pública. No entanto, é indispensável observar como se põe o tema da lei para uma sociedade de capitalismo tardio periférico, que combinou provincianismo colonial, aviltamento escravista, catolicismo sincrético, expansão das relações privadas sobre o espaço público e veleidades ornamentais de uma elite branca e espoliadora, para a qual a posição na hierarquia derivava do acesso herdado à terra e a política consistia na distribuição do privilégio: o monopólio latifundiário, contraface da imobilização da força de trabalho. Essa constelação de perversidades e contradições moveu-se, no século XX, com intenso dinamismo, acumulando conquistas tipicamente modernas, engatada – não sem resistência – a seus atavismos: exploração do trabalho, racismo, patriarcalismo, apreço fetichista pelos sinais de distinção hierárquica, reverência colonizada à matriz.

Em tal contexto, a lei foi e segue sendo, predominantemente, o modo de nomear e fazer operar essa máquina heteróclita de violência e iniquidades. Uma espécie de manual de instruções para a dominação e, ao mesmo tempo, uma linguagem – vocacionada à performance – que evoca ideias como legitimidade, equilíbrio de forças (não só entre elites), garantia de estabilidade, provocando ruídos, abrindo brechas para a percepção de incongruências e propiciando a difusão de perspectivas críticas.

Foi sobre essa realidade que incidiram os efeitos complexificadores da modernização industrial, da urbanização acelerada e desordenada – fruto da expulsão do campo –, dos esforços de organização da classe operária e dos camponeses, do ensaio democrático golpeado pela ditadura de 1964, da brutal destruição das organizações populares, seguida pela retomada das lutas sociais, a derrocada do regime militar e a promulgação da Constituição de 1988, sem Justiça de transição.

Na medida em que a economia e a sociedade mudavam, por vezes antecedidas em seus avanços pelos vislumbres geniais da diversa e vibrante cultura brasileira, os significados da lei (e as características de sua aplicação) também se redefiniam, mesmo porque se inscreviam nas disputas políticas decisivas.

Até que, em 1988, no âmbito do processo de negociação que pôs termo à ditadura, deu-se a bifurcação: para um lado, apontavam os novos parâmetros constitucionais, rompendo com os modelos oligárquicos e autoritários, atraídos pela força de gravidade dos princípios democráticos, graças à mobilização de amplos setores da sociedade; para o lado oposto, contrariando o espírito geral da nova Carta, apontava o artigo 144[3], que congelou as instituições da segurança pública, as quais formariam um verdadeiro **enclave antidemocrático**, uma espécie de imagem congelada do passado mais sombrio. Preservando as estruturas organizacionais da ditadura, esse artigo condenou todo um universo cultural e funcional à paralisia, na contramão do dinamismo democrático emergente. Trata-se de um universo de práticas autoritárias e valores regressivos, perfeitamente adequado ao arcaico inquérito policial, ao iníquo código penal e ao cárcere degradante, retratos infames do que o país havia sido no

---

3 E também, segundo algumas interpretações, o artigo 142, que trata das Forças Armadas, mas este tema escapa a nosso foco, embora seja extraordinariamente importante e se relacione com nosso objeto.

passado e, pela mediação dessa interdição à mudança, continuaria sendo, no futuro, no cotidiano das classes populares, nos territórios vulneráveis.

Detenhamo-nos com mais detalhes nesse ponto decisivo. Durante a transição política e mesmo no período constituinte, que culminou na promulgação da Constituição, em 1988, os representantes da ditadura em declínio ainda detinham poder suficiente para, se não equilibrar a correlação de forças, ao menos impedir que o polo democrático exercesse plena hegemonia. A demonstração talvez mais ostensiva do peso do antigo regime naquelas tensas negociações foi o atendimento à exigência dos militares e das lideranças corporativistas das categorias profissionais envolvidas de que o campo institucional da segurança pública não fosse submetido ao processo de mudança. Impôs-se, então, uma **reserva estratégica**, preservando-o. O modelo policial forjado pela ditadura, sobretudo a partir de 1969, e único no mundo, foi mantido no artigo 144.

E assim a ditadura legou ao futuro uma herança de obscurantismo e sangue. A preservação do *status quo* institucional não significa apenas a manutenção de arranjos funcionais e formalidades. Os organogramas estão carregados de seres humanos que trazem consigo valores, crenças, hábitos, tradições, modos de formação de identidade e de produção de lealdades, rivalidades e preconceitos, regimes próprios de regulação de afetos e de organização das economias subjetivas, linguagens compartilhadas, repertórios de memória coletiva, o ódio e o desprezo aos supostos inimigos, a confusão entre justiça e vingança, assim como a visão da própria missão como exorcismo do mal que ameaça os "homens de bem" (não faz muito tempo, um coronel PMRJ definiu a polícia como inseticida social). Os formatos institucionais e as dinâmicas de trabalho não são alheios a essa matéria densa que a história gestou. Pelo contrário, estão profundamente impregnados dessa profusão de elementos incandescentes, sobretudo quando expostos ao fogo do racismo estrutural e da hiperexploração de classe, em nosso capitalismo autoritário. Todos esses fatores plasmam a atuação cotidiana e são metabolizados nas culturas corporativas das polícias civis e militares. Pois esse amálgama foi consagrado pela Constituição. Engana-se quem acredita possível separar, na experiência concreta das instituições, o osso das regras da carne que lhes empresta vida, a vertebração formal do espírito que a move. Em suma, criou-se um **enclave institucional** avesso à democracia, refratário ao Estado de direito e à autoridade política, civil, republicana – embora haja milhares de trabalhadores policiais adeptos dos valores democráticos (dos quais dá testemunho o movimento policiais antifascismo) e ainda que tenha havido esforços verdadeiramente heroicos de reversão da lógica perversa. Prevaleceu a história que porta a marca de sua origem: a mais recente, a ditadura, e a mais remota, a escravidão – que a ditadura ecoou e que as práticas ainda correntes, hoje, fazem ressoar.

Havia um contra-argumento, por ocasião do endosso à Carta Magna: se, de um lado, o modelo policial seria mantido, por outro, transformava-se o Ministério Público em uma superinstituição e se lhe atribuía a autoridade e o dever de exercer o controle externo da atividade policial. Estaria ali, portanto, instaurado um análogo do sistema de "*checks and balances*". O que escapou à inteligência dos constituintes foi a hipótese de que, inexistindo controle externo sobre o controlador externo, o MP acabasse descumprindo sua obrigação constitucional e as polícias navegassem ao léu, em mar revolto, sem bússola, seguindo apenas sua tradição de brutalidade enviesada, fazendo seu ardor belicista, contrário aos direitos humanos, desaguar no genocídio de jovens negros e pobres, e em banhos de sangue, nas favelas e periferias.

Depois de três décadas, o enclave se cristalizou e fortaleceu, escapando ao escrutínio do MP e ao comando dos governadores. O Rio de Janeiro tem sido o exemplo mais nítido de uma realidade, entretanto, nacional. Enclave que perdura porque não é confrontado pelos poderes republicanos. O MP se omite ou é ativamente cúmplice da brutalidade policial letal e de tantas outras violações que a antecedem, sucedem ou acompanham. O Judiciário, "que só age provocado", acaba abençoando a inércia do MP e contribuindo para a naturalização da barbárie. Os governadores bem-intencionados, que ensaiam se rebelar contra a própria impotência, hesitam e recuam, temendo o poder policial de provocar danos políticos (o "*spoiling power*"). A maioria dos chefes do poder executivo estadual, aliados a segmentos da mídia e da opinião pública, prefere, entretanto, extrair benefícios demagógicos da liberdade com que agem – transgredindo as leis e os tratados internacionais – os policiais "operacionais", militares e civis, agrupados em esquadrões da morte, *scuderies* ou milícias, variantes da mesma autonomização ilegal e marcas registradas do enclave.

Hierarquia e disciplina não há dentro do enclave, essa bolha institucional parada no tempo, que conviveu desde 1988 com a vitalidade democratizante da sociedade brasileira. Tal vitalidade foi contrarrestada pelo golpe parlamentar de 2016; pela ruptura do pacto constitucional, viabilizando a aplicação da agenda neoliberal; pela politização do judiciário, visando a exclusão de Lula da disputa eleitoral; e, finalmente, pela emergência do fascismo sem disfarces, capaz de propor, despudoradamente, a flexibilização do acesso às armas e o "excludente de ilicitude", no país que já é campeão da violência policial.

O enclave era, predominantemente, bolsonarista *avant la léttre*. Bolsonaro, tornando-se protagonista da política nacional, apenas daria corpo político-ideológico à cultura do enclave, inscrevendo-a (paradoxalmente) na institucionalidade política e a instalando no poder. Ao homenagear um torturador, exaltou práticas e valores oriundos dos porões (da história e da ditadura).

O Estado de Direito no Brasil tem amargado, desde sua inauguração formal, em 1988, essa contradição (as leis e o enclave, os poderes civis republicanos e o enclave) que o desqualifica e, tantas vezes, o nega – sem mencionar que a própria estrutura de classes, o racismo estrutural e o patriarcalismo já o confrontavam e o condenavam a ambiguidades e limites estreitos.

Vê-se, analisando o cenário pelo viés aqui proposto, quão importante e incompreendida tem sido a luta que já se estende por três décadas de setores progressistas e democráticos pela mudança do artigo 144 da Constituição. Representa grave erro confundi-la com reformismo inócuo e tecnocrata. Compreenderam, perfeitamente, as implicações históricas de tal reforma os reacionários e os corporativistas, que nunca a aceitaram, jamais admitiram incluir o tema na agenda pública, sequer permitiram a promoção de um debate amplo a respeito.

Como não há partidos e elites liberais no Brasil (elas o são apenas na economia e, mesmo assim, desde que a "livre concorrência" não lhes seja desfavorável – ante riscos não hesitam em trocar a mão invisível pela intervenção protecionista), algumas bandeiras típicas da revolução burguesa do século XVIII, como os direitos humanos, passaram a ser erguidas quase exclusivamente pelas esquerdas, reduzindo seu impacto sobre o conjunto da sociedade e sua efetividade. Assim, têm sido empurradas para o gueto político as pautas mais triviais do que há de respeitável, democrático e progressista na tradição liberal, como a legalização das drogas e do aborto, o controle da violência policial e do encarceramento em massa com viés racista, os direitos das minorias, etc.

Nesse ambiente, o enclave logrou manter-se, abandonando crescentemente o pudor no exercício de sua autonomia ilegal, a ponto de reivindicar a legalização de sua independência. Em lugar de intervenção forte e abrangente, por parte dos poderes da República, que rompa o enclave, submeta as polícias à autoridade republicana e as subordine às determinações legais e constitucionais, o que testemunhamos, depois de milhares de execuções extrajudiciais absolutamente impunes, são promessas retóricas de apurações rigorosas e punições, "caso constatadas irregularidades". As violações que não podem ser negadas ou justificadas são definidas como excessos eventuais, ações de indivíduos mal-treinados, desvios de conduta condenáveis mas isolados, que não devem colocar em xeque as instituições.

Enquanto isso, elevam-se as taxas de exploração do trabalho policial, aviltando as condições de vida dos profissionais de baixa patente. Os indicadores são negativos tanto fora quanto dentro do enclave.

3. DENTRO DO ENCLAVE: ENTRE A AUTORIDADE, A FORÇA E OS FETICHES DO PODER

Como é o enclave por dentro? Como as instituições policiais tratam seus membros? Foi dito, acima, que, no enclave, hierarquia e disciplina não vigoram. Por que e o que isso nos diz sobre o real funcionamento das polícias e sobre o significado da repressão interna à circulação de ideias?

Retomemos, primeiro, a reflexão mais ampla sobre nosso país.

No Brasil, as elites tradicionais mimetizavam os adornos aristocráticos das metrópoles e a hierarquia patrimonial, expressa nos floreios retóricos do bacharelismo barroco, nas citações em latim, na reverência das “excelências”. Toda uma história herdeira da escravidão – na qual se combinavam capitalismo autoritário e patriarcalismo – estava contida no anelão ornando o dedo do doutor e na criminalização do desalento e do desemprego – basta recordar a inacreditável lei da vadiagem[4].

Nosso país foi e continua a ser, agora sob hegemonia do capital financeiro, exportador de matéria-prima, tutelado por elites servis a projetos imperialistas, paraíso das majestades sem lastro, da ostentação sem fundos, do cortejo pitoresco de joias falsas das coroas. A sociedade mudou muito e, paradoxalmente, mantém-se fiel a estruturas arcaicas de dominação. O Judiciário, tão distante do povo quanto os *nouveaux riches* de Miami – onde magistrados compram ternos e imóveis –, é a reserva colonial da etiqueta aristocrática. A beca, o lustro, o fausto, os minuetos da corte que já não há, sintetizados na infame arrogância do “Você sabe com quem está falando?” – negação despudorada da suposta igualdade perante a lei, como demonstrou Roberto DaMatta em seu

4 O artigo 59 do código penal de 1942, que só foi revogado em 2012, definia como contravenção a ser punida com quinze dias a três meses de prisão, mostrar-se ocioso, sendo física e mentalmente apto para o trabalho, sem ter renda que assegure meios bastantes de subsistência.

estudo clássico (1979) – ou na prisão especial para graduados – -aberração para a qual Kant de Lima há décadas chamava nossa atenção.

A sociedade de doutores e servos, senhores e escravos, proprietários de terra e sem-terra, comandada por homens brancos, penetrou a nova ordem que o desenvolvimento do capitalismo e da urbanização criava ao longo das décadas, gestando um híbrido composto pelo pior dos dois mundos: exploração de classe e patrimonialismo, individualismo liberal e mentalidade estamental de inspiração escravista. Nesse universo heteróclito, não há espaço para que a cidadania prospere – nos comportamentos e na experiência (inter)subjetiva –, nem para que se articulem autonomia e autoridade, segundo princípios de equidade.

Hoje, o país é urbano e sua economia se destaca entre as mais ricas do mundo. Contudo, além da miséria, vestígios do coronelismo persistem. Não por acaso, em plena segunda década do século XXI, enquanto os homicídios dolosos se multiplicavam às dezenas de milhares, sem investigação, as execuções extrajudiciais batiam recordes sucessivos, impunemente, a corrupção envolvia segmentos crescentemente numerosos de policiais com as formas mais graves do crime organizado e as penitenciárias se superlotavam de jovens negros e pobres, varejistas de substâncias ilícitas, presos sem portar armas, praticar violência ou vincular-se organicamente ao crime, enquanto tudo isso acontecia, Delegados da Polícia Civil de Minas Gerais enviavam ofícios aos comandantes de unidades da Polícia Militar exigindo o tratamento Vossa Excelência. Josias Alves relata que o assunto virou tema do congresso nacional de delegados da Polícia Federal, realizado em abril de 2014, em Vitória[5]. E acrescenta: "A Corregedoria Regional da Polícia Federal em Minas Gerais indicou que vai considerar infração disciplinar a conduta de policiais que persistirem no uso 'equivocado' do pronome de tratamento *Vossa Senhoria*, em documentos internos endereçados a delegados, por suposto descumprimento de norma" (idem, ibidem).

Esses episódios não foram os únicos do tipo, nem se restringiram aos estados citados. Tampouco deveriam ser considerados irrelevantes. Eles constituem sintomas da forma pela qual a hierarquia é entendida e praticada entre nós, especialmente no interior das instituições da ordem. Aliás, nada disso deveria surpreender quem leu, entre outros, Roberto Schwarz (1990), Sergio Buarque e José Miguel Wisnik (2008), Antonio Candido (1970), os já citados Roberto DaMatta, Werneck Vianna, Otavio Velho e, quanto ao rebatimento

5 https://www.conjur.com.br/2014-ago-13/josias-fernandes-vossa-excelencia-delegado--gera-controversias

dessa constelação histórica nas práticas policiais, Kant de Lima, cuja tese de doutorado nos deu régua e compasso (1995), e Michel Misse, em particular sua análise sobre o inquérito policial como dispositivo de poder (2011).

É relevante ser chamado de Vossa Excelência quando estão em jogo projetos de carreira dos profissionais que sonham com a incorporação da categoria à carreira jurídica e esperam que o pronome de tratamento seja o primeiro passo rumo à equiparação entre delegados de polícia e juízes – embora apenas na esfera dos rituais interlocucionários. E é sobretudo relevante quando a posição designada pelo tratamento verbal tem mais a ver com distinção social e o poder daí derivado (que é reputacional e simbólico-político) do que com funcionalidade. A posição não é propriamente designada pelo tratamento, mas por ele realizada, porque as palavras nesse caso não cumprem papel constativo, mas performativo: quando nos dirigimos a alguém como Vossa Excelência, nos dirigimos a Vossa Excelência, transformamos o interlocutor em Excelência, seja lá o que isso queira dizer – variará conforme as circunstâncias e os protagonistas.

3.1 Carreira única

A prova de que a distinção – e seus corolários e privilégios – tem sido mais cobiçada do que a afirmação funcional talvez esteja na resignação com que muitos delegados aceitam a liderança prática de escrivães, na rotina de delegacias. Outra prova seria o desinteresse em demonstrar à opinião pública e aos poderes da República o caráter pernicioso do inquérito policial, que burocratiza, retarda e obsta a tarefa precípua da Polícia Civil, que é investigar. Ou a falta de empenho da categoria em valorizar a formação multidisciplinar e em estabelecer modalidades mais produtivas de colaboração com a perícia técnica, respeitando sua autonomia. Referimo-nos à formação da própria categoria, assim como das demais, no interior da instituição. Por que o delegado ou a delegada deveria ser necessariamente bacharel em Direito? Por outro lado, se o inquérito policial for substituído por métodos modernos de trabalho coletivo, combinando respeito às garantias individuais e efetividade investigativa, instrumentos de poder arbitrário seriam perdidos. O inquérito permite que o delegado decida se indicia ou não um suspeito, com base nas diligências que ele mesmo comanda, antecipando o julgamento. Apesar de não produzir os mesmos efeitos, indiciar está longe de ser ato inócuo. Todavia, observe-se que, se o Ministério Público é o titular da ação penal, suprimido o inquérito, em que se distinguiria o delegado dos agentes que operacionalizam a investigação? Mais uma pergunta estratégica: se o MP é o órgão responsável pelo controle externo da atividade policial, por que a fiadora da legalidade dos procedimentos adotados na investigação teria de ser uma e somente uma categoria profissional no interior da Polícia Civil? Entretanto, como a equipe de investigadores precisa de unidade e não pode prescindir de um(a) profissional que a lidere, delegado poderia ser simplesmente o nome dessa função coordenadora ou dirigente, passível de ser ocupada por qualquer policial, qualquer que fosse a área de conhecimento em que tivesse se graduado, desde que demonstrasse aptidão e competência, ao longo da carreira, e que sua trajetória atendesse aos requisitos estipulados para a missão. O tempo na profissão seria fator significativo para tornar-se delegado, ao contrário do que ocorre, atualmente. Teríamos, então, na titularidade das delegacias, além de bacharéis em Direito, também economistas, administradores(as), psicólogos(as), antropólogos(as), engenheiros(as), matemáticos(as), químicos(as), biólogos(as), historiadores(as), etc.

Passo a passo, chegamos à conclusão: a carreira policial civil deveria ser única, isto é, a porta de entrada deveria ser uma só, a mesma para todos e todas. Ingressando na instituição, a tendência seria que todos se expusessem aos desafios representados pelo conjunto de posições, respeitadas as qualificações, porque a divisão do trabalho segundo especialidades seria horizontal, não vertical. O bacharel de Direito desempenhará funções tão importantes quanto o administrador ou a engenheira.

Autoridade corresponderia a operações funcionais, visando a realização dos objetivos institucionais, assim como disciplina seria sinônimo de coordenação racional da dinâmica do trabalho coletivo. Em lugar de ser ***a autoridade***, **o** ou **a** policial dirigente da agência de investigação teria autoridade para desempenhar sua atividade. Nem aura estamental, nem Vossa Excelência, apenas uma profissional entre colegas, uma servidora pública entre servidores públicos, temporariamente exercendo a liderança delegada pela instituição. Ou seja, nesse modelo alternativo, haveria disciplina e hierarquia, mas ambos os termos seriam ressignificados, na prática, ambos remeteriam a necessidades funcionais e deixariam de ser revestidos dos sentidos que a tradição autoritária lhes conferiu.

Observe-se que há uma diferença que não é apenas semântica, é política: quando se atribui a um indivíduo o *status* de autoridade, como se ela emanasse da posição que o ator ocupa na hierarquia social, concede-se-lhe uma qualidade permanente, que se confundiria com a substância mesma de sua identidade: ele ou ela é autoridade, ou seja, é fonte de poder, sua palavra, seus atos e suas decisões produzem (ou deve-se esperar que produzam) engajamento e obediência – por coerção, dada sua capacidade de mobilizar meios de força ou de impor sanções, ou pelo reconhecimento de sua legitimidade. Tomando-se como referência esse contexto, quem questiona a palavra, o ato ou a decisão da autoridade, atinge a identidade de seu portador e o desacata, subverte a superposição entre indivíduo e autoridade e, desse modo, afronta a autoridade (sua fonte) e agride seu portador. O questionamento, a exigência de que o ator investido de autoridade preste contas e justifique suas ações e decisões abala o sistema de poder em seu conjunto, porque subverte a hierarquia, segundo a qual um mandaria, outro obedeceria, não lhe cabendo contestação. Na ponta plebeia, digamos assim, não está o cidadão dotado de direitos e inocente até prova em contrário, assim como do outro lado não está o policial enquanto servidor público, instruído por uma investidura limitada e objetiva, cuja legitimidade teria como fonte, em última instância, o próprio cidadão, a própria cidadã, pelas mediações institucionais historicamente construídas.

No contexto alternativo democrático, refratário ao autoritarismo e sustentado pela concepção igualitária de cidadania, a autoridade é função de uma transferência de poder originário da sociedade e se realiza sob a forma de exercício circunscrito a condições delimitadas. A delegação é provisória, parcial, condicionada, institucionalmente mediada, naturalmente suscetível a erros e correções, não podendo portanto gerar efeitos irreversíveis ou danos irreparáveis, dada a imperfectibilidade intrínseca ao arranjo em que se articulam a dose inexorável de discricionariedade contida em toda decisão (fruto de interpretações) e a irredutibilidade dos princípios que são a razão de ser da delegação de autoridade: equidade e presunção de inocência. Nesse quadro, ninguém *é* autoridade, nenhuma pessoa é destinatária, enquanto indivíduo, de tal investidura – destinatária é a função que provisoriamente, e sob condições, exerce. Se a função não for executada respeitando os limites ditados pela investidura (e a Constituição, portanto), a autoridade esvai-se, deslegitima-se, e, degradando-se em mera coação, deixa de merecer obediência.

Expliquemo-nos com mais detalhes, retomando o ponto: ninguém *é* autoridade numa democracia. Ao contrário, algumas pessoas, por algum tempo, recebem da sociedade a incumbência de mobilizar meios de coerção, inclusive a força, para garantir direitos eventualmente atingidos pela agressão de terceiros – o dispêndio da força, deduz-se, é legítimo se e enquanto for comedido, moderado, calibrado pela necessidade de preservação do direito ferido, considerando sempre que o direito à vida é superior aos demais e que o suposto agressor é titular de direitos. Autoridade é atributo de função e se esgota ao trair seus limites ou os compromissos legais e éticos que a definem. Não basta saber quem age e decide, mas de que modo o faz, porque ainda que o agente ocupe um posto e desempenhe um papel que lhe confira autoridade, se age em dissonância com os limites e as orientações axiológicas e normativas matriciais, perde-a. Não tem mais autoridade, porque seus atos perderam legitimidade. O que parece autoridade não passaria, então, do simples teatro de um poder arbitrário e tirânico, ao qual o cidadão ou a cidadã tem o direito, quando não o dever, de resistir. A desobediência torna-se imperativa.

É preciso aqui sublinhar que, embora úteis, os protocolos elaborados pelas instituições não substituem a compreensão do papel que cabe às polícias e a assimilação às culturas corporativas da centralidade inegociável do direito à vida, do valor incontrastável da equidade e da natureza limitada e condicionada da autoridade policial, em todas as suas escalas e manifestações. Tal compreensão requer um tipo de absorção que transcende o nível meramente intelectual, daí a referência à cultura. Trata-se, pois, não só de compreender, mas de incorporar essa noção à economia dos afetos, às práticas, aos valores, à identidade.

Se o ambiente no enclave, na esfera da polícia civil, é autoritário e patrimonialista, a organização e a mobilização dos policiais de escalões subalternos tenderão a ser percebidas com desagrado por seus superiores e por quem se beneficia do atual modelo. Mais do que desagrado, a reação pode ser ativa e implicar retaliações, sempre que o amadurecimento político dos agentes levá-los a evitar o corporativismo e articular as demandas por salário, valorização da carreira e melhores condições de trabalho a propostas relativas à reestruturação do campo institucional da segurança pública e até mesmo da sociedade. As lideranças tradicionais das categorias policiais, em todos os níveis e em todas as polícias, têm sido, em geral, conservadoras e ultra-corporativistas. Elas têm sido úteis à reprodução do *status quo*, interno e externo ao enclave. Por isso, o movimento policiais antifascismo é tão original e importante, e não por acaso vem provocando toda sorte de posturas defensivas, repressivas e por vezes até mesmo persecutórias. O movimento não subestima as pautas corporativas, mas tem a virtude de incluí-las no projeto maior, voltado para a reorganização da arquitetura institucional da segurança pública e do modelo policial. Tem ainda o duplo mérito, cuja relevância é extraordinária e o significado, histórico, de envolver o conjunto das categorias de todas as polícias e de se dirigir à sociedade, em seu conjunto, propondo-lhe uma agenda objetiva de reforma do artigo 144 da Constituição, um dos principais elos que aprisionam o futuro de nosso país ao passado mais sombrio. O objetivo supremo da agenda não é a melhoria da vida dos policiais, apenas, mas a melhoria da vida de todos e todas, na medida em que visa aperfeiçoar a segurança pública –

evidentemente, uma das etapas fundamentais desse salto de qualidade seria a valorização dos profissionais diretamente envolvidos nos serviços públicos da segurança, mas esse não seria um fim em si mesmo.

A novidade é óbvia e assusta os sacerdotes da velha ordem patrimonialista e autoritária. Afinal, os agentes apresentam-se como trabalhadores, servidores e cidadãos, interlocutores de toda a sociedade, protagonistas da história social comum e aliados potenciais dos demais segmentos interessados em promover a democratização não só do acesso à Justiça, mas das próprias estruturas sociais. O movimento não é inovador e surpreendente somente pela amplitude da interlocução que propõe e pela riqueza temática que traz à discussão, com abertura, ousadia e franqueza. Seu ineditismo reside no fato de que nasceu nas polícias, criado e dirigido por policiais. Ei-los elevados à condição de protagonistas que prescindem de porta-vozes. O movimento vai de seus criadores aos partidos, às entidades da sociedade civil, aos fóruns de debates, às universidades, às assembleias populares, à mídia, às redes e aos diálogos comunitários. Tal dinâmica inverte o desdobramento tradicional, cuja origem são partidos ou associações, sindicatos e entidades, chegando aos policiais como clientes ou massa de manobra, salvo honrosas exceções. O Brasil está diante de um momento único: policiais antifascismo, comprometidos com a democracia, têm o que dizer, desejam ser ouvidos, reivindicam o direito de o serem, e agora não para ecoar a cartilha da barbárie pseudo-justiceira, nem mesmo para anunciar a velha toada corporativista, que não sensibiliza além dos diretamente interessados e encerra as categorias no gueto. Dessa vez, os novos protagonistas policiais antifascismo querem lutar ao lado do povo por democracia e pretendem demonstrar que ela, em sua acepção verdadeira, não será alcançada sem que se promovam mudanças profundas na área da Justiça criminal e da segurança pública. Os protagonistas, policiais antifascismo, têm propostas a fazer. Precisam ser levados a sério e respeitados.

Participação política no sentido nobre da palavra implica envolvimento com as questões públicas e supõe o engajamento argumentativo, que não estanca, não aceita estancar, não pode estancar ante a censura, o veto, a imposição do silêncio. Vale sublinhar: a força que reprime a reflexão crítica é contrafação do diálogo, e este é, em última instância, a fonte racional da legitimidade no Estado de Direito. A força coatora que silencia e desmobiliza só encontra sustentação em si mesma, em seu exercício, no arbítrio, no avesso do Direito democraticamente gestado e concebido.

Nada justifica a proibição da livre manifestação e da livre organização dos policiais, e o direito à greve pode ser perfeitamente compatibilizado com o zelo pelo bem público, como acontece com outras categorias que também lidam com a defesa da vida, como os médicos e os demais profissionais de saúde. Há regras e métodos que equilibram a liberdade da categoria com as emergências da coletividade.

E quanto aos policiais militares? Bem, eles precisam deixar de sê-lo. Não há nenhuma razão para que a polícia preventiva ostensiva seja militar e obrigada a organizar-se à semelhança do Exército. Trataremos disso, adiante.

3.2 Ciclo completo

Vale ainda indagar se a diferença entre as atividades ostensivas e investigativas exigiria a dualidade que caracteriza o modelo brasileiro, cuja marca distintiva é a divisão do ciclo do trabalho policial: aos civis, a investigação; aos militares, a prevenção. A resposta é oferecida pela realidade internacional: somos a exceção. Fornecemos ao mundo o espetáculo de nossa inepta originalidade e, lamentavelmente, ele está coberto de sangue, sobretudo com o sangue da população negra. É indispensável promover a integração do ciclo, o que não requer, necessariamente, unificação das instituições – podem vir a existir várias polícias de ciclo completo, definidas, por exemplo, segundo atribuição de responsabilidade territorial: metropolitanas, regionais, municipais.

A separação entre polícias cujas tarefas seriam supostamente complementares gerou, no Brasil, disputas em vez de cooperação, desagregação, em lugar de coordenação, disfuncionalidades em vez de racionalização e uma curiosa dinâmica competitiva entre afirmações práticas de autossuficiência por meio de espelhamento ou duplicação de funções. Tecnicamente, poder-se-ia dizer que tem ocorrido apropriações competitivas e inconstitucionais de competências. Vejamos como transcorre.

As polícias militares se aproveitaram da fatídica Lei de Drogas para prender em flagrante varejistas do comércio de substâncias ilícitas, fazendo explodir os números que atestariam sua efetividade. Por mais que afronte o bom senso, a produtividade policial, para muitos governos e veículos de mídia, é medida pela quantidade de prisões. Proibidas de investigar, as Polícias Militares limitam-se a prender em flagrante, ou seja, privilegiam os crimes passíveis desse tipo de prisão, aqueles que se dão ostensivamente – escapam ao foco das PMs a organização para o crime, seu planejamento, o financiamento escuso, a lavagem de dinheiro e a articulação com agentes corruptos que operam nas instituições. Por isso, tem se expandido em velocidade espantosa a população encarcerada. O crescimento se explica pelo aumento explosivo do número de acusados por tráfico de drogas – já são mais de 30% dos homens e 62% das mulheres presas –, cuja maioria não portava arma ao ser capturada, não agia com violência, nem participava, comprovadamente, de organização criminosa. Tal investimento na prisão em flagrante de pequenos varejistas, a maioria jovem, pobre e negra, que buscavam ganhos modestos numa atividade diária sem vínculo organizacional ou compromisso permanente, na falta, muitas vezes, de alternativas viáveis de acesso a renda, tem concorrido para o fortalecimento das facções criminosas que dominam o sistema penitenciário, posto que o Estado não aplica a Lei de Execuções Penais. As facções trocam proteção aos internos por lealdade subsequente ao cumprimento da sentença, o que significa que a "política de segurança" em curso está contratando violência futura, ao custo do destino de centenas de milhares de jovens não violentos.

Os supostos responsáveis, o Ministério Público e os governos – que só o são formalmente –, salvo exceções, não se detiveram na avaliação dessa realidade (esse alheamento é constitutivo do enclave, dele resulta e o reproduz), e as máquinas policiais seguem (blindadas pelo enclave) em sua marcha compulsiva, devotada à repetição, independentemente dos resultados e de seu impacto sobre a sociedade, os seres humanos e o futuro do país.

O circuito descrito corresponde, na substância, ao ciclo completo das atividades policiais: patrulhamento ostensivo, identificação de transgressões, detenção dos atores flagrados e sua apresentação ao juiz (a mediação do delegado se mostra aqui nada mais que uma formalidade, até porque o depoimento do policial militar tem fé pública e a instância policial civil tende a corroborar a perspectiva punitivista que a PM atualiza). Quer dizer, mesmo não dispondo das atribuições de uma polícia de ciclo completo, a rotina das PMs acaba, com frequência, dispensando a complementação da Polícia Civil – sua parceira, se nos é permitida a ironia. A ela recorre apenas para chancelar, burocraticamente, suas ações – mesmo porque estas não têm sido investigadas, quando provocam danos e mortes, salvo excepcionalmente.

Mas a Polícia Civil não fica atrás. No afã de ampliar o âmbito de suas responsabilidades (e de sua autoridade), tem criado unidades internas de inspiração militar, dedicadas à atuação ostensiva e a confrontos armados. O ciclo completo tem estado a seu alcance, embora, assim como no caso de sua parceira, as restrições constitucionais estejam em vigência.

A autossuficiência construída por cada polícia, repelindo a complementaridade prevista no modelo, replica, no interior do enclave, o grito (ilegal) de independência que o enclave lança aos ouvidos moucos da República. Movimento análogo se verifica dentro de cada instituição policial: as delegacias distritais ou especializadas são permeáveis às tendências centrífugas. Não raro núcleos de investigadores se isolam no interior de delegacias e, pulverizados, os agentes tecem entre si redes que cruzam instâncias institucionais, negam hierarquias e estruturas organizacionais, e se mobilizam por projetos particulares – por exemplo, na área da segurança privada informal. Sendo ilegal, na maior parte dos casos, por evidente conflito de interesses, esse empreendedorismo à margem combina profissionais oriundos de distintas unidades policiais, eventualmente de distintas polícias, reconfigurando linhas de mando e armando malhas paralelas intrincadas, ilustrações hipertrofiadas da perversa autonomia.

Uma das características fundamentais do patrimonialismo consiste na sobreposição entre público e privado, assim como a célebre cordialidade brasileira, diagnosticada por Sergio Buarque (op.cit.), nada tem a ver com gentileza, apenas denota a pujança do coração, entendido como síntese de laços de familiaridade e lealdade privada. A passionalidade familista tudo invade, tudo conspurca, submetendo o dever, as leis, os interesses e os princípios às conveniências e aos compromissos pessoais.

O emaranhado acéfalo de interesses, lealdades e antagonismos, é o desdobramento do processo de autonomização que marca todo o universo institucional da segurança pública. As milícias são manifestações extremas dessa dinâmica. Elas são máfias compostas principalmente por policiais e ex-policiais que tiranizam e exploram o conjunto das atividades econômicas locais, inclusive o aceso à terra. Tal modalidade criminosa tem vitimizado a população do Rio de Janeiro e, com outros atributos, também deteriora as condições da vida popular em outras regiões do país.

A outra face do novelo acéfalo, essa constelação de laços, interesses, agregações paralelas e práticas fora do radar, fruto dos impulsos centrífugos, é a referida fetichização da autoridade. Na ausência de eixos claros e incontornáveis de comando e controle, regidos por hierarquia e disciplina, expurgados há tempos, as polícias civis e militares giram em falso, jogando o jogo da política interna, combinada a pautas públicas corporativistas (que fortalece os *players* internos). Na arena externa, o poder das corporações, enquanto instituições, deriva sobretudo de sua capacidade de gerar situações que teriam o potencial de desestabilizar governos – trata-se do *spoiling power*, como diriam os cientistas políticos norte-americanos. A tendência é que os executivos estaduais se acomodem e componham, atendendo as demandas, na medida do possível, e cooptando lideranças das categorias. Que governador se disporia a admitir que não exerce o comando que a lei lhe faculta? Tal reconhecimento revelaria fraqueza e, uma vez declarada, a indisciplina teria de ser punida e revertida.

Como fazê-lo, nas condições aqui expostas? Como operar essa mudança, se o enclave tem raízes, envolve uma trama sólida de alianças e acordos tácitos transinstitucionais, e se a dinâmica de autonomização se reproduz em tantos níveis, com elevado grau de complexidade?

É nessas circunstâncias que se trava a peleja entre autoridade legítima e autoridade falsa, que clama por obediência apoiada exclusivamente na força, mal disfarçando sua natureza autoritária – ilegítima, portanto. Ao assumir a perspectiva do enclave, adotando postura substantivamente (não na forma) refratária aos mandamentos constitucionais e aos Poderes republicanos, as polícias (aquelas que convivem com violações dos direitos humanos, perpetradas por seus agentes, aquelas que toleram modos de autonomização ilegal e, no limite, aceitam, quando não estimulam, execuções extrajudiciais), cuja autoridade derivaria da delegação do poder civil, político, republicano, democraticamente eleito, perdem a condição de exercê-la. Deslocam, então, não é demais insistir, a autoridade para o terreno da força, para a qual há uma linguagem e dois operadores óbvios: (1) A linguagem é a anquilosada hierarquia pré-moderna que o capitalismo brasileiro mais metabolizou do que superou, perpetuando aspectos da escravidão sob a forma de racismo estrutural e acentuando o domínio de classe com os fetiches da distinção e os símbolos da desigualdade (cujos suportes no passado eram as raças e a herança patrimonial e, hoje, é a meritocracia, invólucro ideológico que tempera e mantém o passado brutal). É assim que se enquadram os suspeitos usuais, ante uma sociedade que se acostumou com abordagens indevidas, naturalizando-as quando são endereçadas a negros e negras, aos pobres. (2.a) O operador é o dispositivo material que viabiliza a coação: as armas, a perícia para manejá-las, a organização tática da tropa, a ação coletiva tecnicamente concatenada, o preparo físico adequado, os recursos disponibilizados pelas corporações. (2.b) Outro operador da força é a garantia de fé pública do policial que aborda o cidadão, associada a seu poder de acusá-lo e conduzi-lo para averiguações ou mesmo prendê-lo. Observe-se que cerca de 40% da população carcerária aguardam julgamento e que o inquérito faculta ao delegado a decisão de indiciar um suspeito, detido ou não.

A peleja em torno da autoridade trava-se não só diante do cidadão e da cidadã, por meio de abordagens que muitas vezes se confundem com performances autoritárias, mas também entre seus supostos portadores, os policiais, em particular os mais graduados. Não é incomum ouvirmos de delegados, na intimidade, a opinião de que a Polícia Civil é **a** autoridade policial por excelência, cabendo à PM papel coadjuvante. Veem sua corporação como extensão do Judiciário e, eventualmente, chegam a hesitar em identificarem-se como policiais *tout court*. A palavra delegado não só designa uma função e uma posição, carrega consigo um segredo e, nesse sentido, atua como senha de ingresso em um mundo de concepções corporativistas, cuja referência é antes a categoria, em seu sentido mais estreito, do que o conjunto da corporação. O segredo é que eles, por um lado, são a Polícia Civil, o coração, a alma, o sujeito pensante dessa polícia, que consistiria, como foi dito, na única e verdadeira instituição policial digna deste nome; por outro lado, não são a Polícia, nela não estão, inteiramente, com ela não se identificam, completamente. Percebem-se como profissionais que transcendem as fronteiras da Polícia e exercem preciosa e insubstituível mediação, por meio da qual a persecução criminal se torna possível. Graças a seu zelo e seu empenho ela tem origem; graças à sua competência é viabilizada; por seu escrutínio hábil as circunvoluções do crime são desvendadas; e é por sua incansável devoção ao trabalho que os promotores se convencem da pertinência de apresentar denúncia; assim como serão de sua lavra as provas que o processo, adicionados alguns ingredientes perfunctórios, submete aos juízes – o cumprimento da pena escapa a seu filtro de relevâncias.

Os demais agentes da polícia civil, tanto quanto os peritos, são outros coadjuvantes na grande odisseia do crime ao castigo. O lugar da mediação é mais valioso do que a simples identidade policial, porém, implica incompletude, frustração, desconforto com o fato de não estar nem aqui nem lá, de não obter do Judiciário pleno reconhecimento e de não lograr alcançar o mesmo prestígio de promotores e procuradores. Não se trata apenas do desejo de equiparação salarial e de vantagens na carreira, trata-se de reputação, poder, reconhecimento social. Por isso, lhes parece tão devastadora a proposta de carreira única. Se implementada, desapareceria esse entre-lugar que ocupam (ou creem ocupar) e cairiam por terra as aspirações de ascender ao *status* do Judiciário, quiçá como juízes de instrução. Provavelmente por esse motivo têm repelido de forma tão áspera e radical a PEC-51, apresentada pelo senador Lindbergh Faria ao Senado, em 2013, cujas propostas são: carreira única em cada instituição policial, ciclo completo e desmilitarização.

A opinião que parece prevalecer entre delegados, a considerar a participação de representantes da categoria em foros públicos de debate, é crítica ao atual ciclo dividido, mas não admite que a PM investigue, porque a investigação no Estado democrático de Direito não poderia ser realizada, com o devido respeito às garantias individuais, no interior de instituições militares. O argumento está correto, entretanto, desconsidera a hipótese da desmilitarização, sem a qual o ciclo completo de fato não seria razoável, do ponto de vista democrático.

De sua parte, os militares, mesmo os oficiais, não parecem demonstrar maior animosidade relativamente ao ciclo completo e à carreira única, embora a hipótese de desmilitarização não se tenha mostrado capaz de empolgar nem mesmo as praças. Contudo, não há pesquisas, nem são permitidos pronunciamentos dos policiais militares, o que dificulta qualquer avaliação. Acrescente-se um complicador conjuntural: a ascensão de Bolsonaro animou as mais regressivas disposições ideológicas, de resto profundamente arraigadas no solo cultural do enclave, em ambas as polícias, em cujo ambiente prosperaram convicções oriundas da ditadura. De todo modo, por precaução, as PMs têm passado a investir na formação em Direito de seus oficiais. Se houver mudanças, querem estar preparadas para assumir novas responsabilidades.

Resta explicar por que desmilitarizar.

3.3 Desmilitarizar[6]

Desmilitarizar não é um conceito nem mesmo uma categoria cujo significado seja consensual. Há quem defina a palavra atribuindo-lhe um significado político e cultural, visando estimular mudanças no comportamento dos policiais. Entendem que sendo militares, os profissionais tenderiam naturalmente a conceber seu ofício não como a prestação de um serviço público destinado à cidadania, mas como combate ao inimigo interno, o que elevaria a violência a graus inaceitáveis e conflitantes com a natureza de instituições policiais submetidas ao Estado democrático de Direito. Há os que pensam desmilitarização na clave dos direitos dos policiais enquanto cidadãos trabalhadores: o caráter militar das instituições refletir-se-ia em regimentos disciplinares draconianos e inconstitucionais, que violariam os direitos dos profissionais. Nesse contexto, dar-se-ia a superexploração da força de trabalho policial, calada e domesticada pelo arbítrio punitivo dos superiores sobre os subalternos, em benefício de governos estaduais insensíveis à dignidade do trabalho e aos direitos humanos dos operadores da segurança pública menos graduados. Impedidos de se organizar, criticar, propor mudanças e formular demandas, os policiais seriam as primeiras e principais vítimas de um ordenamento discricionário e autoritário. Há ainda os que evocam a desmilitarização e a defendem, sustentando que as características militares da instituição só teriam como função proporcionar condições para o exercício eficiente do controle interno, viabilizando uma governança competente e eficiente. Constatando que as PMs têm

6 Esta unidade, em defesa da desmilitarização, reproduz, com pequenos ajustes, trecho de meu livro Desmilitarizar; segurança pública e direitos humanos. São Paulo: Boitempo, 2019.

demonstrado inúmeros e frequentes exemplos de que não há controle interno eficiente, tantos e tão seguidos são os casos de corrupção e brutalidade ilegal, deduzem que desmoronou a última razão que poderia justificar a manutenção da forma militar de organização das polícias ostensivas estaduais brasileiras.

Mesmo concordando com as abordagens referidas, a perspectiva que inspirou a PEC-51 – cujas teses são aqui endossadas – enfatiza outro aspecto ao propor a desmilitarização, até porque entende a natureza militar da polícia de um modo bastante específico. Em nosso regime legal, ditado pelo artigo 144 da Constituição Federal, conferir à polícia ostensiva o atributo militar significa obrigá-la a organizar-se à semelhança do Exército, do qual ela é considerada força reserva. Sabe-se que o melhor formato organizacional é aquele que melhor serve às finalidades da instituição. Não há um formato ideal em abstrato. A forma mais adequada de organização de uma universidade é diferente daquela que melhor atende às necessidades de um supermercado, um partido político ou uma empresa de comunicação. Finalidades distintas exigem estruturas organizacionais diversas. Portanto, só seria racional reproduzir na polícia o formato do Exército se as finalidades de ambas as instituições fossem as mesmas. Não é o que diz a Constituição, nem o que manda o bom senso. O Exército destina-se a defender o território e a soberania nacional. Para cumprir essa função, precisa organizar-se para executar o "pronto emprego", isto é, mobilizar grandes contingentes humanos e equipamentos com máxima presteza e estrita observância das ordens emanadas do comando. Necessita manter-se alerta para ações de defesa e, no limite, fazer a guerra. O "pronto emprego" requer centralização decisória, hierarquia rígida e estrutura fortemente verticalizada. Portanto, a forma da organização atende às exigências impostas pelo cumprimento do papel constitucional que cabe à instituição. Nada disso se verifica na Polícia Militar. Sua função é garantir os direitos dos cidadãos, prevenindo e reprimindo violações, recorrendo ao uso comedido e proporcional da força. Segurança é um bem público que deve ser oferecido universalmente e com equidade pelos profissionais encarregados de prestar esse serviço à cidadania. Os confrontos de tipo quase bélico correspondem às únicas situações em que alguma semelhança poderia ser identificada com o exército, ainda que mesmo aí haja diferenças significativas. De todo modo, os confrontos equivalem a uma quantidade proporcionalmente diminuta das atividades que envolvem as PMs. Não faria sentido impor a toda a instituição um modelo organizacional adequado a atender um número relativamente pequeno de suas atribuições. A imensa maioria dos desafios enfrentados pela polícia ostensiva é melhor resolvida com a aplicação de estratégias que são praticamente inviáveis na estrutura militar. A referência a que aqui aludimos é o policiamento comunitário (os nomes variam conforme o país). Essa metodologia nada tem a ver com o "pronto emprego" e implica o seguinte: o policial na rua não se restringe a cumprir ordens, fazendo ronda de vigilância ou patrulhamento determinado pelo Estado-Maior da corporação, em busca de prisões em flagrante. Ele ou ela é o profissional responsável por agir como o gestor local da segurança pública, o que significa, graças a uma educação interdisciplinar e altamente qualificada: (1) diagnosticar os problemas e identificar as prioridades, em diálogo com a comunidade mas sem reproduzir seus preconceitos; (2) planejar ações, mobilizando iniciativas multissetoriais do poder público, na perspectiva de prevenir contando com o auxílio da comunidade, o que se obtém respeitando-a. Para que atue como gestor, é indispensável valorizar o(a) profissional que atua na ponta, dotando-o(a) de meios de comunicação para convocar apoio e de liberdade para decidir. Há sempre supervisão e interconexão, mas sobretudo autonomia para atuação criativa e adaptação plástica a circunstâncias que tendem a ser específicas aos locais e aos momentos. Esse profissional dialoga, evita a judicialização quando pertinente, media conflitos, orienta-se pela prevenção e busca acima de tudo garantir os direitos dos cidadãos. Dependendo do tipo de problema, mais importante do que uma prisão, e uma abordagem depois que o mal já foi feito, pode ser iluminar e limpar uma praça, e estimular sua ocupação pela comunidade e pelo poder público, via secretarias de cultura e esportes, por exemplo. Esse o espírito do trabalho preventivo a serviço dos cidadãos, garantindo direitos. Esse o método que já se provou superior. Mas tudo isso requer uma organização horizontal, descentralizada e flexível. Justamente o inverso da estrutura militar.

Nesse sentido, desmilitarizar significa libertar a polícia da obrigação de imitar a centralização organizacional do Exército, assumindo a especificidade de sua função: promover com equidade, e na medida de suas possibilidades e limitações, a garantia dos direitos dos cidadãos e das cidadãs. As implicações desta mudança alcançam diversas dimensões, como aquelas indicadas pelos que postulam a desmilitarização a partir de considerações não-organizacionais.

Quanto ao processo de transição até a plena aplicação da proposta de desmilitarização, diz a PEC que será longo e participativo, cabendo aos estados a promoção do debate público sobre o modelo de polícia a adotar, assim como sobre a implantação da carreira única, do ciclo completo e da desmilitarização. Não foi nem poderia ter sido decidido no âmbito da PEC um processo de tamanha complexidade, que exigirá prudência, paciência, maturidade e participação, variando, portanto, de caso a caso, estado a estado.

A propósito da ideia de que não faz sentido desmilitarizar a PM, se a polícia civil também não sofrer um processo análogo, e se não for transformada a mentalidade da sociedade, que *autoriza* tacitamente a brutalidade policial contra pobres e negros, a reflexão nos levaria muito longe. Para abreviá-la bastaria dizer: a reforma das estruturas organizacionais ajudam a tornar as instituições mais eficientes e mais suscetíveis a respeitar seus profissionais e os cidadãos, mas não pode garantir que os comportamentos e valores mudem. Muito menos teriam como impactar o racismo estrutural da sociedade brasileira ou reduzir as abissais desigualdades. Esperar de reformas institucionais o que elas não podem dar significa condená-las ao fracasso e desestimular sua realização. Por outro lado, esperar que primeiro a sociedade mude para depois promover as reformas implicaria adiá-las *sine die*, o que, por sua vez, representaria, implicitamente, o apoio à manutenção do *status quo*, na área da segurança, com tantas funestas consequências. Enquanto persistirem práticas policiais que violam os direitos humanos, atingindo sobretudo os mais vulneráveis, haverá menos chances de que a população mais vulnerável se organize, mobilize e expresse, coletiva e democraticamente. Nas periferias e favelas, tanto o tráfico, quanto as milícias e o policiamento violento constituem obstáculos à participação e à fruição plena das liberdades.

4. TUDO É FUNCIONAL PARA ALGUMA ENGRENAGEM DE PODER E INTERESSE?

A primeira tese frequenta os manuais de introdução à sociologia e soa trivial, embora talvez seja contraintuitiva para muitos: *Nem tudo que há na vida social existe segundo uma vontade e um interesse* – embora, em boa parte dos casos, isso aconteça. Há fenômenos que são efeitos de agregação – os chamados efeitos perversos da ação social – ou resultam de erros de cálculo, equívocos táticos ou enganos estratégicos, seja na escolha dos métodos, seja na identificação dos próprios interesses por parte de indivíduos, grupos e organizações.

Ampliando a abrangência da tese, dir-se-ia que nem tudo funciona na sociedade, nem as leis, nem as instituições mais ou menos estáveis, nem os arranjos que se ordenam e se desfazem, sucessivamente. Nem todos os dispositivos cumprem funções previstas ou atendem aos interesses que suscitaram sua criação. No processo de sua existência, são alvo de racionalizações e redefinições, e são objeto de disputas tanto por sua direção, quanto pela apropriação da energia que precipitam ou dos benefícios e malefícios que produzem – recordemo-nos do *spoiling power,* que pode ser devastador e desequilibrar jogos políticos e econômicos. Os malefícios ensejam também resistência.

Dizer que os indivíduos erram é um truísmo. É possível que uma pessoa desembarque numa rua não porque fosse aquele seu destino, mas porque pegou o bonde errado. Ocorre que muita gente pega o transporte errado, principalmente quando os mapas não são perfeitos, o trânsito é confuso e as indicações, imprecisas. E tudo se complica quando há pressa, outros focos disputam a atenção e as intenções se embaralham. Mesmo agindo com racionalidade, por vezes nos envolvemos em ações cujas consequências contrariam nossos propósitos e nos prejudicam. É conhecido o caso da inflação inercial: comerciantes elevam os preços para reduzir perdas, porque temem que os demais atores econômicos o façam. A decisão de cada ator é racional, mas o resultado, não, porque corresponde à realização do que se deseja evitar, a continuidade da inflação. Quão mais complexa a sociedade, mais difíceis as decisões relativas a ações cujas finalidades dependam de cooperação (ou precipitem conflitos), da avaliação de tendências ou da previsão sobre comportamentos alheios. Expectativas são muito importantes, por vezes, decisivas. Há casos em que as profecias se autorrealizam. Um exemplo: pela manhã, corre o boato, baseado em conjecturas falsas, de que determinado banco está na iminência de quebrar. O que farão os correntistas? Na dúvida, correrão às agências ou providenciarão a imediata transferência de seus saldos. Esses atos são perfeitamente compreensíveis e razoáveis, do ponto de vista dos indivíduos, mas, agregados, produzirão o efeito temido. À tarde, o banco quebrará.

Outro exemplo ainda mais inquietante: por vezes, observamos o panorama social e os movimentos de peças no xadrez econômico e político, supondo que cada ator saiba perfeitamente quais são os seus interesses e o que fazer para implementá-los. Entretanto, nem sempre isso é verdade, seja porque o interesse precise ser identificado por operações cognitivas eventualmente complicadas, seja porque as informações pertinentes não estejam disponíveis a todos, ao mesmo tempo, do mesmo modo, no mesmo grau de profundidade e consistência. Para não falar nas construções ideológicas, nas mediações culturais e afetivas, na interposição dos valores e das crenças: eis aí mediações que atestam a impossibilidade de definir com exatidão o que seja ação racional. Tomemos o caso de um empresário cujos negócios envolvam combustíveis que danificam o meio ambiente. Dependendo das circunstâncias, ele ou ela pode deparar-se com a seguinte equação: mais ganhos implicam mais destruição e, no limite, a inviabilização das condições que tornam possíveis os lucros. Se a expectativa de vida desse personagem for pequena e ele não se importar com o futuro nem mesmo de seus filhos e netos, se nenhum compromisso ético pesar em suas avaliações, sua decisão provavelmente será seguir em frente, aproveitar ao máximo o tempo que lhe resta, acumulando o máximo de riqueza que conseguir, e legar à prole o planeta devastado. Mas se o cálculo de seus interesses incluir a vida e o bem-estar dos herdeiros, talvez a decisão seja outra, mais difícil e menos lucrativa, no curto prazo. Consideremos o investidor na indústria de armas leves e munições: lhe interessará a propagação da insegurança, do medo e da violência, sobretudo se o acesso ao armamento for flexibilizado e se predominar a percepção de que armar-se significa proteger-se e reduzir riscos, para si e sua família. Entretanto, se tal estratégia for aplicada até o limite, não haverá país nenhum do qual extrair qualquer ganho.

O mesmo tipo de ponderação pode ser feito a propósito dos grupos e das classes sociais. Estendendo-a à agenda neoliberal, a título de ilustração, poder-se-ia afirmar que, a médio prazo, sua implantação terminaria por devastar as condições de vida da grande maioria, aniquilando inclusive o gregarismo sem o qual não há sociedade. Ou seja, inviabilizaria a fruição dos benefícios ansiados pelas elites. Portanto, nesse sentido, talvez a agenda não corresponda a interesses de longo prazo do capital, embora o fortaleça a curto e médio prazos. Talvez seja esta a sina do capitalismo, criar as condições para sua própria superação. Foi esse, afinal, o vaticínio de Marx, embora ele fundamentasse sua previsão na luta de classes, uma delas que tendia a se expandir, outra, a definhar: cada vez mais gente teria sua força de trabalho explorada, enquanto cada vez menos gente seria detentora dos meios de produção. No caso da autodestrutividade do neoliberalismo, talvez sequer restem classes, se for cumprida à risca a agenda em sua versão radical, esta que o governo Bolsonaro, intempestivamente, tenta impor ao Brasil. Outros representantes do capital, nos países centrais, já apontam em outra direção, aparentemente conscientes das contradições.

Façamos uma pausa para refletir.

Há uma curiosa proximidade entre o hiperfuncionalismo, as teorias da conspiração e o que vulgarmente se denomina pensamento mágico: (1) Para o primeiro, todos os fenômenos sociais se encaixam numa estrutura funcional sem fissuras ou contradições, tudo funciona e, se o funcionalismo lido de modo simplificado é combinado ao marxismo consumido de forma reducionista, ou seja, caso se admita a existência da dominação de classe, tudo então é visto como expressando uma lógica dominante e atendendo ao interesse e à vontade dos que dominam. (2) Para o segundo, tudo é fruto de conspirações, ou seja, de ações coordenadas dos grupos cujo poder se exerce nos bastidores. A realidade é o tabuleiro e as peças são manobradas por forças ocultas, mas discerníveis pela vigilância paranoica do analista, que está sempre certo, porque o que quer que aconteça inapelavelmente confirma a intervenção dos operadores das sombras, mesmo que seus desígnios de início pareçam insondáveis. Tudo que acontece é fruto da manipulação dos grandes poderes. Se não for assim, a falha é nossa, somos nós, observadores, que não estamos entendendo corretamente o que de fato está acontecendo. A teoria está sempre certa, os dados que se ajustem. O método reside em atribuir aos fatos intenções, supô-las racionalmente orientadas para fins utilitários e deduzir, especulativamente, o contexto no qual o fato examinado confirme a tese, isto é, demonstre servir aos propósitos de ampliação de poder e riqueza, direta ou indiretamente. Propósitos de quem? Dos "agentes do mal", definidos de acordo com o gosto do freguês. Os sujeitos da conspiração em geral são os outros. Não há coincidências, circunstâncias fortuitas, episódios contingentes. (3) Para o terceiro tipo, o pensamento mágico, tudo faz sentido, tudo se relaciona com tudo, nada escapa à lógica encompassadora do cosmos, nada foge ao cuidado minucioso da deidade, cada detalhe minúsculo traduz a ordem última dos seres e das coisas. Nada acontece por acaso. A lógica de ferro e totalizante não pode falhar, como a fé.

A ciência, historicamente, é devedora dos três tipos de abordagem, dos três modos de se relacionar cognitivamente com os objetos. Todos os três conferem ao mundo inteligibilidade, procurando conjurar o acaso, domesticar as incertezas e elaborar a imprevisibilidade, que gera angústia e insegurança. A ciência se inspirou nas três fontes, mas precisou romper com elas para construir-se como campo de conhecimento, sem compromisso, na medida do possível, com as ansiedades da alma humana. Por isso, se tencionamos maximizar a consistência de nossas análises, mesmo sem pretensões à cientificidade, convém submeter nossas convicções ao teste da observação criteriosa e desassombrada.

Tomemos, por exemplo, um enunciado que soa trivial: "Polícias existem para controlar a sociedade e o controle interessa ao poder estabelecido". Seria mesmo este o caso, nas condições que se verificam em nosso país? Há controle? De quais atores sobre quais outros ou quais ações? Em que contextos, de que forma, em que grau? O que entendemos por controle, exatamente? Sob tal categoria, controle, não haveria uma pluralidade de situações distintas e contraditórias, gerando efeitos diversos, eles mesmos contraditórios? O controle eventual, circunscrito no tempo e no espaço, é sucedido pela estabilização de algo que se poderia chamar ordem ou por instabilidade e algo bem diferente dessa ordem, idealizada ou não? Uma operação policial numa favela, no âmbito da "guerra às drogas", deixando para trás um rastro de sangue e indignação, fertiliza a emergência de que tipo de ordem? Lega ao dia seguinte que situação? Aquilo que a palavra controle descreveria? Que implicações a repressão policial enseja? E o encarceramento em massa? Não se trata de repetir o que já foi dito à exaustão. Fica aqui a sugestão para que se revejam os enunciados que parecem óbvios, porque eles podem induzir a erros nos diagnósticos e na definição de linhas políticas, apontando seja para perspectivas sectárias, generalistas e irrealistas, incapazes de formular alternativas, seja para perspectivas moderadamente reformistas, no fundo, conservadoras. Sobre este reformismo, salta aos olhos quão pobres e superficiais são as leituras das polícias e da segurança pública que ensejam e justificam propostas de mudança incrementalistas, administrativistas, jurisdicistas e pseudotecnocráticas. Como se bons gestores, ajustes de certos mecanismos de gestão, formação profissional aperfeiçoada, protocolos bem-intencionados e normas adequadas bastassem. Ajustes para que a instituição funcione. O que significaria funcionar? Não há mais tempo a perder com ilusões reducionistas e conservadoras.

Retomemos o fio da meada, focalizando o modo como as elites brasileiras têm tratado a segurança pública, apoiando a preservação intocada do enclave, sustentando a manutenção do modelo policial e da arquitetura institucional envolvida, aplaudindo as "políticas" adotadas, violentas e punitivistas. Se o endosso nem sempre é explícito e completo, até hoje não deixou de existir, mesmo tímido e entremeado de comentários críticos, aqui e ali, episodicamente, quando a tragédia mostra sua face brutal.

Daí podemos deduzir que o enclave, o modelo policial e suas práticas interessam às classes dominantes, servem aos interesses das elites brasileiras? No plano simbólico e ideológico, sim, na medida em que, como tenho procurado mostrar ao longo dos anos, a violência policial nas favelas e periferias atua como "endereçamento da abjeção", animando o ódio racista e o (falso) orgulho do macho, identificando o mal e o apontando, circunscrevendo-o, atribuindo-o às camadas populares, aos negros, às comunidades, aos territórios vulneráveis. Entretanto, do ponto de vista prático e substantivo, definido a partir da perspectiva da economia e do bem-estar cotidiano dos segmentos privilegiados, ousaria propor uma resposta negativa. O que tem se passado no âmbito da segurança e de suas instituições, além de desservir à massa da população, não serve às elites. Interessa apenas aos setores ligados ao armamento, à segurança privada e aos que se beneficiam do enclave, dentro dele ou o parasitando. Creio ser capaz de sustentar essa tese com um passo argumentativo ainda mais audacioso: ao contrário do que usualmente se supõe, as polícias e as políticas criminais (punitivas e proibicionistas) não exercem nenhum controle significativo, não têm exercido controle social algum, não controlam sequer as dinâmicas criminais. Pelo contrário, tais como as conhecemos na maior parte do país, operando com a precariedade que tem sido amplamente reconhecida, inclusive pela grande maioria dos policiais, as polícias têm se revelado deficientes na investigação e na prevenção, invertendo prioridades e encarcerando jovens pobres e negros em massa.

É de racismo e patriarcalismo que se trata, não de economia. Endereçamento da abjeção racista, ostentação da força como exaltação do macho, enquanto arquétipo e tipo de dominação abalados por movimentos feministas e conquistas sociais libertárias. A luta de classes está presente, mas apenas no fundo do quadro, até porque não pode estar ausente em uma sociedade de classes, que se move entre suas tramas. Mas, definitivamente, a "segurança pública" e a "Justiça criminal", tais como praticadas no Brasil, têm atuado para reafirmar o primado falocêntrico patriarcal e o racismo estrutural. Por isso, valem as performances e o gerúndio, não seus resultados: encarcerando, matando, acuando, humilhando. Valem os verbos, não os efeitos. Só isso explica a recusa das instituições envolvidas em avaliar resultados. Confrontados com índices pífios de investigações bem-sucedidas e de redução de crimes, boa parte das autoridades, em sua compulsão à repetição, cita ações, verbos, performances: prendemos tantos, apreendemos tantas toneladas de drogas, tantas armas, flagramos, estouramos arsenais, laboratórios, depósitos etc. Os discursos oficiais dificilmente se colocam a pergunta sobre o sentido de tudo isso, o impacto dessas ações para a provisão de segurança, os efeitos para a sociedade, o que se perde, o que se agrava, o que reproduz círculos viciosos[7].

Examinemos o caso das drogas. A "guerra às drogas" (que acaba sendo, de fato, guerra aos pobres) simplesmente estimula o tráfico de drogas e armas, enquanto o encarceramento em massa, como vimos, fortalece as facções criminosas. Com as intervenções repressivas, as polícias elevam o valor das

---

7 Sobre o racismo nas abordagens policiais no Rio de Janeiro, que certamente não constitui exceção no país, são importantes os artigos de Silvia Ramos e suas pesquisas recentes (Ramos, 2020 set; 2020 dez; et al, 2021). Sobre racismo e mandato policial, constitui contribuição indispensável a tese de doutorado de Felipe da Silva Freitas (2020).

substâncias ilícitas, tornando-as tópica e provisoriamente menos acessíveis e, assim, adicionando custos (riscos) nos cálculos de varejistas e atacadistas. Todavia, a elevação do valor estimula o comércio e o círculo gira, reequilibrando oferta e demanda: se os preços médios tendem à estabilidade, como as pesquisas têm demonstrado, é porque a oferta cresce na mesma medida em que a restrição imposta por atos de repressão pressiona para cima os valores. Por isso, a repressão não torna as drogas mais caras, mais escassas e menos acessíveis, apenas regula o mercado e o mantém aquecido. Além disso, a repressão alimenta núcleos corruptos das polícias. Muitas vezes, surtos repressivos correspondem a tentativas de renegociação dos acordos, em favor de quem parasita o tráfico, fingindo combatê-lo. O problema é que muita gente morre nessa modalidade grosseira de escambo[8].

Em suma, objetivamente, o horror nos territórios vulneráveis não interessa ao capital, nem aos capitalistas que operam sua reprodução ampliada – capitalistas entendidos não como indivíduos ou grupos, mas como agentes sociais que se definem exclusivamente pelo interesse, por sua inserção na estrutura econômica (abstraímos, portanto, aqui, a subjetividade que personaliza e transcende as determinações do papel social).

A pergunta natural logo se formula: se o enclave e suas práticas, em última instância, não servem aos que mandam, do ponto de vista econômico e do "controle social", por que os supostos beneficiados, em não o sendo, eximem-se de intervir e jogar seu peso na mudança, em alguma mudança substantiva que efetivamente atenda aos seus interesses? A resposta – que põe entre parênteses o ódio racista, do qual já falamos bastante, para testar outras hipóteses – deriva da composição de múltiplos fatores, entre os quais poderíamos destacar os seguintes: (1) A força da inércia, aliada aos interesses corporativistas dos que tripulam ou parasitam o enclave. (2) O risco da mudança, isto é, a avaliação de que, precipitado um processo de mudança, pode perder-se o controle, mais do que já se perdeu – e há larga ignorância sobre o fato de que o suposto controle que hoje haveria é ilusório. (3) O custo da mudança, o preço a pagar, considerando-se resistências, dado o *spoiling power* das corporações. (4) O desconhecimento sobre alternativas e a falta de confiança nos atores sociais credenciados para liderar sua implementação – se é que existem. (5) A imagem de unidade que o enclave oferece a quem o observa de fora, favorecendo ou confirmando a crença de que não haveria aliados internos dispostos a liderar as mudanças e capazes de fazê-las, negociando um consenso mínimo sobre rumos e métodos.

8 A política de drogas é chave para o futuro da democracia e a notável pesquisa coordenada por Julita Lemgruber (2021) é indispensável para conhecê-la e avaliá-la em profundidade.

(6) A barreira à identificação empírica dos fatos aqui elencados: o descontrole e os efeitos contraproducentes (relativamente a seus interesses), tanto dos mecanismos institucionais, quanto da legislação punitiva, sobretudo da política de drogas. (7) A ausência ou extrema debilidade da opinião efetivamente liberal no Brasil, conforme sustentado anteriormente. (8) O vazio político provocado pelo silêncio das esquerdas, no que diz respeito à formulação de propostas alternativas para as instituições e as políticas de segurança – embora elas, assim como os movimentos sociais, tenham sido e sejam muito importantes nas indispensáveis denúncias. (9) A inexistência de um campo da segurança pública, isto é, o caráter ***babélico*** do debate público sobre o tema: não há consenso nem quanto aos pontos de dissenso, o que inviabiliza diálogo e negociação[9]. Esse fato diferencia a segurança da saúde, da educação e da ação social, que correspondem a campos historicamente constituídos, graças à participação de profissionais e representantes da sociedade civil. Por isso, entre as tarefas urgentes, dentro e fora do enclave, para dissolver a blindagem e submeter as polícias à sociedade, destaca-se a construção de um campo de diálogo não babélico, sob a liderança de policiais antifascismo, movimentos antirracistas e entidades comprometidas com a democracia e os direitos humanos.

Por tudo isso, e certamente por outros fatores – não há, neste artigo, a pretensão de esgotar o tema –, as elites não se empenharam na mudança. O dado é que não se envolveram com projetos alternativos e acomodaram-se à realidade que se fixou.

Aqui, é preciso atenção, porque o ponto, exposto no segundo parágrafo da presente unidade, complementa a tese apresentada na abertura. Por isso, vale a redundância: o que existe e se consolida, na sociedade, com potencial para provocar efeitos significativos, mesmo que não seja expressão de vontades e interesses, enseja a disputa por sua direção ou, no mínimo, pela apropriação dos benefícios (e malefícios) que eventualmente produza, assim como provoca a resistência dos que sofrem danos, visando reduzi-los. Quer dizer: nem tudo

---

9 Cf. Soares, Luiz Eduardo. **O Regime de Representação Feminino e as Implicações Recíprocas entre Processos de Subjetivação e Violência** – Potenciais e limites da Conferência Nacional de Segurança Pública e a especificidade das contribuições oriundas dos diálogos promovidos pela SEPM entre mulheres, em sete regiões metropolitanas do país: o caso de Canoas (Rio Grande do Sul). Mimeo, 2009. Observações a propósito do encontro denominado "Mulheres: diálogos sobre Segurança Pública; uma contribuição à primeira Conferencia Nacional de Segurança Pública", promovido, nos dias 13 e 14 de junho de 2009, em Canoas (RS), pela Secretaria Especial de Políticas para as Mulheres, sob a coordenação geral da Ministra Nilcéa Freire – de saudosa memória, que merece, por toda a sua trajetória, na universidade e na vida pública, todas as nossas homenagens.

o que existe corresponde a um interesse e uma vontade – embora haja muito que, sim, evidentemente –, mas o que existe é objeto de disputas, quaisquer que sejam suas causas, motivações e funções originais ou intencionais. Portanto, quando afirmamos que as elites se abstiveram de lançar seu peso político na transformação do quadro da segurança pública, não sugerimos que elas tenham simplesmente cruzado os braços ou que não tenham as mãos sujas de sangue. Elas têm participado das disputas, naturalizando o enclave, tomando-o como um dado e buscando incidir sobre a direção da energia que dele emana. E a energia tem intensificado o racismo estrutural e as desigualdades. O resultado mais pronunciado que o enclave exibe tem sido, reitere-se, com o perdão pela redundância, o endereçamento da abjeção às populações pobres e negras. Em outras palavras, as elites não têm sido capazes de construir instituições que sirvam a seus interesses históricos de mais fôlego, mas têm se abastecido de ódio e preconceito, apaziguando suas próprias culpas.

Se fazem sentido nossos argumentos, cai por terra a concepção do senso comum da esquerda de que tudo o que existe na sociedade (por exemplo, as polícias, seu modelo de organização, o enclave, as práticas genocidas) funciona a favor de quem domina. Tudo cumpriria funções, numa espécie de encaixe absoluto, modelando uma estrutura social hiperfuncional, regida pela dominação sem brechas, sem poros, sem lapsos, sem contradições, sem erros e desperdícios, sem efeitos contrários inesperados, sem enganos, sem efeitos de agregação, etc. A conclusão aqui proposta reduziria a responsabilidade criminosa das classes dominantes pelo genocídio? Claro que não, até porque o homicídio culposo repetido em série contínua por décadas torna-se doloso, na medida em que os resultados se evidenciam. Em síntese: a segurança pública brasileira não é funcional à dominação de classe, não serve a interesses das elites burguesas, não controla as classes populares, não evita a insurreição popular, não favorece a expansão de lucros, não estabiliza processos político-econômicos. Ao contrário, promove descontrole, incita a revolta, prejudica a economia, desestabiliza os processos que interessam às elites, política e economicamente, incrementa a taxa média de violência que tensiona a vida social, deslegitima as instituições. Ao mesmo tempo, o atual modelo aprofunda a exploração do trabalho dos policiais e os submete a riscos e a condições de estresse desumanas.

Se apenas alguns poucos segmentos ganham com o que aí está, há décadas, por que não há mudança? Voltamos à pergunta enunciada acima. O ensaio de resposta são os nove itens inventariados, cada qual exigindo livros, pesquisas, seminários e debate público.

Em vez de mudança, as elites, na melhor das hipóteses, têm apoiado iniciativas reformistas moderadas, denominadas "incrementais". Elas recebem esse nome em razão do gradualismo que soa sensato, mas, de fato, mostra-se insustentável, porque acaba esbarrando nos limites ditados pelo artigo 144, isto é, pela arquitetura institucional da segurança pública e pelo modelo policial. O chamado incrementalismo não passa da tentativa de apropriação da realidade consolidada e naturalizada, buscando dirigir seus efeitos, reduzindo danos e ampliando benefícios. Nessa disputa pelo espólio da segurança em ruínas, o que tem predominado é a dimensão intersubjetiva, moral, cultural, simbólica: uma narrativa racista, falocêntrica, classista, amparada na performance bárbara dos banhos de sangue, que endereçam a abjeção contra aqueles que encarnam o "mal". O teatro da falsa autoridade, ilegítima, degradada em mero exercício de força, se repete, compulsivamente. Ou seja, no banho de sangue do genocídio se reencena o racismo (a colonização, a destruição dos povos originários, a escravidão), a dominação de classe exponenciada (a imobilização da força de trabalho e o monopólio da terra). As elites se saciam com a reiteração da matriz de seu domínio, com a evocação dessa matriz, que é imaginária e substantiva. Criam, assim, uma realidade paralela ao fracasso diário no exercício do suposto controle social, uma narrativa em que triunfam, despedaçando o Outro. Mais uma vez, o fetiche da autoridade, a hierarquia de fancaria escorada em ruínas: o teatro de corte, patético e deslocado, prossegue enquanto a máquina econômica do capital opera, arrastando consigo uma sociedade que crescentemente deixa de sê-lo.

Na medida em que nos afastamos de leituras funcionalistas convencionais, com temperos pretensamente marxistas ou não, retorna com vigor o argumento que privilegia as dimensões racista e patriarcal. A realidade que se fixou obteve a adesão das elites, porque a elas o racismo convém, e não estamos falando de economia. Referimo-nos ao ódio e à distinção hierárquica – eis a sina arcaica pré-capitalista regendo rumos da modernidade capitalista. Distinção hierárquica para a qual a violência não é um meio prático, que realiza o controle (embora eventualmente possa sê-lo também, por óbvio), mas uma linguagem, uma forma de vida e de organização (inter)subjetiva, uma disciplina de afetos. Um modo de lidar com a figura da **alteridade** como depositária do que, em cada um, em cada uma, não é tolerado e absorvido.

5. COMO ENFRENTAR O ENCLAVE NA CONJUNTURA REGRESSIVA, MARCADA PELA

ASCENSÃO DO FASCISMO, QUE RADICALIZA O RACISMO E O PATRIARCALISMO?

5.1 Redução da parcela do orçamento que cabe às polícias seria uma boa resposta?

Quanto ao desinvestimento, seguem-se algumas notas para reflexão:

(A) É um absurdo que o orçamento público da segurança corresponda a um quarto do total. Sem dúvida. A pergunta talvez seja: é mais adequado falar em desinvestimento nas polícias ou aumento do orçamento destinado às áreas sociais? Desde logo, é necessário destacar que os policiais da base recebem, em vários estados, salários indignos e trabalham em condições aviltantes, e que o significado de "*Defund the Police*" no país mais rico do mundo é muito diferente daquele que a proposta assumiria no Brasil.

(B) Definir o desinvestimento como proposta traz consigo uma mensagem verdadeira: (1) As polícias, salvo exceções, não têm sido instituições a serviço da vida, da cidadania, da segurança, mas da aniquilação, sobretudo de negros e negras, e de pobres. Não têm servido às leis, à Constituição, mas à sua contrafação. (2) A sociedade não vai permanecer calada e inerte, e vai lutar para cortar pela raiz o abastecimento de energia dessas máquinas de morte.

(C) Por outro lado: (1) Sugere que somos apenas cópias passivas dos e das norte-americanas e de seus movimentos. (2) Sugere que aceitamos continuar a conviver com essas máquinas de destruição racista e classista, máquinas de morte, na medida em que nos contentamos em diminuir seu tamanho, o número de seus membros, e a reduzir seus salários.

(D) A proposta ignora o papel compensatório e complementar entre o orçamento público da segurança e o peso da segurança privada informal e ilegal, que tenderia a crescer na medida em que policiais ganhassem menos e/ou que fossem menores os contingentes policiais. Mencionar a segurança privada informal e ilegal implica trazer à tona a questão das milícias.

(E) A proposta desconsidera a hipótese de que, menores, as polícias não se tornem menos brutais e desrespeitosas dos direitos humanos, mas mais cruéis e criminosas. Em vez de menos capazes de produzir danos, elas podem potencializar sua capacidade de gerar danos.

(F) Formulada nesses termos, a proposta do desinvestimento seria um banquete para a direita e os fascistas. Mais ou menos como a proposta de decrescimento, no debate econômico.

(G) A proposta soa radical, mas talvez o seja apenas na aparência. Na prática, não ousa assumir a dissolução das polícias, não ousa demandar a refundação, não ousa apontar algum caminho para lidar com essa "coisa" enigmática e complexa, essa área institucional. Não apontar caminhos tem sido a linha das esquerdas, nesses trinta e poucos anos de nossa limitada democracia. Desinvestir parece uma variante da tradicional negligência, da antiga desconversa: "Vamos mudar de assunto, vamos falar em educação, vamos tirar da pauta, vamos varrer o tema para baixo do tapete". A questão, a nosso ver, sempre foi: o que vamos fazer com essa coisa intratável? Que destino lhe vamos dar, se reconhecemos que não há Estado sem aparelhos de coerção e se a extinção do Estado não está na ordem do dia, nem em nosso horizonte histórico? As polícias têm sido instrumentos de reprodução do racismo e das desigualdades, sem dúvida. Por outro lado, os trabalhadores policiais têm sido explorados e silenciados. Não podemos aceitar que isso continue. Esta sempre foi nossa luta. A pergunta é: a solução seria sugerir que elas se tornassem mais baratas e menores?

5.2 Propor a extinção do aparelho policial seria a resposta?

Há linhagens de pensamento e ação política, que se querem leninistas, para as quais a natureza do Estado é determinada pela dominação de classe que caracteriza o modo de produção. No capitalismo, o Estado é burguês e age em conformidade com a lógica de reprodução (em escala ampliada) do capital. Para mudar o funcionamento das instituições que integram o aparato estatal é necessário revolucionar o modo de produção, submetendo as demais forças sociais ao domínio das classes que antes eram exploradas e subalternas. Em suma, no capitalismo, as polícias sempre servirão à burguesia e nada há a fazer quanto a isso – a única saída é transformar a natureza a mesma do Estado. Diferenças entre regimes políticos, embora eventualmente relevantes para o destino da luta de classes, não alteram o essencial, a natureza do Estado, sendo, portanto, perfunctórias, superficiais e, no limite, irrelevantes, historicamente. O mesmo domínio burguês dar-se-á com ditadura ou democracia. O Estado burguês será sempre uma ditadura de classe, as distintas institucionalidades são mascaramentos da dominação socioeconômica.

No Estado popular socialista, em transição para o modo de produção comunista, haverá classes, luta de classes, domínio, leis e coerção, ou seja, haverá polícias, mas elas servirão aos propósitos das novas classes dirigentes. O que exatamente seria isso, não se sabe, nem seria preciso saber, diriam os defensores dessa perspectiva teórico-prática, uma vez que o importante é que as práticas sejam orientadas para a defesa dos interesses das classes populares. Nós, críticos, consideramos que isso não basta para garantir que as futuras agências policiais respeitem os direitos humanos, mas somos contestados pelos interlocutores, para os quais direitos humanos não passam de discurso liberal, portador de pautas pequeno-burguesas[10]. Nós, críticos, insistimos, apontando a persistência de tortura, execuções e todo tipo de aviltamento praticado pelas polícias dos Estados socialistas, mas nos deparamos com o contraargumento de que tais Estados se autoproclamam socialistas sem sê-lo, verdadeiramente, embora admitam que alguns o tenham sido, originalmente, antes de perder o rumo, ao longo do processo histórico. Nós, críticos, indagamos, então, se a ambiguidades ou indefinições sobre o papel da coerção no Estado socialista não constituiriam prenúncios da decadência futura ou, mais que isso, se já não trariam consigo as sementes da degradação posterior, e até mesmo se não seriam, elas mesmas, essa degradação. O diálogo deveria prosseguir, mas aqui já se estendeu o suficiente para demonstrar que há problemas pertinentes a exigir reflexão.

O fundamental a reter, dadas as finalidades limitadas do presente artigo, é que, de acordo com as linhagens teórico-práticas referidas, não faz sentido propor a mudança do modelo policial no Estado burguês, porque as polícias, nesse contexto histórico, estarão inapelavelmente a serviço da ditadura da classe dominante, mesmo que as aparências sejam democráticas. Em síntese, a conclusão sempre será: socialismo ou barbárie, revolução ou rendição – cooptação, adesão, cumplicidade.

Assim como o reformismo incrementalista, nas polícias brasileiras e na segurança pública, tem se mostrado incapaz de promover qualquer mudança minimamente consistente e sustentável, a referida perspectiva revolucionária considera todo projeto de reforma institucional, nessa área, na melhor das hipóteses, ilusão bem-intencionada mas tão ineficaz quanto o incrementalismo.

---

10 Diferentes abordagens sobre direitos humanos, particularmente nas ciências sociais brasileiras, são apresentadas sistemática e sinteticamente em Krenzinger e Soares (2010). O tema é desenvolvido no ensaio dedicado aos direitos humanos, no presente livro.

Nesse sentido, perderiam qualquer veleidade transformadora as propostas sintetizadas na PEC-51: desmilitarização; carreira única e ciclo completo, com respeito à autonomia federativa e a desenhos locais, negociados com a sociedade; conselho federal de educação policial; ouvidorias com mandato, eleição, recursos e autonomia, etc. Não faria sentido gastar energias para maquiar o domínio burguês.

O problema com o tudo ou nada, ou se faz a revolução ou nada tem sentido, é que, não sendo possível a primeira, fica-se a ver navios, sem nada além da amargura da derrota, o ceticismo paralisante, a condenação depressiva ao imobilismo. Ao fim e ao cabo, pode-se questionar: o que seria mais nocivo, a inércia do revolucionário ou o reformismo que, reconhecendo limites da realidade e correlações de força, busca superar o incrementalismo conservador? As últimas décadas têm demonstrado que o discurso que se pretende mais radical (sem o ser, porque está longe de ter compreendido as raízes dos fenômenos) tem servido à manutenção do *status quo*, na segurança e nas polícias. Se as esquerdas leninistas revolucionárias (aquelas que se identificam com a leitura de Lenin aqui exposta – há outras, evidentemente) lavam as mãos e não querem falar sobre polícia, muito menos comprometer-se com propostas alternativas, os conservadores agradecem e continuam a falar sozinhos. E a comandar. Enquanto a realidade permanece estagnada. Ou melhor, permaneceria, se não houvesse outras esquerdas que pensam diferente. Elas concebem o Estado como campos de luta, cada qual com suas especificidades e temporalidades. Pensam mais a partir da ideia de blocos históricos, politicamente articulados, do que de classes, definidas por estruturas rígidas, formais, estáticas. Entendem as mudanças nem como totais e sincrônicas, nem como cumulativas e graduais, mas como processos contraditórios múltiplos, dotados de potenciais (diferenciados mas objetivos) de promover rupturas e saltos qualitativos, alterando correlações de força e construindo hegemonia moral e política, para a qual democracia não é mera etapa a superar ou instrumento oportunista, mas projeto comum a realizar-se, radicalizando-se – inteiramente compatível, portanto, com os direitos humanos.

Nesse âmbito, reformas policiais podem e devem ser valorizadas. O mesmo se aplica à segurança pública, mais amplamente, e à Justiça criminal. Até para que, um dia, vale a utopia, a vida comum, superada a sociedade de classes, possa prescindir de leis, aparelhos repressivos e cárcere – essa instituição que testemunha nosso atavismo bárbaro. O abolicionismo há de se realizar, quando aprendermos a diferença entre punir e responsabilizar, num mundo sem iniquidades, que já não será regido pela mercantilização generalizada e a exploração do trabalho alheio.

Hoje, propor a extinção das polícias corresponde a sugerir que se entregue a sociedade à tirania das milícias, as que existem e as que se formariam, ao redor das elites, como segurança privada, e em torno das comunidades, sufocando-as.

E se as comunidades fossem autorizadas a armar representantes eleitos para defendê-las, os quais se comprometeriam a respeitar determinados limites e a aplicar as orientações que elas deliberassem adotar? Em abstrato, a tese soa positiva, democrática e sintonizada com a necessidade de subordinar o poder armado à vontade popular. Não devemos ignorar que conjecturas desse tipo estão sendo discutidas, seriamente, por pessoas que merecem respeito. Tais especulações, evidentemente, são legítimas, afinal, instituições não brotaram da natureza, são construções humanas. Se foram criadas, podem ser abandonadas. Outras, eventualmente melhores, podem sucedê-las. A pergunta é: foi formulada alguma proposta com maior potencial de efetividade democrática do que a velha fórmula policial redefinida? O projeto de um tipo de agência que substitua as polícias com vantagens, do ponto de vista democrático, teria de demonstrar capacidade de lidar com muitos desafios, como os descritos a seguir.

Quando a comunidade delega a alguém ou a um grupo de seus membros alguma responsabilidade que envolva o exercício contínuo de determinado conjunto de atividades, instaura-se uma dinâmica que tende a separar representantes e representados, delegados e suas bases. Em geral, o primeiro passo parece simples, porque os encarregados mantêm suas ocupações e se dedicam às novas funções apenas suplementarmente, nas horas de folga. Havendo rotatividade, todos servem ao coletivo, sacrificando um pouco de seu tempo, na expectativa da retribuição, isto é, sabendo que no futuro próximo se beneficiarão do sacrifício alheio, uma vez que outros substituirão a primeira turma de encarregados. Trata-se, no fundo, do regime de mutirão desdobrado no tempo, a boa e bela rede de reciprocidade. Ocorre que as tarefas envolvidas no serviço de segurança nem sempre aguardam a hora apropriada, porque frequentemente respondem a circunstâncias não esperadas nem administráveis mediante planejamento – se o fossem, não exigiriam atenção repressiva –, por mais que haja um grande esforço comunitário de aplicar programas preventivos – envolvendo desde educação até provisão de infraestrutura.

Conclusão: os encarregados da prestação do serviço de segurança teriam de estar disponíveis, ou seja, não poderiam permanecer em suas ocupações.

Seria necessário profissionalizá-los, ao menos enquanto durasse a delegação. Entretanto, tudo se complica ao nos darmos conta de que a delegação poderia ser suspensa a qualquer momento, se a comunidade não aprovasse o desempenho, o que implicaria o risco de lançar o depositário da delegação no desemprego ou na desocupação, levando-o a pagar um preço excessivo por erros que eventualmente seriam fruto de mera inaptidão, ainda que as intenções fossem as mais elevadas, mesmo que não houvesse desonestidade ou desrespeito voluntário aos termos da delegação. Vale assinalar que aplicar uma regra envolve interpretação, seja porque a regra se formula sob a forma de um enunciado, seja porque os casos, objetos da aplicação, mobilizam a conjugação entre a universalidade da norma e a particularidade das situações. Portanto, além de hermenêutica, haverá discricionariedade, margem de escolha e modulação, na peculiaridade de cada episódio. A partir de que momento, a discricionariedade descamba para o terreno da arbitrariedade? Tensões e erros haverá. O remédio será o estabelecimento de mandatos, cuja suspensão se daria somente em condições excepcionais.

E aqui chegamos a outro ponto importante: os termos da delegação. O que é que se delega? O direito e mesmo o dever de usar meios de força em defesa da segurança da comunidade, inclusive armas, com moderação, supõe-se, segundo o gradiente de uso da força, padronizado pela ONU e amplamente adotado, no Brasil, embora tantas vezes descumprido. Usar meios de força para evitar o quê? Para obter obediência a quais leis ou normas? Às leis maiores que regem a sociedade? Digamos que sim para simplificar, mas seria possível ir mais longe nesse experimento mental e atribuir às comunidades o poder legiferante. Todavia, tal hipótese apenas complicaria o raciocínio. Podemos arquivá-la, por ora.

Reunimos, até o momento, dois motivos que pressionam na direção do afastamento entre delegados e a fonte da delegação, entre encarregados e comunidade: a dedicação exclusiva e prolongada, que exige perícia técnica, treinamento e experiência – sobretudo no manejo perigoso de armas de fogo e na aptidão para identificar tanto sua necessidade quanto os limites a serem observados –, e o conhecimento das leis e dos modos adequados para sua aplicação. A especialização tornará problemática a rotatividade, seja porque importará na perda do investimento na formação, além do desperdício da experiência acumulada, seja porque exigirá novos investimentos para formar a próxima equipe de encarregados. A tendência é que a rotatividade cesse, em favor da renovação dos mandatos dos "especialistas", até porque o processo gera uma camada social com interesses próprios, que provavelmente desenvolverá percepções e valores também próprios.

O próximo problema é manter os encarregados sob supervisão coletiva, corrigir os erros, excluir os que persistem nos erros e manter a equipe subordinada à vontade coletiva. A avaliação e as sucessivas intervenções corretivas exigirão cada vez mais tempo e acompanhamento crítico mais sistemático, e não obterão eco e perderão legitimidade se não corresponderem a critérios pactuados. Avaliar e corrigir será a função de alguém que se dedicará a tais práticas – emergem assim a divisão do trabalho e renovadas exigências de profissionalização. Analisar o desempenho, criteriosamente, corrigir e estimular, indicar diretrizes e remeter desvios aos parâmetros previamente acordados – ou recomendar mudanças nos termos do pacto – são verbos que designam gestão. Eis aí, embrionariamente, uma organização. Como ela restabelecerá os vínculos de origem com os mandatos populares e os interesses da coletividade? A democracia posta em prática se põe à prova e nos devolve aos desafios matriciais. Como evitar que a polícia local se autonomize e se converta em um poder sobre a comunidade, não da comunidade? Na ausência de contrapoderes ou de outros poderes que equilibrem a força policial, posto que a comunidade não é, em si mesma, uma República, de que modo submeter os delegados aos imperativos da delegação? De que valem imperativos sem a garantia proporcionada pela hipótese da coerção? A lealdade e o compromisso ético bastariam?

Finalmente, consideremos duas questões adicionais: fronteiras e minorias, em outras palavras, âmbito espacial de validade da delegação – ou limites territoriais do poder comunitário – e divergências internas às comunidades.

(A) Imaginamos a hipótese em que o poder de polícia fosse conferido por cada comunidade a alguns de seus membros. O que acontece quando as violações que vitimam membros da comunidade envolvem membros de outras comunidades, transcorrem fora de seu território ou provocam a fuga do perpetrador para outros locais? Um sistema de comunicação entre os encarregados de todas as comunidades seria viável? Bastaria? Registre-se que o sistema em causa envolveria atividades de coordenação e mais investimentos em pessoal, tecnologia e administração, com as implicações referidas: complexificação da divisão do trabalho, especialização, profissionalização, burocratização e o progressivo afastamento entre os delegados e as bases. E quando houvesse choques entre avaliações sobre atos e as providências que suscitam? Seria necessária uma instância superior, centralizando regiões? Caso os problemas se agravassem, envolvendo articulação criminosa de largo alcance, que agências seriam mobilizadas e como interagiriam com os poderes locais? Como arbitrar dissíduos entre comunidades locais e seus delegados?

(B) Divergências internas são inevitáveis, sobretudo nas comunidades maiores, nas quais se formarão maiorias e minorias. Como garantir que estas estejam representadas no processo de delegação e nas revisões periódicas relativas ao respeito aos termos da delegação? Há hipóteses benignas, em que os conflitos são saudáveis e suscetíveis a mediações e negociações, mas há também aquelas que aludem a eventuais projetos criminosos de instrumentalização do poder delegado ou o submetem, mediante chantagens e ameaças. O risco de captura do poder local democraticamente constituído e periodicamente renovado por grupos de interesse situados no território, mesmo numa sociedade sem classes, é plausível e representa um desafio de difícil solução para o modelo localista. Ainda que a premissa para a implementação do modelo seja a prévia expulsão da área de milicianos ou mafiosos, o modelo não parece robusto o suficiente para prevenir a formação e atuação de grupos internos, voltados para o domínio do poder local por meio da captura da segurança popular delegada.

De certa maneira, as polícias modernas nasceram em resposta aos despotismos locais, às guerras "geopolíticas" que travavam e aos grupos locais de linchadores, que exerciam a violência em nome da comunidade para fazer valer seus interesses e valores, tiranizando as minorias. O que está em jogo, ao fim e ao cabo, é o monopólio do uso legítimo da força por parte do Estado. Se o Estado não exerce tal monopólio e não aplica os meios de coerção legitimamente, seria o caso de retomar a tradição localista e, no limite, feudal, embora com cautelas democratizantes, ou se trataria de reorganizar o Estado e submetê-lo, politicamente, aos avanços sociais ditados, em nosso caso, pela própria Constituição de 1988?

Contudo, seria precipitado encerrar um debate tão importante antes que amadureça. É provável que se possa conceber agências policiais sob forte supervisão comunitária, engajadas na luta antirracista e na defesa dos direitos humanos, e que se situem, do ponto de vista de sua estrutura e de seu mandato, entre o centralismo das polícias e a fragmentação localista. Por que não tentar imaginar o ainda não conhecido? Em 1999, como subsecretário de segurança, o autor do presente artigo sugeriu um modelo híbrido, o batalhão comunitário[11], que seria composto por jovens da comunidade na qual se realizaria o experimento. Os jovens seriam contratados pelo Estado, treinados por equipes interdisciplinares e acompanhados por idosos locais, indicados pela comunidade, que supervisionaria a experiência, coletivamente, desde o início. Muito perigoso, muito problemático, mas interessante, o programa – o qual, na ocasião, dialogava com outro projeto ousado, a anistia. Chegou a ser aprovado, entretanto, o autor foi exonerado antes de implementá-lo. O fato é que a imaginação social não deve ser tolhida. O repertório das propostas apresentadas neste artigo nem de longe esgota as possibilidades.

Cabe também sublinhar que, no fundo, estamos a discutir – em perspectiva democrática e em sintonia com os direitos humanos – a compatibilidade dos possíveis modelos de polícia de base popular com a realidade de sociedades complexas, mesmo que não sejam capitalista. O que está em questão, em última instância, nos debates sobre polícia, são o modelo do poder político e os limites da participação popular, a intensidade da democracia, a dimensão do respeito às garantias individuais e o controle do Estado pela cidadania. Questões decisivas, para as quais não há soluções fáceis, universalmente aplicáveis. Temos de nos abrir à experimentação, ousando errar, desde que os erros sejam novos e nos ajudem a amadurecer. Inaceitável é continuar repetindo os mesmos erros. Repetindo os velhos métodos não produziremos resultados diferentes.

6. COMO PASSAR DA REFORMA DO MODELO À REFUNDAÇÃO DE POLÍCIAS PARA UMA DEMOCRACIA DIGNA DESTE NOME?

A resposta honesta e objetiva é: não sabemos. Entretanto, sabemos que a refundação, se e quando houver, estará associada ao processo de aprofundamento da democracia brasileira. Sabemos que redundará na dissolução do enclave institucional, refratário aos direitos humanos e à autoridade civil, política, republicana. Sabemos que incluirá a redefinição da arquitetura institucional da segurança pública e do modelo policial, assim como a reorientação de suas práticas para a garantia dos direitos, inclusive daqueles que são trabalhadores policiais. Sabemos que o antirracismo estará no centro das mudanças. Sabe-

---

11 Cf. SOARES, Luiz Eduardo. **Meu Casaco de General; 500 dias no front da segurança pública do estado do Rio de Janeiro**. São Paulo: Companhia das Letras, 2000.

mos que o proibicionismo e o encarceramento em massa serão página virada, nesse novo capítulo da história brasileira. Apostamos que os policiais antifascismo desempenharão um papel agregador e formulador importante, em diálogo com movimentos antirracistas, feministas e o conjunto das entidades que travam as lutas democráticas, no dia a dia. E acreditamos que dificilmente seremos capazes de promover essa agenda se não conquistarmos o apoio de setores liberais e conservadores, sensíveis à causa dos direitos humanos e dispostos a ativamente rejeitar o racismo. Ainda que, adiante, os caminhos se bifurquem. O essencial de nossa agenda se situa na encruzilhada entre civilização e barbárie. É verdade, a barbárie foi promovida em nome da civilização. O que foram e têm sido a colonização, a dizimação das sociedades originárias, a escravidão, o despotismo patriarcal? Mesmo assim, talvez esta palavra, civilização, ressignificada e livre das mentiras hipócritas, ainda evoque um sonho digno de ser sonhado em comum.

REFERÊNCIAS BIBLIOGRÁFICAS

BUARQUE DE HOLANDA, Sergio. **Raízes do Brasil**. São Paulo: Companhia das Letras, 2014 (primeira edição, 1936)

BASTIDE, Roger. **Estudos afro-brasileiros**. São Paulo: Perspectiva, 1973. CANDIDO, Antonio. "Dialética da malandragem: caracterização das Memórias de um sargento de milícias" In **Revista do Instituto de Estudos Brasileiros**, São Paulo, USP, no 8, 1970.

DAMATTA, Roberto. "Você sabe com quem está falando?" In **Carnavais, malandros e heróis: Para uma sociologia do dilema brasileiro**. Rio de Janeiro: Zahar, 1979.

KANT de LIMA, Roberto. **A polícia da cidade do Rio de Janeiro: seus dilemas eparadoxos**. Rio de Janeiro: Forense, 1995.

KRENZINGER GUINDANI, Miriam; SOARES, Luiz Eduardo. "Direitos humanos e ciências sociais no Brasil" In **Ciência Política**, organizado por Renato Lessa, incluído na série "Horizontes das ciências sociais no Brasil", coordenada por Carlos Benedito Martins. Editado pela ANPOCS, em 2010, com o apoio de Ciência Hoje, Discurso Editorial e Barcarolla.

LEMGRUBER, Julita (et alii). **Tiro no pé; impactos da proibição das drogas no orçamento do sistema de Justiça criminal do Rio de Janeiro e de São Paulo**. Relatório de pesquisa. Rio de Janeiro: CESEC, 2021.

MISSE, Michel. “O papel do inquérito policial no processo de incriminação no Brasil: algumas reflexões a partir de uma pesquisa” In **Dossiê: Inquérito Policial no Brasil**. Sociedade e Estado (1). Abril, 2011.https://www.scielo.br/j/se/a/3X65HgfGRdF59Dwd9G3dKbM/?lang=pt

RAMOS, Silvia. “A violência no Brasil e o nosso racismo” In **Revista Rosa**, 2, setembro de 2020.

RAMOS, Silvia (coord.). **A cor da violência policial: a bala não erra o alvo**. Relatório de pesquisa. Rio de Janeiro: Rede de Observatórios da Segurança/ CESeC, dezembro de 2020.

RAMOS, Silvia; FRANCISCO, Diego; SILVA; Pedro Paulo; SILVA, Itamar. **Elemento suspeito: racismo e abordagem policial no Rio de Janeiro**. Rio de Janeiro: CESeC, 2021.

SCHWARZ, Roberto. **Um mestre na periferia do capitalismo**. São Paulo: Duas Cidades; Editora 34, 1990.SILVA FREITAS, Felipe. **Racismo e polícia; uma discussão sobre mandato policial**. Tese de doutorado defendida no Programa de Pós-Graduação em Direito da Universidade de Brasília, 2020.

SOARES, Luiz Eduardo. **Meu casaco de general; 500 dias no front da segurança pública do estado do Rio de Janeiro**. São Paulo: Companhia das Letras, 2000.

________. **O Regime de Representação Feminino e as Implicações Recíprocas entre Processos de Subjetivação e Violência** – Potenciais e limites da Conferência Nacional de Segurança Pública e a especificidade das contribuições oriundas dos diálogos promovidos pela SEPM entre mulheres, em sete regiões metropolitanas do país: o caso de Canoas (Rio Grande do Sul). Mimeo, 2009.

________. **Desmilitarizar; segurança pública e direitos humanos**. São Paulo: Boitempo, 2019.

________. **O Brasil e seu duplo**. São Paulo: Todavia, 2019.VELHO, Otávio Guilherme. **Capitalismo autoritário e campesinato**. São Paulo:Difel, 1976. VIANNA, Hermano. **O mistério do samba**. Rio de Janeiro: Zahar, 1995. VIANNA, Luiz Werneck. **A revolução passiva: Iberismo e americanismo no Brasil.** Rio de Janeiro: Revan, 2004. WISNIK, José Miguel. **Veneno remédio: O futebol e o Brasil.** São Paulo: Companhia das Letras, 2008.

CAPÍTULO 6

VISÃO DE TÚNEL: SEGURANÇA PÚBLICA, ÉTICA E JUSTIÇA NO BRASIL[1]

A Ibis Pereira e Antonio Carlos Carballo Blanco, dois policiais militares e pensadores, cuja lucidez aguda e generosa jamais se deixou capturar pela ótica da guerra

---

1. POLÍTICA PÚBLICA OU COMPULSÃO À REPETIÇÃO?

O documentário "Notícias de uma guerra particular", de João Moreira Salles, lançado em 1998 e até hoje visto e discutido no país e no exterior, talvez não tenha sido compreendido. Minha hipótese é contraintuitiva: não há nada especialmente complexo no filme e a dificuldade está exatamente aí, na revelação ostensiva do que é simples. Simples e difícil de suportar. O que o filme enuncia, com a beleza contundente do sofrimento espelhado, é quase um truísmo: policiais e traficantes se matam, anos a fio, e nada muda. Mesmo assim continuam a fazê-lo, como se condenados por um atavismo ou atados a um destino trágico e inexorável. A intenção, aqui, é demonstrar que há razões importantes para o mal-entendido e tão significativas quanto o próprio tema do filme: a abordagem belicista do tráfico de drogas adotada por sucessivos governos fluminenses – e não só. Razões que, esclarecidas, talvez ajudem a desvendar o mistério: por que se repetem. Incessantemente. Métodos cuja aplicação tem se mostrado incapaz de alcançar seus supostos objetivos – pior, eles têm se

1 Versão deste artigo está sendo publicada, simultaneamente, na Revista SUSP, do Ministério da Justiça e da Segurança Pública.

revelado responsáveis pelo agravamento dos problemas? Se transpuséssemos o dilema para o plano dos comportamentos individuais, diríamos que a reiteração de práticas destrutivas evoca antes a dinâmica do transtorno obsessivo-compulsivo do que a lógica de escolhas racionais.

Na esfera do Estado, excluídas hipóteses "patológicas", como dar conta da tragédia? Propomos que se explore a hipótese de que os protagonistas policiais e seus comandantes investem na tragédia (épica e heroica) em busca do sentido de uma existência esvaziada, como se o derramamento de sangue no enfrentamento bélico lhes restituísse uma vida não rebaixada e redimisse seu destino. Nada disso acontece, e a experiência frustrada, não elaborada, retorna como trauma, assombrando quem a sofre e impelindo à sua repetição, como nos mecanismos compulsivos. Na compulsão, o agente é passivo e ativo, reencenando e sendo conduzido à reencenação do movimento compulsivo. Seu desejo simula e mimetiza forças externas ao controle do sujeito de sua desdita (simultaneamente, assujeitado e protagonista). Desdita que, nesse caso, também é o inferno dos outros. Por outro lado, os policiais colocam em marcha um mecanismo que atravessou nossa história, desde os genocídios de sociedades originárias até a escravidão e além: o endereçamento da abjeção social, racial, territorial e de classe. A ação bélica aponta onde está o mal, quem o representa.

Esta hipótese talvez soe excessivamente subjetiva e distante do mundo dos poderes e dos interesses. Entretanto, observe-se o efeito objetivo das operações. O que se produz, na prática, com a fatídica insistência no mesmo? Controle? Atendimento de interesses? Essas respostas têm sido oferecidas quase automaticamente pelos críticos das operações de tipo bélico. Mas quem as oferece não foi capaz de demonstrar de que controle se trata (até porque as operações se repetem) e quais seriam, efetivamente, esses interesses tão fortes a ponto de permanecerem determinantes ao longo de décadas.

A dinâmica inconsciente mencionada não poderia, entretanto, aplicar-se caso não houvesse condições para que se impusesse a pretensa legitimidade de uma guerra. Em havendo guerra, ela poderia ser vivenciada como redenção da existência esvaziada de profissionais abandonados à própria sorte e submetidos a riscos extremos, que aspiram à glória épica do heroísmo, mas são tratados e mal pagos como funcionários públicos descartáveis – sim, esse é outro paradoxo de uma sociedade que exalta a violência policial e, salvo excepcionalmente, despreza seus agentes. Qual o suporte para a legitimação ética da guerra? Não são as armas e a ferocidade dos traficantes. Antes e conceitualmente fundamental é a persistência histórica de um personagem ético-político: o inimigo interno.

2. INIMIGO INTERNO

Uma peça-chave dos entraves ao desenvolvimento da democracia foi e continua sendo o "inimigo interno", seja como imagem e símbolo, seja como categoria e ideia, seja como prática e valor. A sobrevida desse personagem de certa maneira arcaico – pelo menos tão arcaico quanto a guerra fria – nos ajuda a compreender as razões pelas quais a função institucional das polícias, sobretudo das polícias militares, continua a ser definida, por segmentos numerosos e influentes dessas instituições, como a defesa do bem contra o mal, a defesa dos homens de bem ou da sociedade contra os vagabundos, os bandidos, enfim, aqueles que devem ser excluídos, neutralizados, exorcizados – no processo de rotulação, suspeitos se tornam inimigos e a tarefa policial se confunde com a guerra (cf. Soares, LE. "A democracia brasileira não vai à praia" in <RevistaForum.com.br>, dezembro, 2023).

Criadas as condições para que se trave a "guerra", graças à presença intempestiva do inimigo interno, agora metamorfoseado e (supostamente) despolitizado, as dinâmicas psicoculturais ou intersubjetivas, acima referidas, podem ser acionadas.

A doutrina de segurança nacional instituiu a categoria inimigo interno, que vinha sendo gestada pelo menos desde os anos 1940, no rastro da guerra fria e da expansão da influência estadunidense. Operava-se assim, pela mediação dessa figura conceitual, a sobreposição entre as áreas de incidência de dois tipos de instituição: Forças Armadas e polícias, as primeiras projetando sua autoridade sobre as segundas – e não o inverso, naturalmente, por razões eminentemente políticas. O papel de pivô dessa categoria (inimigo interno) é estratégico porque produz um duplo giro: primeiramente, desloca os comunistas do lugar de oposição política, desqualificando-os como atores legítimos na disputa ideológica e os redefinindo como infiltração estrangeira, destinada a abalar a soberania nacional. Mas não para aí. No mesmo movimento, sub-repticiamente, reposiciona os detentores circunstanciais do poder e as Forças Armadas como expressões permanentes da própria nacionalidade, manifestações imanentes do substrato essencial da nação, que, por algum passe de mágica metafísico, ter-se-ia consolidado como unidade territorial e institucional. Tudo se passa como se a nacionalidade emanasse do espírito do povo e se encarnasse nos militares (cf. Domingos Neto, Manuel. O que fazer com o militar? Anotações para uma nova defesa nacional. Parnaíba: Gabinete de Leitura, 2023).

Continuamos sem saber o que significam nacionalidade, espírito e povo, mas entendemos muito bem o que está em jogo: quem se opuser a esse amálgama ideológico-místico-político – amálgama identificado com a própria nação – será considerado inimigo da nação. A etiqueta "inimigo" traz consigo consequências práticas, na medida em que militares adotam linguagem e procedimentos bélicos para enfrentar inimigos. Ao contrário do adversário, que põe em risco a manutenção do poder, o inimigo representa ameaça existencial e deve ser eliminado, aniquilado, abatido, extinto, neutralizado. Aos adversários, a disputa de eleições; aos inimigos, a morte. Duplo giro, insista-se: o mesmo gesto conceitual que desqualifica o outro qualifica quem o performa. Além disso, essa operação semântica engendra a tese das almas gêmeas: a nação e as Forças Armadas, ambas emanações de uma essência comum, destinadas ao enlace eterno.

Por tudo isso, dissolver a categoria "inimigo interno" (abandonando, portanto, a doutrina de segurança nacional) teria de ser a tarefa mais urgente e decisiva da Nova República, gestada ao embalo do movimento "Diretas, já", cujos contornos foram ganhando corpo e voz ao longo da década, e que seria inaugurada, finalmente, com a promulgação da Constituição cidadã, em 1988. Era preciso desatar o nó que amarrava a política à guerra – isto é, aos militares –, destravar o mecanismo que sobrepunha defesa ou segurança nacional à segurança pública, militares aos policiais. Em outras palavras, o compromisso número um do Estado democrático de direito, para merecer esse título, no ato mesmo de sua instalação, teria de ser afastar os militares da política e das polícias, ou seja, desmilitarizar a política e a segurança pública. Caso contrário, as Forças Armadas continuariam tutelando a vida política, enquanto a ordem social da cidadania, fundada na garantia dos direitos individuais e coletivos, permaneceria confundida com estabilidade do poder econômico hegemônico. Desse modo, a democracia estaria condenada a simplesmente encenar o revezamento no governo de expoentes do mesmo projeto hegemônico, assim como as polícias e o sistema penal seguiriam regidos pelo "combate" aos "inimigos" (da "sociedade" ou dos "homens de bem").

A tarefa número um não foi cumprida. Os constituintes enfrentaram limites impostos pela correlação de forças – e, nas décadas seguintes, a prática deitou raízes, seguindo o rastro das tradições mais sombrias, oriundas do fundo mais remoto de nossa história. A ditadura se eclipsava mas ainda mantinha suas garras cravadas na proteção não só corporativista, também ideológica e política, das Forças Armadas. Daí o veto à Justiça de transição e à própria extensão da transição democratizante às três forças e às polícias – cujo modelo forjado na ditadura permaneceu intocado na Carta de 88. Criou-se um enclave, que conviveu com muitas conquistas cidadãs, mas as limitou. Enclave institucional de dupla face, refratário à autoridade política e civil. O gênio das Forças Armadas parecia aos incautos ter voltado definitivamente à garrafa, até que um capitão a destampou. Já as polícias nunca sequer simularam a contenção, a subordinação a controles externos (nem mesmo do Ministério Público) ou ao comando dos governadores. Engendrou-se um duplo enclave, no seio do Estado democrático de direito, que às vezes respira por aparelhos, volta e meia se afirma, outras tantas se recolhe, acuado, concede, transige, recua. No horizonte está, livre e mais vivo do que nunca, o famigerado "inimigo interno" – esse amálgama prático-ideológico, que traz consigo forte apelo emocional.

3. VISÃO DE TÚNEL E O PONTO DE VISTA SUB SPECIE AETERNITATIS

Ousando mais um passo, na trilha da primeira exploração de hipóteses alternativas àquelas que constam nos repertórios conhecidos, sugiro que se considere a possível importância do contraste entre dois modelos do olhar (com projeções nos domínios cognitivos e epistemológicos), matrizes de dois modelos de justiça e de perspectivas éticas antagônicas.

A cultura corporativa policial hegemônica não é homogênea, porque há inúmeras variações em suas apropriações e ressignificações, tampouco é assimilada pela totalidade dos profissionais, seja porque as individualidades existem, seja porque as vivências são as mais diversas, seja porque, assim como as regiões do país, as corporações são diferentes, em suas autopercepções, em suas estruturas organizacionais (civis ou militares) e em suas dinâmicas de funcionamento. Ainda assim, é plausível sustentar a existência de elementos fundamentais compartilhados que atravessam todas essas fronteiras e formam uma constelação de valores, crenças, regimes afetivos, marcadores identitários e modos de compreender o lugar do policial na sociedade e a função histórica das instituições policiais – uma cosmologia, poder-se-ia afirmar. Essa constelação gira em torno de um centro gravitacional em que está condensada a experiência policial limite e extrema, enquanto referência matricial, mesmo que não tenha sido vivida, diretamente, por cada agente. A experiência extrema – o homem diante da morte, sua ou do inimigo, a cena do duelo, o momento derradeiro em que o gesto, o ato, a mão na arma, em um átimo, definem o destino – é dotada de radicalidade existencial e corresponde à iminência da morte, contendo em si o sentimento de urgência, a consciência do risco e a determinação dicotômica: sobreviver ou sucumbir. A dualidade, nesse caso, não opõe duas vias de ação ou duas direções para o juízo, duas ou mais, como seria próprio aos dilemas éticos, por exemplo. Não está em jogo a reflexão ou o pensamento, mas a decisão e a ação, ambos superpostos pela redução da temporalidade ao instante (temporalidade sem a qual não pode haver a dúvida e a hesitação, típicas do juízo). A urgência e a radicalidade separam o essencial e o perfunctório. A decisão não antecede o ato, o ato performa a decisão, não a representa ou sucede. Suprimida a elasticidade temporal, mente e corpo operam em conjunto. O disparo é síntese concreta, sem dialética ou suprassunção de antíteses. Esta cena extrema e perturbadora não frequenta a memória afetiva somente de militares, não desencadeia sofrimento psíquico apenas dos profissionais que atuam na ponta da linha operativa. Sua pregnância inquieta e angustia – portanto requer elaboração (dificilmente realizada) – toda a tropa e o conjunto das corporações que se disciplinam para a eventualidade do confronto, em particular no contexto brasileiro, especialmente no cenário fluminense, em que o eventual se apresenta sob o modo da iminência, por sua recorrência. A onipresença pressentida do risco municia sintomas análogos à paranoia. Suicídios, assunção de riscos desnecessários, abuso de álcool e drogas, adoção da linguagem desqualificadora da humanidade dos "inimigos" e dos grupos aos quais são metonimicamente associados, todas essas tramas que tendem a se rotinizar ensejam distintas formas de sofrimento psíquico e, independentemente de suas manifestações subjetivas, tendem a consolidar modos de ser e agir, individuais, coletivos e, inclusive, institucionais. Isso pesa mais que orientações normativas, constitucionais ou infraconstitucionais.

Não por acaso, a experiência limite e paradigmática, o confronto armado entre o homem da Lei e o inimigo da sociedade, é descrita – muitas vezes em primeira pessoa –, pela ótica de uma situação objetiva que se instaura também como metáfora estruturante: a imersão do sujeito na "visão de túnel". Imersão, porque se trata de movimento que envolve todos os sentidos e implica – pressupõe e promove – a suspensão do mundo. O policial desloca-se para uma dimensão paralela em que espaço e tempo se redefinem, uma espécie de transfiguração da realidade ou estado de liminaridade (típico da segunda etapa dos rituais de passagem nas sociedades originárias).

Visão de túnel corresponde a um imenso investimento de energias no olhar, promovendo a concentração sobre um foco estreito, convergindo para um ponto. Concentração seletiva que exclui as margens e cancela as demais conexões com o mundo. Trata-se de uma prática que dialoga, sem o saber, com muitas tradições espirituais, aplicadas à meditação e à produção de experiências extáticas. Visão de túnel é um exercício que requer disciplina absoluta da atenção, para a qual todas as capacidades corporais e mentais são mobilizadas. É um fenômeno sensorial, intelectual, neurológico, afetivo, psicológico, cognitivo, epistemológico e valorativo. Visão de túnel é categoria descritiva (de fenômenos empíricos) e operadora (que promove mediações entre esferas, desde técnicas e metodologias corporais à ativação de recursos intelectuais) e evoca experiência (vivida ou pelo menos reconhecida como decisiva). Instaura-se também como valor (a vivência remete à iminência da morte e distingue, radicalmente, os sujeitos, como o fazem os ritos de passagem e seus momentos de liminaridade e escarificações). Visão de túnel figura ainda como metáfora, ao articular sentidos (tanto os cinco sentidos corporais, quanto as significações que formam a visão de mundo).

Declaram com frequência os profissionais das polícias: "Só quem passa por isso sabe e está autorizado a dizer qualquer coisa sobre o universo policial" – questões típicas da comunidade militar, no Brasil, migraram para o mundo policial, nas PMs e não só, uma vez que, aqui, a guerra tem se dado contra o inimigo interno. Ter estado na posição da qual se exige a visão de túnel, o posto à beira do abismo, ter vivido a iminência da morte, ou participar de grupos unidos por laços de fraternidade derivados dessa comunhão – o compartilhamento da visão de túnel como provação ou referência matricial –, tais são as condições para que alguém se pronuncie com legitimidade e mereça escuta em um diálogo. A permeabilidade a opiniões e críticas depende desse pressuposto. Ideias não são valorizadas por sua qualidade intrínseca, mas pela qualidade de quem as enuncia, a qual, por sua vez, depende do pertencimento à fratria. Observe-se que o ângulo necessariamente reducionista da visão de túnel alude a dicotomias: vida ou morte, amigo ou inimigo, matar ou morrer. À sobrevivência se restringe o critério de validade, ou a legitimidade do juízo (da decisão), indissociável do ato. Nem mesmo a ética utilitarista se aplicaria. O campo de abrangência do cálculo utilitário é bem mais amplo e inclusivo, embora a dicotomia custo e benefício seja análoga ao dualismo mobilizado na visão de túnel.

Sabemos que a visão tem sido metáfora chave nas tradições filosóficas ocidentais, sempre associada ao saber. Por isso, nosso vocabulário é pródigo nas analogias entre o ato de ver e a aptidão de conhecer: focalizar, revelar, desvelar, esclarecer, descobrir, iluminar, verificar, vislumbrar, retratar, enxergar, olhar. Outros exemplos são as expressões: ponto de vista, ótica, perspectiva, viés, imagem, evidência. No contraponto à luz, sem a qual não há visão, estão a obscuridade, as sombras (a caverna sombria), as trevas ou as visões míopes (os conhecimentos parciais ou imperfeitos).

Hannah Arendt, questionando o sonho da metafísica ocidental, de Parmênides a Hegel, o descrevia como a concepção de "uma região além e acima da linha de combate, uma esfera intemporal, fora do espaço e suprassensível (que seria) a região mais adequada ao pensamento" (Arendt, 1972: 37) e ao juízo ético-político. "Este plano ideativo-racional parece coincidir com aquele ponto de Arquimedes (Arendt, 1981: 269), no qual ou a partir do qual pactuar-se-iam os princípios de justiça ou as condições universais e atemporais de possibilidade da vida comum politicamente legítima e empiricamente viável – não é este o ponto de vista sub *specie aeternitatis*, que reencontramos na teoria contratualista contemporânea de John Rawls?" (Soares, L.E. A Invenção do sujeito universal. Editora da UNICAMP, 1995: 294)

Quando Arendt escreve "acima da linha de combate", refere-se ao confronto de ideias, conceitos, perspectivas, mas não deixa de ser significativa a escolha da palavra combate, especialmente para os propósitos da presente reflexão.

A visão de túnel situa-se exatamente na linha de combate real e tem por característica a imersão no espaço e no tempo da sensibilidade – e se a exploração máxima dos sentidos e da corporeidade anula o pensamento, tanto pior para o pensamento e suas supostas condições metafísicas. Trata-se, afinal, de sobreviver, não de pensar a vida e a morte. A visão de túnel é um estratagema indispensável, uma virtude do espírito e do corpo. Os problemas começam quando é alçada ao lugar de referência distintiva e validadora do próprio pensamento, base para a edificação dos critérios de juízo ético. Não haveria por que lamentar o abandono do arcaico modelo metafísico, não fosse o fato de que não se operou abandono libertador, consciente e crítico, mas uma inversão: movimento que carrega consigo, agravadas, as limitações do modelo invertido.

O ponto de vista sub *specie aeternitativas* cobiçava deslindar os fundamentos sobre os quais fosse possível celebrar o grande contrato da humanidade, visando a paz universal. O suporte da plena conversibilidade entre culturas, histórias locais e interesses materiais, seria a razão – se não substantivamente definível, ao menos como ideia reguladora, tipo ideal, bússola teleológica, utopia compartilhável. Contra a *hybris* humana representada na torre de Babel, projetava-se uma torre ainda mais alta. É conhecida a cumplicidade entre o idealismo racionalista europeu e a brutalidade genocida dos colonialismos. Sabemos a que serviu o universalismo humanista, a despeito de tantas belas intenções – voltarei ao tema na última unidade deste livro. Reconhecê-lo, todavia, não nos livra do fardo de repensar e buscar construir o universalismo possível, avesso aos relativismos que se rendem à inevitabilidade da violência despótica, terminando por legitimá-la, mas igualmente refratário às unificações etnocidas imperiais. Estamos em meio a dilemas éticos e políticos dilacerantes. O que poderia ser a Justiça para tempos posteriores a estados nacionais e pós-capitalistas? Certamente, nada disso se restringe a desafios intelectuais, tampouco faz sentido fora do mundo público dialógico. Impõe-se inventar e por em marcha dinâmicas dialógicas. O que os diálogos podem produzir no futuro? A meta seria libertar-nos da compulsão à repetição. Viabilizar a construção de um novo consenso mínimo em bases democráticas e afins aos direitos humanos, devidamente repensados.

O choque agonístico e inconciliável entre a visão de túnel e o ponto de vista *sub specie aeternitatis* torna o diálogo impossível, assim como se confrontam a perspectiva da guerra e, do outro lado, o universalismo dos princípios de justiça como equidade e dos direitos humanos. Estão em jogo, mais do que opiniões e ideologias, formações subjetivas irredutíveis e antagônicas, assim como se repelem o foco e a universalização, a iminência da morte (como referência materializada na experiência) e a teoria da justiça, descarnada e avessa a injunções circunstanciais, conjunturais ou contextuais. Em outras palavras: visão de túnel põe-se contra os fundamentos éticos da construção dos princípios universalistas de justiça – enquanto esses, por sua vez, têm se mostrado incapazes de autocrítica e de admitir seu baixo teor de "universalidade". Nesse embate, são contrastantes a velocidade vertiginosa do gesto que separa vida e morte e o juízo como extensão no tempo, ante o abismo da indecidibilidade (ou a ponderação amadurecida do juízo – cf. Adorno, Theodor e Horkheimer, Max. Dialética do esclarecimento. RJ: Zahar, 1985).

Dizem-nos, Adorno e Horkheimer: "(...) quem hesita se vê proscrito como um desertor. Desde Hamlet, a vacilação tem sido para os modernos um sinal do pensamento e da humanidade. O tempo perdido representava e mediatizava ao mesmo tempo a distância entre o individual e o universal, como na economia a circulação entre o consumo e a produção" (op.cit., p. 191).

A velocidade está implicada na visão de túnel não apenas enquanto experiência material, também como forma de vida e linguagem, na medida em que ambas se caracterizam por subordinar a metaforização (a simbolização ou elaboração simbólica, exercício psíquico-afetivo, além de cognitivo e conceitual) ao domínio da metonímia e da contiguidade (a validação ética se dá como legitimação da força por sua simples existência reiterada, ou naturalização – cf. Soares, LE. Dentro da noite feroz; o fascismo no Brasil. Boitempo, 2020).

Compreende-se por que a compulsão à repetição se engata ao mecanismo normalizador da violência policial. Compreende-se por que a visão de túnel não se esgota no adestramento para determinada metodologia prática e transborda, infiltrando-se em todos os recantos da vida.

4. ESBOÇO DE UMA HIPÓTESE ANALÍTICA INTEGRADORA

Vivemos na sociedade da mercadoria, império das trocas. No modo de produção capitalista, elas orbitam em torno do centro (político, econômico e simbólico) ordenador do social, em dinâmica centrípeta, por obra e graça de sua linguagem própria e tautológica, o operador universal da permutabilidade: a moeda. Vê-se, desde logo: o jogo é especular – buscar seus fundamentos nos remeteria a uma regressão ao infinito. Mercadorias referem-se à moeda que a elas se reporta e nelas se representa: assim se comporta o mediador universal da conversibilidade, o critério de aferição do valor, uma fuga infinita para trás e para a frente, deslizando na cadeia autônoma e insubstancial. A moeda é uma abstração cuja vigência material provém da expectativa (tautologicamente) generalizada de sua autossuficiência e perpetuidade. Como as trocas dissimulam a assimetria estrutural entre capital e trabalho, suscitando a impressão de harmonia que nega a mais-valia, à comunhão de expectativas adere um pressuposto: o recurso potencial à força por parte do eixo do poder, o Estado, representativo das classes dominantes e sustentáculo, em última instância, da ordem, isto é, da reprodutibilidade das relações estabelecidas e da continuidade do mundo (o real dotado de sentido). Mundo, aqui, corresponde ao campo de variação do verossímil, ou seja, ao limite de elasticidade ou de resistência do princípio de realidade, que por sua vez circunscreve a plasticidade da crença e da confiança. Por isso, a moeda é chave na transição (ideologicamente perversa) entre individual e coletivo, particular e universal, sentimento e matéria, sensação e conhecimento, impulso e moralidade.

Em outras palavras: a força gravitacional que ancora a ordem é uma ficção (a moeda como linguagem universal e transparente), cujo poder persuasivo lhe confere realidade – realidade, portanto, é o avesso complementar da credibilidade. A fé comum é a um tempo condição de possibilidade e efeito da religião capitalista. Travos à conversibilidade universal, no âmbito de uma sociedade, promoveriam fraturas matriciais e o colapso do mundo – objetivo e intersubjetivo (distinção, aliás, impertinente). A economia deixa de girar quando a fé na permutabilidade se dissolve, e vice-versa. Economia, aqui, é indissociavelmente intelectual e prática: sem unidade de troca, dívidas desaparecem (promessas, contratos, compromissos, expectativas, confiança), o sentimento de responsabilidade se desprende da utilidade ou do cálculo da punição e do custo (do controle e da retribuição), a comunicação se refugia em comunidades insuladas e o discurso social institucionalizado torna-se ininteligível.

Essa catedral barroca e complexíssima, instalada sobre solo instável, composta de mecanismos sutis e parafernálias extravagantes, repousa, ao fim e ao cabo, na violência – que o Estado e seus tripulantes destilam e metabolizam sob a forma da força, adestrando-a segundo racionalidades próprias, que expressam e projetam clivagens e destinações, decidindo quem manda, quem vence, quem frui e quem trabalha, em qual nível de vassalagem.

Enquanto segue a dança da sociedade da mercadoria – injusta, iníqua, hipócrita e brutal, mas embalada ao ritmo alucinante da sobrevivência e do consumo –, poucos ouvem o rugido de placas tectônicas profundas, que não cessam de estremecer, ameaçando abalar a catedral. Contudo, há indícios inquietantes que perturbam o delicado equilíbrio de abstrações especulares, na medida em que desorientam expectativas.

Quando a violência emerge como manifestação gratuita da contingência, em sua irredutível imprevisibilidade, rompe o circuito das trocas, desestabiliza o fluxo contínuo retroalimentado das expectativas e evoca a matriz organizadora da lógica social: a própria violência. Assim como cada morte nos exorta a reconhecer nossa finitude, e por isso a cercamos de rituais e buscamos elaborar a perda nos ritos do luto, também os episódios da violência criminosa remetem a esse ponto cego do social, a antimatéria da ordem que, entretanto, constitui, por assim dizer, sua própria natureza.

Talvez resida aí a irredutibilidade da assim chamada violência criminosa a tratamentos racionais, que envolvam políticas públicas inspiradas pela análise de evidências. Ela não pode ser enfrentada como um problema entre outros porque não pode ser sequer nomeada, apropriadamente. Terá de render-se à linguagem maniqueísta, bem e mal, e deve ser cauterizada na fonte, aniquilando-se seus portadores. Ela faz saltar o não-dito, onipresente, mas oculto. A infâmia é o capitalismo, a ordem edificada sobre a violência como *ultima ratio* do social.

O diagnóstico valeria para todas as sociedades capitalistas – ou para todos os povos da mercadoria, para empregar o epíteto sensível e agudo de Davi Kopenawa (cf. 2015) –, e não só, o que nos impediria de compreender a especificidade brasileira. Afinal, embora a diferença seja apenas de grau, somos mais refratários do que outros países à abordagem "racional" do fenômeno e mais tolerantes com a brutalidade policial letal superlativa. O grau importa porque significa milhares de vidas.

Nesse ponto, a reflexão nos remete ao tema da peculiaridade do capitalismo brasileiro, autoritário e periférico. Adoto a tese consagrada de Otavio Velho, em sua obra Capitalismo Autoritário e Campesinato (SP: Difel, 1976): o fator decisivo que nos distingue é a imobilização da força de trabalho, que corresponde à intervenção jurídico-política sobre a produção econômica, fechando fronteiras e restringindo o acesso à terra pela força (na Colônia, no Império e na República), garantindo assim a espoliação monopolista e a subordinação do trabalho – seja escravagista, seja por vias diversas de vassalagem e assujeitamento.

Esse traço de nossa história talvez ajude a explicar a reação à violência disruptiva, típica do crime, rompendo a cadeia das trocas mercantis e precipitando expectativas antes estáveis na espiral da imprevisibilidade e do medo. Reação predominantemente moralizadora, religiosa ou mística, maniqueísta, compulsiva e avessa a formulações racionalistas.

Com a psicanálise, aprendemos – se nos for permitido simplificar teorias múltiplas e complexas para extrair o sumo provavelmente consensual e, para nossos fins, aplicável – que o retorno do recalcado nos assombra e enseja formações defensivas, as quais, com a blindagem da neurose, visam nos proteger do que não estamos preparados para aceitar e reconhecer. O diálogo tácito entre Freud e Nietzsche ajuda a conectar dimensões individuais e coletivas, subjetivas e objetivas, afetivas e conceituais: A verdade, para nós, talvez diga respeito mais à nossa coragem de suportar (suspendendo nossas defesas e nos rendendo à dor que revoluciona) do que a virtudes metodológicas e epistemológicas de nossa consciência vigilante. Quanto de verdade sobre si mesma a sociedade brasileira suporta? A verdade sobre a vileza matricial, a crueldade instituinte, o estupro fundacional, onipresentes no racismo estrutural, no patriarcalismo, no domínio de classe feroz. Quanto de verdade é suportável? O que restaria da dignidade imaculada sobre a qual supostamente repousariam os valores da nação?

Cada irrupção da violência que anula a moeda como mediação universal e todo o seu cortejo de idealizações (cancelando assim, embora pontualmente, o pacto e a ordem como regimes afetivos e cognitivos que configuram expectativas) põe em marcha mecanismos de defesa que nos protegem e aprisionam, e nos enredam cada vez mais em uma história sangrenta, genocida e traumática. Somos uma sociedade sitiada pelo trauma e condenada a um medo arrebatador, medo de nos confrontarmos a cada instante com o espelho de nossa ruína.

Por isso, estamos destinados a repetir. Recusando-nos a lidar com nossa verdade, a recalcamos e repetimos sua trama. O recalque se dá sob a forma de uma espécie de exorcismo (cumprido, no limite, pela aniquilação física) e a repetição se realiza como uma dinâmica compulsiva.

Essa reflexão ajuda a iluminar os motivos pelos quais a política de segurança pública predominante, ao menos em algumas áreas do Brasil, em especial no Rio de Janeiro, permanece vigente ao longo de décadas – com escassas exceções –, independentemente de seu reiterado fracasso. A impressão inicial seria a de aversão a princípios elementares de racionalidade e à mera consideração de evidências empíricas. Entretanto, o fracasso é amplamente reconhecido, por gestores e pela opinião pública, os quais se empenham, quase em uníssono, em aplicar e apoiar os mesmos métodos e as mesmas pseudo-soluções, como se a simples repetição pudesse transformar fracasso em sucesso. Há algo nesse fenômeno que resiste ao arsenal crítico usualmente mobilizado. Algo inquietante e desafiador a ponto de justificar a ousadia dessas reflexões.

REFERÊNCIAS BIBLIOGRÁFICAS:

ADORNO, Theodor e Horkheimer, Max. Dialética do esclarecimento. RJ: Zahar, 1985.

ARENDT, Hannah. Entre o passado e o futuro. São Paulo: Perspectiva, 1972.

________. A condição humana. Rio de Janeiro e São Paulo: Forense Universitária e EDUSP, 1981.

DOMINGOS Neto, Manuel. O que fazer com o militar? Anotações para uma nova defesa nacional. Parnaíba: Gabinete de Leitura, 2023.

KOPENAWA, David e Albert, Bruce. A queda do céu; palavras de um xamã yanomami. São Paulo: Companhia das Letras, 2015.

SOARES, LE. A Invenção do sujeito universal. Campinas: Editora da UNICAMP, 1995.

_________. "A democracia brasileira não vai à praia" in <RevistaForum.com.br>, dezembro, 2023.

_________. Dentro da noite feroz; o fascismo no Brasil. São Paulo: Boitempo, 2020.

VELHO, Otavio. Capitalismo Autoritário e Campesinato. São Paulo: Difel, 1976.

CAPÍTULO 7

DEMOCRACIA DESPEDAÇADA

A polícia contra o Estado –
e como meu nome foi parar no dossiê do
Ministério da Justiça[1]

As faces levemente desfocadas na tela do computador produzem um efeito hipnótico. Na fileira superior, oito colegas desligaram suas câmeras, porque ninguém é de ferro – o debate virtual já durava três horas. Por mais interessante que fosse a pesquisa apresentada, não resisti à fantasia de uma sala de reuniões na universidade repleta de bonecos atentos ao bravo esforço do expositor. Quantos éramos, àquela altura, os atletas da atenção? Antes de completar a contagem, começaram os sinais insistentes no meu celular. Todos os amigos resolveram enviar mensagens ao mesmo tempo. Coisa esquisita. O jornalista Rubens Valente acabara de publicar em sua coluna no UOL uma reportagem de tirar o sono: "Ação sigilosa do governo mira professores e policiais antifascistas". Meu nome estava na lista. Era sexta-feira, 24 de julho de 2020, e a noite caía feito um viaduto.

Mais ou menos na mesma hora, minha enteada recebeu uma mensagem por WhatsApp: "Oi, filha, tudo bem? Tá ocupada?" O tom era estranho, o nome ao lado da foto da sua mãe tinha um erro de digitação e o número do telefone era diferente. Minha enteada fotografou a tela e tentou ligar, mas o contato desapareceu da lista de conversas. Quase ao mesmo tempo, em outro estado, o celular de um dos outros três "formadores de opinião" citados no tal relatório do Ministério da Justiça foi clonado. Na segunda-feira seguinte, 27 de julho, pouco antes das oito da manhã, minha mulher recebeu um telefonema alarmante. Todos os seus dados pessoais, logins e senhas, bem como os meus, haviam saltado na tela de abertura do laptop de uma colega, que ficou tão perplexa e assustada quanto nós. A dose de coincidências que pessoas saudáveis

---

1 Originalmente publicado na **Revista Piauí**. v.1, p.46 - 54, 2020.

conseguem metabolizar foi superada naquele momento. Toda a minha família trocou suas contas e senhas, e tomou banho de sal grosso.

Encaixando as peças, formava-se um enredo macabro. Não há terreno mais fértil para teorias conspiratórias, correlatos ideológicos da paranoia, do que um ambiente vigiado por uma polícia política. É preciso ter cuidado, tanto com a operação ilegal e autoritária do governo quanto com a própria cabeça. A conjuntura delicada recomenda prudência. Coincidências existem e golpes não faltam na praça, em todos os sentidos. Além disso, a ingenuidade costuma ser menos nociva do que diagnósticos precipitados. O momento, entretanto, exigia reação firme. O laboratório do fascismo tabajara não é brincadeira. Ditadores de opereta também matam: estão aí os efeitos da pandemia negligenciada, os ataques às sociedades originárias, a devastação ambiental, as ameaças à democracia e a intensificação da violência policial. O método do governo tem sido esse: avança para medir a resistência, recua quando encontra limites e vai calibrando a ousadia destrutiva.

Nos dias seguintes, vieram as notas de solidariedade, as iniciativas judiciais e os telefonemas angustiados de toda parte, inclusive do exterior, a começar por meu irmão, oferecendo abrigo, ele que já me acolhera nos Estados Unidos quando tive de sair do país em março de 2000. Naquela época, as ameaças eram mais dispersas, embora muito mais ferozes. Na subsecretaria de Segurança Pública do estado do Rio de Janeiro, com uma equipe que não recuava e uma ouvidora da Polícia que nos orgulhava, Julita Lemgruber, enfrentamos, ao longo de 1999, grupos poderosos que tentavam se apropriar das polícias, embriões das futuras milícias. No alvo das denúncias que nos custaram caro estavam, entre outros, o ex-policial militar Ronnie Lessa, hoje preso pelo assassinato de Marielle Franco e Anderson Gomes, e o ex-tenente-coronel Claudio Luiz Silva de Oliveira, que cumpre pena de 36 anos por ordenar o assassinato da juíza Patricia Acioli. Naquele ano, o então major Claudio comandava Lessa no famigerado Patrulhamento Tático Móvel 540200, do 9º Batalhão da PM, em Rocha Miranda, recordista em violações aos direitos humanos. Nós saímos, eles ficaram. Passaram 21 anos, os problemas do Rio se agravaram, nossos piores prognósticos se confirmaram, os contextos políticos mudaram, mas os dilemas de fundo permanecem.

O furo de reportagem de Rubens Valente informou que os signatários do manifesto “policiais antifascismo” figuram no relatório secreto do Ministério da Justiça. Um novo SNI está em plena operação, embora inexista nos organogramas: o sonho do presidente é agora nosso pesadelo. Em 17 de maio, algumas semanas antes desse manifesto endossado exclusivamente por policiais, eu publicara nas redes sociais um "apelo à unidade antifascista", que se converteria, adaptado por parceiros e parceiras, no "manifesto pela unidade antifascista", reunindo cerca de oito mil assinaturas. Logo depois, vieram outros manifestos democráticos, que alcançaram ampla divulgação na mídia.

Por que o governo se preocupava especificamente conosco? Creio que as polícias estejam entre suas prioridades e por motivos mais profundos do que em geral se supõe. Trato disso adiante. Quanto a mim, talvez tenha entrado na alça de mira por ter participado, em 27 de maio de 2019, do congresso nacional do movimento "policiais antifascismo", em Recife. Uma das bandeiras desse grupo é a PEC-51, apresentada em 2013 pelo então senador Lindbergh Farias, para cuja elaboração contribuí. A PEC propõe mudanças no artigo 144 da Constituição, entre as quais a desmilitarização da polícia ostensiva. Isso bastaria para os arapongas ficarem alvoroçados. Advirto que o governo poderia poupar recursos e o tempo de seus funcionários: tudo o que penso e faço pela reforma da segurança é público.

Talvez um incidente posterior tenha agravado a situação. Ao longo de 2019, lancei meu livro *Desmilitarizar, Direitos Humanos e Segurança Pública* em 12 capitais, mas foi o 13º convite que despertou reações inesperadas. Veio da Procuradoria-Geral da República (PGR), especificamente da Câmara de Controle Externo da Atividade Policial e Sistema Prisional do Ministério Público Federal. Propunha que eu apresentasse o livro e o debatesse com Sandra Carvalho, da ONG Justiça Global, e o subprocurador geral Domingos da Silveira, meu anfitrião, em 13 de agosto de 2019. Na oportunidade, seria inaugurada uma exposição de fotos sobre violência policial organizada pela ONG.

Cerca de duas semanas antes do evento, havia circulado nas redes um áudio do governador Wilson Witzel: "Manifesto meu desagravo à realização do seminário promovido pelo Ministério Público Federal do Rio de Janeiro para propor políticas públicas na área de segurança pública e a desmilitarização da Polícia Militar. É inaceitável que o MP do Rio de Janeiro promova eventos políticos desviando de suas atribuições institucionais. Minha solidariedade a todos os oficiais da PM." O governador sequer se dera conta de que não se tratava de iniciativa do MPF do Rio de Janeiro, mas da PGR. Concluía, declarando: "As associações [*militares*] poderão promover, imediatamente, junto ao Conselho Nacional do Ministério Público, as medidas administrativas para evitar que esse tipo de evento continue acontecendo. Inaceitável. [...] Aqueles que o realizam devem ser severamente advertidos e punidos."

Em 1º de agosto de 2019, o Conselho Nacional de Procuradores-Gerais emitiu nota, nacionalizando a advertência: "O CNPG do Ministério Público dos estados e da União vem manifestar sua preocupação com a realização de eventos que, a pretexto de debater a segurança pública, possam desqualificar a atuação de instituições públicas como a Polícia Militar. [...] Na perspectiva de preservar as instituições públicas dedicadas à segurança pública do país, em momento crucial que está a exigir intenso enfrentamento ao crime organizado, o CNPG, única instituição apta a se manifestar em nome do Ministério Público Nacional, presta sua solidariedade às polícias militares do Brasil."

Dias depois, o senador Major Olímpio (PSL-SP) se pronunciou sobre o evento em um vídeo nas redes sociais, em tom ainda mais incisivo: "Dia 13 de agosto, na sede do MPF, um segmento do MP está promovendo uma audiência pública de desmilitarização das polícias militares e dos corpos de bombeiros, além de uma mostra fotográfica. Vergonhoso. Além de desvio de finalidade, é um desrespeito às polícias militares e aos corpos de bombeiros. Nós vamos protocolar ainda hoje na PGR o nosso repúdio para que se tome providência [*e*] não se realize esse evento. Também no Conselho Nacional do Ministério Público. [...] Quero me dirigir a todos os policiais militares do Brasil e às nossas entidades: que compareçam também, que venham fardados. Eu sou senador da República, sou veterano policial, vou me inscrever e quero ter palavra lá no dia 13. Vão ter que me ouvir também."

Confirmado, portanto: no dicionário do Brasil sob Bolsonaro, discutir a proposta de desmilitarizar a polícia ostensiva significa desrespeitar a instituição e ofender os policiais, sobretudo os oficiais – é a eles que se dirige o governador. A parte mais surpreendente e assustadora é o pronunciamento dos procuradores. Observem que o foco das críticas não foi a proposta, mas a própria realização do debate.

Diante dessa escalada, os organizadores me consultaram sobre a hipótese de convidarmos o próprio senador para a mesa de debates. Por que não? Nosso propósito é debater, respondi. Em vez do Major Olímpio, quem esteve na mesa, indicado pelo presidente da Associação Nacional dos Procuradores da República, foi o coronel da reserva Elias Miler da Silva, que assessora o senador e preside a Defenda – Associação dos Oficiais Militares do Estado de São Paulo em Defesa da Polícia Militar.

No dia 13 de agosto, no auditório principal da sede da Procuradoria-Geral da República, em Brasília, depois de ouvir a leitura de uma nota de apoio ao debate assinada por 45 entidades da sociedade civil, apresentei as principais ideias expostas no livro com atenção minuciosa aos detalhes técnicos, na linguagem mais prudente e respeitosa possível, buscando estabelecer condições civilizadas para um diálogo substantivo e lançar pontes para o consenso mínimo em torno de pressupostos gerais e metas realistas. Eu acreditava que, fora das redes sociais e das ruas, o intercâmbio franco entre profissionais pudesse vir a ser construtivo. Procurei trabalhar com evidências, partindo da constatação de que ninguém estava satisfeito com a segurança pública em nosso país, como indicavam todas as pesquisas, nem os policiais, nem a sociedade. Indiquei onde me parecia viável a convergência e onde provavelmente haveria desacordo. O primeiro passo para um diálogo produtivo é a negociação do consenso quanto aos pontos de dissenso. Sem esse mapeamento prévio, não se avança. Na sequência, Sandra Carvalho abordou questões relevantes, de uma perspectiva crítica com a qual tenho muita afinidade. O subprocurador geral falaria por último, depois do coronel, retomando pontos essenciais que nos desafiam e requerem reflexão.

Confesso que a fala que mais aguardava era a do coronel. Queria saber se meu esforço diplomático fizera efeito. Logo percebi que ele trazia pedras nos bolsos. Minha palestra de uma hora talvez o houvesse desarmado se um plano B estivesse acessível, mas eram pedras que ele tinha à mão e as usou, discursivamente, é claro. Sua fala foi curta e objetiva. Projetou fotos de Hugo Chávez, Fidel Castro e Kim Jong-un passando tropas em revista, saudando os soldados, enquanto afirmava que eu gostava daqueles militares, daqueles eu gostava. No último slide, exibiu uma foto minha, acompanhada de uma declaração que me desmascarava e jogava por terra minhas propostas, desnudando as verdadeiras motivações: "Os democratas devemos superar nossas divergências e nos unir em defesa da liberdade de Lula." Pois é, eu não passava de um petista. O desfecho cancelava a comunicação.

Se eu conhecesse melhor o interlocutor, não me surpreenderia. Devo louvar sua coerência. Ele era seguidor de Jair Bolsonaro havia muito tempo e permaneceria fiel ao presidente. Em março de 2020, escreveu no site da Defenda: "Prezados irmãos de farda! É chegado o momento de dizermos de que lado estamos, pois a esquerda devastou o Brasil ao longo desses anos." A sentença derradeira do mesmo editorial é forte: "Bolsonaro está sendo instrumento de Deus para libertação do povo brasileiro do PT, da esquerda e da corrupção que assola o país, e os homens de bem devem e podem criticá-lo, mas nunca ser instrumento de discurso para a volta dos destruidores da nação, da família, dos valores cristãos e dos ideais da nossa gloriosa Polícia Militar."

Deduzo, retrospectivamente, que, para ele e seus aliados, não se tratava de pensar a segurança pública, problemas e soluções, mas de travar o bom combate contra os inimigos de Deus, da família e da gloriosa instituição. A polícia torna-se sagrada e, portanto, intocável e inquestionável, quando se inscreve na corrente do bem, conectando a família à nação, com a bênção dos valores cristãos.

Talvez o coronel não saiba, e até se aborreça com esta interpretação, mas a doutrina subjacente às suas concepções é o integralismo, o fascismo brasileiro. Entende-se por que o debate foi recusado. Desmilitarizar é uma heresia, não um equívoco. Contra heréticos, lançam-se cruzadas, não argumentos. O fechamento das polícias em si mesmas não se explica recorrendo ao velho e gasto argumento do corporativismo. Como veremos adiante, a cultura policial que herdamos da ditadura é impermeável à democracia. Não digo que a cultura policial é fechada, mas que o fechamento é a própria cultura da corporação. Seus valores e práticas contrastam com a cultura cidadã e confrontam a democracia, sendo esse contraste e esse confronto (ou essa negação) a energia que a move e o eixo que a vertebra. Claro que há porosidades, fluxos de conceitos e afetos que atravessam fronteiras, assim como há profissionais plenamente identificados com a legalidade constitucional e os marcos institucionais republicanos. Mas a porosidade não é o fenômeno dominante.

Quando pessoas investidas de poder (governadores, secretários, delegados, comandantes e/ou oficiais superiores) autorizam, tácita ou explicitamente, que os policiais na ponta matem – não me refiro, evidentemente, ao exercício de legítima defesa –, o que se concede ao profissional não é apenas a liberdade para executar cidadãos extrajudicialmente: é também a liberdade para não fazê-lo, isto é, para negociar a sobrevivência de quem estiver sob sua custódia.

Sob o manto da certeza de impunidade, cria-se uma fonte inesperada de recursos, moeda que se inflaciona celeremente, atrai parcerias e promove o comércio clandestino no qual se troca a fidelidade à instituição pela recompensa material. Em cada oportunidade de negócio, reúne-se um grupo, que se afasta da linha de comando e controle. Nem todos cedem ao canto de sereia. Há dezenas de milhares de policiais honestos e honrados. Mas basta um punhado para acender a centelha. Esses nichos apartados, embora minoritários, multiplicam-se, gerando anarquia e descontrole institucional.

É assim que a violência policial se encontra com a corrupção, produzindo a associação entre policiais e grupos criminosos. Depois de assumir caráter rotineiro, esse encontro torna permanente o escambo e transforma a feira varejista da vida em pacto atacadista. No grande acordo entre policiais e operadores do tráfico de substâncias ilícitas, o intercâmbio dá-se entre dois tipos de bens:

de um lado, proteção; de outro, participação nos lucros dos empreendimentos ilegais. Esse contrato terceiriza riscos e privatiza lucros. O pacto tem nome, no Rio de Janeiro, chama-se "arrego", no qual o dinheiro troca de mãos à luz do dia, sem pejo ou cautela, diante das comunidades que, por serem testemunhas e vítimas constantes das violações, já perderam a confiança e o respeito por instituições supostamente dedicadas à sua proteção.

A "política" de execuções extrajudiciais, em vez de enfraquecer a criminalidade e fortalecer a instituição policial, como creem alguns, produz efeitos inversos: degrada a instituição e revigora o crime, crescentemente apoiado por novos sócios. Essa foi também a via que alimentou o tráfico de armas, debilitando o esforço que teria sido o mais relevante para o controle da criminalidade violenta. Se a corrupção policial epidêmica é a outra face da violência policial, as operações em favelas inscrevem-se na ruinosa economia política dessa promiscuidade, mesmo que sejam outras as intenções de tantos profissionais envolvidos. Tratativas entre policiais corruptos e crime organizado antecedem, coincidem ou sucedem essas operações, que às vezes servem para elevar o valor da proteção ou reduzir temporariamente a atividade comercial ilícita, favorecendo grupos rivais.

Cria-se uma geopolítica, porque há territórios privilegiados para os negócios, sobretudo os que ficam próximos do mercado consumidor, o que enseja disputas. E há pactos mais vantajosos ou menos, até porque poderes locais vinculam-se a facções, cujo raio de ação ultrapassa favelas e bairros, quando não as fronteiras nacionais. Os projetos de domínio engendram configurações geopolíticas sob tensão permanente.

Quando se analisa a economia da corrupção, entende-se o processo que levou numerosos segmentos policiais a passar do papel subsidiário de cúmplices do tráfico ao de protagonistas dos crimes. Há cerca de duas décadas, policiais passaram a atuar como empreendedores criminosos, organizados em milícias, como são chamadas as máfias que dominam despoticamente comunidades no Rio de Janeiro. Observe-se que as milícias prosperam porque não se restringem ao comércio das drogas. Impõem taxas ilegais sobre o conjunto da economia local, inclusive sobre o acesso à terra e o consumo de gás. Além disso, não costumam ser assediadas por operações policiais nos territórios que controlam, por motivos que até o mais inocente dos cariocas saberia explicar. E mais: contam com as forças policiais para desalojar traficantes e liberar áreas.

Não acuso os policiais que aceitam conviver com colegas milicianos, evitam denunciá-los e optam por não entrar em seus domínios. Como exigir um ato de coragem que pode lhes custar a vida ou as de seus familiares? Quem ousaria confrontar mafiosos armados, se o Estado não o faz, preferindo invadir favelas em que atuam decadentes traficantes de drogas, com seu poder mais e mais declinante? Não à toa as milícias já dominam um terço do estado do Rio de Janeiro, erige currais eleitorais e elege seus membros.

Em síntese, a violência policial – cuja manifestação mais trágica são as operações em favelas – é a matriz da degradação institucional das polícias fluminenses, degradação cujas faces conspícuas são as milícias e seu avanço metastático no espaço e nas demais instituições, particularmente a política. Os cariocas moram em uma cidade sitiada. A maioria da população fluminense vive em cidades sitiadas. Mas a questão é nacional. Até quando isso será tolerado? A quem as comunidades podem pedir socorro? O que virá, se nada vier do Estado? Além da intensificação dos processos em curso, que brutalizam e espoliam, virá o desespero, que, tanto quanto o medo e o ódio, não tem limite. Por isso, foi muito importante, embora insuficiente, a decisão do STF proibindo operações policiais em favelas durante a pandemia.

A Constituição de 1988 consagrou a transição democrática e inaugurou, formalmente, o Estado democrático de direito. Consolidou o novo contrato nacional, mas não tinha a capacidade demiúrgica para moldar a realidade à sua imagem e semelhança. Não foi capaz de extinguir as disputas no processo de reacomodação das elites, nem de imunizar o país contra o autoritarismo persistente, inscrito nas relações econômicas, sociais e culturais. A despeito do culto constitucional à equidade, as desigualdades não foram enfrentadas, perenizando o legado da escravidão e o estatuto estrutural do racismo. A expressão mais nítida da contradição entre a equidade almejada na Constituição e a iniquidade substantiva são as operações policiais em favelas cariocas e o domínio miliciano na Baixada Fluminense, em bairros populares da capital e, cada vez mais, em outras regiões do estado do Rio de Janeiro.

Quando imperam o ódio e o descrédito com relação às instituições, que tipo de líder será eleito pelos cidadãos? Naturalmente, o que souber representar o sentimento dominante, que melhor o personificar, desde que capaz de vocalizar a repulsa à política e às instituições, sinteticamente fundidas nesta categoria tão genérica e confusa: "o sistema". Ideias são prescindíveis. Imprescindível é o ódio. Difícil compreender o que se passa?

Por que chegamos a esse ponto? Porque nunca estivemos em outro ponto. Ou melhor, estivemos e estamos em outros pontos, mas a violência policial contra negros e pobres nunca foi afetada pelo dinamismo da sociedade, e esse contraste ilumina seu significado escandaloso e intempestivo. O ponto refratário à mudança permanece plantado no coração do Brasil: é a estaca que fere de morte qualquer ensaio democrático, o baluarte da abjeção, o símbolo da barbárie, a cena primitiva do racismo atávico que deveria nos encher de vergonha. O Brasil moveu-se, o eixo jurídico-político deslocou-se, a economia sofreu transformações, o campo religioso alterou-se, as culturas recriaram-se, conquistas sociais relevantes foram alcançadas, expectativas elevaram-se e frustraram-se, mas a porta de casa da família negra ainda tomba sob os pés do Estado, e seus filhos continuam a ser mortos aos milhares como presas abatidas.

O contraste acintoso entre metamorfose e inércia remete à natureza negociada da transição da ditadura para a democracia. Em decorrência da correlação de forças relativamente equilibrada entre os defensores do regime militar e os representantes das oposições, os constituintes não lograram estender o impulso reformista que reconfigurou o país em 1988 à arquitetura institucional da segurança pública. Uma vez mantidas as estruturas organizacionais das polícias, também sobreviveram seus valores e comportamentos, suas visões de mundo e leituras da história, seus antagonismos e lealdades. As culturas corporativas policiais que herdamos não foram criadas depois de 1964, mas recondicionadas pela ditadura, especialmente depois de 1968.

Com a redemocratização, enquanto as Forças Armadas, por necessidade e prudência, recuaram para a caserna, as instituições policiais, também por necessidade, mantiveram-se na linha de frente, expostas ao escrutínio público. Mais que isso, assumiram crescente protagonismo, na medida que os desafios à segurança pública aumentavam e se tornavam mais complexos. Enquanto a paisagem mudava – e a despeito de esforços de tantos profissionais dedicados e sintonizados com a democracia emergente –, as polícias seguiam em destaque, cada vez mais exigidas, embora reféns de tradições impermeáveis aos novos tempos e ainda amarradas ao anquilosado modelo dual (polícias civil e militar), encurraladas entre salários insuficientes e riscos graves, acossadas por cobranças contraditórias, criticadas por incompetência na prevenção e investigação de crimes, incitadas à violência por governos irresponsáveis, políticos demagogos, âncoras da mídia sensacionalista e setores sociais inseguros, que confundiam justiça e vingança.

Por razões que não cabe elencar neste texto, os poderes da República não perceberam o significado de sua omissão na tarefa de oferecer aos policiais formação e valorização profissional em estruturas organizacionais ajustadas à nova sociedade, aos novos problemas e às novas soluções, conformes à legalidade constitucional e aos tratados internacionais de direitos humanos endossados pelo Brasil. Passaram-se os anos, e não houve reforma da arquitetura institucional da segurança pública e do modelo policial.

Ao longo de décadas, as polícias foram postas à margem da agenda pública de reformas e permaneceram alheias ao processo de consolidação da democracia, traduzida em direitos, liberdade, movimentos sociais, criatividade cultural da juventude, ampliação do acesso à universidade, expansão da consciência cívica antirracista. A consolidação da democracia mostrou-se precária, em parte, justamente porque a república aceitou conviver com o insulamento das polícias, com sua autonomia em relação à legalidade constitucional e aos poderes que a representam. A autonomia tem se manifestado das mais variadas formas: em atos francamente ilícitos, em declarações clamorosamente ilegais, na formação de agrupamentos flagrantemente criminosos.

Esse segmento institucional – a polícia – foi posto de lado nas negociações constituintes e se manteve ao largo das mudanças, guardando consigo valores gestados ou reforçados no passado ditatorial. Desse modo, logrou preservar em boa medida sua impermeabilidade ao contexto pós-1988 e tornar-se um corpo estranho ao Estado de direito, do qual porém conhece os códigos. É como se houvesse dupla externalidade e a anômala contemporaneidade de entes dessincrônicos. O isolamento não se deu necessariamente em todo o país, pelo menos não de forma homogênea. No estado do Rio, hipertrofiou-se.

A autonomia não significa que as polícias sejam monólitos, vertebradas por hierarquia e disciplina, sob estrito controle dos comandos. Nada mais distante da realidade. No interior das polícias, a independência gerou dinâmicas centrífugas, anarquia e descontrole, que a estética militar mal disfarça. A marca das polícias fluminenses é sua autonomização. Mas é também por meio de autonomizações sucessivas que as polícias se (des)fazem, desde os nichos que se corrompem até a formação das milícias.

Um exemplo breve, mas sintomático da deterioração em marcha: o poder público tolera que tropas policiais, ostentando o signo da caveira, se exercitem nas ruas da cidade, entoando rimas ritmadas como "Homens de preto, qual é sua missão? É invadir favela e deixar corpo no chão." Quando ignora tamanha afronta, a autoridade civil renuncia ao exercício de sua autoridade e reconhece, na prática, a existência de um arquipélago institucional autônomo, liberado para estender seu poder aos territórios, nos termos de seu arbítrio.

Outro exemplo é a multiforme segurança privada informal e ilegal, uma das matrizes das milícias. O estado do Rio de Janeiro tem um orçamento bilionário para a segurança pública, mas, como são muito numerosos os servidores dessa área, inclusive os inativos, paga-se salários insuficientes. Para complementar a renda, os policiais investem no segundo emprego, o "bico", e o fazem, como é natural, na área de sua especialidade, a segurança. Envolvem-se, assim, em segurança privada, o que é ilegal, salvo em condições excepcionais, supervisionadas e autorizadas pelo Estado. A ilegalidade decorre do óbvio conflito de interesses entre o público e o privado nessa matéria. O "bico" como segurança, embora ilegal, é compreensível e originalmente movido por boas intenções. Todavia, o fenômeno que nasce benigno cresce atentando contra a segurança pública e a institucionalidade democrática.

Os governos preferem não reagir, porque o "bico" previne demandas salariais e pressões sobre o orçamento. Escudam-se no fato de que a responsabilidade legal pela segurança privada cabe à Polícia Federal, que sabidamente não conta com número suficiente de agentes, nem tem demonstrado interesse em ocupar-se de assunto tão espinhoso. Desobrigados, legalmente, de vigiar e punir as iniciativas ilegais na segurança privada de seus funcionários policiais, os governantes fluminenses fazem de conta que ignoram o que se passa sob seus olhos a fim de manter a estabilidade política e financeira pagando, à base, salários baixos. Trata-se de uma extensão pública do bico policial, ou, no vocabulário popular carioca, de um verdadeiro "gato" orçamentário: conexão entre o legal e o ilegal, no centro da operação administrativa. A tática oportunista, que torna os governos, na prática, cúmplices de um ilícito, cria uma zona livre de controle, uma área de sombra sob o manto da negligência voluntária e intencional.

Sob esse pacto tácito, prosperam dois tipos de dinâmica. Por um lado, ocorre o envolvimento de policiais, na condição de indivíduos, com empresas que os contratam informalmente. Por outro, proliferam ações propriamente criminosas, quando policiais provocam insegurança para vender segurança ou, ainda pior, se impõem pela força das armas sobre comunidades e territórios, formando as famigeradas milícias.

Eis as implicações da imprevidência governamental ao conviver com a zona de sombra que protege a disseminação metastática da segurança privada informal e ilegal. O que parecia beneficiar os governos, degrada o Estado como instituição. A tolerância indulgente e compassiva com os profissionais mal pagos da base, que soava favorável à reprodução estável das instituições policiais, revela-se nada menos que a fertilização do ovo da serpente.

As consequências não se esgotam na germinação da criminalidade miliciana. As instituições policiais são atravessadas por uma anomalia que impede a coesão interna e o desenvolvimento profissional pleno da totalidade dos profissionais: a duplicidade das formas de ingresso na carreira, separando as praças dos oficiais, os agentes dos delegados. Essa divisão, que engendra dois universos de valores, expectativas e identidades, produz um ambiente hostil que é agravado pelos efeitos centrífugos da vinculação à segurança informal e ilegal. De tal modo que, na segunda-feira, o oficial ou o delegado dita ordens ao subalterno e na terça-feira o primeiro agencia o segundo, atuando os dois como sócios do ilícito. Em que termos se reencontrarão na quarta-feira, seja na delegacia, seja no batalhão? E mais: quando o Estado-Maior determinar patrulhamento em certas vias, o plano será aplicado conforme interesses e compromissos privados, em uma lógica diversa da que orientou as decisões superiores?

Trago essas questões para reforçar a tese de que as polícias se autonomizaram, por vários motivos, nenhum tão decisivo quanto a dessincronia entre o tempo da democratização e o tempo congelado pela reserva política desde o período constituinte – uma esfera da ditadura foi preservada e acompanhou, imóvel, a vida brasileira nesses 32 anos, em flagrante contraponto a seu dinamismo. A dessincronia, compreensível naquela época dada a natureza pactuada da transição, só se perpetuou, ao longo das três décadas democráticas, em função da anuência dos poderes da república, cada qual contribuindo com sua cota de responsabilidade. Operações policiais em favelas e periferias no estado do Rio de Janeiro constituem apenas um dos epifenômenos do esgarçamento estrutural do Estado de direito. A tomada de espaços do território nacional por grupos armados, alheios ao monopólio do uso da força que define o Estado, é uma realidade derivada da dualidade referida.

Esses sequestros da autoridade pública não serão revertidos sem que, antes, o poder civil intervenha nas polícias, ocupe-as, assuma suas responsabilidades e suprima a autonomia que elas, com a cumplicidade das demais instituições, outorgaram a si mesmas (e que, bem entendido, não é o mesmo que a autonomia relativa indispensável à existência de cada instituição). O primeiro passo é deixar de considerar segurança pública tema de especialistas e situá-la no centro da questão democrática. Nela está o nó de nossa história racista. Na rede formada por polícias, ministério público, Justiça criminal e sistema penitenciário, no emaranhado de suas práticas, amparadas pelas autoridades políticas, está o cordão umbilical que manteve a democracia ligada à ditadura e agora ameaça despedaçá-la.

Por que meu nome consta do dossiê? Quando jornalistas me fazem essa pergunta, costumo sugerir que a dirijam ao ministro da Justiça. Não cabe a mim dar coerência à bisbilhotice que viola meus direitos e atenta contra a democracia. Porém, há antecedentes, como vimos. E há razões para que o governo privilegie a questão policial, como procurei demonstrar. Está ali a cunha que rachou a república, barrando o processo de uma efetiva democratização. Ali vive o bolsonarismo raiz. Nada mais natural, portanto, que os alvos sejam os que atuam dentro dessa reserva estratégica, problematizando o repertório e o discurso dominante, e tentando lançar pontes entre a sociedade e esse universo mantido à margem do escrutínio público.

Foi fácil manter fora de foco a questão policial, em sua profundidade, enquanto a conversa não passava da porta e limitava-se a números, slogans e dós de peito retóricos. Quando expostas as suas vísceras, torna-se impossível continuar fingindo que as coisas são assim mesmo, que as instituições funcionam e podemos tocar a vida. O que o movimento dos policiais contra o fascismo está fazendo, com a ajuda de alguns de nós, é muito sério e seus efeitos são irreversíveis. O movimento está dizendo: "Ei, turma, a tal segurança pública de que falam é tão efetiva para aplicar as leis no Brasil quanto a cloroquina para curar Covid-19." A narrativa oficial assimilada e reproduzida há décadas é uma fantasia pobre e perversa que nega o genocídio, oculta a impermeabilidade das polícias à democracia e mascara sua recusa a subordinar-se à autoridade da república.

Nesse contexto, compreende-se a importância da decisão do STF, em 20 de agosto, que considerou ilegal o dossiê e suspendeu a produção de relatórios do governo contra opositores. Meu sentimento de alívio deve ter sido compartilhado por quem preza a democracia.

Pensar o futuro é mais do que posso fazer. Já subestimamos bastante a imprevisibilidade e a força do passado. Entretanto, alguma prospecção é defensável: não haverá país nenhum se as forças democráticas não reconhecerem a gravidade das ameaças em curso ao Estado de direito, ou ao que dele resta, e se não admitirem que a questão da segurança pública e da justiça criminal está no centro de nossos infortúnios justamente porque a tratamos como secundária, capítulo subalterno dos planos de governo, ponto menor das agendas políticas, drama exclusivamente carioca.

O caso da Hungria, onde o autoritarismo se infiltrou nas instituições, trocando o golpe de Estado clássico pela corrosão paciente e progressiva, talvez nos ajude a pensar nossa deterioração democrática. No Brasil, o processo não foi progressivo, afetando um quadro anterior infenso ao autoritarismo. Aqui, desde a origem da Nova República, dois tempos contraditórios conviveram, até que nós nos descobrimos habitando uma cidade sitiada, enquanto, ao redor, o país rendia-se às forças de ocupação espiritual: a cruzada fascista que arrasta as correntes do ódio, da violência e da morte.

CAPÍTULO 8

A DRAMÁTICA RUPTURA ENTRE AUTORIDADE E PODER[1]

Ao Dr. Daniel Sarmento, aos defensores públicos do Rio de Janeiro e aos membros das entidades que pleitearam a ADPF 635

O STF fez história quando decidiu intervir na segurança pública fluminense, no âmbito da ADPF 635/2019, condicionando a realização de operações policiais em territórios vulneráveis ao cumprimento de exigências mínimas, de resto ditadas por bom senso e respeito à legalidade constitucional. Se o fez, foi porque reconheceu tanto a gravidade das reiteradas violações perpetradas pelo Estado, por meio das polícias, quanto a inépcia dos mecanismos de controle, especialmente do Ministério Público. Representantes das polícias e do governo estadual argumentaram contra a medida, em nome da autonomia institucional, e alertaram para o risco de explosão da criminalidade. Sem as operações, o Estado quedaria prostrado, inerte, ante o fortalecimento do crime. Nada disso aconteceu. Nos poucos meses em que a ordem judicial foi cumprida, diminuíram as mortes provocadas por ações policiais (que na cidade do Rio correspondem a cerca de 30% do total de homicídios) e não houve aumento da criminalidade. Desafortunadamente, a obediência não durou, voltaram as operações desastradas e desastrosas, multiplicaram-se as chacinas inconsequentes e brutais, com invasão de domicílios, mortes (inclusive de policiais) e terror, sem que nada mudasse na rotina das dinâmicas criminosas, as quais se recompuseram, como sempre, após os ataques, reproduzindo o ciclo de violência. Nessa história que se repete, não se acumularam vitórias, só dor, medo, ódio e ressentimento. O racismo estrutural se intensifica, as desigualdades se

---

1 Esta é a versão revista de artigo originalmente publicado no site RED, em 26 de novembro de 2022: *https://red.org.br/noticia/o-problema-mais-urgente-do-brasil-e-a-ruptura-entre-autoridade-e-poder/*

aprofundam. No dia 25 de novembro de 2022, o saldo do banho de sangue foi de oito mortos. De janeiro a outubro daquele ano, houve 1.111 mortes provocadas por ações policiais no estado do Rio.

Nesse mesmo dia, no Espírito Santo, um jovem, filho de policial militar, usando a arma do pai, fantasiado de boneco guerreiro de jogo digital, com braçadeira nazista, invadiu duas escolas e promoveu um massacre. Que relação haveria entre essas diferentes tragédias? Que ligação poderia haver entre elas e o contexto político brasileiro, ao fim do governo Bolsonaro? Contexto que se caracterizava, entre tantos outros traços, pela flexibilização do acesso às armas, indissociável da ideologia que professa a supremacia da força sobre a justiça (homens armados formam suas próprias milícias para não serem escravizados pela imaginária ditadura do Judiciário), a supremacia da vontade individual (orientada por crenças e afetos) sobre as mediações institucionais democráticas (que pressupõem a autonomia do espaço público e das instâncias coletivas). Veremos, adiante, as respostas.

No início de 2021, as entidades que demandaram a intervenção do STF voltaram a fazê-lo, dessa vez solicitando que o Supremo exigisse o cumprimento de suas determinações, sistematicamente transgredidas, na prática e no discurso – sua autoridade chegara a ser abertamente contestada pelo chefe de polícia civil, posteriormente preso, por razões que não guardam qualquer ligação com a ADPF. O Ministro Fachin gentilmente convocou audiência, ouviu as partes, ao longo de dois dias intensos, dispôs-se a levar a questão ao pleno do Tribunal, mas até o momento não houve o aguardado pronunciamento. Compreende-se que não faz sentido requerer obediência, formalmente, se a exigência não mobilizar mecanismos de coerção que garantam resultados práticos. E, como sabemos, tais mecanismos, em suas diversas instâncias, ou foram ao menos em parte capturados pelo bolsonarismo ou se dividem e hesitam, ao sabor das ambiguidades e incertezas suscitadas pelas ameaças golpistas, que ainda angustiam o país, apesar do triunfo eleitoral da aliança democrática em torno de Lula e de sua vitória extraordinária contra o Lawfare e a perseguição midiática devastadora.

Um agente tem esticado a corda, testando potencialidades e limites, correndo riscos mas abrindo picadas para a restauração democrática passar e se consolidar, personagem que a história recordará: o presidente do TSE, Alexandre de Moraes. Um jacobino no país de pusilânimes – não generalizemos, diz minha consciência à minha indignação passional. Figura rara no ambiente que, convenhamos, não foi propriamente marcada pela afirmação. Não tem qualquer cabimento a tese de que as instituições funcionaram. Algumas, sim, aos trancos e barrancos, mas não foi essa a regra, se um presidente fez o que fez, rasgando a Constituição tantas vezes, e se manteve no trono, altivo, trovejando, acintoso.

O ponto é que, a despeito da coragem cívica de Moraes, a legalidade constitucional continua sendo agredida não só por manifestantes que postulam golpe militar, mas por aqueles que se escudam na hierarquia institucional e na relevância de seus postos para alimentar fantasias, discursos e performances golpistas. A Justiça já se pronunciou a respeito, reconhecendo o caráter criminoso do golpismo: afinal, até um leigo compreende que clamar aos militares para que promovam um golpe de Estado é incitar à prática de crime. A rigor, portanto, quantos do primeiro escalão do governo federal e das Forças Armadas não mereceriam ação judicial, afastamento e mesmo prisão, assim como deveria ter sido o caso por descumprimento da ADPF 635? Ocorre que a PGR não provoca o Supremo com denúncias e este se encontra em uma situação limite, delicadíssima: agir sem respaldo na força, sem contar com instrumentos de coerção que garantam a implementação de sua decisão, significa arriscar-se (por falta de poder) a perder a autoridade, irrevogavelmente; por outro lado, resignar-se à inação corresponde a renunciar à própria autoridade, que se nutre da legitimidade institucional (fundada na Constituição e na soberania democrática popular, em última instância), mas que se esvai quando desaparece a expectativa de poder. Ou seja, a autoridade se funda na capacidade de obter obediência, a qual, por sua vez, depende não só da legitimidade como da expectativa de que esta autoridade seja capaz de mobilizar meios de força. Por esse motivo, o governo federal de Bolsonaro rotineiramente desafiou o STF nas barbas do país, provocando-o a agir e tombar no vazio: sem autoridade e sem poder (sem autoridade porque sem poder). E deixando-o nessa enrascada: inerte, desnuda sua impotência, dilui sua autoridade – mesmo que em doses homeopáticas –, ativo mas sem respaldo, arrisca-se à desmoralização.

Chegamos, enfim, ao núcleo do problema: o risco de que a autoridade, legalmente instituída, dissociada de meios aplicáveis e legítimos de coerção, se esvazie em mero decisionismo voluntarista, por mais bem-intencionado, democraticamente sustentado e constitucionalmente adequado que seja. Este é um dos maiores problemas do Brasil, sem cuja solução nenhum outro será equacionado: o poder oscila entre o acesso aos meios que garantem sua efetivação e o bloqueio a tal acesso, gerando instabilidade de expectativas, ou seja, insegurança, e, em última instância, sua própria negação. Eis, portanto, o dilema prioritário, que vale para o Judiciário, mas logo se estenderá ao Executivo, como veremos na sequência: o poder está acossado pela sombra da impotência.

Registremos sua origem imediata: o poder que oscila, cambaleante, é o rescaldo da passagem pelo Estado-hospedeiro do vírus fascista, vencido (parcialmente) pela resistência democrática – a despeito da profunda infiltração de imunossupressores nos organismos públicos. Um dos problemas mais graves e urgentes do Brasil, vale insistir, é o esvaziamento do Poder democrático ou a ruptura entre autoridade e poder. O descumprimento continuado da ADPF 635, no estado do Rio, acompanhado de declarações ostensivamente desafiadoras ao STF de lideranças policiais, promovendo-se sucessivas chacinas, algumas com a participação da Polícia Rodoviária Federal, ante a inação do Ministério Público e o silêncio de outras esferas judiciais, executivas e legislativas, todo esse pacote de pusilanimidade naturalizado e metabolizado pela grande mídia, depois de alguns muxoxos localizados, é um caso, apenas um caso, porém exemplar de um cenário muito mais abrangente e corrosivo. Evidentemente, quando o tema alude à violência contra comunidades, os objetos de fundo são racismo estrutural, patriarcalismo e desigualdades. Entretanto, justifica-se um recorte, aqui, mais superficial.

Dilema até certo ponto análogo estende-se ao presidente eleito Lula[2], que se vê, embora ainda sem poder, diante da necessidade urgente de agir, face ao abismo cavado pelo governo Bolsonaro, por sua destruição pregressa, presente e aquela projetada para o futuro, ao legar ao sucessor um orçamento absolutamente inviável, nas mais diversas áreas, não apenas no item relativo ao Auxílio Emergencial – Bolsa Família. Lula vem sendo sordidamente chantageado: assuma com o orçamento herdado e sucumba, imediatamente; ou atue para alterar o orçamento e se exponha aos ataques do chamado "mercado" e de seus porta-vozes midiáticos, sacerdotes da austeridade fiscal, curiosamente tolerantes com o desmonte bolsonarista (inclusive do próprio e fatídico "teto de gastos"). A fome não lhes causa revolta equivalente. Enquanto isso, o campo golpista se prepara não para exercer oposição dura, mas para deslegitimar o novo governo, desde a posse, e atingi-lo por todos os meios, sem consideração nem aos limites da legalidade.

Pressionado ao extremo e prensado entre as duas pontas da pinça (o golpismo, na porta dos quartéis, e o fiscalismo, nos editoriais e no Congresso), nessa

---

2 O artigo foi escrito em 26 de novembro de 2022, conforme indicado na abertura. Apesar de referir-se ao momento de transição entre o passado e o futuro, fiz questão de republicá-lo, porque considero ainda pertinentes e atuais, guardadas as diferenças entre as conjunturas, tanto o problema descrito, quanto a análise formulada.

insidiosa guerra híbrida, a saída mais razoável talvez seja aquela justamente menos palatável a quem pensa os desafios complexos do mundo contemporâneo com os recursos cognitivos e a linguagem de um universo perempto: a fuga para frente, o salto qualificado e inteiramente responsável e constitucional, revertendo a correlação de forças, em um movimento de peças que provoque um reajuste no tabuleiro e uma redistribuição de expectativas a favor da democracia. Em vez de continuidade, em que ficamos reféns de chantagistas, a audácia de avançar, surpreendendo inimigos (não digo adversários, que merecem tratamento dialógico). Haverá reações, mas a posse será o momento em que, contra as aparências, as forças golpistas estarão mais fracas e isoladas. Elas não podem se reagrupar e retomar a iniciativa. E não nos iludamos: tentativas de reversão golpistas haverá, qualquer que seja o caso.

Não penso em vingança, longe disso. Penso em justiça. Sobretudo, me parece essencial superar o divórcio entre autoridade e poder, que fragiliza o Estado democrático de direito.

Retomo a problematização que abriu estas reflexões: quando o STF determinou que operações policiais no estado do Rio se submetessem a certas condições, teve de equacionar duas graves questões: a autonomia entre os poderes judiciário e executivo, e a independência dos entes federados. O respeito à Constituição, aos direitos individuais, impôs-se, atravessando fronteiras e a intangibilidade de instituições. Isso nada tem a ver com ditadura do Judiciário, que apenas mobilizou-se e assumiu suas responsabilidades, depois que os movimentos sociais esgotaram todos os recursos de defesa contra a brutalidade do Estado (no caso em foco, do executivo fluminense e das polícias estaduais, além da PRF), em nome da vida.

Por analogia, podemos dizer que, se entes subnacionais mostram-se coniventes com crimes letais intencionais coletivos e reiterados, promovendo-os e os acobertando, em nome do direito fundamental à segurança (isto é, à incolumidade física, à vida), a União deve agir, sempre nos marcos constitucionais. Antes de serem cariocas ou fluminenses, são brasileiros os cidadãos e as cidadãs que vivem em comunidades assoladas pela catástrofe da insegurança, para a qual contribuem milícias, facções do tráfico de armas e drogas, e instituições do próprio Estado. Há alternativas legais para a adoção de recursos anteriores às famigeradas GLO[3]s e para isso o novo governo federal precisa preparar-se, criando uma Guarda Nacional civil, rigorosamente comprometida com a legalidade e que não se confunda com o arremedo da Força Nacional. Não se

---

3 Ações de garantia da lei e da ordem, que mobilizam as Forças Armadas para intervenções na segurança pública.

trata de reivindicar intervenções que atropelem a autonomia dos entes federados, mas de propor o enfrentamento desse imenso desafio que está posto à nação desde 1988, quando a arquitetura institucional da segurança pública foi blindada e condenada a reproduzir o modelo policial forjado na ditadura, que trouxe consigo culturas corporativas eivadas de valores refratários à Constituição e à autoridade civil e política, que expressa a soberania popular. Esse enfrentamento exige que se negocie politicamente com os estados, de modo transparente, mas que a União possa agir sem ter de atrair as Forças Armadas para o pântano da insegurança pública.

Negociar o quê com os Estados, mobilizando, claro, somente as armas legítimas da pressão e da concessão? Cumpre exigir o respeito à ordem por parte das forças da ordem, o respeito aos direitos constitucionais. Não é aceitável (e na prática essa anomalia tem sido tolerada, ante o silêncio multi-institucional e federal) que grupos armados desafiem a legalidade constitucional, sejam eles milicianos, traficantes ou policiais em desvio de função, executando extrajudicialmente sob o manto protetor do próprio Estado e das agências de controle.

O Supremo Tribunal Federal, com seus erros e acertos, limites e virtudes, nos ensinou muito, nesses anos terríveis, em que respiramos por aparelhos, imersos no nevoeiro tóxico do fascismo, acelerador da pandemia. Ensinou que quando se dissociam autoridade legítima e poder, nos marcos do Estado democrático de direito, o precipício se aproxima. Ensinou que, apesar dos pesares, da debilidade de seus meios indiretos de implementação, foi possível intervir pela vida das comunidades, com originalidade e ousadia, sem ferir os princípios constitucionais.

A lição para o novo governo talvez seja: não ceder ao velho realismo político que preza a continuidade, na suposição de que nenhum avanço significativo seja razoável, até que a correlação de forças aderne a nosso favor, a favor da democracia. O resto seria principismo, sectarismo, irrealismo inconsequente. Nem sempre determinar limites para as negociações é falta de sensibilidade política. Ao contrário, há situações em que vale a aparente tautologia: a correlação de forças só se inverte quando é invertida por um gesto afirmativo, entendendo-se por afirmação o que escapa à programação ultrarrealista dos operadores políticos de esquerda – porém conservadores na compreensão de seus papéis e na formulação tática.

Na área de segurança pública, o novo governo pode optar pela mera retomada do velho normal, voltando ao antigo vocabulário das modernizações, dos aperfeiçoamentos, da reatividade, das propostas no varejo – avessas à perspectiva sistêmica-, sem qualquer compromisso com mudanças substantivas, sem nenhuma noção quanto à urgência e à gravidade do que representa o bolsonarismo no universo policial – que, note-se, é anterior a Bolsonaro. Mas se a opção for assim restauradora, duvido que esse velho normal nos leve a outro destino que não seja ao caos bolsonarista. Que desperdício histórico seria. Que tragédia. A postura politicamente defensiva seria nossa cota de negacionismo e corresponderia, caso se impusesse, à triste notícia de um *looping* anunciado.

Por fim, creio que haja, sim, vínculos profundos entre as "loucuras" que grassam no país, transtornos cognitivos, mundos imaginários paralelos, fatos alternativos, pós-verdade, negacionismo, disseminação em grande escala de *fakenews*, propagação de delírios conspiratórios. As teorias e interpretações variam na psicologia, na psicanálise, na antropologia, na ciência política, mas um fenômeno de fundo parece incontornável: a prevalência de afetos funcionais à lógica antipolítica da guerra, à negação de mediações, à supremacia da força como fonte do poder e da verdade, desde a construção infinitesimal da linguagem à ocupação do espaço público. Conectar-se por impulsos libidinais ou travas psicológicas a essa trama não é difícil. E o motivo bélico dá tração aos movimentos psíquicos que passam ao ato. O crime bárbaro na escola é o último estágio da escalada fascista, na esfera individual, assim como o genocídio é seu apogeu social.

CAPÍTULO 9

DIAGNÓSTICO SINTÉTICO DA INSEGURANÇA PÚBLICA NO BRASIL

Sejamos francos e vamos direto ao ponto decisivo:

(1) Governadores não comandam as polícias estaduais, civis e militares, embora esta impotência varie no tempo e no espaço, e haja aí gradações relevantes. Não por incompetência dos executivos estaduais ou deslealdade dos comandantes, mas por processos internos de autonomização ilegal de segmentos, movidos por interesses específicos (ligados à segurança privada informal e ilegal, por exemplo), cumplicidades corporativas e envolvimentos criminosos. Essas conexões horizontais cruzam e cortam os eixos de hierarquia e disciplina, nas PMs, eixos que sequer existem nas polícias civis, as quais, por vezes, se parecem mais a arquipélagos de baronatos feudais do que a instituições internamente articuladas por mecanismo de direção e controle. Não há como pensar a penetração do crime na política – fenômeno do qual as milícias fluminenses constituem apenas uma manifestação particularmente ostensiva – dissociadamente da politização dos policiais. Quem duvidar pode tirar as próprias conclusões, assistindo aos canais ativos no Youtube, conduzidos por policiais ou que se dedicam a entrevistá-los, cujo conteúdo sobrepõe militância "bolsonarista", defesa de execuções extrajudiciais e da prática de tortura, agressões acintosas ao Supremo Tribunal Federal e reiterada sustentação de autonomia inconstitucional das polícias (autonomia que interpreto como a formação de um ***enclave institucional*** refratário à autoridade política, civil, republicana). A dificuldade do STF em impor obediência a suas decisões, no âmbito da ADPF 635, demonstra, à exaustão, a tese aqui exposta. A politização

das polícias não se restringe a manobras de cúpula, determinando ativismo ilegal, seletivo e dirigido, como no episódio da PRF, no segundo turno das eleições, em outubro de 2022. A inação, o absenteísmo ou a mera negligência por vezes correspondem à contraface da mesma dinâmica transgressora. E os impulsos ilegais podem derivar de núcleos decisórios alheios às colunas de comando e controle, assentadas em hierarquia e disciplina. Na anarquia, prospera a politização que se tem constatado crescente, e dela decorre a hipertrofia da anarquia, alimentando ciclo vicioso deletério.

(2) Nas polícias civis, há, entre outros, dois problemas chave (que também ocorrem nas PMs, mas com outros aspectos): a fratura entre dois universos, delegados e agentes, não só tem suscitado tensões insuportáveis e desagregadoras, como tem reduzido a efetividade do trabalho investigativo, seu atributo por excelência. Os delegados aspiram à carreira jurídica (elevando-se à condição de juízes de instrução) e operam com os inquéritos e o indiciamento como simulacros de um poder que não alcançam. Os agentes, sentindo-se explorados e não raro humilhados, veem sua carreira limitada, desde a origem, em contraste com os privilégios de seus chefes: possibilidades de ascensão, patamares salariais, prestígio social. Por outro lado, o inquérito acaba duplicando o tempo do processo judicial, tornando burocrática e formalista a etapa investigativa.

(3) As PMs são obrigadas, por legislação infraconstitucional – apoiada no artigo 144 da Constituição –, a reproduzir o modelo organizacional do Exército, sem que compartilhe com este as destinações constitucionais. Em outras palavras, a estrutura organizacional das polícias militares não corresponde a suas necessidades operacionais e não é adequada ao cumprimento de suas funções.

(4) Postas lado a lado, as duas polícias estaduais exponenciam suas respectivas disfuncionalidades, em vez de as reduzirem, por efeito de cooperação e mútua complementação.

(5) O Ministério Público não exerce o controle externo da atividade policial, seu dever constitucional. Os casos de brutalidade policial letal (no estado do Rio de Janeiro, entre 2003 e 2022, 20.791 pessoas foram mortas por ações policiais, e menos de 10% dos casos suscitaram denúncias do MP), corrupção (como sistema de promiscuidades e acordos padronizados e permanentes, não como desvios de conduta individuais e eventuais), abusos diversos – com inegável viés racista – e descumpri-

mento de finalidade atingiram níveis inaceitáveis, em muitos estados, e não têm provocado reações à altura por parte dos MPs estaduais.

(6) As condições de trabalho sobretudo de agentes e praças não são, via de regra, compatíveis com sua importância e a magnitude dos riscos envolvidos. O sofrimento psíquico tem levado à drogadição em larga escala e suicídios em números elevados, assim como o desgaste físico, resultante do segundo emprego (com frequência, informal e ilegal), tem concorrido para a queda de rendimento profissional. Tais condições, entretanto, não justificam o silêncio e a passividade ante a proliferação do envolvimento ilegal de policiais com a segurança privada, fenômeno que gera problemas sérios para as corporações policiais e constitui uma das origens das milícias.

Note-se que os itens iniciais se incluem entre as responsabilidades do Estado. E, afinal, é indispensável arrumar a casa se queremos reduzir a criminalidade. Um diagnóstico que comece pela análise das dinâmicas criminais transmite a falsa ideia de que os recursos institucionais do Estado existem, estão à disposição e funcionam. Não é verdade. O foco unilateral na criminalidade contribui para o negacionismo de que padece a opinião pública majoritária, endossada por tantos discursos oficiais, à direita e muitas vezes à esquerda. É necessário dizer que o rei está nu: o Estado, suas instituições e a política (legislativa) criminal são partes do problema. Há outros temas estratégicos (intimamente ligados), ainda na esfera estatal:

(7) As perícias, cuja independência relativamente às polícias civis (e não só) tem de ser garantida e que necessitam de investimento em formação, tecnologia e condições de trabalho, além de convênios com universidades e institutos de pesquisa. Assinale-se que os homicídios dolosos são os crimes mais graves e vitimam aproximadamente 50 mil brasileiros por ano – marca escandalosa, seja pelo volume, seja por atingir desproporcionalmente a população negra. Enquanto isso, as taxas de elucidação, quando não simplesmente ignoradas, são baixíssimas. No estado do Rio de Janeiro, por exemplo, giram em torno de 12%, o que significa que 88% dos homicídios permanecem impunes.

(8) Outro fator absolutamente crucial, que deveria ser focalizado com senso de urgência, é o sistema penitenciário. A Lei de Execuções Penais, não raro, é descumprida. Descumprir a lei é crime. Este permanece impune e não corrigido. As consequências são trágicas: não apenas pelas violações aos direitos elementares que o descumprimento implica, mas

também porque reside no descontrole das unidades prisionais o fortalecimento de facções criminosas, sua liberdade de ação fora dos presídios e o impulso para suas manifestações sangrentas. Assim nasceu o PCC, em 1992, e essa foi a origem dos ataques recentes no Rio Grande do Norte. Não há como conter a criminalidade sem respeitar a lei no sistema penitenciário.

(9) O fortalecimento das facções decorre de múltiplos fatores, entre eles, e com destaque, da expansão veloz e contínua da população prisional, no contexto caracterizado pelo sistemático e continuado desrespeito à LEP. O contingente que mais tem crescido (saltando, no intervalo de pouco mais de dez anos, de 15% a cerca de 35% – entre as mulheres, são 62%) é aquele composto pelos condenados ou acusados (aguardando julgamento) por tráfico de drogas. Relatórios das Defensorias Públicas têm indicado que a maior parte deste subgrupo é formado por varejistas do comércio ilegal de substâncias ilícitas, presos em flagrante, frequentemente sem porte de arma, prática de violência ou laço orgânico com organização criminosa. São diaristas que combinam tarefas informais e ilegais, na busca do "ganho" cotidiano. Uma vez confinados em unidade prisional comandada por facção, negociarão sua sobrevivência ao preço de lealdade a ser prestada subsequentemente à saída da prisão, cinco anos adiante. Em resumo: o encarceramento em massa está contratando violência futura e entregando força de trabalho jovem aos agenciadores do crime. E o custo humano e material é tão gigantesco quanto irracional é esta dinâmica perversa. De que causas deriva este efeito? As mais imediatas estão sintetizadas na categoria "flagrante". Aqui está um dos segredos de nossa debilidade, o nó que engata modelo policial inadequado e lei de drogas irracional. Vejamos por quê: a polícia mais numerosa, presente em todo o país, é a Polícia Militar. A instituição é pressionada por meios de comunicação, opinião pública e políticos a produzir, que ela decodifica como demanda por encarceramento. Para ser produtiva, precisa prender. Entretanto, à PM é vedada a investigação, segundo o artigo 144 da Constituição. O que fazer, sendo instada a prender, não podendo investigar? Prender em flagrante. Quais os crimes comumente passíveis de prisão em flagrante delito? Incidirão sobre eles o investimento das energias da segurança pública. Qual será, então, o principal instrumento da PM? A lei de drogas. Esta será aplicada na captura de transgressores para cumprir cotas e demonstrar efetividade. Sempre em flagrante. O grande trá-

fico – por exemplo, de cocaína –, que mobiliza bilhões de dólares ao redor do mundo, requer investigação para ser identificado, não se dá ao flagrante. Portanto, articulam-se o modelo policial – de que o Brasil é titular quase único no mundo – com nossa nefasta lei de drogas para promover o encarceramento, cuja voracidade e cujo foco (duas faces da mesma moeda, porque a escala decorre justamente do foco no varejo) tornam a aplicação da LEP e o controle do sistema penitenciário cada vez mais improváveis e desafiadores. Em outras palavras, urge desatar o elo entre o flagrante, o varejo, a política de drogas, o modelo policial e o crescimento veloz da população carcerária, se quisermos promover dois objetivos fundamentais: conter o fortalecimento das facções criminosas e recuperar milhares de jovens que poderiam perfeitamente ser integrados e que o país está empurrando para o crime e a morte. Se caírem no cárcere, no ambiente sem lei (sem LEP), estarão condenados, não à pena ditada pela Justiça, mas ao crime, no futuro, em nome da sobrevivência, no presente.

(10) Armas têm sido corretamente consideradas questão chave pelo governo Lula, que tem se empenhado em reverter as decisões desastrosas do governo Bolsonaro. É consabido: mais armas acessíveis, mais crimes, mais acidentes, mais mortes, mais suicídios, mais violência doméstica, mais feminicídio, criminosos mais armados. Entretanto, seria indispensável ir além e organizar um mutirão nacional contra o tráfico de armas, mobilizando as instituições da segurança pública e fortalecendo o centro de investigação da PF, com recursos humanos, materiais e o estado da arte em tecnologia. Não faz sentido promover banhos de sangue em favelas, transformando-as em teatros de guerra para combater grupos armados. O objetivo obsessivo das forças de segurança deve ser a identificação das vias de alimentação dos arsenais criminosos.

Na sequência, menciono dois pontos em que se cruzam política e segurança pública, e que me parecem essenciais:

(11) O descrédito das instituições da segurança e da Justiça criminal sobretudo nos territórios vulneráveis não é novidade, nem foi produzido nos últimos anos. Pelo contrário, os aspectos regressivos, obscurantistas e autoritários que marcam o período mais recente na política, em boa medida, são tributários desse descrédito. Uma reconstrução democrática que não seja fugaz e facilmente reversível terá de incluir um processo difícil, contraditório e complexo que talvez pudesse ser denominado repactuação (sempre com nuances locais e específicas) entre as

polícias e as comunidades, em torno da comum rejeição ao racismo e ao patriarcalismo de viés violador. Serão necessárias coragem e criatividade, mas um movimento nesse sentido, embora pareça vago e abstrato, representaria um marco, um ponto de inflexão em uma trajetória de afastamento progressivo e tensões crescentes. Pessoalmente, vivenciei duas experiências marcantes e positivas dessa natureza – embora descontinuadas em seus desdobramentos, fruto da descontinuidade política. Não creio que sejam apenas episódios fortuitos da memória privada. São ilustrações documentadas de boas práticas esterilizadas por fatores circunstanciais.

(12) Por fim, gostaria de me deter em breve reflexão sobre condições políticas que, hoje, limitam avanços, mas, paradoxalmente, podem impulsioná-los. Refiro-me à amplitude da coalizão que forma o governo Lula. É verdade que, em nosso país, confinaram-se aos guetos das esquerdas bandeiras como reforma policial e direitos humanos, repactuação antirracista e controle externo das polícias, redução do encarceramento e revisão da política de drogas. Contudo, esse confinamento e essa identificação ideológica não ocorrem em outros países, nem seria, por assim dizer, natural. Quem ignora o vínculo genealógico dos chamados direitos humanos com as tradições jucaico-cristãs e com as revoluções burguesas nos Estados Unidos e na França, no século XVIII? Quem negaria suas raízes liberais? O próprio Marx o reconheceu, aliás, criticamente. Na resistência à ditadura instalada em 1964, estiveram juntos operários, empresários, segmentos religiosos de extrações diversas. O que ocorre no Brasil é lamentável e tem empurrado para as franjas do sistema político e para o sectarismo algumas bandeiras absolutamente fundamentais para a dignidade humana e a democracia, bandeiras que poderiam e deveriam ser abraçadas por conservadores, liberais e progressistas, porque interessam a todos, mesmo que fossem valorizadas por perspectivas diferentes.

Desde os anos 1990, sustento, em minha militância pela reforma das polícias, da política de drogas e do sistema penitenciário, que **a legalidade é nossa utopia**. Se as polícias respeitassem a Constituição, a vida nas favelas sofreria uma verdadeira revolução. Se as polícias cumprissem a lei e respeitassem rigorosamente a dignidade dos cidadãos, de todas as raças e classes, em todos os espaços, a vida popular daria um salto de qualidade. Se a lei (a LEP, a Lei de Execuções Penais) fosse cumprida nos presídios, haveria mudanças profundas, com amplas repercussões. É pedir demais que se cumpram as leis, que se admitam os limites legais? De que modo esse postulado confrontaria princípios liberais? Por que o legalismo contraditaria os princípios conservadores? E se, além do apreço à legalidade constitucional, conservadores e liberais aplicassem a racionalidade para avaliar, com isenção e objetividade, o que o Brasil está fazendo consigo mesmo, na chamada guerra às drogas – tolerando a brutalidade policial letal e estimulando o encarceramento em massa de jovens varejistas do mercado ilegal de substâncias ilícitas –, nós poderíamos construir uma nova e inusitada aliança (mas perfeitamente coerente e plausível) por um país melhor, menos desigual, violento e racista.

PARTE III

CRÔNICA DAS OPORTUNIDADES PERDIDAS

CAPÍTULO 10

JUNHO OU AS IDADES DA PEDRA[1]

– para quem sonhou outubros, foi pouco;
para os deserdados da utopia, memorável –

A Bruno Torturra, que chegou ao futuro antes de nós,
e de lá nos encoraja a explodir os clichês que aprisionam
a imaginação e o pensamento.

Terminava assim um dos artigos que escrevi, no calor da hora, sobre as manifestações de 2013 – escrevia muito para pensar, metabolizar sentimentos em ebulição, elaborar angústias e domesticar a imaginação acelerada pela energia das ruas[2]:

"E o futuro? O movimento *omnibus* tem diante de si os mais variados cenários, e outros a inventar. Seu destino provavelmente dependerá de sua capacidade de diferenciar a crítica política da crítica à política, e de não confundir a rejeição ao atual sistema político-eleitoral, e partidário, com uma recusa da própria democracia, em qualquer formato. Essas distinções provocarão divisões internas profundas e inconciliáveis, que já estão aflorando. Toda essa magnífica energia fluirá para o ralo do ceticismo, abrindo mais um ciclo de apatia? A indignação encontrará traduções autoritárias e ultraconservadoras? Múltiplos afluentes seguirão cursos inauditos, nos surpreendendo com sua criatividade e mudando o país, no âmbito da democracia? As respostas não

---

1 O presente ensaio foi escrito, originalmente, para a revista (Syn)Thesis - vol. 16, n° 3, 2023. Agradeço a gentileza do convite à sua editora, professora Maria Claudia Coelho, da Universidade do Estado do Rio de Janeiro.

2 Refiro-me a artigo publicado em 1 de julho de 2013, no Los Angeles Review of Books, sob o título "A terra treme no país de desigualdades e paradoxos" *(Brazil: The Ground Shakes in the Country of Inequalities and Paradoxes)*.

dependem só do movimento, mas também dos que não têm participado e das lideranças governamentais e parlamentares.

"Ante o fenômeno massivo e inusitado, jornalistas, políticos e intelectuais estão perplexos. Nos primeiros dias, buscaram explicações, mas constataram a insuficiência dos velhos modelos analíticos. Aplicando-os sobre o novo objeto, eles só permitem identificar o que falta ao movimento, aquilo que ele não é: não organizado, sem liderança, sem metas definidas, sem agenda unificada, sem conexões institucionais, sem vínculos políticos, sem plano de ação. O que, entretanto, ele é? Como descrever sua positividade? Esse é o maior desafio.

"Nas próximas semanas, é possível que a energia inicial não seja sustentada, as massas se cansem, o movimento se divida em inúmeros segmentos, em torno de muitas demandas distintas. Nesse caso, a disputa se deslocará para o campo das interpretações. O fenômeno terá sido o que dissermos que ele foi. São os intérpretes que se tornarão protagonistas do conflito em torno das atribuições de sentido. Mesmo porque todo esforço de entendimento, toda interpretação é também intervenção, é também ação social e política."

De fato, hoje não há como negar, a sociedade brasileira viveu em 2013 provavelmente a maior mobilização de sua história. A primeira convocada pela internet, inteiramente espontânea, isto é, desprovida de lideranças, organização centralizada, vínculos partidários ou mesmo de uma agenda uniforme – embora, como ficaria evidente, na sequência dos acontecimentos, diferentes forças, ligadas aos mais diversos e contraditórios interesses, nacionais e internacionais, lançaram-se na disputa pela canalização de suas energias, buscando ditar o rumo de seu desdobramento. A população foi às ruas protestar, nos grandes centros urbanos e nas pequenas cidades do interior – e essa avalanche contagiante foi, em si mesma, um fenômeno extraordinário. Paradoxalmente, tudo isso aconteceu no momento histórico em que a opinião pública global contemplava com curiosidade este país 85% urbano, com cerca de 200 milhões de habitantes, que se tornara a sexta economia do mundo, atravessara a crise financeira internacional mantendo indicadores de pleno emprego, crescimento (ainda que modesto), redução de desigualdades e aprovação recorde dos presidentes Lula e, até poucas semanas antes da irrupção das mobilizações, Dilma Roussef. Talvez por não ter havido compreensão adequada desse paradoxo e em razão do que ocorreu na política brasileira depois dos protestos de 2013, predomine no campo das esquerdas, atualmente, em particular no universo mais próximo ao PT, uma visão que considero unilateral e simplificadora. Segundo essa leitura, as ruas teriam sido tomadas, em 2013, por fascistas e despolitizados, liderados por interesses internacionais, que visavam a derrocada do governo Dilma e a estigmatização do PT. De meu ponto de vista, entretanto, afirmar que 2013 revelaria suas verdadeiras intenções no golpe parlamentar do *impeachment* é mais ou menos como afirmar que a Santa Inquisição teria desvelado as intenções verdadeiras e inconfessáveis do cristianismo primitivo, ou que o stalinismo teria desnudado a verdadeira essência do marxismo. Essa concepção teleológica da história é primária, mas serve muito bem para resolver no discurso problemas complicados e para classificar superficialmente os fenômenos, conjurando sua multidimensionalidade.

Os governos do PT fizeram muito, apesar dos erros, mas justamente por conta do melhor que fizeram, a vitalidade social reanimada queria mais, desejava ser ouvida, ansiava por participação, se recusava a aceitar a baixa qualidade das políticas públicas. A militância não cabia mais nos moldes tradicionais. Já não era possível disfarçar: o vocabulário democrático-liberal envelhecera, até porque sua incompatibilidade com a experiência popular denunciava a hipocrisia que continha.

Conforme registrei em meu livro O Brasil e seu Duplo (Todavia, 2019), o futuro foi sendo definido pelo que se fez com aquela precipitação extraordinária de energias. Não foi a irrupção de 2013 que moldou os anos seguintes; o que determinou o destino futuro foi o que se fez com 2013, para onde e como se canalizaram aquelas energias – e o descaso com que se tratou seu potencial transformador positivo.

Os verdadeiros vândalos vestiam terno e gravata, e evocaram a sagrada família quando encenaram a farsa do *impeachment*. Não foi 2013 que deu o golpe parlamentar, o golpe foi dado por quem negara 2013 e pressionara o governo a endossar a repressão. Tanto é verdade que Michel Temer – que se opusera enfaticamente a que a presidenta Dilma abrisse diálogo com a pauta emergente nas ruas – concluiu seu mandato nas cordas com 5% de apoio. Sublinhe-se que seu mandato foi obtido por meio de um *impeachment* farsesco, fundado na falsa acusação de "crime de responsabilidade". Seu governo foi impopular e antipopular. A opinião pública estava farta dos minuetos da Corte. E quem o sucedeu foi quem se ligou às ruas, mesmo que exclusivamente ao lado sombrio das ruas, ao que havia nelas de regressivo e brutal.

A operação jurídico-policial Lava Jato visou a liquidação das esquerdas para a implantação de um projeto neoliberal extremado – como ficaria claro, por seus procedimentos ilegais, seus vazamentos midiáticos seletivos, suas decisões ostensivamente tendenciosas, politicamente orientados, e a adesão subsequente de seus condutores ao governo Bolsonaro. Ela acendeu a fogueira na qual arderam os últimos vestígios de credibilidade daquilo que, até 2013, entronizava-se como "representação política" ou "política democrática". Se a democracia estava em ruínas, concluíram os fascistas, aquele era o momento de dar-lhe o tranco fatal.

Bolsonaro foi o único ator político de ampla visibilidade – além de Marina Silva (mas ela não conseguiu catalisá-las) – sintonizado com o fato (que ele leu pelo avesso) de que as energias precipitadas em 2013 haviam sido produzidas pelo dinamismo conflagrado e agonístico da sociedade brasileira, quando confrontada com a expansão da cidadania, a elevação de expectativas e a concretização de algo próximo ao que se denominava democracia. As ruas, como vimos, haviam sido medo, ressentimento mas também esperança e gregarismo. Ele sabia que 2013 fora um fenômeno chave, um divisor de águas, e que o futuro se decidiria na disputa pelo direcionamento daquelas energias disruptivas e refratárias ao confinamento anterior.

Sua candidatura nasceu como uma proposta de metabolização pela ultradireita fascista das energias precipitadas no deslocamento de placas tectônicas. A democracia reduzira-se a rituais vazios, as instituições estavam ocas, as liturgias do poder simulavam uma coreografia farsesca: era esta, em suma, a percepção dominante nos meios populares. Os conflitos sociais de uma sociedade tão brutalmente racista e patriarcal, e tão despudoradamente desigual, não cabiam nos arranjos mal-ajambrados que salvaram o país das garras da ditadura, é verdade, mas não serviam a uma sociedade ávida por mudanças profundas.

Por tudo isso, 2013 continua sendo uma referência estratégica para a compreensão do enraizamento popular do bolsonarismo. Se o PT continuar negando a dimensão positiva das manifestações que marcaram o país, há uma década, dificilmente compreenderá a magnitude do desafio que está à sua frente e que lhe exigirá mais coragem para produzir mudanças profundas do que habilidades para se equilibrar no poder.

I. PROGRESSO COMO CONDIÇÃO DA REVOLTA

A série de eventos surpreendentes de 2013 começou com o movimento pela redução do preço do transporte público, em São Paulo – embora tivesse sido precedido por outras mobilizações do mesmo teor, especialmente em Porto Alegre. Até aí, os eventos pareciam seguir o curso relativamente rotineiro, sob a crítica da mídia conservadora, ao som de declarações arrogantes das autoridades, que se recusavam a sequer negociar a redução das tarifas. O cenário era típico e os desdobramentos, previsíveis. A conjuntura apontava para o declínio das manifestações, que provavelmente permaneceriam locais. Contudo, no segundo dia, a polícia militar paulista deu sua inestimável contribuição à história do país, agindo com brutalidade criminosa, inclusive contra jornalistas. Era o bastante para incendiar a alma dos brasileiros. Em poucos dias os aumentos nas tarifas foram revogados, mas a massa inflamada não recuou.

As primeiras respostas da população jogaram por terra tudo o que se supunha saber sobre a relação do país consigo mesmo: centenas de milhares de pessoas, principalmente (mas não exclusivamente) jovens, de diferentes classes sociais, aderiram a passeatas, em todo o país. No Rio, a maior manifestação, entre tantas que se sucederam, reuniu, segundo a polícia, 300 mil pessoas. Outros, entre os quais me incluo, avaliam que havia ali pelo menos o dobro desse número. O mais extraordinário, entretanto, não era apenas a escala, ainda que fosse assombrosa, mas sua rápida difusão por todas as regiões.

O ponto de partida justifica-se: no Rio e em São Paulo, trabalhadores gastam até quatro horas por dia deslocando-se em espaços urbanos entupidos de automóveis, cujo número multiplicou-se em razão do ingresso de 40 milhões de brasileiros na classe média, ao longo da última década. O efeito não-antecipado e contraditório da combinação entre redução das desigualdades e desenvolvimento acelerado – um de cujos focos tendo sido a indústria automobilística – foi a crise na mobilidade urbana. Além disso, mais consumidores, mais acesso à educação e a valorização cultural da cidadania produziram um contexto novo, na esfera dos sentimentos e da disposição participativa. Ou seja, melhorias combinaram-se para tornar inaceitáveis situações que, em condições anteriores, caso existissem, seriam toleradas, passivamente. A contradição é apenas aparente e não é nova: Alexis De Tocqueville, no século XIX, nos ensinou que os grupos sociais mais dispostos a agir e reagir não são os mais pobres e impotentes, mas aqueles que têm o que perder. Isso significa que os avanços sociais das duas décadas anteriores no Brasil (sobretudo os mais recentes) ampliaram a faixa da população potencialmente disposta a resistir ante o risco de perda. Aqueles que ascenderam não entregariam sem luta suas conquistas.

A que conquistas, exatamente, me refiro?

II. CONQUISTAS QUE ANTECEDERAM 2013

Aplicando-se o índice de Gini para medir a desigualdade de renda, conclui-se que em 2011 o Brasil alcançou o nível mais baixo desde 1960, ano em que pela primeira vez realizou-se o cálculo. Entre 1960 e 1990, a desigualdade cresceu de 0,5367 para 0,6091. Desde então decresceu até 2010, quando atingiu 0,5304 (Neri, Marcelo. *A Nova classe média*. São Paulo: Saraiva, 2011: 26), e continuou caindo: o índice de 0,527, em 2011 (segundo a PNAD – Pesquisa Nacional por Amostra Domiciliar, do IBGE, Instituto Brasileiro de Geografia e Estatística), foi o menor da série histórica – quanto menor o índice, melhor. Mesmo sendo aquele o patamar mais baixo desde quando aplicamos esse método para identificar a desigualdade, o Brasil continuava sendo um dos 12 países mais desiguais do mundo. A boa nova era a afirmação de uma tendência que começava a reverter esse quadro e que estava se realizando em escala considerável.

Na primeira década do século XXI, a taxa acumulada de crescimento da renda para os 10% mais ricos foi de 10,03%, enquanto para os 50% mais pobres foi de 67,93%. Conforme destaca Ricardo Paes de Barros, os 10% mais pobres obtiveram uma elevação de renda *per capita* em torno de 7% ao ano, entre 2001 e 2009, só um pouco mais baixa que a celebrada média anual de crescimento da renda *per capita* na China (Paes de Barros citado por Rafael Cariello em "*O liberal contra a miséria*" in Revista Piauí, número 74, novembro de 2012: 30).

Paes de Barros avalia que dificilmente algum país terá obtido resultado comparável ao que o Brasil alcançou, em matéria de redução de desigualdade de renda, entre 1999 e 2009, ainda que essas mudanças fossem insuficientes: os 10% mais ricos detinham 47% da renda nacional e passaram a controlar 43%, enquanto os 50% mais pobres, que possuíam 12,65% da renda total, no começo da série histórica, passaram a receber 15% no final do período (*id; ibid*).

O dado mais ostensivo e impactante era o seguinte: em 1993, ano anterior à implantação do Plano Real (bem-sucedido no controle da inflação), 23% da população brasileira vivia em situação de pobreza extrema, ou seja, não tinham acesso a renda que lhes proporcionasse consumir o número mínimo de calorias indispensável à sobrevivência saudável. O Plano Real transformou esse cenário devastador em um ano: em 1995 –primeiro ano do primeiro mandato do presidente Fernando Henrique Cardoso – o percentual da população submetido a essas condições desumanas decrescera para 17%. Em 2003, o contingente populacional em pobreza extrema ainda era o mesmo. Em 2009, caíra para 8,4%. Uma quantidade ainda excessivamente elevada, inaceitável, mas muito menor do que no começo da última década do século XX.

Em 1993, os brasileiros cuja renda domiciliar ficava abaixo de R$ 752,00 (valor de 2011) eram 51 milhões (51.613.412). Em 2001, eram 46 milhões (46. 896.647). Em 2011, passaram a ser 24 milhões (24.684.517). Aqueles cuja renda domiciliar ficava entre R$ 751,00 e R$ 1.200,00 eram, em 1993, 41 milhões (41.255.368). Esse grupo diminuiu para 38 milhões (38.907.544), no ano de 2011. Por outro lado, os brasileiros cuja renda domiciliar se situava entre R$ 1.200,00 e R$ 5.174,00 eram 45 milhões (45.646.118), no ano de 1993. Em 2011, o segmento mais do que dobrou, chegando a 105 milhões (105.468.908).

Registre-se que nesse período de 18 anos a população brasileira cresceu a um ritmo mais lento. O crescimento acelerado verificado nas décadas de 1940 (quando a taxa média foi 2,39%) e de 1950 (quando alcançou 2,99%) reduziu-se nos anos 1990 (para 1,64%) e ainda mais (para 1,17%) na primeira década do século XXI (cf. Elza Berquó. "Evolução demográfica" in Ignacy Sachs, Jorge Wilheim e Paulo Sérgio Pinheiro [org]. *Brasil, um século de transformações.* SP: Cia das Letras, 2001: 17).

O processo virtuoso de declínio de desigualdades revela melhor sua significação quando se leva em conta a dinâmica demográfica. São esses dados que conduzirão Marcelo Neri a afirmar que "39,6 milhões de brasileiros ingressaram nas fileiras da chamada nova classe média (classe C) entre 2003 e 2011 (59,8 milhões desde 1993)" (Neri, op.cit: 27).

Portanto, a história brasileira não é apenas degradação e ruína. Houve conquistas, embora muito inferiores às necessidades e às prescrições igualitárias contidas na Constituição. Não nos esqueçamos que a redução da pobreza em escala considerável conferiu verossimilhança ao discurso da teologia da prosperidade, que se afirmava e difundia, ao longo das últimas décadas, marcadas pelo avanço extraordinário das religiões evangélicas, sobretudo neopentecostais, entre elas e com destaque as linhagens que sustentam a referida concepção teológica. O Brasil real criou estruturas de plausibilidade para uma versão da experiência coletiva que depois seria majoritariamente capturada por partidos políticos e candidatos de extrema direita, cujos inimigos seriam, por ironia do destino, o Estado, o sistema político e as lideranças empenhadas nas perspectivas distributivistas, responsáveis por tantos avanços sociais para os mais pobres. [3]

---

3 Examino detidamente, em "O Brasil e seu Duplo" (Todavia, 2019) e em "Dentro da Noite Feroz; o fascismo no Brasil" (Boitempo, 2020), a revolução religiosa e o engate entre esse novo e complexo universo de crenças e os valores neoliberais predominantes, como a meritocracia e a repulsa ao Estado e à própria política.

III. A AGENDA PLURAL DO MOVIMENTO E O COLAPSO DA REPRESENTAÇÃO POLÍTICA

A agenda do movimento não era uniforme e cada participante erguia seu pequeno cartaz com uma proposta, uma crítica, uma exigência, em linguagem formal ou bem-humorada, seja contra a homofobia ou o autoritarismo tecnocrático dos governos. Tenho me referido a "movimento", mas é preciso cautela no uso do singular, pois o que houve foram mobilizações múltiplas. Entretanto, a despeito da imensa dispersão temática, alguns tópicos eram constantes: transportes públicos, mobilidade urbana, corrupção, brutalidade policial, desigualdade no acesso à Justiça, mais recursos para educação e saúde, e menos para a construção de estádios suntuosos para a Copa do Mundo de futebol, em 2014, e para os jogos Olímpicos, que ocorreriam no Rio, em 2016. Tornando o coro mais desafinado, a cacofonia babélica chegou a incluir lemas de ultradireita, que volta e meia se insinuavam, aqui e ali, e se confundiam com pleitos de inspiração anarquista. Por exemplo, em brados do tipo "sem partido".

Portanto, o preço do transporte apenas pôs em circulação uma cadeia metonímica no imaginário individual e coletivo, conectando os mais diferentes problemas nacionais contemporâneos, e abrindo espaço para contradições que foram aos poucos se tornando mais evidentes, prenunciando desdobramentos contrários aos impulsos originais – ou que originalmente predominavam. O fato é que cada indivíduo sentiu-se estimulado a incluir, nessa longa narrativa épica, sua própria descrição do que lhe parecia ser o drama fundamental e urgente.

O eixo comum, sob a diversidade de reivindicações, era a proclamação indignada do colapso da representação política. Sabemos que esta é a senha para a adoção de medidas que radicalizem a democracia ou a extinga. Nesse sentido, este seria o ponto de bifurcação ou inflexão, o núcleo nervoso do circuito babélico em que se chocavam e entrecruzavam disposições antagônicas.

Em poucas palavras, os manifestantes não acreditavam em partidos e políticos que renovam seus mandatos no mercado de votos, sem perceber que o mero respeito às regras do jogo não é suficiente para manter a democracia de pé. Há no Brasil o Estado democrático de direito, desde a promulgação da Constituição, em 1988, depois de 21 anos de ditadura militar, seguidos por três anos híbridos. Mas a institucionalidade democrática passou a ser vista pela maior parte da sociedade como uma carcaça oca, uma forma sem conteúdo, tomada por agentes políticos inescrupulosos. O endosso formal a parlamentares e governantes pelo voto, em um país onde é obrigatório votar, não garante legitimidade, do ponto de vista da percepção social. A ruína da representação vinha ocorrendo sem que as lideranças dessem mostras de compreender a magnitude do abismo que se abrira – e aprofundava-se, celeremente – entre a institucionalidade política e o sentimento da maioria. O que fariam, a seguir? Ao longo daquele ano incandescente, inúmeras vezes, em entrevistas e artigos, insisti na seguinte imagem (à qual, em 2023, o artista plástico Tomaz Klotzel daria forma em uma instalação): as instituições estão funcionando como o ventilador que continua girando depois do fim do mundo.

Nos anos subsequentes, a crítica à representação converteu-se, no imaginário popular, em repulsa genérica à política, quando a intervenção jurídico-policial Lava Jato conectou, em performances espetaculares e matérias midiáticas diárias e massivas, acusações de ordem legal e moral a valores e crenças de corte meritocrático e neoliberal, anti-Estado. Vejamos em detalhes: ao longo de muitos anos, difundiu-se a crença de que, entregues a si mesmas, a iniciativa privada e as forças vivas do mercado gerariam prosperidade, da qual toda a sociedade se beneficiaria. Como disse no verbete Bolsonarismo, publicado no Novo Dicionário Crítico do Pensamento das Direitas: "A liberdade para empreender e produzir riqueza estaria sendo obstruída por um cipoal burocrático de regras e taxas. Os impostos, os gastos governamentais e os direitos dos trabalhadores estariam drenando as energias da sociedade. Em suma, o vilão seria o Estado, ocupado por parasitas que vampirizam os recursos públicos. Em outras palavras, os políticos e os servidores, tripulantes do Estado, seriam os responsáveis pela miséria e o atraso. Esta narrativa foi martelada pela grande mídia sem contestações significativas. Quando denúncias, seletivamente vazadas por atores da Justiça, apontaram a corrupção perpetrada por políticos e por agentes por eles acobertados, e inundaram os noticiários, a equação se fechou: o parasitismo estatal deixou o mundo abstrato da teoria e ganhou formas animadas. Quem vampirizava as energias da sociedade agora tinha rosto e nome. A rejeição popular foi contagiante e rapidamente se generalizou, maculando os políticos e a política. O vácuo assim criado era fértil para a emergência de um personagem que se apresentasse como antipolítico e antissistema: o revolucionário disposto a destruir "tudo isso que está aí" – inclusive, como se viria a descobrir, o bom senso e a racionalidade, devorados pelo negacionismo. Desse modo, o país abriu as cortinas do passado para o *revival* do fascismo, agora sob nova direção, e condicionou seu futuro civilizado a um ajuste de contas com o neoliberalismo." (Soares, Luiz Eduardo. "Bolsonarismo". In: Teixeira Da Silva, Francisco C. et alii. Novo Dicionário Crítico do Pensamento das Direitas. Recife, Edupe, 2022, volume I, PP. 178-182. ISBN : 978-85-518-4953-8)

IV. INTENSIDADE

A marca do movimento de 2013 era a intensidade. Os protestos se realizavam na linguagem dos excessos: muita gente, todo dia, todos os temas – e sempre há a minoria exaltada e violenta que depreda prédios públicos. Nesta franja do fenômeno pegam carona alguns profissionais do furto e do roubo, e os que se divertem destruindo sem propósito. Por que a paixão e a intensidade? Ouso uma hipótese: os elos de contiguidade simbólica e política conectam problemas entre si, conforme expliquei, acentuando sua característica permanente: a desigualdade. E o fazem em um contexto normativo e institucional, o Estado democrático de direito, no qual o princípio enunciado e reiterado é a equidade. Por isso, os significados negativos se agravam, acentuando a intensidade emocional em que são apreendidos e comunicados: eles se destacam porque remetem à desigualdade, a qual contrasta fortemente com as expectativas geradas pelo pacto constitucional. Afinal, a conversa sobre cidadania é ou não para valer? E tudo isso carregado pela correnteza virtual das redes, cujo fluxo acende o espírito agonístico e aciona afetos negativos, entre os quais reina o ódio. A linguagem não é alheia às paixões e a ela não serve apenas como instrumento ou meio material. A linguagem febril e veloz das redes opunha o digital ao dialógico, ao contrário do que esperavam os desbravadores (e cultores) da internet em seus primórdios. Sua lógica é a da conflagração, destinada a inflamar o ódio e as identificações por negação. Seu horizonte é o extermínio da alteridade, a paranoia, o medo e a guerra.

V. AS PERSISTENTES INIQUIDADES HISTÓRICAS

Apesar de tão significativa redução de desigualdades – ou pelo menos da pobreza extrema-, elas persistiam e persistem, sob as mais diferentes formas. Assim como permaneciam (e permanecem) a violência e a brutalidade policial letal contra os pobres e os negros. A ultrajante desigualdade entre negros e brancos vinha diminuindo, mas persistia, exibindo o racismo estrutural brasileiro. Entre 1950 e 1980, os brancos viveram 7,5 anos a mais que os pretos e pardos – classificação usada à época (Wood, C.H. & Webster, P.L. *Racial inequality and child mortality in Brazil.* Mimeo: 1987, APUD Berquó, op.cit.: 27). Em 1980, a expectativa de vida dos negros ainda não passava de 59 anos. Em 1987, a população branca vivia, em média, 72 anos, enquanto os negros viviam 64,5 anos (*id*; *ibid*). Outro dado escabroso confirma os precedentes: em 1980, a taxa de mortalidade infantil de pretos e pardos era igual à taxa de mortalidade de crianças brancas menores de um ano, em 1960: 105 a cada mil nascidas vivas (Garcia Tamburo, E.M. "Mortalidade infantil da população negra brasileira". Texto NEPO 11, Campinas, NEPO/UNICAMP, 1987, APUD Berquó, op.cit.). A cor da pele, que nada significa segundo os que creem no mito da democracia racial brasileira, separava em 20 anos os pretos e pardos dos avanços sociais alcançados pela população branca, avanços que seriam impossíveis sem o trabalho dos não-brancos.

Marcelo Neri oferece dados esclarecedores sobre três fenômenos cujos significados históricos, a meu ver, são profundos. Em primeiro lugar, o efeito demográfico da construção cidadã da identidade social: a parcela da sociedade que se declara negra vem crescendo expressivamente. Comparando-se os dois Censos do IBGE mais recentes, anteriores a 2013, 2000 e 2010, aumentou em 22,6% a participação de negros na população brasileira (Neri, op.cit: 226). A meu juízo, o principal motivo foi a expansão da consciência política dos afrodescendentes, que cada vez mais assumem com orgulho sua cor e o que ela significa.

O segundo fenômeno estudado por Marcelo Neri são as ostensivas e chocantes desigualdades: "A probabilidade de uma pessoa que se diz branca ser pobre é 49% menor que de um negro e 56% menor que de um pardo. (...) Mesmo quando comparamos pessoas com os mesmos atributos, exceto raça, digamos, analfabeta de meia idade, que mora em uma favela de Salvador, a probabilidade de uma branca ser pobre é 29,4% menor do que uma não branca" (op.cit.: 227). Antes de Neri, o Censo de 2010 deixara evidente a cor da desigualdade econômica, indicando que 70% dos brasileiros extremamente pobres eram negros.

Posso acrescentar outros dados alarmantes relativos a violência, às instituições de segurança pública e ao sistema de Justiça penal. O "Mapa da Violência" anterior a 2013, publicado em 2011[4], revelou que, de 2002 a 2008, o número de negros assassinados elevou-se em 20,2%, enquanto diminuiu, em 22,3%, o número de brancos vítimas do mesmo tipo de crime. Não há dúvida de que negros e pobres eram (como ainda são) as principais vítimas do crime mais grave, o homicídio doloso. Assim como eram (e são) as principais vítimas da brutalidade policial letal e das abordagens ilegais (Silvia Ramos e Leonarda Musumeci. *Elemento suspeito*. RJ: Civilização Brasileira, 2005).

---

4 Pesquisa coordenada por Julio Jacobo Waiselfisz, realizada com apoio do Ministério da Justiça.

Em terceiro lugar, a boa notícia: "Entre 2001 e 2009 o crescimento de renda foi 44,6% dos pretos, 48,2% dos pardos contra 21,6% dos brancos" (Neri, op.cit.: 226). Esse dado combinado ao aumento da participação de negros na população e à importantíssima chegada de negros em grande número à universidade, graças a políticas afirmativas e distributivas, como o Programa Universidade para Todos (Pro-Uni) e as cotas para negros, criava um novo cenário que justificava expectativas positivas relativamente ao futuro da democratização substantiva da sociedade brasileira. De acordo com dados divulgados pelo IPEA, em seu *Boletim Políticas Públicas: acompanhamento e análise*, número 19, a taxa líquida de matrícula de estudantes na faixa etária entre 18 e 24 anos[5] cresceu mais de cinco vezes de 1992 a 2009. Enquanto em 1992 somente 1,5% dos jovens negros ingressaram na universidade, em 2009, 8,3% lograram cursar o ensino superior. Nesse período, a taxa líquida de matrículas dos jovens brancos saltou de 7,2% para 21,3%, mas o contingente de estudantes negros que não era mais que 20,8% do segmento branco, em 1992, passou a representar 38,9%, em 2009 (cf. www.ipea.gov.br/igualdaderacial).

VI. PROTAGONISTAS DA NARRATIVA GLOBAL: DA INVISIBILIDADE À LUTA POR RECONHECIMENTO

Outro aspecto decisivo foi o acesso à internet: em 2011, 115 milhões e 433 mil brasileiros, com 10 anos de idade ou mais, possuíam telefone celular (eram 56 milhões, 104 mil e 605, em 2005) e 77 milhões 672 mil navegavam na internet. A participação em redes ampliou-se e viabilizou as manifestações, que passaram a dispor de mídia própria. Ademais, permitiu aos brasileiros identificarem-se e colocarem em prática o modelo globalizado de tomada dos espaços públicos como método de democracia "direta", ou de ação política não mediada por instituições, partidos e representantes. Evidentemente, o modelo remete à ideia clássica da democracia direta como tipo ideal, sem cumpri-lo inteiramente, uma vez que as mediações nunca deixam de atuar, conectando diferentes procedimentos institucionalizados à energia da massa nas praças. O que conta, neste cenário dramatúrgico, são a memória idealizada e a linguagem comum,

5 A taxa líquida de matrícula obtém-se contrastando o número de matriculados com aquele que seria adequado caso se verificasse uma distribuição normal do acesso à universidade entre todos os segmentos da população no grupo de idade pertinente.

como se os eventos se citassem mutuamente, construindo uma constelação virtual de *hipertextos* (para usar uma categoria que já se mostrava datada na época das manifestações). Neste cenário, tornavam-se possíveis: incluir-se na narrativa transnacional sobre a nova democracia; o orgulho de quem era invisível para o poder público e se sentia desrespeitado; a identificação com a *persona* do herói cívico; a política vivida em grupo como entretenimento *cult* antipolítico (ainda que envolvesse risco de morte); a experiência gregária fraterna (ante um inimigo tão abstrato e fantasmático quanto óbvio e imediato, com o rosto policial e o sentido da tragédia); a vivência que enche o coração de júbilo, exaltando os sentimentos e os elevando a uma escala quase espiritual.

O povo assistiu à Copa das Confederações de futebol, em várias cidades brasileiras, competição internacional que antecedeu em um ano a Copa do mundo. Gastos bilionários foram decididos pelos governos sem consulta popular. Os estádios, construídos com verbas governamentais, foram inaugurados e apresentavam qualidade admirável – ao menos, à primeira vista. Mas a saúde pública e a educação continuavam relegadas pelas políticas públicas. Além disso, os altos preços dos ingressos excluíam a grande maioria dos torcedores. Em síntese, o esporte popular, depois de custos bilionários assumidos autocraticamente pelos governos, expressavam a adoção de prioridades incompatíveis com as necessidades sociais e implicavam o veto à participação popular. Por meio das manifestações, a massa inscreveu-se na grande narrativa nacional, deslocou o campo em que ocorriam os eventos significativos, converteu-se em protagonista central e mudou o jogo.

No Rio, os grandes eventos previstos incluiriam as Olimpíadas, além da Copa do mundo. Ainda em 2013, a cidade recebeu a visita do Papa Francisco. A prefeitura aproveitou a oportunidade para implementar reformas urbanas que prometiam transformar vias públicas e o setor de transporte, e que deixariam um legado em edificações úteis ao conjunto da sociedade. O que se viu foram expulsões de moradores pobres e um processo acelerado de gentrificação, aprofundando as desigualdades e suas expressões territoriais.

VII. ANOTAÇÕES PESSOAIS NO CALOR DA HORA

Concluo o artigo com um salto no estilo, no recorte e nas intenções. O quadro analítico exposto nas unidades anteriores, embora certamente insuficiente, corresponde à minha compreensão dos acontecimentos que marcaram nossa história e tem o propósito de contribuir para o debate acadêmico e político ainda em curso. O texto a seguir assume um tom despretensioso, livre e impressionista. São apenas anotações redigidas no calor da hora, na forma de diário, cuja finalidade era registrar meu depoimento pessoal sobre aqueles meses de 2013, tanto nas ruas quanto nos debates presenciais e virtuais. Sobre as ruas e as peculiaridades estéticas, afetivas, simbólicas e políticas das manifestações, escrevi longamente no capítulo "É tanta coisa que nem cabe aqui", em meu livro Rio de Janeiro, histórias de vida e morte (SP: Cia das Letras, 2015). Aqui, procuro trazer a pulsação passional e feroz que transcendia a experiência das ruas.

Decidi trazer parte das notas para este artigo porque minha análise, mesmo tendo se referido muitas vezes a categorias como intensidade, paixões, afetos e energia, falhou em fazer aflorar e tornar minimamente tangível a atmosfera em que mergulhei com milhares de outras e outros ativistas. Atmosfera que constituiu uma dimensão essencial das manifestações e do arco das horas, dias e noites, ao seu redor. Essa dimensão deu a liga que juntou atos, palavras, gestos e pessoas, numa festa monumental.

O seminário na universidade estadual do Rio de Janeiro, em 4 de outubro de 2013, tinha jeito de assembleia. Não havia clima. E era gente demais. Num ambiente de assembleia, não tente ser irônico, nem reflita sobre contradições. Lembre-se: tudo que você disser poderá ser usado contra você. Se o seu argumento tem dois lados, assinalando isso e aquilo, ambos sendo verdadeiros, embora, na aparência, negando-se, mutuamente, você está perdido. Seus dias estão contados. Na multidão, a primeira perna do raciocínio será retida por alguns, que depois a exibirão, desmembrada. Ante a matilha, salivando, famélica, a segunda perna do raciocínio será arrancada do corpo e lançada ao fogo das acusações contra seus desvios ideológicos. De um modo ou de outro, não haverá hipótese de que as duas pernas de sua ideia escapem à mutilação. Na plateia que urra bordões e palavras de ordem, o pensamento não faz nenhum percurso imprevisível, criativo, tortuoso, indisciplinado. Ali, uma ideia, como um indivíduo, será apenas um objeto roliço e uno, uma pedra lançada contra suas boas intenções. Seu argumento multifacetado será esquartejado e exposto em praça pública como prova definitiva de seu crime. Aliás, tome nota: não há deslizes, colega, há crimes – ou você acha que a cultura punitivista é patrimônio exclusivo da direita? Portanto, recomendo prudência. Menos sofisticação e complexidade, mais convicções. Não seja ingênuo, não haja como intelectual. Mostre à audiência, companheiro e companheira, mostre a quem lhe concede o minuto de sua atenção – entre um *selfie* e outro – que você nunca será o modesto funcionário ou a modesta servidora de sua própria causa. Só se credencia a liderar quem confirmar o que já se sabe. Não estamos reunidos no auditório superlotado para pensar, mas para celebrar nosso valor supremo e incontestável. O ritual exige sacrifício: nesse caso, a identificação dos desviantes e o expurgo dos dissidentes. A diáspora somos nós. Está cravada em nossos corações, é a espinha dorsal de nossa alma gelatinosa. As divisões prosperam em nosso meio como a peste, a metástase e a metáfora. As esquerdas somos barrocas. De todo modo, o que eu disse foi alguma coisa mais ou menos inteligente e performática, citando astros e astras do firmamento político-intelectual do momento, com base em minhas anotações caóticas.

Transcrevo a seguir algumas delas. Elas são mais interessantes do que os conceitos refogados naquela noite, porque guardam o pulso frenético daqueles dias:

As manifestações de 2013 não inventaram a indignação. Deram passagem à revolta acumulada. Soltaram as rédeas. Liberaram a raiva contida. O ódio impôs-se. Passou a reger dias e noites. Conquistou seu lugar no centro de nossos altares. Deus e diabo de nossa comum veneração. Rosna e reina, ensaiando a derrocada do que resta de democracia, ruminando a ruína. Exala vapor de decomposição enquanto bombeia o sangue tóxico para dentro e para fora dos corpos. Mete o nariz onde não é chamado. Enfia as patas em todo buraco. Não deixa pedra sobre pedra: vai precisar delas. Qualquer babado é pretexto. Todo post apodrece debaixo de um monte de adjetivos pestilentos, tipo “pestilentos”. Uma palavra como escarro serve bem ao linchamento nas redes sociais porque gruda e goteja no primeiro cretino que mostrar a cara defendendo qualquer coisa. Qualquer coisa. Madrugada adentro, nas redes, a fúria aumenta o volume. Tem sempre um zumbi alerta metabolizando o veneno que lhe enfiaram guela abaixo, pronto pra vomitar em cima de você. O idiota espectral foi treinado nas oficinas da desconstrução, nome *fashion* da calúnia. Em cavernas urbanas, o neófito aprende a gargarejar o vocabulário facistóide fajuto. Enquanto isso, a turma vai empilhando tudo que encontra pra construir um bunker à prova do kit molotov: aquela combinação explosiva que os *black blocs* apelidavam *drink*. “Você vai levar o drink, camarada? Vou, companheiro. E você leva o vinagre e a toalha e tudo o mais que se usa pra não cegar quando a polícia borrifa gás pimenta direto nos olhos da gente, e tudo o mais que se usa pra não sufocar quando a polícia espirra gás lacrimogêneo na garganta da gente. Tudo bem, é nós. Já é”. São virtuoses do disfarce, esses caras. Nesse truque genial exibiam sua nunca suficientemente enaltecida sagacidade. E tem mais: usando inglês davam uma estocada no imperialismo. Sacaram? Eles cultuam os profetas do anarquismo. Os militantes comprados ou sinceros do partido da ordem odeiam a turma de preto que veste máscara e quebra vitrines, e a turma que quebra vitrines e veste máscaras odeia a galera do partido da ordem. Nisso são todos sinceros. O ódio purga o teatro cafajeste da política. Purifica. Lava a calçada salpicada de sangue. Será sempre dos outros o sangue borrifado no meio-fio até que a gente não possa mais relatar porra nenhuma. E aí sobra para o redator de obituários da imprensa sensacionalista, aquela que cobre esse tipo de coisa. E não me venha com o papo furado das infiltrações, simplesmente porque isso não é novidade, nem diminui a importância social do movimento. Apenas confirma seu caráter múltiplo, contraditório, irredutível. Todo mundo sabe que há infiltrados, desde P2 até a ultradireita militar, passando pela CIA, o Mossad e a KGB. E todos sabem que a NSA está lendo o que eu e você acabamos de escrever no celular. Snowden demonstrou que privacidade era uma experiência contemporânea da anágua. Se você não tem ideia do que seja anágua, pergunte à sua bisavó.

A intervalos regulares, uma porradaria alegra a madrugada. Ninguém mata ninguém, mas tem vontade. Se você é do tipo que vai atrás, pulando de link em link até localizar o big-bang original, não vai dormir hoje outra vez porque a corrente é interminável. Parece que alguém mostrou o pau na rede e alguém não gostou. Quer dizer, se gostou do pau não sei. Certo e sabido é que não gostou da exibição. Me pergunto se o cara mostrasse o joelho em vez do pau, ou a conta bancária, deixaria de ser exibicionista? Problema é o pau. Isso enfureceu muita gente. Não sei se a ira tem a ver com a tal inveja do pênis, que é um sentimento eminentemente masculino. O sujeito gozava de grande prestígio na cidade – percebo que meu verbo está contaminado; tenho a impressão de que estou escrevendo obscenidades. A fúria incendiou a rede. Os indignados estão a ponto de pegar em armas – ah! O que digo? Mudo de assunto. Antes, anoto: o homem do pau não divulgou a foto de sua carne no *feici*, nem poderia. Ali impera a castidade. Enviou em mensagem privada mas a história viralizou porque. Não importa. A vida segue. Não para o dono do caralho célebre. Ele picou a mula. Saiu da cidade. Foi pro campo plantar batatas. Dizem que pra sempre. Emigrou. Me pergunto onde será longe o bastante quando a besta-fera é a rede social. E se o pau não fosse dele? E se o perfil fosse *feique*? E se nem pau fosse, o *feique* fetiche? A matilha desdenha qualquer merda de ponderação e a novela pode render. A sutilíssima interlocutora que pôs a boca no mundo corta, um belo dia, a fitinha azul do presente natalino e... Que horror. Quem sabe – esta segunda hipótese é mais saudável, embora catastrófica – um dia o homem volte, pau na mão, passando o bastão ao herdeiro da terra, após o apocalipse climático? Será uma mulher a soberana do que sobrar no mundo pós-apocalipse ambiental? Ou não fará sentido o que chamamos gênero? Por exemplo, na frase: o gênero deste relato é confuso.

As coisas não estão fáceis pra ninguém. Dá pra perceber nos detalhes. Outro dia soube que um vetusto pensador da esquerda ortodoxa veste falso avatar pra frequentar chat de lésbicas – como tem ortodoxo no Rio de Janeiro. Fato aliás que deve abalar quem associa a cidade a praias, sol e mar, e esses a corpos nus, ócio e prazer, e estes ao hedonismo: combustível de heterodoxias e transgressões dionisíacas. Pois não é assim. Há ortodoxia sob o sol a pino. Há rigidez à beira-mar. A sensualidade tropical não derrete os dogmas dos sacerdotes da revolução. Eles são poucos, é verdade, considerando-se os 8 milhões de habitantes da cidade e os 15 milhões que vivem no estado, aos quais são servidas rações diárias de outros livros sagrados. De um jeito ou de outro, todos creem na salvação e aguardam com fé o juízo final. À direita e à esquerda, todos são sebastianistas por aqui. O que muda é a expectativa para o dia seguinte ao fim do mundo – e a natureza do cataclismo. Variando a cor, o naipe e as medidas do tempo, a grande erupção está na ponta da língua de dementes, filósofos, ativistas e profetas. Olha o pau-Brasil flamejante, um por cinco, três por dez – é pegar ou largar. O Brasil opera milagres: os liberais defenderam a escravidão, no século XIX, apoiaram a ditadura militar, em 1964, o fascismo integralista, sempre. Falta profissionalismo e alguma nitidez. A impressão cada vez mais generalizada é que o mundo não cabe no mundo, a cidade não cabe na cidade, ninguém cabe mais em si mesmo, e o que transborda não cheira bem. Mesmo que para alguns a chuva ácida e o sangue, ou o Estado purificador, abram passagem ao paraíso. O badalado otimismo tropical talvez seja apenas um sintoma do espírito messiânico. E a tolerância com o inaceitável talvez decorra disso: em breve, tudo será corrigido ou perdoado, as penas serão executadas, a magnífica vingança restituirá a todos a honra ferida, a dignidade ultrajada, os direitos ignorados e a féria do dia, surrupiada no final do expediente, quando você abriu a bolsa pra procurar os óculos. A leniência carioca, a auto-indulgência brasileira devem ser uma questão de prazo, nada mais que a fé na obsolescência programada de nós todos, além de péssima rima.

Nesse contexto, louvem-se a clareza dos *black blocs* e sua severa intolerância. A turma de preto foi coadjuvante das manifestações de junho de 2013. Em pouco tempo, governos e mídia perceberam que eles tinham caído do céu. Anjos negros enviados pelo deus das coisas serenas. Os *black blocs* tornaram-se então o povo escolhido, o foco das câmeras, o olho do editor, a referência para o recorte das cenas. Do fundo obscuro do tempo chegaram as meninas e os meninos vestidos de preto, hormônios borbulhantes, fissurados por uma dose extra de adrenalina. Os marqueteiros e o gênio político do governador do Rio, principal alvo dos protestos, identificaram naqueles personagens a tensão erótica, o mistério e o charme do nome, *black blocs*, e os rebatizaram, "vândalos". Nas ruas em chamas, os rapazes e as moças mascarados converteram-se numa espécie de fonte maldita dos medos ocultos. Os garotos e as meninas pós-púberes passaram a significar perigo e ameaça à ordem, não no sentido trivial, cotidiano, prosaico, porque os riscos nas ruas no dia a dia não eram, nunca foram, não viriam a ser aquelas poucas dezenas de jovens fantasiados de rebeldes vingadores. Mas eles encarnariam, sim, a desordem no sentido simbólico mais profundo, inconsciente, radical. Não a anarquia-festa-da-liberdade, mas a entropia-trama-da-morte. O governador fluminense descobriu que poderia pendurar naqueles vampiros distópicos o desejo de ordem que o traria de volta ao palco da política sob aplausos. A massa pediria bis, mais, mais violência policial, bala de borracha, porrada, gás lacrimogênio, *spray* de pimenta, bomba de efeito moral.

Aos poucos, as manifestações populares foram substituídas pelas performances dos *black blocs*, que repetiam incansavelmente o roteiro que fizera sua fama. Imitavam a coreografia policial e, no afã de denunciar e repelir a violência do Estado, a espelhavam, sem dar-se conta de que o mimetismo de sua pobre dramaturgia produzia efeitos opostos aos esperados. Semana após semana, mês após mês, a massa refluiu e deixou as ruas para os meninos mascarados. As "ações diretas" constituíam tática, técnica, deliberação e treinamento. Emoções planejadas perdem viço e verossimilhança. O romance com a opinião pública, ensaiado na estreia, fracassou. Curioso é que os meninos de preto não perceberam nada disso. Mesmo recusando hierarquias e organizações, lideranças ou o instituto da representação, muitos consideravam-se os únicos e verdadeiros revolucionários, portadores do interesse do povo, porta-vozes de junho e herdeiros das grandes manifestações. A vanguarda iluminada, de abominável memória, saltava pra fora de sua tumba histórica. Nada como a juventude pra reviver anacronismos. Nada como a estupidez pra repor em circulação um arcaísmo. Nada como um politizado insulto à razão pra devolver a ereção ideológica a anciães enfastiados, e não foram poucos os que desembainharam a espada oxidada e se perfilaram hieráticos, à espera da convocação da gurizada pra invadir o palácio de inverno. Revolução, urravam os mascarados, revolução, sem perceber o patético do pastiche: a cantilena evocava um século de bordões e clichês.

O fio condutor que transmitia energia aos atos e os ligava uns aos outros, meninos a meninos, atos a atos, meninos e atos, era o ódio. Excluído o ódio, praticamente não sobrava nada que fosse genuíno e grave. Nada que sequer aproximasse as enfadonhas correrias com pedras e paus, pontuadas por vidros estilhaçados, do épico ao qual aspiravam seus protagonistas. Os garotos e as garotas queriam sair do armário. Alguns. Algumas. Outros, queriam sair de casa. Houve quem visse no movimento a oportunidade de voltar pra casa depois do horário determinado pelos pais. Chamar de movimento aquela agitação permanente era o máximo. Mas era este mesmo seu nome, e se eternizaria com um apelido frugal para os íntimos: JUNHO. Para quem sonhou outubros, era pouco; para os deserdados da utopia, memorável.

A seguir, alguns itens para pautas futuras, ou sobre a arte de atirar pedras:

(1) Haveria aí mais que expressão de emoções, como ódio? Certamente, porque se dá segundo disciplinas, regulações, há método, estética, alvos, momentos, cenários, etc. Há uma linguagem que educa a "espontaneidade".
(2) Assim como há história nas maneiras de mesa, há história nos ataques com pedras, e há cultura (desde jogos infantis ao cumprimento de sentenças judiciais), desde a caça: há medição de força e mira, isto é, há disputa entre perícias e virtudes, além de coragem.
(3) Mesmo segundo fórmulas e modelos, há ódio, ou melhor, há performance do ódio, manifestação do ódio, ou seja, tão importante quanto definir o objeto da ira, importa precisar a audiência que contempla a cena de furor, o público a que as pedras lançadas se destinam como mensagens.
(4) A estética espelha aquela adotada pela polícia, nos gestos, na fúria, na ação concertada, mas não nas armas.

(5) O agente se coletiviza e dilui a individualidade, para o que contribui o uso de máscaras (que ocultam mas revelam determinada identidade construída: o guerreiro).
(6) A ação destrutiva comporta determinada estética, em lugar de uma epistemologia. Não há espaço no discurso (e no gesto) para complexidades e nuances. Pedras não combinam com a hesitação e a incerteza inerentes ao pensamento. A pedra cruza a paisagem como o traço que risca todas as outras hipóteses.
(7) Há considerações políticas a fazer, assim como se aprende bastante lendo comentários, justificativas e críticas. É bom lembrar o que disse Heidegger sobre a crítica à auto-anulação do "relativismo": o terrorista se explode, mas alcança seu objetivo. Sua meta não era proteger-se, mas destruir o inimigo. A ação é bem-sucedida. Quanto a dar guarida involuntária a traidores: o que importa se jogam pedras?
(8) Leis e transgressões, discursos e afasias, repetições como armadilha ao protagonismo.
(9) Infiltrações e conspirações.
(10) A gratuidade e a série de eventos. O controle do futuro como profecia que se autocumpre: por no chão o império, tombar o monumento, pedra a pedra, (des)construindo, revelando o que há sob a forma: ruína.
(11) A poética minguante do grande gesto.
(12) Rir, marchar e matar. Expectativa da morte e adrenalina da aventura.
(13) Levar a sério os meninos mascarados, a ação direta como tática, supostamente defensiva. A busca de legitimidade (nesse caso, na genealogia da tática) é um alento.
(14) Brusco, súbito, percursivo, pontuação por espasmos, impondo descontinuidade na linha evolutiva dos acontecimentos. Estoicos e integrados, épicos e dadaístas, escolásticos e barrocos.
(15) Os alvos: agências bancárias, templos do consumo, agências públicas, mas também pontos de ônibus, estações de metrô, ônibus.
(16) Tática e as mediações racionais: o ódio como técnica. O teatro, a performance, a dramaturgia, os personagens (o coro), os figurinos, a trilha sonora, a iluminação, a cenografia, a plateia.
(17) Palavras de ordem, caminhões de som, trios elétricos, bandeiras, faixas, bordões: é pau, é pedra, é o fim da picada? O fim de uma era, sepultando a estética arcaica, que rimava com o realismo socialista. Agora, é festa. Pau e festa. Festa e fogo.

(18) De black block a vândalo. A tensão erótica do nome e a supressão que recalca pelo estigma.

(19) Ação direta não é passagem ao ato.

(20) Onde dormem, pendurados, os anti-heróis da razão, vampiros das utopias asseadas e higiênicas? Açougueiros do humanismo bárbaro e insepulto. É preciso pensar a passagem dos trogloditas reacionários da direita que definem o Outro como inimigo a ser eliminado, o mal a ser exorcizado, para esse novo momento, posto em circulação pelos atletas do confronto, pela infantaria pueril, pelos cavaleiros da noite, embriagados na erótica do martelo, amantes do corpo a corpo com o Estado, roçando na morte em busca de transcendência bruta, na pedra, no pau, na mão, à procura do sublime na imanência da matéria, desmontada em pedaços para exibir o caos de que se faz a ordem.

(21) Expectativa, espectros, medo e fantasia. Se a revolução é impossível, tratemos de encená-la para a plebe. Se a política é jogo e hipocrisia, tratemos de eviscerá-la com a ponta dos dedos. Há uma convocação surda na renúncia ao proselitismo. Há exortação e alarme na recusa à palavra. Se vem aí o apocalipse, tratemos de precipitá-lo e abrir as portas do inferno.

(22) Poder, legitimidade, mediações, palavras, imaginário (desobediência e instituições).

(23) Que conste já na abertura: a melhor tradição liberal reconhece a legitimidade da desobediência civil ante situações que denotem o descumprimento do contrato social (em nosso caso representado pela Constituição) por parte do poder, especialmente quando falham as instâncias responsáveis pela retificação da rota, afastando o dirigente transgressor. De minha parte, portanto, nenhuma dúvida quanto à impertinência de que, sob o capitalismo, a legalidade seja evocada para criticar e punir quem protesta quebrando vidraças. Aos donos dos objetos avariados o direito de solicitar, em foro apropriado, reparação por perdas e danos, mas nada além disso, por favor, ou ingressamos no terreno da hipocrisia e desistimos de pensar com o mínimo de seriedade. Acusar quem estilhaça vitrines depois de atos públicos de arruaceiros e vândalos quando o país é empurrado ao abismo pelo capital insulta a razão, na melhor das hipóteses. Governadores cujas polícias saqueiam domicílios e promovem execuções extrajudiciais aos milhares são ainda governadores; os comandos das operações criminosas, ainda comandos; os promotores silentes, promotores. Então, deixemos de cinismo,

sejamos francos e apliquemos nossas reservas de racionalidade e sensibilidade moral para tratar das assim chamadas "ações diretas" nas manifestações populares. Sem esse preâmbulo, não seria admissível criticá-las, muito menos fazê-lo com a radicalidade que elas propõem e merecem.

REFERÊNCIAS BIBLIOGRÁFICAS

BERQUÓ, Elza. "Evolução demográfica" In: Ignacy Sachs, Jorge Wilheim e Paulo Sérgio Pinheiro [org]. Brasil, um século de transformações. São Paulo: Companhia das Letras, 2001.

CARIELLO, Rafael. "O liberal contra a miséria" In: Revista Piauí, número 74, novembro de 2012.

GARCIA Tamburo, E.M. "Mortalidade infantil da população negra brasileira". Texto NEPO 11, Campinas, NEPO/UNICAMP, 1987, APUD Berquó, op.cit. IPEA. Boletim Políticas Públicas: acompanhamento análise (n° 19). Rio de Janeiro: IPEA, 2011. www.ipea.gov.br/igualdaderacialNERI, Marcelo. **A Nova classe média**. São Paulo: Saraiva, 2011.

RAMOS, Silvia e Musumeci, Leonarda. **Elemento suspeito**. Rio de Janeiro: Civilização Brasileira, 2005.

SOARES, Luiz Eduardo. "Brazil: The Ground Shakes in the Country of Inequalities Paradoxes" In: Los Angeles Review of Books, 1 de julho de 2013.

________________________. **Rio de Janeiro, histórias de vida e morte.** São Paulo: Companhia das Letras, 2015.

________________________. **O Brasil e seu Duplo**. São Paulo, Todavia, 2019.

________________________. **Dentro da Noite Feroz; o fascismo no Brasil.** São Paulo: Boitempo, 2020.

________________________. "Bolsonarismo" In: Teixeira Da Silva, Francisco C. et alii. Novo Dicionário Crítico do Pensamento das Direitas (vol. I). Recife, Edupe, 2022.

TOCQUEVILLE, Alexis De. **O antigo regime e a revolução.** Brasília: Editora da Universidade de Brasília, 1979.

WAISELFISZ, Julio Jacobo. **Mapa da violência.** São Paulo: Instituto Sangari; Brasília: Ministério da Justiça, 2011.

WOOD, C.H. & Webster, P.L. **Racial inequality and child mortality in Brazil**. Mimeo: 1987 (APUD Berquó, op.cit.).

CAPÍTULO 11

OBSTÁCULOS AO DIÁLOGO INTERGERACIONAL ENTRE INTELECTUAIS E ATIVISTAS NO BRASIL CONTEMPORÂNEO[1]

São inúmeras as possibilidades de abordagem analítica da sociedade brasileira contemporânea. Uma delas resulta do exercício de memória: evocando o passado, iluminam-se, por contraste, características atuais que as rotinas tendem a invisibilizar. Em nossa experiência cotidiana, muitas vezes naturalizamos as inovações, a emergência de novos fenômenos, as transgressões de expectativas consolidadas, a irrupção de diferenças, inclusive aquelas que nos desafiam em todas as dimensões: intelectual, ética, psicológica, política, estética. A insensibilidade para as tranformações em curso reduz nossa capacidade de compreendê-las e valorizá-las como realidades cruciais que marcam nosso tempo. Sem o choque da surpresa e a vivência da perplexidade não há filosofia, não se move o pensamento – sabemos disso desde a Grécia clássica.

Por outro lado, a ênfase unilateral na continuidade do processo histórico convém não apenas à reprodução das relações de dominação, como à (falsa percepção de) estabilidade mental, porque evita que as teorias e crenças estabelecidas sejam ameaçadas. O que abala a confiança em conceitos tradicionais não esgota seus efeitos na esfera epistemológica, uma vez que perturba o regime dos afetos e subverte o equilíbrio psíquico. Por isso, é frequente que debates intelectuais, quando submetem a escrutínio crítico categorias e parâmetros consagrados, emocionem os interlocutores e suscitem atitudes defensivas, mais típicas do recalque do que da abertura reflexiva e dialógica. O

1 Artigo originalmente publicado no site "A Terra é redonda": https://aterraeredonda.com.br/ruidos-no-dialogo-politico/, em 23 de fevereiro de 2023.

que não raro está em jogo, embora implícita e indiretamente, são cosmovisões, constelações valorativas, formas de vida, relações sociais, identidades grupais e modos de autoconstituição de sujeitos.

Essas considerações talvez ajudem a explicar hiatos e tensões intergeracionais, no campo do conhecimento social e do debate político. Divergências não dividem apenas gerações, as quais tampouco são homogêneas. Há heterogeneidades transversais e perspectivas diversas, os recortes são múltiplos. Mas é inescapável reconhecer a importância das diferenças entre as gerações intelectuais e suas implicações políticas – assim como seus fundamentos. Essa pluralidade agonística se manifesta sobretudo na linguagem conceitual e na composição das agendas de pesquisa. Mudam as hierarquias de prioridade nas pautas que orientam a produção intelectual e os debates públicos.

Sintetizando em uma imagem caricata e reducionista, dir-se-ia que as críticas mútuas entre os grupos aludiriam, por um lado, à inconsequência ou à superficialidade "pós-moderna" e "anarco-liberal" dos (e das) jovens, que teriam renunciado à problemática fundamental das classes, adotando pautas "identitárias", menosprezadas como "comportamentais" ou relativas a "costumes", e, por outro, à insensibilidade melancolicamente defensiva dos mais velhos, presos às tradições patriarcais e racistas (porque incapazes de perceber os privilégios de que se beneficiam, enquanto homens, heterossexuais e brancos), relutantes em admitir o esgotamento – ou pelo menos a insuficiência das categorias com as quais continuam a pensar a realidade, cujas características teriam se transformado radicalmente.

Veremos, adiante, quão grave é o erro de minimizar a relevância das pautas equivocadamente chamadas identitárias ou de costumes, e como esse equívoco foi responsável pelo fortalecimento de perspectivas autoritárias, inclusive neofascistas, na sociedade brasileira. Por outro lado, veremos também quão empobrecedor e equivocado seria abdicar de categorias clássicas para pensar uma sociedade que se construiu historicamente a partir de eixos e processos apreendidos pelas referidas categorias, ainda que mutações radicais tenham acumulado novos eixos estruturantes, alterando profundamente a realidade vivida. Em síntese, concluiremos pela imprescindibilidade do diálogo intergeracional, que aqui não passa de metáfora que alude à interação entre agentes sociais diferentes e seus modelos cognitivos, simbólicos, estéticos, afetivos e ético-políticos. Ou talvez passe de metáfora, sim, em alguma medida, porque tensões intergeracionais existem e cumprem um papel nada desprezível no esvaziamento da interlocução.

Retomemos o fio do argumento.

Para tornar este preâmbulo mais objetivo, recorramos a um experimento mental: suponhamos que um grupo de intelectuais brasileiros, atuantes no campo das ciências sociais e das humanidades – formados portanto nas principais tradições do pensamento social crítico e progressista –, fossem transportados de meados dos anos 1980 para 2022. Observando o entorno, o que os surpreenderia no Brasil atual, além da permanência da miséria e das desigualdades, no quadro da urbanização selvagem e das novas formas de comunicação? Eis algumas hipóteses:

(1) A presença da população negra nas universidades públicas e em diversos outros espaços socialmente valorizados, o que revelaria quão significativa era sua ausência anterior e quão espantosa e perversa era a normalização daquela ausência. Essa presença, fruto da luta de movimentos sociais antirracistas e da adoção de políticas voltadas para ações afirmativas, como as cotas, demonstraria a relevância da agenda – o racismo, o racismo estrutural, o racismo institucional – e de seus agentes coletivos. Se nossos personagens viajantes no tempo são majoritariamente brancos, terão de lidar com a nova questão emergente, sua "branquitude", em um país estruturalmente racista.

(2) A transformação das relações de gênero, tornando perceptível a magnitude e a violência insidiosa do patriarcalismo, assim como seu relativo apagamento prévio. A transformação impacta todas as esferas da vida individual e social, de múltiplas formas, demonstrando a centralidade dos movimentos feministas como novos grandes atores históricos, cujos temas e bandeiras já não podem ser subestimados. Se os intelectuais imaginários, abduzidos nos anos 1980 e subitamente atirados entre nós, são majoritariamente homens, terão de lidar com a nova questão emergente, sua "masculinidade tóxica", em uma sociedade eminentemente patriarcal.

(3) A revolução no mundo do trabalho, complexificando as estruturas de classe, como um dos efeitos devastadores do neoliberalismo, em crise permanente. A precarização impactou as formas de organização sindical dos trabalhadores, redefinindo as dinâmicas geradoras de consciência política e fragmentando os interesses em jogo. O que, hoje, poderia agregar trabalhadores? O que poderia unificá-los sob um projeto político comum? As velhas respostas permanecem parcialmente válidas, mas já não bastam. Como se recolocam, nesse quadro, as relações entre interesses e valores, economia e crenças, política e ideologia?

(4) O novo perfil das tensões geopolíticas, em uma economia capitalista globalizada, que deslocou questões relativas a nacionalidades e soberania, implodindo referências ideológicas da guerra fria e abalando modelos utópicos tradicionais. Como se reposicionam os projetos nacionais estratégicos em um mundo hegemonizado pelo capital financeiro e, na melhor das hipóteses, multipolar? Como todo esse contexto se complexifica ainda mais, em decorrência da nova divisão internacional do trabalho, em que o Brasil, desindustrializado, recua para o lugar de provedor de matéria prima, exportador de *commodities*?

(5) A revolução em curso na cultura popular, especificamente no campo religioso, e seus efeitos políticos, fragilizando a tradicional supremacia católica e impulsionando a expansão de comunidades evangélicas neopentecostais, sobretudo nos territórios populares.

(6) A centralidade das questões ambientais e climáticas, impondo-se às agendas regionais, nacionais e subnacionais, embora refratadas por condições específicas. Novas categorias como antropoceno e justiça climática passaram a ocupar posição de destaque nos debates públicos, desnudando tanto a insuficiência das velhas fórmulas que antepunham natureza a cultura, quanto a gravidade dos efeitos sócio-econômicos da emergência climática. Tais efeitos intensificam as desigualdades, em todas as suas manifestações: entre classes sociais, raças, gêneros e nações. O horizonte futuro, a persistir o modelo de desenvolvimento capitalista dominante, torna a fome, os conflitos migratórios, as pandemias, a escassez de água e energia, temas humanitários estratégicos, revelando a incompatibilidade entre o capitalismo e a salvação da vida (não só humana) no planeta.

(7) Nesse novo contexto, os intelectuais recém-chegados dos anos 1980, que estavam profundamente engajados na luta pela redemocratização do Brasil e francamente otimistas quanto à possibilidade de que a institucionalidade democrático-liberal, a ser criada pela Constituição de 1988, conviviria em harmonia com o reformismo social, impulsionando uma economia de mercado porém socialmente domesticada e submetida à lógica redistributiva, esses nossos personagens, trânsfugas da transição política, lançados pela máquina do tempo ao redemoinho do Brasil atual, não teriam como ocultar sua perplexidade: (a) ante a permanência das desigualdades e da miséria (a despeito de mudanças inegáveis e alguns avanços); (b) ante o retorno dos espectros da ditadura (seu discurso, suas práticas inclusive alguns de seus personagens);

(c) ante os atritos – aparentemente insuperáveis – entre o novo arranjo econômico capitalista, o neoliberalismo, e a democracia liberal; (d) ante a continuidade das práticas policiais e de encarceramento, típicas da repressão ditatorial, que eles julgavam incompatíveis com a democracia reconstituída pelo pacto constitucional; (e) ante o esgotamento do modelo nacional-desenvolvimentista, seja por conta da globalização e da financeirização, seja por conta dos limites materiais da natureza.

(8) A dissolução do que se vivia e entendia como sendo o espaço público, o conflito ideológico-político democrático, a disputa argumentativo-racional, substituídos pela espantosa predominância do que lhes pareceria, à primeira vista, "irracionalismo", mas que exigirá novos conceitos e o refinamento dos instrumentos analíticos. No âmbito do colapso do mundo público e da redefinição do papel atribuído ao ator outrora denominado "intelectual público", nossos personagens egressos dos anos 1980 tentarão ajustar suas virtudes cognitivas para dar sentido à surpreendente articulação entre novas linguagens e meios técnicos originais, nas redes sociais, e para compreender o funcionamento dos novos protagonistas da comunicação, dos quais alguns e algumas rivalizam com a mídia tradicional ou mesmo a ultrapassam, em alcance e influência. Reinam, nessa nova esfera, individualidades singulares, histrionismos, idiossincrasias, hibridismos ideológico-políticos, "realidades paralelas" e conflagracões violentas, alheias a intervenções ou controle por métodos convencionais. Nossos viajantes no tempo ouvirão falar em *fakenews* e provavelmente custarão a entender que o fenômeno não significa apenas "notícias falsas" (passíveis, portanto, de mera retificação, ou facilmente corrigíveis pelo processo educacional institucionalizado), mas construções de mundos alternativos, envolvendo fantasias conspiratórias, valores, afetos, desejos, velhas crenças reprocessadas, além de renovadas experiências de pertencimento.

Há muito mais que oito itens no repertório das perplexidades provocadas pelo acúmulo de mudanças das últimas décadas. Entretanto, os tópicos referidos são suficientes para indicar o abalo sísmico que resultaria do súbito confronto entre intelectuais brasileiros progressistas típicos dos anos 1980 e a realidade nacional (e não apenas) contemporânea. Quando mencionamos intelectuais, aludimos a modos típicos de pensar, sentir, agir e viver a vida. Afetos, valores, crenças, expectativas, visões de mundo, formas de conhecer e de raciocinar formam o espírito humano, imerso em corpos e relações, inscritos em coletividades historicamente constituídas.

Eis aí um modelo para análise, um tipo ideal para que se possa refletir com alguma distância crítica, e objetividade, sobre determinada geração intelectual, moldada sobretudo na têmpera de seus anos formadores, aqueles mais marcantes para a construção de identidades, alianças, antagonismos e trajetórias.

Viagens no tempo não existem. Portanto, intelectuais ou pesquisadores do social não são lançados em décadas futuras; eles e elas atravessam os anos, acompanhando as mudanças e buscando adaptar-se, pessoal e intelectualmente, com maior ou menor flexibilidade, maior ou menor criatividade – inclusive identificando tendências e se antecipando, quando possível. Contudo, ainda assim faz sentido insistir no experimento mental da viagem no tempo como um meio de sublinhar quão desestabilizador pode ser o processo em curso, desencadeado nos últimos 35 anos, dado o caráter veloz das transformações e a multidimensionalidade de seu impacto, que atinge desde o mais radicalmente íntimo e subjetivo (como a descoberta de que sexo, gênero e corpo são entidades separadas, suscetíveis a recombinações, segundo diferentes estéticas de si, como demonstram movimentos libertários cada vez mais importantes, como os das mulheres e dos grupos LGBTQIA+), até a realidade mais ampla, que escapa ao cálculo e à imaginação, quando a referência é, por exemplo, a escala geológica do antropoceno. Nesse contexto, tensionado por metamorfoses nos planos micro e macro, a própria ideia de adaptação parece inadequada e insuficiente. O que se pode requerer talvez seja apenas a consciência de que a abertura à revisão de conceitos e juízos deve ser permanente e ousada, sem que isso implique, evidentemente, abrir mão seja de compromissos sociais e políticos, seja de parâmetros que se mostrem atuais ou resistentes, exatamente por darem conta dos aspectos de continuidade sob a avalanche de mudanças.

As gerações de intelectuais (estudiosos, pensadores, pesquisadores nas áreas sociais) que iniciaram sua formação após a guerra fria e a promulgação da Constituição democrática brasileira, que cresceram sob a égide da complexidade processual contemporânea, sem prejuízo do que devem às tradições de suas respectivas disciplinas e às peculiaridades de suas instituições, tiveram desde cedo de lidar com os estímulos, as provocações e as exigências não apenas de mercados de trabalho específicos, de institucionalidades particulares, mas também e talvez sobretudo com os imperativos e as urgências de seu tempo e de seu mundo, provinciano e globalizado: dizer de si antes de mais nada, fazer-se autoral (autor, sujeito, dono do próprio nariz, senhor e senhora de suas ideias e seus corpos) para impedir a submissão a poderes alheios, encontrar e firmar-se em seu lugar, lugar entendido como fonte única e intransferível de sua voz e de seu desejo. Privilegiam-se o lugar de fala, o corpo, a ancestralidade, a horizontalidade contra o poder, a repulsa ao Estado e à política, o rechaço às mediações. Idealizam-se os coletivos, nova versão dos movimentos sociais e substitutos *prêt-à-porter* dos partidos tradicionais de esquerda, constituindo-se em nichos de voluntarismos e espontaneísmos, diria a "velha geração", instada, esta, a "chamar de mal gosto o que não é espelho", conforme advertira Caetano Veloso – a ironia é certeira, embora nem sempre a crítica aos experimentos ativistas seja inapropriada, como veremos.

Deduz-se daí por que gerações intelectuais progressistas formadas depois da conquista da democracia no Brasil – e é preciso máxima cautela para evitar generalizações homogeneizadoras – estariam muito mais sintonizadas com questões de gênero e raça, assim como da extinção da espécie (ou da vida no planeta), e porque, para elas, somente a partir dessas questões emergentes poderiam vir a fazer sentido as indagações mais, digamos, convencionais sobre a sociedade e seus destinos econômico-políticos, com base em noções como classe, consciência de classe etc. Não se trataria, portanto, apenas de individualismo e triunfo do utilitarismo egóico liberal, mas de novas modalidades de conexão entre a formação da subjetividade, a inscrição no social – a divisão social do trabalho não mais responde, na extensão tradicional, por identidade e pertencimento – e a experiência com a comunicação, com os repertórios acessíveis e com o crescentemente desafiador fenômeno do reconhecimento. Se já não bastam a posição na estrutura do trabalho, a carreira e seu horizonte de ascensão, a recompensa pelo *status* alcançado ou ambicionado, o itinerário familiar pré-determinado, nem mesmo a anatomia e a materialidade supostamente irredutíveis do corpo, se as comunidades face a face perdem precedência ante as constelações virtuais de perfis e avatares, compreende-se tanto o *revival* do salvacionismo religioso, quanto a defesa de um espaço psíquica e simbolicamente blindado para respirar e existir, assim como a proliferação de iniciativas que visam marcar lugares, isto é, que visam ancorar ontologicamente sujeitos – e redes de lealdades e antagonismos – em novas e arcaicas iconografias e especulações metafísicas. O propósito é existir com significado, sobreviver com dignididade – dignidade que é fruto do respeito, aquele que se obtém pelo reconhecimento, a experiência crucial que transcende a individualidade e a insere na sociedade.

Em outras palavras, está se dissolvendo no ar, no século XXI, após a explosão neoliberal e a implosão do bloco soviético, o que era tido como dado e natural no capitalismo do pós-guerra (guardadas as distinções entre metrópoles e periferias coloniais): a construção de si do sujeito, na sociedade, por um lugar na divisão social do trabalho e na organização da reprodução familiar. Ou seja, o que, no passado, estava garantido pela estrutura patriarcal, ao preço de subordinar a mulher no mundo doméstico – não apenas – e o negro e a negra no universo do trabalho, agora precisa ser produzido por outros meios e modos. O caráter disruptivo do neoliberalismo ajudou a romper grilhões – as contradições movem processos históricos, como sabemos –, mesmo que suas dinâmicas de precarização, despedaçando laços e direitos, apontem para a intensificação das desigualdades, o aprofundamento da alienação e a exacerbação das taxas de exploração do trabalho. No contexto convulsionado atual, em que estruturas econômicas, familiares e políticas, outrora sólidas (provisoriamente estáveis), se decompõem – dessa fragmentação participam a globalização das cadeias de valor, a financeirização e a aceleração do desenvolvimento tecnológico –, dar conta de si (entre, com e para outros e outras) converteu-se em empreendimento titânico, por vezes épico, envolvendo mais do que intervenções estéticas no corpo e adaptações nas gramáticas afetivas e valorativas. Não bastam tatuagens, neologismos, novos rituais coletivos, celebrações comunitárias, novas linguagens da arte e o antigo dispositivo agregador das festas populares. Tem sido necessário marcar o lugar de si e para si no desfiar das lutas pela apropriação do comando sobre o processo de revogação do patriarcalismo e do racismo (comando que pertence, por outras motivações, ao neoliberalismo), levando esse movimento às últimas consequências, em benefício do conjunto das classes subalternas, mesmo que o vocabulário negligencie a referência às classes.

A reação defensiva dos agentes das classes dominantes que lideram a implementação da agenda neoliberal tem sido a difusão da ideologia meritocrática, propagada como capaz de prover critérios éticos e objetivos teleológicos aos milhões que se encontram perdidos na tempestade. A meritocracia reza que a fortuna espelha a virtude individual, o destino está sempre certo, é sempre justo, expressa com exatidão a qualidade e o esforço investido por cada indivíduo, sendo a sociedade uma quimera na selva hobbesiana das cidades. Contra o cinismo meritocrático, as novas gerações de intelectuais e ativistas progressistas (adoto o adjetivo na falta de uma qualificação melhor) afirmam o compromisso de tocar em frente a tarefa iniciada pelo capitalismo em seu estágio neoliberal: a revogação de estruturas patriarcais e racistas, efeito não intencional da avalanche que se precipitou, rompendo as precedentes estruturas do trabalho, reprodutivas e familiares.

E aqui vemos com clareza um dos mais graves e problemáticos mal-entendidos no diálogo intelectual e político intergeracional: a defesa das bandeiras dos trabalhadores típicas da fase anterior do capitalismo soa aos mais jovens muitas vezes regressiva, inclusive com o risco de trazer consigo as manchas passadistas patriarcais e racistas, por não as nomear e porque essas bandeiras estiveram, no passado, articuladas à velha divisão social do trabalho. Pensemos em um exemplo que não é mais do que lateral, mesmo assim significativo: o que representam as imagens de assembleias sindicais dos anos 1980? Não sejamos reducionistas, mas não deixemos de enxergar o óbvio: lá não estão as mulheres. Elas estavam em casa. O mundo em que havia operários e sindicatos era também aquele em que as mulheres pertenciam ao universo doméstico, subordinadas a seus maridos, ou se esfalfavam em três turnos, como empregadas (duplamente) domésticas. Isso não merece menção? Só tem importância a luta de classes estampada na foto?

O que dizem as fotos dos palanques nas manifestações pela redemocratização? Onde estão as negras e os negros? Nem mencionemos a questão indígena, que complexificaria ainda mais essas reflexões.

Retomemos aqui o fio narrativo: o primeiro item entre os espantos destacados em nosso experimento mental referia-se às universidades. Voltemos a elas e concluamos esse breve exercício reflexivo. Nas bibliotecas e nas salas de aula, em que se formaram os intelectuais dos anos 1980, assim como nos comitês centrais dos partidos de esquerda, havia poucas mulheres, poucas autoras e menos professoras do que professores. E quantos eram negros ou negras?

Ao custo de alguma redundância, reiteremos: o período do pós-guerra, até o fim da guerra fria, parecia mais suscetível a ser descrito como a continuidade histórica de padrões, seja pela simples reprodução, seja por sua reversão, sob o modo de reforma ou revolução. Variavam os caminhos de modernização, as vias de desenvolvimento do capitalismo, as sendas de edificação do socialismo, as derivas social-democratas. Não estavam em jogo as figuras arquetípicas do homem e da mulher; e as lutas contra o racismo eram refregas por direitos iguais, modalidades da resistência anticolonial. Os saltos tecnológicos (o desenvolvimento das forças produtivas) e a expansão da consciência crítica dariam passagem à emancipação humana, sob a forma de abolição da exploração do trabalho. Salvo exceções, e até que o movimento feminista (e suas pensadoras) começasse a conquistar espaço, patriarcalismo era visto como tema de etnólogos e historiadores excêntricos – ou poetas extravagantes, como Oswald de Andrade. O racismo era predominantemente visto como uma espécie de epifenômeno da exploração do trabalho: seria superado pelo socialismo.

As novas gerações não podem aceitar esses diagnósticos e prognósticos, de resto já descartados pelos fatos. Não podem e não devem por razões conceituais e existenciais. Este ponto é muito relevante. Conceitualmente, porque são diagnósticos e prognósticos insustentáveis, empírica e teoricamente – e muitos autores e autoras, como Frantz Fanon e Simone de Bouvoir, já o afirmavam no passado, na contramão das perspectivas prevalecentes. Existencialmente, porque nosso tempo, como vimos acima, tendo varrido dos mapas geopolítico e sociológico referências macro-políticas modelares, cobra, com brutalidade lancinante, de cada um e de cada uma, as marcas singulares que registrem a resistência à anulação.

Já sabemos por que é indispensável que as gerações formadas antes do fim da guerra fria reconheçam a indispensabilidade de repensar as categorias tradicionais, à luz das mudanças históricas, e que não adotem posturas intelectual e psicologicamente defensivas face ao que talvez ainda não compreendam inteiramente, desqualificando por identitarismo processos sócio-psico-político-culturais muito mais complexos e fecundos. A pergunta que resta, então, é muito simples: por que seria importante também para as novas gerações de ativistas e intelectuais críticos, que atuam no campo das humanidades, interagir com as percepções críticas dos colegas formados em momento histórico anterior? A resposta talvez fosse: tal interação seria valiosa na medida em que ajudasse a compreender os limites que decorrem da perda de contato com a linguagem conceitual e política das classes sociais, linguagem forjada na descrição analítica dos processos de gestação histórica do capitalismo e de suas variantes.

A ausência de referências a processos históricos, às estruturas de classe e às relações entre economia e política tende a invisibilizar o papel do Estado e das mediações institucionais. Ignorar regimes políticos, institucionalidades jurídico-políticas, agências burocráticas e entidades político-institucionais, variações nas correlações de força e as dinâmicas societárias associadas a políticas públicas, impede, por exemplo, diagnósticos conjunturais e prognósticos, sem os quais as práticas políticas se desorientam, até porque táticas e estratégias tornam-se indistinguíveis. Nesse quadro, passam a imperar o principismo doutrinário, o sectarismo voluntarista, o espontaneísmo inconsequente. Sem o exame das mediações, o que requer elaboração conceitual adequada, as múltiplas camadas em que se arma o novelo complexo que denominamos realidade terminam por ser neutralizadas, o que suscita uma visão unilateral, unilinear e unidimensional, que submete o entrechoque de movimentos, tensões, tendências e conflitos à uniformidade de um contínuo. Esse reducionismo extremo conduz, no limite, à conclusão a um tempo jacobina e imobilista: ou tudo muda, ou nada muda. Na disputa entre tudo e nada, salvo exceções raríssimas, vence a impotência e a conservação do *status quo*.

Eis alguns motivos para que se disponham a dialogar, em bases francas e sistemáticas, intelectuais e ativistas de origens diversas, inclusive e especialmente aquelas e aqueles que se formaram em momentos históricos distintos. Talvez seja exagero dizer que essa interlocução pode beneficiar a conquista comum da emancipação multidimensional, individual e coletiva. Mas não o será reconhecer, para cada uma e cada um de nós, participantes do diálogo, seus benefícios intelectuais e existenciais.

PARTE IV

PENSAR PELO AVESSO

CAPÍTULO 12

INDIVIDUALIDADE E DIREITOS HUMANOS: ALGUNS FLAGRANTES

A Jurema Werneck, Atila Roque, Paulo Sergio Pinheiro
– exemplos na luta pelos direitos humanos.

Tem sido delicada, tensa e contraditória a expansão da individualidade, no mundo ocidental, como experiência, categoria e valor. Individualidade não se confunde com individualismo no sentido egoísta e negativo da palavra. Corresponde à construção sócio-psico-cultural de um sujeito de direitos, livre, autônomo, cidadão, responsável, protagonista cultural e político, na acepção nobre da palavra. Essa construção, que está longe de cumprir trajetória evolutiva linear e cumulativa, não foi uma decorrência natural nem da difusão de valores liberais, nem da proliferação de valores religiosos, tampouco da disseminação de conceitos filosóficos ou de mecanismos judicializantes. Foi e tem sido decorrência de uma conjunção vasta de fatores diversos e, sobretudo, da tessitura no dia a dia de interações que a estimulam, direta e especificamente, o que exigiu e continua a exigir a expansão da consciência quanto à sua importância – e quanto à necessidade de que se questione todo esse belo cortejo retórico de substantivos e adjetivos que soam autossuficientes, mas são frágeis e problemáticos, como naturalmente seria o caso de qualquer construção histórica, política e intelectual. Suspendendo por ora o esforço autocrítico, devo afirmar que, tanto fora do Brasil quanto na sociedade brasileira, enquanto não se impuserem a dignidade inviolável da pessoa e o valor inegociável da individualidade, os direitos humanos continuarão a ser rasgados, ignorados ou caluniados, na prática e nos discursos. Sem o amplo reconhecimento da centralidade moral dos direitos humanos, nenhuma sociedade complexa será capaz de enfrentar o desafio da violência em qualquer de suas manifestações e a reproduzirá, em escala ampliada, involuntariamente ou não, adotando soluções perversas.

A individualidade como categoria (de pretensão) universal, experiência e valor, não nasceu com a humanidade. Tanto quanto as visões de mundo, as instituições e a organização social, a individualidade foi longa e lentamente produzida. Nem sempre na mesma direção, nem sempre em progressão evolutiva. Ideias novas, ações exemplares logo copiadas, soluções engenhosas para conflitos entre projetos de poder, novas emoções que renovados contextos históricos tornaram possíveis, muitos percalços, inúmeras invenções bastante criativas na teologia e nas artes, na economia e nas artimanhas do poder político: tudo isso serviu para engendrar o indivíduo como um modo de pensar, agir e sentir dos membros da sociedade, isto é, como um dispositivo de subjetivação personalizado, que faculta ao agente da fala – ao enunciador do discurso – o acesso à primeira pessoa. Com a emergência dessa extraordinária novidade histórica, os membros das comunidades puderam identificar-se com esse personagem que carregava consigo os riscos da solidão, do desamparo, da incomunicabilidade, do desvio, do egocentrismo desagregador e da liberdade anárquica, mas, em compensação, rasgava novos horizontes para a criação de si dos seres humanos e colocava à disposição de todos o repertório da emancipação. Transformados em indivíduos, cada ator social poderia e deveria "pensar com a própria cabeça", alcançando aquele estágio que Kant admirava na rebeldia republicana dos iluministas do século XVIII: a maturidade, a maioridade, a oportunidade de vivenciar a autonomia. Tudo se passava como se as sociedades ocidentais tivessem alcançado a idade da razão. Mas as coisas se complicariam, um século depois, quando Freud deu outra volta no parafuso, introduzindo a heteronomia no reino da idealizada liberdade da consciência racional: o inconsciente.

Heróis épicos, grandes poetas, tiranos e guerreiros não foram, necessariamente, ensaios para o indivíduo tal como hoje o concebemos. Podem ter sido o contrário: exemplos da supremacia da coletividade. É o que se verifica quando suas performances expressam vontade divina, capricho do destino ou expectativas de seus povos.

Ainda que a filosofia grega clássica tenha sido uma das fontes mais fecundas de todos os nossos mais importantes valores, inclusive a individualidade (Mauss, 1974; Jaeger, 2013), suas manifestações mais célebres apontam em direção oposta: Sócrates foi condenado à morte porque suas ideias eram excessivamente perturbadoras das tradições. O pai da filosofia ocidental não foi executado. Foi obrigado a tomar cicuta. Ele mesmo bebeu o veneno que o mataria. O suicídio induzido confirmava, simbolicamente, sua condição de componente orgânico do corpo social. Cumprindo a sentença com as próprias mãos, reiterava seu pertencimento à comunidade e manifestava, na prática, reconhecimento da legitimidade da sentença, tornando-se cúmplice de seus algozes. O corpo social rejeitava uma de suas partes, Sócrates – justamente a que se insurgia contra a uniformidade do rebanho –, e se automutilava para evitar o perigo da desagregação, representado por um homem que pensava com autonomia e independência, prenunciando a experiência radical da individualidade.

Em suas últimas obras, Michel Foucault estudou a delicada trama de conceitos e protocolos de ação em torno do cuidado de si, da dieta dos prazeres e do uso comedido do corpo, abrindo espaço para uma estética de si, um processo complexo de autoinvenção, em cuja trilha a cultura do indivíduo se estabeleceria, desenvolvendo sua problemática original por meio da articulação de novos saberes e práticas (Foucault, 2009 e 2014).

Durante muitos séculos, a experiência predominante na civilização ocidental valorizava o coletivo em detrimento da individualidade. Alguns indivíduos eram escolhidos para o sacrifício humano que as comunidades ofereciam às divindades, outros eram abandonados à própria sorte, muitos eram convocados compulsoriamente para trabalhos coletivos e para a guerra. Destinos pessoais como carreiras, tipos de trabalho e casamentos eram determinados pelo lugar de nascimento ou pela posição na estrutura de parentesco, pelo ofício dos pais, pelas condições econômicas e políticas da família, e pelo *status* do grupo social a que pertencia (Girard, 2008). As escolhas que competiam a cada pessoa eram extremamente limitadas. Castigos dos deuses e maldições podiam ser provocados por ações individuais, mas se abatiam sobre povos inteiros, às vezes por gerações: todos pagavam pelo pecado de cada um. Mesmo quando a noção de cidadania conferia importância ao ator individual, como acontecia na própria democracia grega por volta do quarto século antes de Cristo, o âmbito de liberdade era restrito pela exigência de endosso às tradições, conforme demonstrou a condenação de Sócrates. Além disso, as mulheres, as crianças e os estrangeiros escravizados eram excluídos dos benefícios da cidadania. Por milhares de anos, no ocidente, mulheres e crianças foram subordinadas ao despotismo patriarcal. Frequentemente, viram-se reduzidos a parte do patrimônio do senhor, sobre o qual lhe cabia exercer a liberdade típica do proprietário. Não raro o espectro de abrangência da liberdade incluía a decisão sobre a vida e a morte. A aplicação de punições físicas constituía um direito primário. Pertenciam ao senhor o corpo e o espírito de seus dependentes. A violência doméstica não era um escândalo, era a regra.

Vale insistir: a ideia de progresso sugere evolução contínua e linear, o que não correspondeu à realidade histórica. Esse foi um caminho de idas e vindas, avanços e retrocessos – avanços e retrocessos, aqui, não devem ser lidos como autoexplicativos, uma vez que não podemos tomar como dado o ponto de vista que os identifica.

Momento dramático, simbolicamente expressivo, encontra-se na construção do "homem renascentista" (Heller, 2017). A despeito das transformações animadas pela formação dos Estados nacionais na Europa (Elias, 1990 e 1993), a oportunidade para a emergência da versão feminina da individualidade ainda teria de esperar muito tempo, durante o qual a opressão patriarcal se reproduzia e as eventuais conquistas libertárias não se estendiam às mulheres. Iniciativas mais ousadas à margem dos padrões hegemônicos as aproximavam da abominação mística e não raro as conduziam à fogueira da inquisição, acusadas de feitiçaria e pactos diabólicos.

O processo civilizatório promoveu a concentração do poder e das armas, o que levou à redução do número de confrontos bélicos, comuns entre senhores feudais antes que os Estados monopolizassem o recurso à violência e definissem as condições de seu emprego legítimo. Menos violência significou elevação da expectativa de vida para os homens e abriu espaço para o desenvolvimento de novos padrões de comportamento, códigos de sociabilidade, regras de etiqueta e critérios de juízo sobre o valor dos atos e das obras.

Nesse contexto de mudanças, a obra de Shakespeare pode ser interpretada como estratégica. Ao menos para fins didáticos, seria lícito tomá-lo como paradigma da transformação histórica. O mestre dos dramaturgos modernos legou-nos um catálogo de emoções, moduladas por variações sutis, que contribuiu para expandir a imaginação sobre o que seria a pessoa, impelindo seus pósteros a reinventar a experiência humana. Suas peças nos oferecem um repertório inaudito de situações e reações, tirando sons insuspeitados dos instrumentos musicais que somos, os seres humanos. O poeta dos palcos refinou a sensibilidade de seu tempo e trouxe à consciência novas possibilidades de relacionamento do sujeito consigo mesmo e com os outros (Bloom, 2000).

Uma de suas obras-primas inspirou belo ensaio de Eduardo Viveiros de Castro e Ricardo Benzaquen de Araújo sobre Romeu e Julieta (1977). Estavam ali os primeiros espasmos do indivíduo moderno, e não apenas para o gênero masculino. As famílias dos amantes eram inimigas. As gerações se sucediam, replicando a maldição da vingança. Esse amor seria impossível. O impasse intensificava no teatro a submissão das pessoas aos grupos a que pertenciam. No caso, a coletividade opressiva era a família. O caráter opressivo não era evidente antes da explosão do drama. Foi exposto pelo contraste com a vontade censurada dos amantes. A paixão revelava e sublinhava a natureza emancipatória e rebelde ao poder comunitário das individualidades. O amor forneceu o ambiente para que se desnudassem os mecanismos convencionais. A opção pelo amor, contra tudo e todos, tensionou os limites da tradição. A morte sacrificial pelo amor iluminou um horizonte de novas configurações sociais e culturais. Os amantes não tiveram tempo de se beneficiar das transformações que sua luta ajudou a precipitar nos séculos subsequentes. O amor romântico é filho daquele casal e o modelo de indivíduo que conhecemos, cujo espaço subjetivo vivenciamos, tem a mesma origem. Ambos remontam a um processo histórico longo e tortuoso, construído nas teodiceias, na poesia, no teatro grego, na filosofia, na ciência, na vida política e na economia. A experiência moderna da espontaneidade amorosa é gêmea da liberdade e de nossas concepções sobre a vontade e a singularidade pessoais.

O universo pintado por Shakespeare, repleto de matizes e contradições, começa a encontrar seu par filosófico, um século antes que Nietzsche assuma esse lugar com *O Nascimento da tragédia* (2007, publicado originalmente em 1873), apontando Hamlet como a encarnação do "indivíduo dionisíaco". A subjetividade irredutível, multidimensional e dinâmica concebida por Hume parece o templo perfeito, o abrigo natural para a interioridade em abismo imaginada pelo maior dos dramaturgos e realizada por alguns de seus personagens. O indivíduo *humeano* talvez ecoe tardiamente –ao menos em potência – os movimentos anímicos sinuosos que conflagram o universo interior dos personagens shakespearianos, sobretudo do maior de todos, o Príncipe da Dinamarca, Hamlet.

Shakespeare o reescreveu ao longo de uma década e concluiu a última versão em 1600 ou 1601. Harold Bloom (1998) não poupa adjetivos e não modera sua reverência: "A interiorização como mecanismo de liberdade é o dom mais sutil do Hamlet maduro..." (Bloom, op.cit: 500) Mais adiante: "A internalização do ser é uma das maiores invenções de Shakespeare, especialmente porque ocorreu antes que estivéssemos prontos para tal. Constatamos um crescente ser interior no protestantismo, mas nada em Lutero nos prepara para o mistério de Hamlet"(op.cit.: 509). O crítico retoma a tese, referindo-se ainda a Hamlet: "A *introspecção* é sua característica mais original; o eu interior, em constante mutação, o sonho da consciência infinita jamais foi retratado de maneira tão plena" (op.cit.: 518 grifo do autor). Citando William Hazlitt sobre a importância da introspecção: "Hamlet somos nós" (op.cit.: 530). Em outra passagem, Harold Bloom completa o argumento: "A realização mais impressionante de Shakespeare, por menos intencional que fosse, é ter posto à nossa disposição, em Hamlet, um paradigma universal do nosso desejo de identidade" (op.cit.: 521/2).

Merece especial atenção um trecho intimamente ligado ao problema da produção histórica do indivíduo como categoria e experiência – sobretudo enquanto valor –, tal como implicado nas declarações contemporâneas dos direitos humanos: "A vida deve ser fiel a Shakespeare para que a personalidade tenha valor, *seja* um valor" (op.cit.: 529 –ênfase do autor). A seguir Bloom esclarece: personalidade é a "qualidade que diferencia o ser humano de um objeto, ou de um animal, ou conjunto de características que distinguem uma pessoa" (idem; ibidem).

Evidentemente, esta definição pode ser desconstruída como tautológica e prisioneira de uma filosofia algo primária da consciência, o que demonstraria insuficiente radicalidade da própria ideia de introspecção, como figura de reflexividade. Só uma concepção estreita e pré-freudiana de subjetividade aceitaria a naturalização da categoria identidade. A tese de Bloom ecoa a crença (sustentáculo e efeito da ingênua ideologia do individualismo racional) de que o autoconhecimento é possível, se o mergulho introspectivo for profundo e visar, audaciosamente, uma suposta verdade interior. Identidade, autoconhecimento, introspecção: constrói-se o indivíduo moderno, sim, sem dúvida, mas ao preço de desnudar suas bases ideológicas e inconsistentes, se nossa perspectiva crítica assumir o ponto de vista de certa psicanálise, de determinada filosofia da linguagem e de boa parte da antropologia contemporânea. Continuemos a trilhar esse caminho, digamos, humanista, individualista, racionalista. Adiante, concluiremos que os direitos humanos são herdeiros dessa linha histórico-conceitual, como todo humanismo, do que decorre sua precariedade. Portanto, quem se dispõe a defendê-los, como o autor, teria de rever essa plataforma frágil e salvá-los de suas próprias raízes, por assim dizê-lo, ousando redefini-los, e repondo os termos em que se pudesse ainda flertar com o humanismo.

Prossigamos, acompanhando Bloom, quanto à relação com a comunidade: "O elemento comum entre a maestria lúdica de Falstaff e a dramaturgia de Hamlet é a utilização da espirituosidade como antídoto contra Maquiavel, isto é, como defesa contra um mundo corrompido" (op.cit.: 501). Vê-se, portanto, que a interiorização instaura uma zona de liberdade, isolando o indivíduo da sociedade – nesse caso, de seu mundo degenerado. A independência complementa a liberdade e ambas recortam a subjetividade do meio em que se inscreve o indivíduo, lhe proporcionando acesso a uma área de recuo, um espaço de reclusão, aquém e além de eventuais pressões miméticas e uniformizantes. Um recuo para fora dos limites da *polis*, para fora da cidade política, das obrigações, das instituições, das tramas e malhas do poder.

Bloom prossegue: "A consciência é a principal característica de Hamlet; trata-se do personagem mais consciente e atento de toda a literatura. Temos a impressão de que nada escapa a essa figura ficcional"(op.cit.: 503). Aqui, justiça seja feita ao nosso hermeneuta: ao contrário do que parece, essa observação está longe de resignar-se a uma visão unilateral e reducionista da subjetividade individual, em que a razão submete as paixões e instaura uma ordem interna infensa a hesitações e angústias, dúvidas e ambivalências, contradições e metamorfoses. Harold Bloom nos adverte: "Hamlet não possui um centro..."(op. cit.: 505). A consciência expandida sacrifica a unidade apaziguadora de certezas e direcionamento seguro. A lucidez arrojada com que Hamlet encara as mais dolorosas verdades mergulha-o em torturante instabilidade e o faz girar em torno da interminável sucessão de revisões de si mesmo, até que a vertigem o precipite no fundo da noite. Por isso, Bloom concluirá em tom kierkegaardiano: "(...)a hesitação é sinônimo de consciência" (op.cit.: 504).

Em síntese: "Dificilmente poderemos refletir sobre nós mesmos, sobre nossas identidades distintas, sem pensarmos em Hamlet, a despeito de estarmos ou não cientes de tal prática. O mundo de Hamlet (...) é o (...) do crescente eu interior que ele, às vezes, tenta rejeitar, mas que por ele é celebrado quase que continuamente, embora de maneira implícita (...) Experimentação é a característica singular da consciência sempre borbulhante de Hamlet; se não é capaz de conhecer totalmente a si mesmo, é porque é uma fonte eterna de sensibilidade, reflexão e sentimento, jorrando sem parar" (op.cit.: 505). Bloom escorrega, novamente: ele escreve como se a hipótese de conhecer totalmente a si mesmo fosse possível, não fora o excesso borbulhante. Freud nos ensinou que a sentença está errada: o excesso borbulhante que Hamlet leva ao paroxismo e nos exibe no palco é apenas nossa condição, a condição intrínseca do sujeito. Excesso é o outro nome do *déficit* da consciência, insuperável, irredutível, insolúvel. A lucidez absoluta é apenas alucinação paranoica – aliás, perfeitamente encenada pelo personagem. Isso não significa que não haja gradações e nuances, níveis de lucidez, consciência e conhecimento de si, ou melhor, níveis distintos de desconhecimento de si. E tais níveis podem fazer toda a diferença.

Segundo Bloom, e aqui salientando a virtude de sua exegese, o sujeito que toma consciência de si é ao mesmo tempo matriz borbulhante de sensibilidade e sentimento, e reflexão, que se derramam torrencialmente, impulsionando a roda da vida interior para além do alcance da consciência. Portanto, o sujeito não é idêntico a si, apropriando-se plenamente de sua Verdade – no singular e com V maiúsculo –, pela mediação de um espelho interno onisciente, onipresente: a consciência. Não é assim que as coisas se passam no espírito ou na mente individual. Bloom, em certa medida, faz as pazes com a psicanálise. O sujeito é sempre um excesso que transborda sua própria autoconsciência, porque o que ele é se lança no tempo, mobilizando múltiplas dimensões, das quais a cognição é apenas mais uma. A consciência de si é sempre retrospectiva, além de parcial. Não nego o esforço de reler Bloom em chave que permita a reconciliação com Freud. Uma interpretação menos simpática e positiva poderia conduzir a desfecho crítico mais ácido, admito.

Enquanto William Shakespeare profetizava a emancipação, ensaiando a liberdade individual e cavando mais fundo o espírito humano, do outro lado do mundo os poderes imperiais invadiam terras distantes, subjugavam populações, escravizavam sociedades originárias e duvidavam que os selvagens tivessem alma. Vê-se, pelo contraste, a conexão entre, por um lado, as relações sociais, econômicas e políticas, e, por outro, a construção do campo da liberdade pessoal por meio da valorização do indivíduo. A pessoa escravizada é vista, tratada e socialmente produzida como o inverso simétrico do portador de complexa subjetividade: reificada, reduzida a mercadoria, seus vínculos com o modelo europeu do humano são externos e parciais, e as semelhanças não passam de mera coincidência.

Alimentando a caldeira de contradições, a expansão do comércio, beneficiada pela brutalidade colonial, transferia energia a processos sociais variados, entre os quais aqueles que serviam à (e se serviam da) ampliação do espaço para a afirmação e o desenvolvimento de novos papéis cujas características recomendavam o fortalecimento de núcleos privados de interesse e cálculo: os indivíduos em sua versão mais simples e unidimensional, egoísta e competitiva. O *homo economicus*, que sempre existiu como uma esfera da vida pessoal e comunitária, encontrou estímulo para autonomizar-se, convertendo-se em posição valorizada na estrutura social e em personalidade típica –muitos economistas do futuro o transformariam na única materialização legítima (ou racional) de seu pobre modelo antropológico. Esse pecado não deve ser imputado ao fundador da economia moderna, Adam Smith, refinado estudioso dos sentimentos humanos (Smith, 1999). Adiante, serão focalizados dois momentos fundamentais nessa breve rememoração histórica: (a) A reforma protestante, a partir da ruptura de Martinho Lutero com a igreja católica romana, consumada pela publicação de suas 95 teses em 1517. (b) A independência dos 13 Estados Unidos da América, em 1776, e a revolução francesa, em 1789, em cujos contextos foram proclamados os primeiros compromissos políticos formais com os inalienáveis direitos do homem e do cidadão.

Poderíamos incluir referências históricas à filosofia política liberal e ao nascente pensamento econômico moderno, mas os deixamos aqui de lado, até porque amplamente conhecidos. Entretanto, não seria aceitável negligenciar as importantes contribuições latino-americanas, usualmente subestimadas, como nos ensina Rossana Rocha Reis. Em artigo fundamental (2011), a autora chama a atenção para o frequente esquecimento, tipicamente eurocêntrico, da participação da América Latina na construção histórica dos direitos humanos como ideias, valores e práticas. Duas importantes contribuições históricas merecem especial destaque: a revolucionária criação do Haiti, em 1804, e a constituição mexicana, de 1917. Diz-nos Rossana Reis: "Em 1791, em um ambiente já deflagrado pelos confrontos entre brancos ricos e pobres, funcionários do império, negros livres e mulatos, os escravos se rebelaram e deram origem a um confronto militar que levou não somente à abolição da escravidão, mas também à derrota dos poderosos exércitos de França, Inglaterra e Espanha, culminando na criação da República do Haiti, em 1804" (Reis, op.cit: pág. 105).

Em outro trecho, complementa: "Eles continuaram presentes na linguagem do abolicionismo, do sufragismo e foram formulados de uma maneira especialmente original na Constituição Mexicana de 1917, que redefiniu em grande medida a forma de pensar os direitos humanos. Após um processo revolucionário que levou anos, a carta constitucional mexicana definiu, como nenhuma outra antes na história, direitos sociais e econômicos, e também estabeleceu limites à propriedade privada da terra a partir do critério de função social da propriedade. O documento mexicano reflete uma combinação das tradições francesa e estadunidense, somadas à influência do pensamento social católico e ao peso das tradições indígenas, sobretudo no que diz respeito à propriedade da terra. Utilizando uma linguagem semelhante às famosas Declarações, a constituição mexicana apresentava uma visão do indivíduo significativamente diferente da tradição liberal, e mesmo da republicana. O indivíduo neste caso está situado social e economicamente, e essas dimensões da individualidade também compõem a dignidade humana." (Reis, op.cit: págs. 106-107) No mesmo sentido, Carol Proner e Juarez Tavares referem-se à Constituição mexicana de 1917 como "o diploma legislativo por excelência da modernidade" (2018).

É curioso como mesmo uma posição politicamente engajada e assumidamente neomarxista, que se devota a criticar o idealismo tão presente nos discursos sobre direitos humanos, e também a criticar seus compromissos conceituais – quando não ideológicos – com o liberalismo, mesmo essa perspectiva crítica deixa infiltrar-se pelo eurocentrismo, embora acene positiva e enfaticamente para movimentos indígenas, tomando-os como bons exemplos[1].

Cito alguns trechos. O primeiro expressa a orientação político-filosófica adotada pelo autor: "Para os objetivos desse trabalho, nos interessa ressaltar a ideia segundo a qual os direitos humanos não são algo dado e construído de uma vez por todas em 1789 ou em 1948, mas trata-se de *processos*. Ou seja, de dinâmicas e lutas históricas resultantes de resistências contra a violência que as diferentes manifestações do poder, tanto das burocracias públicas como das privadas, exerceram contra os indivíduos e os coletivos." (Herrera Flores, 2010: 61)

Mais adiante, Joaquín Herrera Flores complementa de modo persuasivo: "Os direitos humanos devem ser entendidos como processos sociais, econômicos, políticos e culturais que, por um lado, configuram materialmente – através de processos de reconhecimento e de mediação jurídica – esse ato ético e político maduro e radical de criação de uma nova ordem; e, por outro, a matriz para a constituição de novas práticas sociais, de novas subjetividades antagonistas, revolucionárias e subversivas dessa ordem global absolutamente oposta ao conjunto imanente de valores – liberdade, igualdade, solidariedade – que

1 "Consulte-se a mudança de tom e de fundo que surge, dentre outros textos, na "Convenção: marco sobre mudança climática" (Rio de Janeiro, 1992), a "Convenção da UNESCO sobre a proteção do patrimônio mundial cultural e natural (de 1972); A "Earth Charter Initiative" na qual os direitos humanos condicionam-se a uma visão concreta da dignidade humana (Parte I), à proteção ambiental – com especial atenção às relações sociais de produção, distribuição e consumo – (Parte II), à justiça social e econômica (Parte III) e à construção de relações políticas democráticas e não violentas, como precondições para a construção de um "Espaço Público Compartilhado" (Parte IV); o "Manifesto 2000 para uma cultura de paz e não violência", no qual a situação violenta vê-se como consequência da falta de aplicação dos direitos sociais, econômicos e culturais; a "Declaração do Milênio", que começa com o objetivo de eliminação da pobreza e a promoção de desenvolvimento; a importante "Declaração de Responsabilidades e Deveres Humanos" adotada pela UNESCO e organizada por ADC Millénaire e a Fundação Valencia Terceiro Milênio, na qual desde o princípio aposta-se na imputação de responsabilidade tanto aos organismos públicos como aos organismos privados pelas consequências que provocam a ordem política, social e cultural que surge da ampliação da globalização: veja-se o capítulo 3 sobre "seguridade humana e ordem internacional equitativa" (artigos 10-15) e o capítulo 10 sobre "Trabalho, qualidade de vida e nível de vida" (sobretudo o artigo 36, em cujo parágrafo consolida-se o direito à seguridade social e às medidas de promoção dos direitos humanos). Este mesmo tom e estas mesmas questões de fundo, indicadoras, como dissemos, do surgimento de um novo processo de direitos humanos, encontram-se nas declarações de direitos indígenas redigidas na década de noventa do século XX: a "Declaração de Kari-Oca e Carta da Terra dos Povos Indígenas. Conferência Mundial dos Povos Indígenas sobre Território, Ambiente e Desenvolvimento" (1992); a Declaração de Mataatua dos Direitos Intelectuais e Culturais dos Povos Indígenas" (1993); a "Declaração dos Povos Indígenas do hemisfério ocidental em relação ao Projeto de Diversidade do Genoma Humano (1995)".(Herrera Flores, op.cit.: 66/67)

tantas lutas e sacrifícios exigiram para que se generalizassem. Por essa razão, o último e grande desafio que citamos nessas páginas e que deverá constituir o foco que ilumine nossas práticas, é afirmar que o que convencionalmente denominamos direitos humanos não são meramente normas jurídicas nacionais ou internacionais, nem meras declarações idealistas ou abstratas, mas processos de luta que se dirijam abertamente contra a ordem genocida e antidemocrática do neoliberalismo globalizado. O sujeito antagonista constitui-se nesse processo e reproduz-se na riqueza de suas práticas sucessivas". (op.cit: 69/70)

Por outro lado, diz-nos Herrera Flores: "Se nosso universo normativo sustenta-se no medo, na superstição e na morte, estamos diante da aniquilação do humano (...)" (op.cit.: 60)

No contexto em que diferenças culturais constituem um dos cernes da problemática, o que seria "superstição"? Algumas páginas adiante, o autor escreve: "Para Spinoza, só haverá liberdade quando se fortalecer o 'conatus coletivo', isto é, a trama de relações de empoderamento na qual deve consistir a política democrática, e o sujeito humano não ficar debilitado por medo, superstição ou por promessas de recompensas que se apresentam nas diferentes formas e manifestações teológicas da vida celestial." (op.cit.: 67)

Aqui, a diversidade cultural, manifestando-se no interior da própria sociedade do autor (ainda que não só), inscrevendo-se na própria tradição ocidental, escapa à sua percepção. Nesse ponto, a influência de um certo marxismo arcaico – porque há interpretações que superam essa visão – dificulta a compreensão da cultura, em toda a complexidade de seus nexos sociais dinâmicos. Como se conclui, o eurocentrismo etnocêntrico e racionalista penetra onde não era esperado. As reflexões expostas a seguir não hesitam em dialogar com a tradição europeia, embora tenham consciência das limitações implicadas.

LIGAÇÃO DIRETA COM DEUS

O ponto central de divergência de Lutero com a Igreja católica dizia respeito à relação entre o humano e o sagrado. O líder da revolta contra a linha teológica professada por Roma considerava que a fé fora substituída por vínculos entre os fiéis e a instituição, depreciando-se a conexão íntima e direta de cada consciência individual com Deus. Lutero sabia que o alvo da crença era por definição intangível e que, portanto, a comunicação com Deus estaria limitada à manifestação unilateral de reverência e respeito à Sua palavra, traduzida nas Escrituras. A Igreja sequestrara a ligação com Deus, matriz da experiência religiosa, apropriando-se do canal de comunicação com o mundo espiritual como um monopólio, do qual extraía sua autoridade, seu poder e, por último mas não menos importante, sua riqueza. A máquina burocrática da instituição eclesial absorvera com exclusividade o acesso à transcendência e se investira de um falso poder, manipulando a confiança da sociedade ao apresentar-se como fonte de concessão da graça. Para Lutero, nenhum intermediário pode obter da divindade a graça e dispensá-la segundo seu arbítrio. Nem mesmo o fiel pode conquistá-la por mais que obedeça às orientações enunciadas nas Escrituras. O mérito não garante a graça, cuja origem é a gratuidade incognoscível, incontrolável e imprevisível de Deus. Cabe aos fiéis a observância rigorosa dos princípios e a organização da vida em consonância com os preceitos sagrados, sem esperar com isso uma retribuição divina. Ela virá ou não e cada um será ou não escolhido, salvo e ungido pela graça por motivos alheios à possibilidade humana de compreensão.

Lutero rejeita a intromissão profanadora do aparato institucional da Igreja e repele a valorização prioritária da máquina romana, que teria subvertido os propósitos originais da *Ecclesia* cristã. Defende a reversão do estado de coisas que denuncia, propondo a valorização do contato pessoal e direto do indivíduo com a transcendência, assim como a remoção do entulho fetichista – protocolos, ritos, normas, imagens idólatras, procedimentos instrumentalistas – para o retorno à pureza das Escrituras. Postula a supressão dos mecanismos de negociação da graça contra exibição de virtudes, desfile de méritos, cumprimento de determinadas obrigações, promessas ou acordos com a hierarquia institucional. Era preciso voltar à crueza rústica e áspera da fé sem falsas esperanças e sem perspectivas ilusórias de troca pela moeda dos méritos e das façanhas. Era urgente reconduzir os fiéis ao reconhecimento da ininteligibilidade de Deus e, por consequência, da inviabilidade de estabelecer com Ele qualquer tipo de comércio. Era necessário admitir que Sua vontade soberana não podia submeter-se à lógica e ao cálculo humanos. A verdade era dura e sombria. As esperanças não seriam anuladas, mas exigiriam redefinições radicais. A fé e a relação com Deus não seriam mais administradas pela máquina romana. Estavam, portanto, abertas as portas para a afirmação da individualidade como espaço indevassável e inexpugnável da vivência subjetiva. A matriz do contato com a transcendência deslocava-se do templo para o interior da pessoa. A experiência de subjetivação solitária de Abraão seria retomada e reproduzida em grande escala, em contexto histórico distinto e mais apropriado ao desenvolvimento de iniciativas individuais. O ambiente pré-capitalista dinamizava e expandia o mercado, aproveitando-se da pilhagem colonial propiciada pelas grandes navegações. O ativismo econômico ensaiava, em alguns pontos da Europa, sinergias insuspeitadas com espaços públicos emergentes, onde circulavam opiniões, metabolizando-as, cultural e politicamente. Mentalidades independentes fermentavam, enquanto prosperava o espírito da polêmica e da divergência, antecipando panoramas pluralistas, dissonantes e heréticos.

A invenção da prensa por Johannes Gutemberg, ao redor de 1439, tornaria possível a difusão das ideias por meio impresso. A revalorização luterana da Bíblia, naquela conjuntura, estimulou os protestantes a se tornarem missionários da alfabetização. Traduzindo a Bíblia, Lutero deu forma unificada à língua alemã, segundo muitos historiadores. A explosão dos livros correspondia à criação literária de temas e personagens culturalmente inovadores, multiplicando a provisão de conceitos e visões de mundo acessíveis àquilo que ainda não se poderia denominar propriamente opinião pública, mas insinuava tendências nessa direção. Além disso, a literatura servia à imaginação da sociedade um vasto repertório de sentimentos, valores e experiências subjetivas, cuja difusão conduziria à complementação do processo de modelagem do indivíduo em sua acepção moderna.

Além de contribuir decisivamente para a formação do indivíduo tal como o conhecemos e o experimentamos – uma vez que constitui a característica central de nossa forma de vida, a ponto de confundir-se com nosso modo de estar no mundo –, a reforma protestante lançou as bases dos movimentos em favor da liberdade de pensamento e expressão. O tema da tolerância impôs-se desde o século XVI como o principal antídoto às guerras civis. A problemática da tolerância deu lugar às primeiras manifestações modernas em defesa da liberdade como um direito individual, tanto no velho continente, quanto na América do Norte, onde a luta por independência desfraldou essa bandeira e, vitoriosa, valeu-se dela para fortalecer o pacto federativo que estabeleceu as bases da união nacional.

O reduto individual da consciência e da opinião, cuja autonomia o movimento pela tolerância pretendia garantir, correspondia à esfera subjetiva e privada em que florescem ideias políticas e reflexões as mais diversas, além de meditações religiosas. O âmbito visado pela tolerância estendia-se ao domínio público, no qual a expressão pessoal se realiza – sabendo-se que ela tampouco se restringe a considerações de natureza espiritual. O direito à liberdade de crença e culto precedeu e abriu caminho para a afirmação do direito à liberdade de pensamento e opinião. Como se vê, o cultivo das liberdades evoluiu em paralelo ao desenvolvimento da individualidade e vice-versa. Os planos religioso e laico dinamizaram-se reciprocamente. A ideia tão comum de que esses campos se opõem e se excluem é refutada pela história. O que teria sido da razão e da ciência se a fé não lhes preparasse o terreno? O que seria da reflexão científica e filosófica se a introspecção permanecesse interditada pela supremacia da coletividade? O que seria da inteligência aplicada à matéria se o segredo não tivesse encontrado abrigo na subjetividade reclusa? O que seria do cálculo objetivo se a meditação sem objeto não preparasse o espaço interno e o liberasse para voos autônomos?

Para evitar mal-entendidos, enfatizo que segredo, meditação, introspecção prescindem da revolução de paradigmas culturais para se tornarem realidade. Contudo, a experiência fortuita difere do estabelecimento de protocolos para práticas sistemáticas e do investimento em determinados hábitos e procedimentos. A valorização da subjetividade individual é um processo coletivo e atende a modelos comunitários, como diria Simmel, em seu célebre ensaio sobre o individualismo (Simmel, 2011). Importante ainda observar que as sentenças acima não devem ser entendidas como hierarquização entre fé, razão e ciência, dispondo-as em uma convencional linha evolutiva.

Em certo sentido, dessa lacunar – embora extensa – narrativa se depreende que, ao contrário do que supõe o senso comum, a existência de Deus é problema menor do que a existência (e o desenvolvimento, e a definição para si mesmo) do sujeito da fé (e da ciência ou da moralidade) ou, mais exatamente, do sujeito cuja forma social contemporânea será o indivíduo.

A INDEPENDÊNCIA ESTADUNIDENSE E A REVOLUÇÃO FRANCESA

Antes da declaração dos direitos do homem, na revolução francesa de 1789, cuja bandeira proclamava "igualdade, liberdade, fraternidade", a declaração de independência norte-americana de 1776 sintetizava a aliança política entre a elite intelectual iluminista e a força moral da cultura puritana nos 13 estados unidos da América. Esse documento tem uma importância extraordinária e não merece ficar à sombra da declaração francesa: "Consideramos estas verdades como evidentes por si mesmas: que todos os homens são criados iguais, dotados pelo Criador de certos direitos inalienáveis; que entre estes estão a vida, a liberdade e a busca da felicidade; que a fim de assegurar esses direitos, governos são instituídos entre os homens, derivando seus justos poderes do consentimento dos governados etc." (APUD Joas, op.cit.: 49).

A declaração francesa dos direitos do homem e do cidadão, proclamada na esteira da primeira grande insurreição popular vitoriosa da história moderna, marcará a fogo o imaginário ocidental, consagrando o papel instituinte da sociedade, o caráter soberano da vontade geral e o lugar instituído do Estado e do poder político. Kant diria, pouco depois, que era impossível manter-se emocionalmente alheio ao triunfo da revolução e refrear o ímpeto solidário. Os franceses anunciavam ao mundo que ideias novas podem encontrar portadores capazes de transformá-las em novas instituições, desde que ambas estejam em sintonia com aspirações e interesses de segmentos sociais estruturalmente relevantes, naquele momento. O que importa sublinhar aqui é a propagação de um novo modelo de ser humano, o futuro indivíduo em gestação, que vinha embrulhado no pacote da nova sociedade republicana e democrática, construída com a régua e o compasso da filosofia política liberal, combinada à teoria francamente comunitarista de Rousseau, ambas ainda refratadas pelas tradições religiosas, tudo isso temperado pelas pressões dos atores econômicos mais significativos, no campo e nas cidades. Essa constelação não era harmoniosa, era tensa, quando não atravessada por contradições, assim como a aliança política que pariu a revolução. A relevância das ideias e das emoções que elas suscitavam só se impôs porque a França experimentou um processo fascinante de criação de espaços de convívio e troca de ideias, em cafés, bares e salões, graças aos quais uma nascente esfera pública passava a fazer parte das decisões sobre o destino nacional. A pessoa comum, levando uma vida como as outras, tornava-se porta-voz de opiniões e protagonista do debate coletivo sobre a melhor forma de governo e os demais temas de interesse comum.

Vencido o antigo regime, "os representantes do povo francês, reunidos em Assembleia nacional, considerando que a ignorância, a negligência ou o menosprezo dos direitos do homem são as únicas causas dos males públicos e da corrupção governamental, resolveram apresentar em uma declaração solene os direitos naturais, inalienáveis e sagrados do homem...(...): (1) Os homens nascem e permanecem livres e iguais em direitos. As distinções sociais só podem ser baseadas na utilidade comum. (2) O objetivo de toda associação política é a preservação dos direitos naturais e imprescritíveis do homem. Esses direitos são a liberdade, a propriedade, a segurança e a resistência à opressão. (...) (6) A lei é a expressão da vontade geral. (...) (12) A salvaguarda dos direitos do homem e do cidadão requer uma força pública. Essa força é, portanto, instituída para o bem de todos, e não para o benefício privado daqueles a quem é confiada" (Fonte: *La Constitution française*, 1791. Apud Hunt, 2009: 225/6/7).

Alguns clérigos insurgiram-se contra o que consideraram uma afronta a Deus, equivalente à edificação da Torre de Babel, episódio bíblico que denuncia a pretensão humana desmesurada (que os gregos chamavam *hybris*) de ombrear-se ao Criador, elevando-se à altura de Deus. A declaração dos direitos humanos soou como a deificação do homem, a sacralização da pessoa. Para aqueles religiosos conservadores, terem sido criados à "imagem e semelhança" do Pai não conferia qualquer atributo sagrado ao ser humano.

À esquerda, Robespierre confrontou os valores enaltecidos pela declaração: "Se a força moral do governo popular na paz é a virtude, a força moral do governo popular em revolução é ao mesmo tempo virtude e terror: a virtude, sem a qual o terror é funesto; o terror, sem o qual a virtude é impotente. O terror nada mais é que a justiça imediata, severa, inflexível; ele é, portanto, uma emanação da virtude. Mais que um princípio particular, é uma consequência do princípio geral da democracia aplicado às mais prementes necessidades da pátria"(Robespierre APUD Zizek, 2008: 9).

Lendo a surpreendente e chocante defesa do terror por Slavoj Zizek autor que, de resto, admiro muito –, descobri esse texto do jacobino francês, que acabaria devorado pela máquina de morte que ajudou a engendrar. Robespierre foi decapitado pela lâmina da virtude revolucionária pouco depois de afrontar a Assembleia Nacional, declarando-se um homem sem medo e, sobretudo, um cidadão disposto a sacrificar sua vida pela causa. Na sequência do ensaio, o próprio Zizek –que, notoriamente, não é um maledicente antimarxista militante – reivindica a aprovação de Marx à sua posição, citando a seguinte passagem: "A dialética materialista assume, sem particular alegria, que até agora nenhum sujeito político foi capaz de chegar à eternidade da verdade que estava desenvolvendo sem momentos de terror. Saint-Just perguntou: 'O que querem aqueles que não querem nem a Virtude nem o Terror?' A resposta dele é bem conhecida: querem a corrupção –outro nome para a derrota do sujeito" (Marx, APUD Zizek, op.cit.). Ouso sugerir que outra interpretação seria possível, e na direção contrária à do filósofo sérvio: o fato de algo desejável não ter ocorrido não determina a recorrência futura do lapso identificado, nem veta a crítica ao processo referido.

Está claro, de todo modo, que os revolucionários divergiam entre si. Assim como no caso americano, a declaração humanista francesa nasceu de uma aliança e, por isso, expressou um compromisso. De todo modo, a vertente engajada com o respeito à individualidade predominou na redação final, ainda que a hegemonia não tenha se sustentado por muito tempo. Poucos anos depois, o poder passaria a segmentos sociais e lideranças que não se identificavam com as bandeiras libertárias. A despeito da sinuosidade do processo histórico e das reviravoltas políticas, é indiscutível a centralidade da revolução francesa para a formação do imaginário mundial ao longo dos séculos XIX e XX. No epicentro da memória coletiva, a bandeira que ainda nos emociona, no século XXI – liberdade, igualdade, fraternidade –, e alguns legados: a declaração dos direitos do homem e o ensaio geral para a individualidade contemporânea.

DIREITOS HUMANOS E O MAL DO SÉCULO

Os horrores da segunda guerra mundial, especialmente o inominável massacre dos judeus nos campos de concentração, demonstraram que tudo é possível quando se trata de vilania e brutalidade humanas, até mesmo a monstruosidade que não encontra paralelo na experiência animal. Em resposta ao escândalo da inumanidade em que a espécie degradou-se – ou à revelação do que significa, de fato, humanidade, capaz da virtude mais admirável e do mal absoluto[2] –, as nações da terra, em 1948, reunidas em assembleia – depois de debates calorosos, muitas divergências e o risco iminente de cismas, no ensaio geral para a guerra fria –, endossaram a declaração universal dos direitos humanos. Entre os artigos decisivos, destaquem-se os seguintes:

> "(*Artigo* 1º) Todos os seres humanos nascem livres e iguais em dignidade e direitos. São dotados de razão e consciência e devem agir uns para com os outros em um espírito de fraternidade (...)
> "(*Artigo* 3º) Todo ser humano tem direito à vida, à liberdade e à segurança pessoal.
> (*Artigo* 4º) Ninguém deve ser mantido em escravidão ou servidão: a escravidão e o tráfico de escravos devem ser proibidos em todas as suas formas.
> (*Artigo* 5º) Ninguém deve ser submetido à tortura ou a um tratamento ou punição cruel, desumano ou degradante.
> (*Artigo* 6º) Todo ser humano tem o direito de ser reconhecido, por toda parte, como uma pessoa perante a lei.
> (*Artigo* 7º) Todos são iguais perante a lei e têm direito, sem qualquer distinção, a uma proteção igual da lei. Todos têm

2 Observe-se que ainda não se tinha a dimensão, à época, da magnitude do genocídio e do grau de perversidade alcançado.

direito a uma proteção igual contra qualquer discriminação que viole esta Declaração e contra qualquer incitamento a tal discriminação.

(*Artigo* 8º) Todo ser humano tem direito a receber, dos tribunais nacionais competentes, uma reparação efetiva para atos que violem os direitos fundamentais a ele concedidos pela constituição ou pela lei.

(*Artigo* 9º) Ninguém deve ser submetido à prisão, à detenção ou ao exílio arbitrários (...)

(*Artigo* 12) Ninguém deve ser sujeito a interferências arbitrárias na sua privacidade, família, lar ou correspondência, nem a ataques à sua honra e reputação. Todo ser humano tem direito à proteção da lei contra tais interferências ou ataques (...)

(*Artigo* 17) (1) Todo ser humano tem direito à propriedade, só ou em sociedade com outros. (2) Ninguém deve ser arbitrariamente destituído de sua propriedade.

(*Artigo* 18) Todo ser humano tem direito à liberdade de pensamento, consciência e religião; este direito inclui a liberdade de mudar de religião ou de crença, e a liberdade de manifestar sua religião ou crença pelo ensino, pela prática, pelo culto e pala observância, sozinho ou em comunidade com outros, em público ou em privado.

(*Artigo* 19) Todo ser humano tem direito à liberdade de opinião e expressão; este direito inclui a liberdade de ter opiniões sem quaisquer interferências e de procurar, receber e transmitir informações e ideias por qualquer meio de comunicação e independentemente de fronteiras (...)

(*Artigo* 21) (3) A vontade do povo deve ser a base da autoridade do governo; esta vontade deve ser expressa em eleições periódicas e legítimas, por sufrágio universal e igual, realizadas por voto secreto ou por procedimento equivalente que assegure a liberdade de voto.

(*Artigo* 22) Todo ser humano, como membro da sociedade, tem direito à segurança social e à realização, por meio de esforço nacional e cooperação internacional e de acordo com a organização e os recursos de cada Estado, dos direitos econômicos, sociais e culturais indispensáveis à sua dignidade e ao livre desenvolvimento da sua personalidade.

(*Artigo* 23) (1) Todo ser humano tem direito ao trabalho, à livre escolha do emprego, a condições justas e satisfatórias de trabalho e à proteção contra o desemprego. (2) Todo ser humano, sem qualquer distinção, tem direito a pagamento igual para trabalho igual. (3) Todo ser humano que trabalha tem direito a uma remuneração justa e satisfatória que assegure para si mesmo e para sua família uma existência à altura da dignidade humana, suplementada, se necessário, por outros meios de proteção social. (...)
(*Artigo* 24) Todo ser humano tem direito ao descanso e ao lazer, inclusive a uma limitação razoável das horas de trabalho e a férias periódicas remuneradas.
(*Artigo* 25) (1) Todo ser humano tem direito a um padrão de vida que lhe assegure, para si mesmo e para sua família, saúde e bem-estar, incluindo alimentação, vestuário, habitação, cuidados médicos e os serviços sociais indispensáveis, bem como o direito à segurança em caso de desemprego, doença, invalidez, viuvez, velhice ou perda dos meios de subsistência em circunstâncias fora de seu controle. (2) A maternidade e a infância têm direito a cuidados e assistência especiais. Todas as crianças, nascidas dentro ou fora do casamento, devem ter a mesma proteção social.
(*Artigo* 26) (1) Todo ser humano tem direito à educação. A educação deve ser gratuita, ao menos nos estágios elementares e fundamentais. A educação elementar deve ser obrigatória. A educação técnica e profissional deve ser colocada à disposição de todos, e a educação superior deve ser igualmente acessível a todos com base no mérito. (2) A educação deve ser orientada para o pleno desenvolvimento da personalidade humana e para o fortalecimento do respeito pelos direitos humanos e liberdades fundamentais. Deve promover a compreensão, a tolerância e a amizade entre todas as nações e grupos raciais ou religiosos, e deve fomentar as atividades das Nações Unidas para a manutenção da paz. (3) Os pais têm o direito prioritário de escolher o tipo de educação que será dado a seus filhos (...)
(*Artigo* 29) (1) Todo ser humano tem deveres para com a comunidade em que o livre e pleno desenvolvimento de sua personalidade é possível. (2) No exercício de seus direitos e liberda-

> des, todo ser humano deve estar sujeito apenas às limitações determinadas pela lei exclusivamente com o propósito de assegurar o devido reconhecimento e respeito pelos direitos e liberdades dos outros e de satisfazer as justas exigências da moral, da ordem pública e do bem-estar geral de uma sociedade democrática. (3) Estes direitos e liberdades não podem ser exercidos, em hipótese alguma, contra os propósitos e princípios das Nações Unidas" (Hunt, op.cit.: 236).

De acordo com esses artigos extraídos da Declaração de 1948, o que é o indivíduo ou a pessoa? De que ser humano se trata? Em primeiro lugar, alguém que nasce igual aos demais seres humanos. Igual em dignidade e direitos, dotado de razão e consciência. Essa frase é capciosa. Nem todo ser humano tem a possibilidade física de exercitar o que aqui se chama razão e consciência, seja por deficiência natural, seja pela interveniência de acidentes ou por efeito de doenças degenerativas. Um idoso que sofra de Alzheimer em estágio avançado é portador de dignidade e direitos, mas dificilmente caberia nessa definição estreita de ser humano, ainda muito marcada pelos mantras do Esclarecimento: "a razão é o que distingue o humano dos animais e seu uso, a garantia de autonomia e maturidade". O artigo primeiro exigiria novas lutas e algumas reformulações para devolver o pleno *status* de humanidade aos deficientes de todos os tipos. Hoje, deveríamos dizer que todos os seres humanos nascem e devem morrer livres e iguais. Aliás, hoje, as propostas mais ambiciosas transcendem inclusive o horizonte estreito do antropocentrismo. Mas esse é outro desafio, que merece tratamento rigoroso em outro momento da reflexão.

Em segundo lugar, o mesmo artigo define o ser humano como portador de direitos. Um sujeito de direitos, como diríamos atualmente. Quando se fala em direito, o Estado está presente. Portanto, trata-se de alguém que participa de uma comunidade política: um cidadão. Se não for o caso, a comunidade das Nações, responsável pela proclamação dos direitos, assumirá o compromisso de criar as condições para que passe a ser o caso. O Estado deve prover segurança, garantindo a fruição dos direitos, entre os quais sobressaem o direito à vida e à liberdade, mas também à propriedade, à educação, à privacidade, a condições dignas de vida e de trabalho – claro que nesse ponto, sobretudo ao incluir a propriedade no rol dos direitos, o documento assume tom evasivo e genérico, por óbvias razões políticas. A proteção à infância constitui dever do Estado, quando falham as responsabilidades familiares.

Nesse ponto convém registrar a importância crucial da conexão entre as esferas moral e jurídica, graças à mediação política. A experiência traumática da segunda guerra mobilizou todas as sociedades direta ou indiretamente envolvidas. Valores que vinham sendo cultivados ao longo da história ocidental foram confrontados em bloco pela tragédia, da razão à liberdade, da justiça à individualidade. O evento avassalador sensibilizou a audiência internacional para a necessidade de reafirmar os valores atingidos – que mal ou bem passaram a confundir-se com a ideia de civilização – e a oportunidade de fazê-lo. Essa reafirmação realizou-se politicamente em escala mundial, o que em si mesmo constitui fato singular e potencialmente transformador. Observe-se que tudo o que parece fragilidade pode merecer interpretação inversa: não havia, nem há, institucionalidade jurídico-política transnacional que garantisse (garanta) a aplicação dos direitos. Ponto para os céticos: falta poder para impor o respeito ao pacto. Por outro lado, que iniciativa extraordinária essa que dita normas sem contar com uma base de poder político-administrativo-repressivo, derivando força, portanto, apenas da legitimidade político-moral. Uma ousadia assim rara indica a força do acontecimento – ou ele redundaria em escárnio e esquecimento. Além disso, a tradução do valor em linguagem de direitos expõe a dimensão moral desse código normativo, o que pressiona todo o Direito nas sociedades que se querem democráticas a aproximar-se do mesmo modelo, o que, por sua vez, implica descer do pedestal retórico-tecnocrático e dialogar francamente com o repertório dos valores. E o mais importante: traduzido no vocabulário dos direitos, os valores ganharam força política.

Em terceiro lugar, o indivíduo referido na Declaração é alguém que tem ideias, opiniões, crenças e religião, e, eventualmente, muda e as substitui por outras. O direito estende-se à divulgação dessas ideias e crenças, mesmo quando divergentes das majoritárias.

Em quarto lugar, a declaração afirma que o usufruto dos direitos individuais e o cumprimento dos deveres por parte do Estado exigem que este se organize democraticamente. A referência político-institucional, portanto, no horizonte dos direitos humanos, é o Estado democrático de direito.

Chamo a atenção em especial para a alusão à privacidade: se os indivíduos convivem em ambiente normativo balizado por direitos e deveres, assumindo o *status* de cidadão ou cidadã, sob a vigência de uma ordem político-institucional democrática, há o risco de subordinação ao coletivo pela mediação do poder estatal, ainda que essa hipótese funesta seja desautorizada pelo compromisso com os direitos individuais, em particular a liberdade. Haveria sempre a ameaça de que a liberdade fosse desidratada. Por isso, salientar o direito à privacidade é tão importante. Além disso, adiciona aspecto extremamente significativo à composição do personagem cuja gênese aqui se investiga: o indivíduo contemporâneo. Ele ou ela tem duas faces: uma, pública, ligada à coletividade; outra, reservada, íntima, compatível com o universo do segredo, privada. Seu direito envolve ambas as dimensões da liberdade: a positiva, que concede a cada pessoa o direito de participar e opinar – típica dos antigos –; e a negativa, que a defende da obrigação de fazê-lo –típica dos modernos (Berlin, 2014).

O artigo 5º refere-se a tortura e tratamento cruel. A qualidade designada pela palavra dignidade é refratária a toda forma de crueldade, que constitui, mais do que simples violação de um direito, agressão direta e abjeta ao núcleo semântico do indivíduo moral, isto é, ao centro moral da pessoa, ao âmago daquilo que faz da pessoa um valor (um fim em si mesmo, jamais redutível a meio, como Kant nos ensinou). A violência causa repulsa e ofende os direitos humanos tão radicalmente porque hostiliza a pessoa em dois níveis distintos, simultaneamente: a integridade física e a integridade moral. Ambas combinam-se no direito à vida. A dignidade articula esses dois níveis.

Quando se diz que as pessoas podem mudar de ideia, atribui-se-lhes outra qualidade estratégica para a definição do personagem, indivíduo ou pessoa[3]: a anterioridade e, portanto, a independência relativamente a culturas. Ao afirmar que o ser humano tem direito a ter opiniões, crenças, ideias, fé, e, além disso, tem também direito de mudá-las, o que se proclama é alguma coisa que está longe de ser trivial: quem tem crenças, ideias e opiniões as antecede e lhes é independente. Esse ser humano torna-se, assim, sujeito de ideias, crenças, etc. Trata-se de uma pessoa que, em sendo anterior e independente de ideias, valores, opiniões, crenças, constitui-se como sujeito autônomo relativamente a essas ideias ou valores, autônomo relativamente à cultura, anterior e autônomo à própria declaração que o descreve como destinatário de direitos, anterior e autônomo, nesse nível mais básico, à própria inserção na ordem legal e política em que nasceu ou na qual vive, anterior e autônomo inclusive quanto à nacionalidade. Nada encapsula e esgota aquilo que o ser humano é, na declaração universal dos direitos humanos. Por isso, ele ou ela sequer reduz-se à cidadania, enquanto pertencimento a uma comunidade política específica. A pessoa converte-se, por esse expediente, em cidadã do mundo, por assim

3 Aqui são tratados como sinônimos, ainda que haja interpretações segundo as quais indivíduo designaria o ser humano que carrega as identidades e cumpre as funções sociais, enquanto pessoa denominaria o ator social vestindo máscaras, desempenhando papéis no jogo social. Mauss (1974) e DaMatta (1979) chamam a atenção para o significado de *persona*: máscara.

dizer, em sujeito de direitos antes e além de obrigações com sociedades particulares. Instaura-se, desse modo, uma sociedade global, caracterizada pela adesão comum à cidadania planetária como valor – tal cidadania corresponde ao reconhecimento de toda e qualquer pessoa como portadora de dignidade pelo fato mesmo de ser o que é.

Aqui aflora um tema da maior importância: o reconhecimento. O conceito, em suas várias acepções, sempre esteve no centro da filosofia moral moderna e da psicologia, mobilizando de Rousseau a Hegel, de Martin Buber e Emanuel Lévinas a Sartre, de Freud, William James, Simmel e George Herbert Mead a Piaget, até ganhar foro conceitual privilegiado na escola de Frankfurt, especialmente com Habermas e, sobretudo, Honneth (2003). Fazendo curta e simples uma longa conversa complicada e a filtrando pelo viés que o presente texto adota, reconhecimento significa a experiência intersubjetiva –socialmente produzida, portanto –em que o Outro devolve ao sujeito sua imagem ungida de valor, o que equivale ao fenômeno que denominei "visibilidade social", no livro *Cabeça de Porco* (Soares et alii, 2005). Na ausência dessa experiência uma pessoa não será capaz de valorizar-se a si mesma, isto é, não será capaz de autodescrever-se como dotada de dignidade e titular dos direitos humanos, que decorrem desse seu atributo intrínseco.

Quando se diz que o Outro devolve ao sujeito sua imagem carregada de valor, quero dizer que o Outro olha e vê (a metáfora do olhar permanece dominante, sem deixar de ser problemática) o sujeito como pessoa única, incomparável, valorizando-o, acolhendo-o como ser humano e não apenas como titular de direitos. O sujeito torna-se para si mesmo titular de direitos se autoconstituindo como sujeito, o que requer essa trama intersubjetiva, interativa, interpessoal e a fluidificação de uma economia afetiva que se dá (ao menos no contato com o Outro significativo[4]) antes na clave da gratuidade dos afetos do que regida pela reciprocidade. O reconhecimento instaura uma comunicação do tipo eu-tu e tem como alvo a pessoa em sua dignidade – isto é, em seu valor como individualidade, como singularidade, cujo sentido é: irredutível à lógica da equivalência. Olhar assim (e agir em conformidade com esse olhar, ou acolher e agir com essa sensibilidade, metaforicamente remetida ao olhar) não é dever estabelecido por regras, mas obrigação moral que exige a autenticidade[5],

4 Outro significativo é aquele ou aquela que estabelece com o sujeito – a começar pela criança –uma relação de afeto, confiança e segurança, a qual servirá de paradigma para os demais relacionamentos positivos e atuará como âncora e fonte de energia para a estruturação psicológica do sujeito (Mead, 2015).

5 Evoco esse ponto de fuga como uma espécie de tipo ideal regulatório, tanto quanto seja razoável insistir na tecla da autenticidade depois de Freud, Walter Benjamim e mais de um século de militância cética, nas ciências sociais, quanto ao conceito. Volto já ao tema.

irmã gêmea da gratuidade. A reciprocidade corre a partir desse giro inicial, cujo ponto zero é o gesto instaurador, a criação desobrigada. Por isso a empatia desliza sobre os trilhos da emoção e da imaginação. Seu impulso propulsor não é a consciência do dever, não é a consulta racional ao catálogo dos direitos alheios, não é a obediência a normas. É a gratuidade de um deslocamento à posição do outro. É a identificação imediata com o Outro, no plano da comunhão humana espontânea[6]. Algo assemelhado ao que Lévy-Brull chamava a experiência fusional e auto dissolvente da participação (Marcio Goldman, 1994, e Roberto Cardoso de Oliveira, 2003).

Por tudo isso, reconhecimento é o avesso da discriminação, do preconceito, das estigmatizações. Quando se olha o sujeito refratado pelo preconceito, não se vê o sujeito, mas o retrato da própria intolerância, da própria insegurança. Quando se projeta um estigma sobre o sujeito, o que se vê é o reflexo da própria torpeza. A caricatura anula o sujeito. Reconhecer significa dispor-se a admitir a ignorância sobre o sujeito, abrir espaço para escutá-lo, recusar toda classificação apriorista e rejeitar qualquer desqualificação antecipada, que bloqueia a comunicação e nega exatamente o caráter de sujeito do interlocutor.

Há dois planos distintos em que se dá o reconhecimento: aquele que torna possível a vivência plena da dignidade, isto é, a experiência de si do sujeito como dotado de valor enquanto pessoa humana; e aquele em que os direitos humanos se aplicam. Neste último, o reconhecimento dá-se em duas direções: o ser humano tem o direito a ser reconhecido, "por toda parte, como uma pessoa perante a lei" (*Artigo* 6º), e deve reconhecer os demais: "No exercício de seus direitos e liberdades, todo ser humano deve estar sujeito apenas às limitações determinadas pela lei exclusivamente com o propósito de assegurar o devido reconhecimento e respeito pelos direitos e liberdades dos outros e de satisfazer as justas exigências da moral, da ordem pública e do bem-estar geral de uma sociedade democrática" (*Artigo* 29.2).

Evidentemente, a crítica relativista à declaração dos direitos humanos tem seu lugar, sua lógica, seus motivos, a despeito das limitações e implicações gravíssimas, mas há outro lado nessa história da invenção do indivíduo como cidadão do mundo: instaura-se uma dimensão cultural eminentemente dialógica e aberta, inclusiva e democrática, disposta a acolher qualquer interlocutor, o qual ou a qual será de imediato reconhecida e valorizada como uma

6 Imediaticidade e espontaneidade são categorias problemáticas, que exigiriam longa exploração reflexiva e cujas derivações podem produzir efeitos teóricos indesejáveis. Entretanto, recorro a elas para facilitar a exposição e me permito não lhes conceder a atenção devida, o que suponho legítimo, desde que seu emprego seja limitado.

igual em dignidade. Inclusive aqueles que se indispuserem com a antropologia pressuposta e manifestada na declaração, recusando identificar-se com a pessoa, seu lugar, seu papel. Como se vê, o universal impresso no DNA da pessoa, enquanto sede e fonte de dignidade, não é resultado de fundamentação metafísica, mas da construção pragmática de novo repertório de práticas e de novo vocabulário conceitual, ou seja, da elaboração política de nova institucionalidade transnacional em contextos históricos precisos, a serviço da paz, da vida humana e do respeito à diferença. Nessa medida, os direitos humanos e a afirmação da dignidade da pessoa, em vez de espelharem nossa verdadeira e essencial natureza, propõem ao imaginário global uma possibilidade inovadora de descrever o que poderemos vir a ser ou poderíamos ser, anunciando um projeto politicamente atraente (Rorty, 1998).

Não faltarão críticos a esse argumento, assinalando, com razão, que o cenário de fundo é eminentemente liberal e não se aplica indistinta e universalmente: o sujeito tem ideias – próprias ou alheias, não importa – até convencer-se de que estão erradas, adota outras, e assim sucessivamente. De fato, não faria sentido pensar dessa maneira sobre a circulação de ideias em uma aldeia europeia da idade média, pelo menos antes de Lutero. Mudanças custavam caro, eventualmente a vida. As pessoas não eram exatamente sujeitos de suas ideias e crenças, mas receptores e transmissores de tradições. As ideias religiosas formavam o indivíduo de tal modo que ele não se conceberia afastado da teia cognitiva, simbólica e moral que herdara. A religião era o meio ambiente em que o sujeito podia sobreviver, de onde extraía bússola e mapas para orientar-se. Ela o constituía. Ele era parte daquele todo anterior e posterior à sua existência. A hipótese de escolher entre crenças e trocá-las como em um mercado de frutas e verduras era absurda. Se o sujeito escolhe uma crença ou a inventa é porque ela se reduz a uma opção subjetiva de um sujeito livre, que seleciona suas ideias e seus valores na esfera privada. O pressuposto é a separação entre Igreja e Estado. No mundo laicizado, a religiosidade desloca-se e confina-se no domínio privado, perdendo centralidade, objetividade e evidência indiscutível (Gauchet, 1985; Lima Vaz, 1986 e 1988). Deixa de ser o dado natural para restringir-se ao plano íntimo sobre o qual só incide a convicção pessoal e intransferível. Por isso, na república democrática moderna, liberdade é o outro lado da moeda da crença. A escolha da crença nesse contexto histórico-cultural não existe porque há liberdade; pelo contrário, a liberdade existe como valor (e direito) porque a crença passa a ser alvo de opção ou construção subjetiva e privada. A fé, hoje – e desde Lutero – só tem sentido se for gestada espontaneamente no mais íntimo do fiel, florescendo como uma convicção pessoal livremente formada. É isso a autenticidade, valor que se tornou tão importante ao longo do século XX. Convicção – na acepção moderna, argumentativa e racional, experimental e dialógica – e liberdade são indissociáveis. Essa concepção da fé (enquanto ligação direta com o sagrado – e depois com o "amor") constitui um dos pilares de nossas ideias sobre liberdade, subjetividade e indivíduo.

Freud e as ciências sociais devotaram boa parte de suas energias a desconstruir a autenticidade até convertê-la em mito. A psicanálise demonstrou que a consciência e o ser do sujeito não se superpõem. Afinal, o ser do sujeito escapa entre os dedos do analista por realizar-se como um movimento sedicioso e ativo para o qual o passado observável não impõe limites nem esgota possibilidades. As ciências sociais remeteram o sujeito de volta a uma narrativa de tipo arcaico, cujo arquétipo é o universo primitivo idealizado, onde ele, o sujeito, se debate nas teias que o formam, teias mais poderosas do que ele, mesmo considerando-se sua potência instituinte. As teias de relações formam, deformam, determinam, condicionam e até "falam o sujeito" – ou por meio dele –, desativando o modo "agente social" de seu *menu*. O *défault* da reflexão intelectual passou a ser o modo estrutural/processual, em cuja lógica o todo precede as partes e transcende sua combinação. No discurso das ciências sociais, guardadas as diferenças e ressalvadas as exceções, o social e o cultural sobrepujaram o sujeito no século do individualismo. Consequência: a declaração universal dos direitos humanos – entre o universo jurídico, as disputas políticas, o conflito cultural, a objetividade sociológica e a discussão normativa – continua representando um escândalo, um tema esquivo para as ciências sociais, sem lugar claro, um objeto sobretudo de estudos práticos sobre sua aplicação e as violações.

Muitos pesquisadores dizem que o cenário conceitual e imaginário que cerca a declaração dos direitos humanos, e que seus artigos ecoam, deve muito ao liberalismo. Concordo, mas ela não seria possível sem a reforma luterana. Por isso considerei necessário percorrer esse caminho histórico, ainda que o tenha feito aos saltos, superficialmente, e sem render-me à ingenuidade de supor que a travessia seja uma linha evolutiva contínua. Como Foucault nos ensinou, a cada nova afirmação da liberdade surgem mecanismos inusitados e mais vorazes de controle, externos aos sujeitos e internalizados. Nem por isso o processo deixa de produzir avanços, do ponto de vista de valores que já enunciei e voltarei a destacar.

Cria-se um espaço de negociação entre antropologias espontâneas, entre teses sobre o que seja (ou não seja) o indivíduo. Negociação mais do que exclusivamente cognitiva entre conceitos e visões de mundo, valores e culturas. Negociação prática entre experiências de si de sujeitos diversos. O espaço liberado para o diálogo intercultural pela declaração universal dos direitos humanos provavelmente é mais significativo do que os efeitos intervencionistas que porventura seu etnocentrismo tenha suscitado. O espaço político desbravado pela declaração talvez seja comparável ao campo aberto pela arte, pelos movimentos anticoloniais e pela própria antropologia acadêmica.

JUSTIÇA, VERDADE E OS VALORES

Foi sobretudo a linguagem do direito que no curso do século XX elevou o ser humano individual à condição de valor supremo, reconhecendo-o como portador natural da dignidade. Como vimos, muitos rios caudalosos desaguaram nesse mar dos direitos humanos – e muitos outros foram omitidos no sobrevoo histórico-cultural que esbocei. Sustentar essa descrição do ser humano como sujeito de direitos exige adesão de indivíduos e sociedades a essa pauta, e sua transformação em programa político. Requer a internalização em cada cultura e a institucionalização em cada Estado – o que os juristas chamam "positivação dos direitos humanos": significa importá-los para a legislação do país (Paulo Sergio Pinheiro, 2010; Koerner, 2002). O movimento de afirmação dos direitos humanos não se esgota em sua judicialização, mas não pode negligenciá-la.

De fato, não se trata de uma judicialização plena, porque há diversos acordos internacionais sobre direitos humanos posteriores à declaração de 1948, que ainda não foram assimilados integralmente pela legislação brasileira. Os novos documentos atualizam e expandem o espectro de abrangência dos direitos, sucedendo-se em uma sequência de gerações, cada uma das quais aprofundando os compromissos com alguma temática específica, como as condições sociais, econômicas, o meio-ambiente e a radicalização da liberdade individual.

Se, por um lado, as quatro gerações dos direitos humanos ampliaram sua extensão e sua profundidade, em direção sempre coerente com os princípios, por outro lado, trouxeram dificuldades nem sempre identificadas por militantes, pesquisadores e agências especializadas[7]. Elas dizem respeito a con-

7 "A evolução das conquistas sociais introduziu no repertório dos direitos humanos compromissos sociais, econômicos, ambientais e de reconhecimento de suas identidades, na diversidade de suas escolhas e de suas formações culturais. Ficaram conhecidas como as

tradições involuntariamente produzidas pela implementação simultânea de alguns direitos, na aparência compatíveis entre si do ponto de vista doutrinário, mas mutuamente excludentes quando postos em prática. O exemplo canônico, percebido por Alexis de Tocqueville (2003) e estudado em detalhes por Isaiah Berlin (2002), é a contraposição entre liberdade e igualdade. Quando implementadas medidas voltadas para a realização máxima desses valores, a partir de determinado momento, sob certas circunstâncias, o processo sofre curto-circuitos que provocam o sacrifício de uma das linhas de ação e, por consequência, de um dos valores. Berlin demonstrou com brilho e clareza que a virtude dos valores não é razão suficiente para que sejam, na prática, compatíveis entre si, como supunha Platão. São ambos justos e indispensáveis, nem por isso coerentes entre si, na substância. Por isso, é sedutora e bem intencionada, mas inaplicável, a ideia de indivisibilidade (unidade e interdependência) dos direitos humanos em seu conjunto, oriundos de todas as quatro gerações (Soares e Guindani, 2010). Cito: "as respostas verdadeiras, quando encontradas (para os problemas humanos ao nível dos valores e das normas de conduta individual ou social), devem ser necessariamente compatíveis entre si e formar um conjunto único, pois uma verdade não pode ser incompatível com outra" (Berlin, 2002).

A retórica dos direitos e a judicialização, mesmo incompleta, trazem conquistas e dilemas, novos horizontes de possibilidades e limites antes ignorados. Ao apontar para a aplicação prática de valores, a linguagem dos direitos evoca desafios próprios à realidade complexa da vida social: os efeitos inesperados, perversos e não intencionais das ações sociais, por exemplo, ou os efeitos de agregação, problemas caros aos sociólogos. Mas há também outra consequência problemática que merece destaque: o afastamento entre sociedade e valores. Explico: entre o valor e o direito intervêm os procedimentos de tradução do discurso moral para o vocabulário dos direitos. Outro tipo de tradução é necessária quando se internalizam os direitos, tornando-os positivos, isto é, vigentes em um país. Já entre os direitos e sua aplicação prática intervêm

quatro 'gerações' sucessivas dos direitos humanos. Um princípio é frequentemente evocado e reiterado, mas protegido de qualquer questionamento: referimo-nos à celebrada indivisibilidade dos direitos humanos, os quais se caracterizariam por sua unidade e interdependência – notável exceção é Emílio Garcia Méndez (2004) que se inscreve na linhagem filosófica anti-fundacionalista de Rabossi(1990) e Rorty (1998)· em diálogo com o construtivismo histórico de Bobbio (1982, 2003), Ignatieff (2001) e Gray (2002). Apesar de acolhido com fervor ideológico, ético, doutrinário e político, o princípio não suporta os ventos mais fortes da experiência, nem o escrutínio sociológico. Ainda que fossem congruentes entre si, configurando um todo coerente – o que é discutível, dependendo do ponto de vista a partir do qual se defina cada norma e cada valor –, na esfera abstrata, os direitos, quando aplicados, expõem-se a toda sorte de choques e contradições"(Soares e Guindani, 2010).

múltiplas mediações, orientadas por lógicas próprias, atendendo a dinâmicas peculiares: aparato judicial em suas diferentes instâncias, entidades da sociedade civil, órgãos do poder legislativo (municipal, estadual ou federal) – comissões de direitos humanos –, lideranças políticas ou partidos, autoridades governamentais, mídia, os atores coletivos e os indivíduos mais diretamente interessados em cada caso, etc. Ou seja, há muitos intervalos, lapsos, pessoas, instituições, barreiras, vocabulários diferentes, entre o valor, enunciado sob a forma do discurso moral por um indivíduo, ou por ele ruminado em silêncio, e o direito integrado ao corpo legal de um país ("positivado"), metamorfoseado em norma instituída, sendo aplicado, interpretado e debatido em contextos conflitivos particulares. Foi esse o afastamento entre a sociedade e o valor a que me referi. O que isso significa?

Significa que entre as crianças abandonadas em um abrigo e nossa angústia doída – que nos tira o sono e exige que façamos tudo o que estiver a nosso alcance, agora, já, para reduzir seu sofrimento e desamparo – interpõe-se um muro, um abismo, um anestésico, um redutor de sensibilidade e empatia, um regulador de voltagem, um desacelerador dos tempos social e pessoal. Terceirizamos a agonia que se apodera de nós, o sentimento de urgência, o sentido de responsabilidade. Transferimos nossa aflição para as autoridades competentes, as instituições responsáveis. Haverá quem se ocupe disso porque essa é sua função. Pulverizamos o engajamento afetivo e o ardor da convicção moral em uma constelação de agentes e agências. Renunciamos ao corpo a corpo com a dor alheia. Esse é um dos efeitos da institucionalização dos direitos, convertidos em políticas sociais de Estado, não só de governos. A assistência social, por exemplo, deixou de ser o exercício da filantropia e da caridade para se tornar ação profissional, tecnicamente orientada no âmbito de políticas públicas – além de inspirada por valores solidários e críticos do sistema capitalista que gera o drama social. O passo adiante foi gigantesco, substituindo-se o paternalismo e a gratidão pelo dever e a consciência do direito. Não obstante o inegável progresso democrático, a desigualdade e o sofrimento absolutamente injusto de inocentes deixaram de nos dizer respeito diretamente, de nos mobilizar com intensidade, de nos manter em vigília. À divisão do trabalho corresponderam a sublimação da solidariedade e a consequente acomodação, digamos, conservadora. A institucionalização dos direitos obstrui os canais de percepção moral dos dramas alheios. Tarefas distribuídas, responsabilidades monopolizadas por agências e especialistas, compromissos exorcizados: podemos dormir o sono dos justos e lavar as mãos. Se a culpa não foi nossa, tampouco é nossa a responsabilidade: "Cuide de sua vida, não se meta em seara alheia", é o recado implícito. A pusilanimidade é o preço da individualização moderna, no ambiente democrático – e cínico – em que convivem direitos humanos e desigualdades estruturais[8].

Em suma, sem a (parcial) judicialização do ambicioso programa moral e político expresso nos direitos humanos, que pressupõe (e ajuda a produzir) a concepção e a experiência contemporâneas do indivíduo (cujo âmago é a dignidade), dificilmente teria havido tantos avanços democratizantes nas últimas décadas, em várias partes do mundo – não só ocidental. Sem negar esse fato, é preciso contemplar o lado escuro da lua: a substituição do valor pelo direito, da linguagem moral pela retórica jurídico-política, aproxima o dever moral da obrigação legal. Talvez não haja outro meio de transpor para a cidade a adesão a valores, isto é, de traduzir em comportamento na vida coletiva modelos subjetivos ideais. Para isso existem lei, política, Estado. Pelo menos desde Hobbes sabemos disso. De resto, persiste a esperança de que Pascal esteja certo: ajoelha e acreditarás. A prática pode preceder a persuasão. A cidade, o contrato social, a ordem política, as instituições, os limites impostos às atitudes podem induzir uma gradual acomodação subjetiva aos moldes do tipo ideal implicado no programa moral humanista. Será desejável que esses limites derivem cada vez menos de normas – que colonizam o mundo da vida, como diz Habermas – e cada vez mais das expectativas dos outros, da opinião pública, da cultura. Transitar-se-ia, assim, da judicialização e do comando político para o ajuste autogestionário entre ações individuais e sensibilidade coletiva. Ainda que esse espelho crítico comporte o risco de degradar-se em autoritarismo contra minorias, ele estaria vacinado pelo conteúdo libertário da sensibilidade predominante – cujo eixo, afinal, seriam exatamente os valores gerados pela resistência a opressões e autoritarismos.

Mais um problema provocado pela judicialização dos valores morais e políticos: a fixação da crença equivocada, mas nem por isso menos verossímil e poderosa, de que a Justiça diz a verdade sobre o sujeito. Eventualmente a idolatria da Justiça vai ainda mais longe: caberia a ela (senão exclusiva pelo menos predominantemente) dizer essa verdade. Quais as consequências dessa fé popular e quais as suas causas? Sobretudo, de que modo esse fenômeno se relaciona com a judicialização dos direitos humanos?

A principal consequência desse credo é o contágio metonímico da qualidade negativa de determinado ato, identificado e penalizado pela Justiça, na

8 Devo a Miriam Krenzinger o exemplo a que recorri e o elo analítico entre as pontas de meu argumento.

totalidade da pessoa. Aquilo que a Justiça afirma sobre o ato criminoso ou ilegal é transferido para a pessoa como sua qualidade permanente, essencial e única. Por isso, de "ato criminoso" praticado por alguém, faz-se a passagem para "pessoa criminosa" – por isso afirmo que uma sentença condenatória pode representar uma prisão sintática, entre um sujeito e um predicado, conjugados no passado mas agora indissoluvelmente ligados. Cumprida a pena, a sociedade trata de eternizar essa ligação que (des)qualifica o sujeito, estigmatizando-o: ele passa a ser, para sempre, *o criminoso*. A qualidade (imoral) do gesto ilegal ou criminoso converte-se naquilo que o sujeito verdadeiramente é, em sua essência, em sua natureza, de uma vez por todas. O sujeito absorve a qualidade do verbo, ainda que o verbo – por exemplo, roubar – refira-se a uma ação contingente. Na medida em que a Justiça vai se tornando mais importante para a organização da vida pública no Estado democrático de direito, mais se pronuncia a tendência de conferir ao judiciário o poder de pinçar a verdade no palheiro das versões. Não apenas a verdade de atos e fatos singulares – o que já seria impróprio, como procurei demonstrar em meu livro *Justiça* (Soares, 2011) –, mas do próprio sujeito, repito.

Essa religião laica que cultua a toga articula-se aos direitos humanos porque a expressão da dignidade humana na linguagem dos direitos transforma a retórica jurídica na voz da moralidade universal. Para o bem e para o mal.

Observe-se que os juízos morais variam muito e dependem de circunstâncias bastante específicas. Nem sempre coincidem com as decisões da Justiça, mesmo que elas estejam certas e ainda que as Leis aplicadas sejam as mais justas. Não se trata de paradoxo, muito menos de contradição. A moralidade é regida por princípios mais sensíveis às variações individuais e à singularidade de cada caso, e leva em conta as intenções e o sentido subjetivo em uma extensão que as leis não podem fazer. Além disso, a moralidade é um campo de problemas (não de soluções), uma linguagem de valores (não de regras), que abriga dilemas, e quem diz dilemas diz não só hesitação e ambiguidade como até mesmo, eventualmente, indecidibilidade. Por mais que haja moralidades distintas em uma sociedade pluralista, laica e democrática, são diferentes as finalidades da moral e da Lei, mesmo quando compartilham referências axiológicas. A Lei tem como objetivo definir regras do jogo para o funcionamento estável do pacto social, tornando razoavelmente previsível a vida em sociedade, ou melhor, transformando a previsibilidade em uma expectativa (ou aposta) legítima e persuasiva para a média das pessoas, como nos ensinaram os filósofos políticos desde Hobbes. A moralidade (valores articulados a sistemas de crenças) tem o objetivo de tornar as pessoas, individualmente, melhores (qualquer que seja o critério de avaliação) para si mesmas e para os outros, fazendo da reflexão crítica sobre atos pregressos um mapa que orienta ações futuras.

Considerando-se o conjunto dessas reflexões, é razoável concluir que os direitos humanos –a visão do indivíduo como sede e fonte de dignidade, a recusa a tomá-lo como instrumento ou meio, a construção cultural da moralidade individualista na clave solidária de que nos falou Durkheim – serão mais fortes na medida em que encontrarem espaço de circulação cultural para além dos documentos políticos e da "positivação" normativa, embora a judicialização seja inescapável e, até certo ponto, desejável. Digo até certo ponto porque se a judicialização é condição *sine qua non* para o progresso no plano da implementação dos direitos, a metabolização cultural dos valores subjacentes, ou representados, pelos direitos humanos provavelmente realizará melhor suas finalidades. Talvez haja consenso em torno deste tópico: será mais efetivo o respeito a um direito se sua legitimidade for internalizada por todos. Em vez do sentimento de obrigação induzido por coerção externa, haveria cumprimento de um dever que o sujeito dita a si mesmo por identificar-se com o valor.

O enunciado moral ou relativo a valor é um ato de fala que se dá no tempo e no espaço, diante de audiências e interlocutores. Afirmar a dignidade da pessoa é uma performance que produz efeitos. O enunciado moral em vez de retratar um objeto real ou uma propriedade do ser, cria uma forma de descrever o indivíduo e propõe um modo de vida[9], fazendo girar a roda de conversa da humanidade, na qual somos convidados a desempenhar o papel desse personagem reinventado, coletivamente construído no teatro do reconhecimento mútuo: o indivíduo. E assim a profecia se autocumpre: a descrição comprova-se correta porque o indivíduo descrito é colocado em prática pelos leitores da descrição que a aprovaram e afeiçoaram-se a ela. Mesmo que não tenham visto em si o que a descrição proclamava, convenceram-se de que valeria a pena copiar o modelo e tentar adaptar-se a ele. Em outras palavras, mesmo não se reconhecendo na descrição, identificaram nela seu desejo: esses leitores da descrição gostariam que ela descrevesse o que eles serão. A fidelidade da descrição realiza-se prospectivamente. A descrição descreve o futuro, sendo fiel ao desejo ou o despertando. Há, portanto, um processo cultural e político de criação coletiva.

Pois é no plano performativo que a tese da dignidade humana enfrentará os maiores desafios, como alertam antropólogos preocupados com o risco de

---

9 A tese de que a linguagem é uma forma de vida eu a tomei emprestada de Wittgenstein, adaptando-a livremente a meu argumento (2014).

involuntária intervenção etnocêntrica (ou neocolonial). Nesse campo, não há teorias puras em busca da mais adequada equação, nem avaliações abstratas e genéricas. A descrição do contexto e do dilema é tão importante quanto a enunciação do valor de referência que se tentará usar para iluminar a cena e oferecer vias de solução – que provavelmente será provisória e parcial, incerta e aberta a revisões, conforme o prosseguimento do diálogo. A moralidade é um campo de jogo, um espaço de interlocução que só tem razão de existir se os sujeitos ocuparem as posições intercambiáveis, eu e tu. Voltarei ao tema.

A CRÍTICA MARXISTA AOS DIREITOS HUMANOS

Ao longo do século XX avançaram as liberdades e a violência opressiva, os direitos civis e o terror, as experiências democráticas e o totalitarismo, a ciência e o obscurantismo, a igualdade e as desigualdades, a tecnologia e a tortura, as esperanças e o genocídio. Entre os capítulos positivos dessa história contraditória de extremos, destacou-se a transfiguração do individualismo de novo tipo (fruto de múltiplas raízes) em um código universal de direitos humanos, depois da guerra que matou cerca de 60 milhões de pessoas – em torno de 27 mil por dia, durante seis anos (Hastings: 2012).

Inúmeros têm sido os obstáculos à aplicação desses direitos e, mais ainda, à sua absorção cultural plena – que implicaria mudanças radicais. Seria muito interessante inventariar as principais dificuldades, com suas colorações nacionais, a começar pelo desmonte do Welfare State promovido pela reconfiguração neoliberal do capitalismo globalizado, iniciado sob Reagan e Tatcher, e pela regressão autoritária nos Estados Unidos pós-ataque terrorista às torres gêmeas, em 11 de setembro de 2001. O movimento regressivo ecoou por todo mundo, acirrou as tensões, e exerceu influência negativa também no Brasil. A admissão da tortura, de assassinatos seletivos com os *drones* (aviões-robôs), de prisões ilegais como Guantánamo, tudo isso acabou representando o triunfo do terror e ensejou a vaga neofascista que vem ganhando tração mundo afora.

A política internacional continua sendo similar ao estado de natureza hobbesiano: terra de ninguém, dominada pela força e regida pelo interesse. Entretanto, esse comportamento era negado pelo discurso oficial, o que não refletia apenas hipocrisia e manipulação da opinião pública. Significava algo muito importante: a cultura cívica e política, assim como a legalidade constitucional, não aceitavam essas práticas. Por isso, sua existência tinha de ser camuflada. Quando elas são admitidas e racionalizadas, tornando-se objeto de políticas explícitas e dando lugar a ajustes normativos que as legalizem, o quadro vira de ponta cabeça – ou hipertrofia as tendências mais perversas, inscritas no arranjo anterior.

Deixo o inventário das resistências aos direitos humanos para a oportunidade de uma pesquisa específica. Aqui, pretendo focalizar apenas uma delas. Uma entre tantas, cujos efeitos têm sido significativos. Refiro-me à rejeição marxista (e pós-marxista) aos direitos humanos. Trata-se de uma posição peculiar, porque contraintuitiva, pelo menos para os observadores mais distantes da cena política. Afinal, a esquerda tem estado à frente das lutas pelos direitos humanos no Brasil – e não só aqui[10]. Além disso, ela é herdeira da revolução francesa e da declaração dos direitos do homem e do cidadão. O próprio Marx nunca hesitou em reconhecer o papel decisivo da revolução burguesa de 1789, até porque abriria passagem ao desenvolvimento do capitalismo, ao qual caberia destruir os grilhões feudais, criando condições para a emergência da classe operária, parteira do futuro. Universalizando o trabalho explorado e concentrando a propriedade, o capitalismo acirraria a contradição central até o limite da ruptura. Nada disso seria concebível ou realizável sem a industrialização, a urbanização, o convívio dos trabalhadores entre si, no chão da fábrica e nos bairros populares, e a generalização da experiência da opressão.

Entretanto, é justamente aí que reside o ponto nevrálgico da rejeição aos direitos humanos: a revolução burguesa proclamou direitos burgueses, ou melhor, a declaração na França formulou os *direitos do homem11 e do cidadão* do ponto de vista burguês. Eles representaram um avanço da mesma forma que o capitalismo significou um salto progressista. Foram passos adiante quando a referência é o período anterior, nada mais do que isso. Abriram picadas para outras conquistas, as quais deveriam conduzir à revolução socialista, no momento em que, ultrapassada a etapa burguesa da história, ter-se-ia também superado o discurso e a prática dos chamados *direitos humanos e do cidadão*.

O burguês é o homem *economicus*, o indivíduo que calcula e usa a razão para estabelecer estratégias voltadas exclusivamente para a realização do próprio interesse. Sua liberdade é independência relativamente aos outros, isolamento, alienação de sua natureza social. Esse homem não é outro senão o persona-

10 Para saber se a atuação tem apenas sentido tático, cuja intenção é enfraquecer adversários e disseminar a consciência crítica, ou se expressa convicções, basta trazer à baila a questão dos direitos humanos em um país socialista. Infelizmente, veremos o número de ativistas diminuir significativamente.

11 Dizia-se -e ainda se diz mais do que seria de se esperar, após a expansão da consciência crítica – homem, em vez de ser humano. Talvez não haja sintoma mais claro do falocentrismo, inscrito mesmos no código que se queria radicalmente inclusivo e generoso.

gem central da narrativa mais simples, reducionista e unidimensional proposta pelo liberalismo desde Hobbes e Locke[12]. Ou talvez fosse mais justo dizer: esse homem é o protagonista das narrativas escritas pelos pais do liberalismo segundo uma leitura simples, reducionista e unidimensional. Como procurei demonstrar[13], os pais do liberalismo conceberam uma antropologia bem mais complexa e uma sociologia muito mais rica. De todo modo, a despeito de seu gênio, Karl Marx trabalhou com o modelo empobrecido do indivíduo e o reconheceu na imagem que sua observação crítica do tipo burguês lhe sugeriu. Por isso, os direitos do homem, interpretados como os direitos do homem burguês, só poderiam ser a exaltação de seus vícios egoístas e interesseiros. Por outro lado, aplicados ao mundo real, os direitos cantados em prosa e verso pelos revolucionários de 1789 soam a quimeras enganadoras que encobrem, sob a retórica da igualdade, as diferenças de classe e as contradições.

Cito longa passagem de Marx, em *A Questão Judaica*:

"Constatemos, em primeiro lugar, o fato de que os chamados *direitos do homem*, enquanto distintos dos *direitos do cidadão*, constituem apenas os direitos de um *membro da sociedade civil*, isto é, do homem egoísta, do homem separado dos outros homens e da comunidade. A constituição mais radical, de 1793, declara: «Art. 2. Estes direitos, etc. [os direitos naturais e imprescritíveis] são: *igualdade, liberdade, segurança, propriedade.*» Em que é que consiste a liberdade? *Artigo 6*: «A liberdade é o poder que o homem tem de fazer tudo o que não prejudique os direitos dos outros», ou segundo a Declaração dos Direitos do Homem de 1791: «A liberdade consiste em poder fazer tudo o que não prejudique outrem.» Por conseguinte, a liberdade é o direito de fazer tudo o que não cause dano aos outros. Os limites dentro dos quais cada um pode atuar sem prejudicar os outros são determinados pela lei, tal como a fronteira entre dois campos é assinalada por uma estaca. Trata-se da liberdade do homem enquanto mônada isolada, retirado para o interior de si mesmo. (...) Mas a liberdade como direito do homem não se funda nas relações entre homem e homem, mas antes na separação do homem a respeito do homem. É o *direito* de tal separação, o *direito* do indivíduo *circunscrito*, fechado em si mesmo.(...)

"Assim, nenhum dos supostos direitos do homem vai além do homem egoísta, do homem enquanto membro da sociedade civil; quer dizer, enquanto indivíduo separado da comunidade, confinado a si próprio, ao seu interesse privado e ao seu capricho pessoal. O homem está longe de, nos direitos do ho-

---

12 Sim, nesse aspecto, cabe atribuir a Hobbes o rótulo liberal.

13 Refiro-me a meu livro "A invenção do sujeito universal: Hobbes e a política como experiência dramática do sentido" (Editora da UNICAMP, 1995).

mem, ser considerado como um ser genérico; pelo contrário, a própria vida genérica – a sociedade – surge como sistema externo ao indivíduo, como limitação da sua independência original. O único laço que os une é a necessidade natural, a carência e o interesse privado, a preservação da sua propriedade e das suas pessoas egoístas" (Marx. 1991: 23, 24 e 25).

Depreende-se desses parágrafos as razões pelas quais Marx rejeitava os direitos do homem e do cidadão. O indivíduo pressuposto e promovido pela declaração francesa era a mônada egoísta independente da sociedade, confinado, circunscrito, fechado em si mesmo, o proprietário obcecado por seus interesses privados, que via no outro apenas um estorvo e um risco – ou uma oportunidade de uso instrumental, ele completaria em outro contexto, analisando a exploração do homem pelo homem. Liberdade burguesa é compreendida como isolamento, o que se definiria como "liberdade negativa" (Isaiah Berlin, op.cit.). Alienação da vida ativa, como diria Hannah Arendt (2016), alheamento da participação nas questões coletivas. O burguês seria o avesso do homem grego, cidadão arquetípico, o homem da política com P maiúsculo. A igualdade seria a igualdade perante a lei, fundamento da garantia da propriedade e do isolamento antissocial.

A crítica marxista apreende uma dimensão real da vida burguesa e o lado sombrio de seus valores. Entretanto, deixa de perceber os elementos virtuosos e transformadores presentes na formação do ser humano anunciado na declaração francesa (e não só, como vimos). O novo modelo de indivíduo (e de individualidade), que traz consigo o perigo do egoísmo solipsista, carrega em si o potencial para realizar-se como protagonista de uma nova forma de experiência individual e também coletiva muito mais criativa e gratificante, até mesmo mais solidária e generosa. Enfim, mais democrática, pacífica, tolerante, aberta à diversidade e ativa na resistência a opressões de todo tipo, desde o racismo ao patriarcalismo, aos regimes autoritários, ao colonialismo e muito especialmente ao capitalismo. A hipótese de que se forjava, ali, o ser da e para a dignidade humana não fazia sentido para Marx. Aliás, um discurso como este lhe soaria idealista, metafísico, senão religioso. Uma espécie de platitude burguesa tão insípida quanto equivocada, na contramão da verdadeira realidade histórica. Claro que ele tinha razão, mas não enxergou todo o quadro. Ele não viu que o confinamento em si do sujeito e seu afastamento da comunidade representavam uma conquista extraordinária, um triunfo contra o modelo do ser humano mimético, contra a tradição que o induzia a ver-se a si mesmo e a agir como cordeiro no rebanho, mera parte (descartável) de um todo, simples peça de reposição da máquina coletiva. Hamlet jamais seria modelo viável para a vida real em grande escala sem essa reserva subjetiva para recuo ensimesmado. A psicanálise não poderia existir, nem a literatura – e as demais artes – dos séculos XIX, XX e XXI. Um socialismo democrático não seria sequer concebível. Nem a ideia de que o respeito ao ser humano, a recusa à sua instrumentalização, pode se converter em projeto político agregador transnacional de grande força. Mas essa não era a preocupação de Marx. Tampouco a preocupação da maioria dos segmentos pós-estruturalistas situados, no espectro político, à esquerda. As consequências, insisto, foram e continuam a ser dramáticas.

Concentro a atenção na esquerda porque é aí que surpreende a resistência aos direitos humanos. É aí que estão os mais ardorosos defensores da justiça e da igualdade. E até mesmo da liberdade, ao menos enquanto dimensão utópica, inscrita no sonhado processo de emancipação humana. Não por acaso, este é um dos pontos centrais de discórdia: seria razoável falar em emancipação humana no plano individual, sem que haja antes a emancipação coletiva, isto é, a transformação das condições de acesso ao poder e à riqueza na direção da igualdade? Para refletir sobre as relações entre indivíduo e sociedade, particular e universal, valor e história, antes de voltar a Marx é preciso ir a Kant e conhecer, embora superficialmente, sua filosofia da moralidade.

O IDEALISMO KANTIANO

Marx não foi o primeiro, mas, escrevendo um século depois, colaborou com a consolidação do movimento pelo “Esclarecimento” (também conhecido como “Iluminismo”), que nascera no século XVIII – ainda que tivesse raízes no Renascimento e na própria tradição grega clássica –, antecipando e propulsionando a revolução burguesa. Difícil imaginar a possibilidade da emergência do discurso de Marx sem a via aberta, entre outros, por Kant e Rousseau. E sem a historicização do idealismo kantiano, a cargo de Hegel.

Kant decretou a maioridade do ser humano e sua autonomia, libertando-o, em sua filosofia, da crença fundada em dogmas, opiniões, mitos, tradições ou experiências místicas. Ou seja, libertando-o de toda crença radicada na autoridade (da tradição, do poder institucionalizado ou da Igreja), de toda crença fundada em ideias carentes de rigor lógico ou no arbítrio subjetivista.

Para Kant, a razão constituía o fundamento dessa autonomia. Sendo racional, o ser humano prescindiria da tutela de religiões e de suas instituições. Pensaria com a própria cabeça, para dizê-lo em linguagem simples, e só acreditaria no que a razão autorizasse. E mais: só obedeceria a norma que a razão estipulasse ou que estivesse de acordo com a razão. Sendo racionais, isto é, capazes de razão, os seres humanos, se fossem fiéis à razão, alcançariam verdades e valores comuns e universais, posto que a razão era uma só e dois enunciados verdadeiros não poderiam ser contraditórios entre si – em outras palavras: se todos fossem racionais, produzir-se-ia um consenso universal e, quiçá, a paz perpétua.

Por outro lado, a obediência às normas coincidiria com o exercício da liberdade e com a afirmação plena da autonomia individual, uma vez que ser livre e ser racional – quer dizer, agir e pensar em conformidade com a razão – se superporiam. Ser livre, para Kant, significava agir e pensar em conformidade com a razão. Ser racional era exercitar a liberdade (o não-condicionamento) até as últimas consequências.

Estaria, assim, resolvido o antigo impasse, traduzido nas seguintes interrogações: exercer em plenitude a liberdade individual não poria em risco a vida coletiva, a vigência de normas ou leis válidas para todos? Como poderia uma lei representar a vontade coletiva e respeitar a liberdade individual? Como poderia uma norma restringir desejos e interesses individuais, e, ao mesmo tempo, expressar o interesse coletivo, quer dizer, ser escolhida por todos e ser por todos respeitada, mesmo sem coerção? Como a legitimidade de uma lei ou de um conjunto de leis poderia ser conciliada com autonomia individual, com a plenitude da liberdade e, ao mesmo tempo, com sua representatividade universal, com a necessidade de ordem e, portanto, com restrições a desejos individuais?

A razão era a âncora que garantia a **comutabilidade** do individual no universal, da liberdade plena na vontade geral, da autonomia na obediência, da legalidade na legitimidade. A razão era a moeda, a medida que sustentava a conversibilidade universal.

Substituindo Deus pela Razão, com R maiúsculo, Kant ofereceu a alforria ao ser humano, mas estava longe de ter resolvido os problemas. Gênio incomparável como foi, o frugal e disciplinadíssimo Immanuel, de Konigsberg (cujos passeios diários serviam de relógio para os vizinhos), deu-se conta dos limites de sua engenhosa solução. Afinal, dois seres humanos, mesmo empenhados em exercer a razão e dotados dos mesmos recursos intelectuais, não estão fadados a concordar. Por isso, sacou seu punhal filosófico e cortou o campo no qual transitiva sua reflexão em duas esferas: a idealidade pura e a realidade dos fenômenos. Na primeira, o uso empírico das faculdades cognitivas dos sujeitos humanos era substituído pela razão pura, em cujo âmbito vigorava a identidade a si dos conceitos que produziam conhecimento, reconheciam a moralidade e identificavam a beleza. Nessa esfera transcendental (isto é, esfera que deve ser pressuposta para que se sustente a teoria – nada a ver com transcendente), o sonho de Platão –poder-se-ia sugerir, não sem alguma ironia – atualizava-se: o verdadeiro, o justo e o belo confluíam e formavam uma unidade metafísica[14]. Não porque a divindade proporcionasse o fundamento essencial comum, mas porque a razão de outro modo não poderia pensar-se a si mesma e prover os meios para a explicação da lógica, da matemática, das ciências, e de seu isomorfismo com a natureza, espelhada na mente humana (nessa mente espelho, caução da representação do mundo).

Por outro lado, o uso empírico das faculdades cognitivas dos sujeitos humanos inscrevia-se na segunda esfera, espaço em que as contradições e divergências inelimináveis transcorriam. Em outras palavras, as razões dos discursos reais não se confundem com a Razão, mas a supõem como condição de sua própria possibilidade. Por isso, orientam-se para a busca do consenso universal (porque o pressuposto funciona como *telos*/fim), mesmo sem a ilusão de alcançá-lo. A unidade e a universalidade do conhecimento seriam manifestações de sua adesão à verdade, isto é, de sua qualidade de verdadeiro.

Não é preciso dizer que Kant supunha possível e necessária a definição racional de normas morais e leis, assim como confiava no papel cognitivo da razão – aliás, sua motivação original era explicar a possibilidade da ciência, isto é, do conhecimento, o que implicava desvendar os motivos pelos quais a mente humana mostrava-se apta a penetrar nas leis que governam a natureza. Ou seja, a filosofia idealista de Kant, como é classificada, de fato, tinha pretensões de tipo materialistas. E se o viés idealista ou neoplatônico acabou por se impor, foi para tornar o materialismo inteligível – paradoxalmente. Observe-se que o idealismo decorria da centralidade conferida por sua filosofia à ideia do que denominava "transcendental", entendido como um campo de recuo, como um espaço lógico, produzido por deduções disparadas pela pergunta: "quais as condições de possibilidade para X, qualquer que fosse X em cada caso?"

Para fazer com que as ideias de Kant fiquem mais claras e acessíveis, menciono o argumento de John Rawls, talvez o principal filósofo político liberal das últimas décadas, que poderia ser denominado "o experimento mental do véu da ignorância". O experimento retoma o pensamento kantiano, que subjaz ao contratualismo moderno (o qual deriva também de Thomas Hobbes, John Locke e dos demais pais fundadores do liberalismo). Ficará muito claro como é que o particular/individual se encontra com o universal/coletivo. O papel que,

---

14 A ironia não faz justiça a Kant ou ele não teria escrito a terceira crítica como o fez.

em Kant, é cumprido pela Razão, aqui é desempenhado pela ignorância sobre si. Essa ignorância faz com que a razão com minúscula, aquela exercitada por um sujeito empírico qualquer, corresponda a qualquer outra e produza os mesmos resultados, operando como se fosse a razão com maiúscula, de um sujeito sem corpo, pura expressão do universal. O véu da ignorância deve muitíssimo também a Rousseau, de quem apreende a ideia de que o indivíduo, enquanto membro da sociedade política, deve participar, nesse caso, votar, deslocando-se da posição individualista, que só lhe permite vislumbrar seu próprio interesse particular, para um lugar do qual contemple o interesse geral, a fim de por ele orientar suas decisões, na assembleia de cidadãos. As opiniões variarão porque os indivíduos erram, possuem informações parciais e divergem, mesmo buscando manter-se fiéis à racionalidade. Por isso o voto seria necessário. Mas a diversidade de posições não estaria expressando interesses em conflito, defendidos por quem deles se beneficia. Votar, nas decisões coletivas, a partir de interesses particulares corresponderia a trair o compromisso com o interesse geral e o bem público, nos fóruns da democracia direta que o pensador genebrino postulava.

Eis o experimento de John Rawls: imagine que você esqueceu quem é e não sabe onde está, mas sabe o que é e como funciona uma sociedade de massas, sabe também que vive em uma delas e que a ela retornará logo depois de decidir como ela deverá ser organizada, por quais princípios. A sociedade para a qual você retornará será ordenada pelos princípios que você propuser. E você voltará a ocupar seu corpo. Insisto: você não sabe se é criança ou velho, homem, mulher ou trans, homossexual ou heterossexual, branco ou negro, se professa ou não alguma religião, se faz arte, filosofia, ciência ou trabalho manual, se tem ou não filhos, se tem deficiências físicas ou não, se tem ideologia política ou não. O que lhe é dado, nesse momento hipotético e imaginário de suspensão, é a inteligência, isto é, a capacidade de raciocinar e as informações sobre o que é a vida social. Muito bem, que tipo de ordem social seria escolhido? Que princípios estruturantes seriam os preferidos? A primeira resposta de Rawls é kantiana e rousseauista: a escolha seria a mesma que qualquer outra pessoa faria se fosse submetida ao mesmo desafio. Isso porque restaria a cada um, sob o véu da ignorância, apenas o que nos iguala (a capacidade de raciocinar diante das mesmas informações sobre o funcionamento de sociedades de massas), não o que nos separa (corpo, história, relações, singularidades, mundo privado, idiossincrasias, percepções individuais, valores pessoais, interesses particulares). Por meio deste experimento mental, Rawls simulou, tanto quanto é possível fazê-lo, uma situação em que a razão empírica se aproxima da Razão pura, o indivíduo, da coletividade, o particular, do universal, o interesse pessoal ou privado, do interesse geral ou da moralidade.

Em sua obra mais importante, "Uma Teoria da Justiça" (1971), John Rawls conclui que o tipo de sociedade escolhido seria aquele organizado a partir de dois princípios axiais, absolutamente prioritários e indisputáveis: a igualdade e a liberdade. Em havendo choque entre ambos, como, inexoravelmente, seria o caso, optar-se-ia pela hipótese de que o segundo eixo prevalecesse, mas apenas até o ponto em que fosse preservada sua qualidade fundamental, prejudicando, assim, o mínimo possível a implementação do primeiro princípio (a igualdade). O resultado é uma sociedade industrial, com economia de mercado regulada, um Estado provedor forte, democracia ampla e inclusiva, direitos humanos respeitados, crianças merecendo tratamento igualitário, desigualdades reduzidas a níveis compatíveis com o enunciado anterior. Estamos falando de um modelo social-democrático.

Claro que Rawls foi repelido pelos liberais, como se fora um apóstata socialista, e pelos marxistas, como se fora um apóstata liberal.

Convém precisar um ponto, relativo a Kant e Deus. O autor da trilogia sagrada da filosofia (as três Críticas: da Razão Pura, da Razão Prática e do Juízo) não era ateu. Escreveu um livro teológico-filosófico, defendendo a religião, desde que limitada pelo círculo da racionalidade.

Hegel pôs o relógio precioso do kantismo (que era um cristal imune ao tempo, uma joia estática do pensamento, um monumento da inteligência) em marcha, mergulhando-o na história. *Arché* e *Telos*, origem e fim remetem, em sua filosofia pós-kantiana da história, como na epopeia mítica, à unidade do espírito humano, inicialmente perdida, mas, afinal, restaurada e redimida pela graça divina. A dialética corresponderia à cosmogonia cristã. A unidade teleológica (prospectiva ou final) da razão universal equivaleria à síntese, ou seja, realizaria a suprassunção do múltiplo e contraditório dos sentidos e da coletividade humana na unidade da racionalidade histórica –ou do Espírito (cf. Soares, 1994 e 2006).

Marx estendeu e intensificou o esforço hegeliano, laicizou-o, isto é, rebateu-o sobre uma épura materialista, e cortou o cordão umbilical do kantismo com a dualidade que opunha a idealidade (neoplatônica) ao fenomênico. Estava aí restaurado, finalmente, pensou Marx, o império exclusivo da materialidade. O ponto de inflexão foi o deslocamento do conceito que garantia a conversibilidade, a **comutabilidade** (do individual ao universal, da liberdade à ordem coletiva). Sai de cena a Razão; ingressa no palco e ocupa o proscênio outro personagem do repertório dos grandes conceitos filosóficos: a ontologia do ser social.

Exponho o argumento passo a passo, com a prudência necessária, desculpando-me pelo didatismo simplificador. O laço que une o indivíduo ao universal, em Marx, não é mais o espírito humano – identificado em Kant com a Razão –, do qual cada ser humano empírico e singular fruiria parcialmente, imperfeitamente. O laço que une o indivíduo ao universal passa a ser a inscrição na ordem social, o que torna esse vínculo condicional, assim como são sempre condicionais as realidades históricas, por definição, e não há realidade que não seja histórica, ou seja, que se dê sem condições, ou ainda, que se deixe surpreender ou conhecer *sub specie aeternitatis* (do ponto de vista da eternidade, isto é, ahistórico, transcendental ou puro). Para que o laço referido tenha vigência, isto é, para que o ser humano individual –um ator social qualquer –se conecte ao universal (humano), àquilo que diz respeito a todos e reflete a essência desse ser, é preciso que a inserção empírica, objetiva, histórica desse indivíduo seja tal que faça coincidir seu interesse particular (aquilo que o move como ser individual, historicamente condicionado) com o interesse geral de toda a sociedade, ou seja com o bem público ou com a vontade geral (para citar Rousseau). Marx pensava naquele interesse que expressaria a potencialidade autônoma e livre, potencialidade inscrita no ser humano como sua essência, a capacidade de criar pelo trabalho, fonte do valor – a tal ponto que, se não a realiza, este ser aliena-se, trai a essência do que é, nega, portanto, o que é, repele sua própria existência enquanto humano/social.

Traduzo a linguagem abstrata sobre o ser (a ontologia) em sociologia histórica: Marx procura demonstrar que, nas sociedades industriais que estudou, o lugar estrutural ocupado pela classe operária situava esse grupo humano em uma posição privilegiada, das perspectivas ontológica e histórica, uma vez que seus interesses particulares coincidiam com o interesse geral, desde que se compreendesse a essência do ser humano do modo como o Esclarecimento a concebeu, inspirando-se nas fontes culturais judaico-cristãs: a realização individual da autonomia ou da emancipação – autonomia que enfeixa razão e liberdade. Libertando-se, a classe operária construiria um mundo social, econômico, cultural e político alternativo, abolindo a propriedade privada dos meios de produção e a exploração da força de trabalho, socializando a produção e seus frutos, em um ambiente igualitário e livre, aberto ao exercício da razão, refratário a opressões e manipulações ideológicas. Dizendo de outra forma: a libertação da classe operária só se poderia cumprir com a promoção de uma nova ordem inclusiva e universalista, que atenderia aos interesses superiores e comuns de toda a humanidade. Uma nova ordem propícia à emancipação humana e ao fim da alienação, ao encontro do ser humano consigo mesmo, à realização da essência mesma do ser humano. A esse estágio de evolução da história humana, teleologicamente orientada para a emancipação (para a realização do ser social), corresponderia a realização da sociabilidade harmônica e solidária, cooperativa, uma vez que o ser ao qual nos referimos é social – não há o humano insulado; mesmo a singularidade individual não prescinde da relação social; para o sujeito, a relação humana é constitutiva. Por isso, fala-se em ontologia do ser social.

Marx agregou à reflexão kantiana a dimensão social, mostrando que liberdade não se esgotava na razão: definia-se também nas relações objetivas de poder, historicamente constituídas, articuladas no interior do processo de apropriação da natureza (e de si mesmo, de sua própria natureza) pelo trabalho, no interior do processo de geração do valor e de circulação do valor. Estruturalmente dependente e explorada, a classe operária trazia consigo o interesse de libertar-se da opressão econômico-política. Esse interesse era intrínseco à sua posição, sendo uma classe composta por atores sociais concretos, movidos por paixões e interesses, medos e razão, mas também dominados por ideologias mascaradoras de contradições e inibidoras do emprego livre da razão, sem o qual falta a consciência da experiência real e dos interesses em jogo.

Outros agentes sociais poderiam somar-se à classe operária como seus aliados, mesmo não vivenciando o interesse de classe, em conexão com os interesses supremos da espécie? Sim, respondeu Marx, porque podem ter acesso a esses interesses superiores e universalistas por meios não diretos, não experienciais. Que meios alternativos seriam esses? A empatia por solidariedade ou a identificação afetiva com os explorados, ou mesmo o reconhecimento de que para todos, inclusive para quem elabora esse raciocínio, o apoio ao movimento político da classe operária é o veículo para a libertação, a emancipação.

Nos dois casos, há valores presentes. No primeiro caso, os valores são sentidos em sua dimensão emocional e simbólica. No segundo, há a opção por um mundo social ordenado de modo a viabilizar a emancipação, o que implica o uso da razão sem a qual não se compreenderia essa possibilidade, mas também há a **valorização** de tal possibilidade, sem o que ela não se mostraria desejável. Tanto a solidariedade –que supõe a repulsa à opressão –, quanto a admissão de que a autonomia seja desejável – e representa suficientemente bem o ideal almejado –pressupõem a igualdade como valor. E um valor tem vigência, existe e é aplicável, na ação e na avaliação, se há crença. Sendo objeto da razão, produto da razão, parte do próprio conceito de razão, a autonomia é também, portanto, um valor e necessita da crença. Uma crença pode repousar exclusivamente na razão? Kant acha que sim, como procurei mostrar. Marx, também (afinal, ele próprio é um exemplo de um não operário que se desloca do campo de interesses de sua classe, e o faz por opções calcadas no casamento da razão com valores), mas apenas em parte, porque, por outro lado, atribui as adesões pessoais e coletivas, prioritariamente, a interesses materiais particulares.

Pessoalmente, não acredito em crença meramente apoiada na razão, nem creio que valores se reduzam a crenças e, portanto, não concordo com as abordagens segundo as quais há valores racionais – tendo, hereticamente, a ver a categoria razão funcionando, nesse debate, como um valor. Por que, antes da justificativa que a própria razão ofereceria, optar-se-ia por tomá-la como a matriz fundamental? Creio que a opção pela razão, antes da razão, só poderia fundar-se no valor que se lhe atribui.

Marx pode acusar Kant de idealista com propriedade porque apresenta uma filosofia articulada a uma visão que se pretende científica da vida social, em cujo âmbito passa-se do que é para o que deve ser, do presente para o futuro, do individual para o coletivo e do particular para o universal, sem mediações idealistas, isto é, sem recorrer a subjetivismos, valores, vontades arbitrárias, psicologismos, moralismos ou expectativas insustentáveis depositadas na eficácia do conhecimento ou no uso da razão e da persuasão. As referidas passagens, como já disse, resultam da dinâmica objetiva dos interesses particulares, acessíveis à razão utilitária e à percepção imediata, derivada da experiência empírica. Basta que se ponha em movimento esse mecanismo: representações simples, refletindo – no plano da consciência precária e parcial –fenômenos tangíveis ou realidades ordinárias vividas e compartilhadas, amalgamadas e processadas pelo cálculo, que o interesse anima. Eis aí a receita para a consciência anarco-sindicalista. Turbinada, ela servirá de base para a construção da consciência de classe e seus desdobramentos políticos, desde que atue, dirão sobretudo Lenin e Gramsci, a inteligência "científica" do partido, esse intelectual orgânico coletivo, moderno príncipe. Não são necessárias mediações valorativas, éticas ou morais. A emancipação, na esfera ontológica, corresponderá (refletirá) à construção das condições objetivas de novo tipo, politicamente promovidas. O interesse material, expressão direta da inserção na estrutura de classes, ligado a uma vontade e a uma consciência que aparecem como meras dimensões complementares do interesse, fornece a plataforma para que a tecnologia política funcione (a intervenção do conhecimento na natureza do social), via iniciativa da vanguarda. O salto além dos limites corporativos do anarco-sindicalismo prescinde de adesão a valores alheios ao interesse. Basta compreender que para realizá-lo, plenamente, realizar-se-á o interesse geral, libertando-se a humanidade dos grilhões do capitalismo, da propriedade privada dos meios de produção, da exploração de classe, do Estado sob regência burguesa. Contudo, a emancipação universal não é visada como um valor ou um fim em si mesmo. Surge como uma consequência indireta do cumprimento do fim sensível e particular: o interesse. Graças ao fato histórico, reitere-se, de que o interesse de uma classe particular corresponde ao interesse geral, o que torna o universal passível de ser visado sem que haja a necessidade de se supor um altruísmo idílico.

Basta a razão instrumental. Marx supõe que ela seja um mecanismo articulado às dinâmicas sociológicas e que toda essa máquina gire sob o acicate do interesse – indissociável da energia que emana desse processo e o faz fluir.

Mesmo discordando de aspectos dos argumentos, eu poderia aceitar que a teoria marxista consegue pensar a mudança livre do idealismo. O problema mais grave vem agora: posto que o trânsito para o reino da emancipação colocou, na experiência histórica subsequente, problemas impensáveis para Marx, em seu tempo, e trouxe à tona desafios extraordinários e complexíssimos, que passaram a exigir mediações antes ignoradas, o esforço de manter-se fiel ao materialismo e refratário aos idealismos trouxe consigo limitações para a teoria e a prática. Limitações que só poderiam ser abordadas e talvez superadas, levando-se em conta teorias sobre o sujeito e o valor, sobre a crença, o símbolo, o desejo e o inconsciente, a linguagem e as representações da realidade. Teorias antimarxistas? Não, mas certamente pós-marxistas, na medida em que incorporariam as contribuições decisivas de Marx mas reconheceriam, como ele mesmo fez, que seu pensamento, como os demais, é histórico, incompleto e, como todas as teorias, também a sua é problemática e lacunar, sobretudo quando obrigada a dialogar com a prática e com novas realidades históricas.

Em poucas palavras: do interesse não se passa à emancipação, da ciência não se passa ao valor. Entretanto, do interesse transita-se, isso sim, e sem hesitação ou pudor, para a apropriação do ser humano como meio e para a legitimação de ditaduras, em cujos cofres blindados apodrecem os tratados internacionais sobre os direitos humanos, esse ideário pequeno-burguês desprezível para tantos sinceros revolucionários.

ZIZEK, DELEUZE E A CRÍTICA CONTEMPORÂNEA AOS DIREITOS HUMANOS

Hoje, há autores que tentam salvar Marx de seu legado. Alguns o fazem procurando demonstrar que tudo o que foi feito em seu nome e deu errado – produziu resultados desastrosos, isto é, que contrariaram as expectativas –jamais fora fiel a seu pensamento. Esses vigilantes da ortodoxia devotam-se obstinadamente a restaurar o "verdadeiro" sentido dos textos originais. Bibliotecas inteiras têm origem nessa missão escolástica. Outros dedicam-se a salvar o pensamento de Marx sem negar sua responsabilidade na produção dos resultados históricos. Seu foco é outro. Dedicam-se a alterar o sentido moral e intelectual de alguns desses resultados ou de aspectos usualmente criticados desses resultados. Por exemplo, a violência e o terror. Isso mesmo: na concepção de Slavoj Zizek o terror justifica-se: "Existe uma (...) variação, em geral deixada de lado: a escolha 'humanismo' *ou* 'terror', mas com *terror*, e não humanismo, como termo positivo. Essa é uma posição radical difícil de sustentar, mas, talvez, nossa única esperança: ela não resulta na obscena loucura de seguir abertamente uma 'política terrorista e inumana', mas em alguma coisa muito mais difícil de considerar" (Zizek, op.cit.: 14). Essa alguma coisa é a seguinte: "A tentação a que se deve resistir aqui é a domesticação ética do próximo – por exemplo, o que Emmanuel Levinas fez com essa noção do próximo como o ponto abissal a partir do qual emana o chamado pela responsabilidade ética. O que Levinas ofusca desse modo é a monstruosidade do próximo" (op.cit.: 15). E adiante: "O que Levinas falha em considerar (...) é a própria Alteridade radicalmente inumana" (idem, ibidem). Zizek prossegue clamando pelo reconhecimento anti-humanista da "monstruosidade latente que há no ser humano". Em termos filosóficos, ele completa, "tal dimensão 'inumana' pode ser definida como aquela de um sujeito subtraído de toda forma de 'individualidade' ou de 'personalidade' humanas"(op.cit.: 16).

Curioso, ou chocante, será encontrar nos programas populares e sensacionalistas de rádio e TV a abordagem da "monstruosidade inumana" em termos análogos àqueles filosoficamente elaborados por Zizek. Entre Datena, Gil Gomes, Wagner Montes e o Robespierre do século XXI não parece haver tanta diferença, em alguns momentos de suas respectivas manifestações públicas. As explicações divergem radicalmente, por óbvio, mas há consenso na definição da "alteridade monstruosa" e no endosso a ações violentas que ignorem sua suposta humanidade – isto é, seus direitos humanos. Como dizem os arautos da violência repressiva (em um caso) e do terror revolucionário (em outro): direitos humanos somente aos humanos direitos. Claro que o adjetivo tem significados inteiramente distintos na obra do filósofo e nas expressões dos citados jornalistas e reconheço que Zizek revela-se, em outros momentos mais afortunados, um pensador brilhante e inspirador.

Espero que não tenha escapado aos leitores e às leitoras que o movimento reflexivo de Zizek corresponde à operação metonímica acionada nos juízos, quando confundem a parte com o todo, a contingência dos atos com a "essência" do sujeito. Enquanto houver vida, há esperança, diz a sabedoria religiosa. Sabedoria que se aplica a essa questão: vida implica oportunidade de mudança, chance de alteração na cadeia dos atos, do ponto de vista de seu valor. O sujeito, sua qualidade, incorpora a abertura ao vir a ser e o potencial para a mudança. Ou seja, o sujeito não se esgota na série de seus atos passados, por mais consistente e longa que seja. Dignidade é o atributo não dos atos, mas desse potencial, que permanecerá disponível enquanto houver vida. A vida é essa abertura. O que, por outro lado, assusta, porque transformações podem ocorrer em todas as direções – por isso a frase "tudo o que é humano me diz respeito" é mais inteligente e generosa do que "o outro pode ser o monstruoso inumano". Ouso ir além: tematizar a monstruosidade do próximo talvez expresse mais o terror devotado à fantasia das próprias abjeções, o medo da metamorfose interna, do que uma consciência aguda sobre o ser humano.

Outra linha de argumentação é mais fértil e refinada. Zizek aprova a posição de Deleuze, que focaliza a dimensão do tornar-se, do vir-a-ser, do devir. Na passagem citada a seguir, Deleuze justifica o elogio de Foucault à revolução iraniana, ressaltando que ele focalizava a reinvenção da sociabilidade e o desprendimento individual libertador que se verificaram enquanto duraram as convulsões revolucionárias: "Está em moda, hoje, condenar os horrores da revolução. Isso em nada é novo; o romantismo inglês está permeado por reflexões sobre Cromwell muito similares às reflexões atuais sobre Stalin. Eles dizem que as revoluções terminam mal. Mas estão sempre confundindo duas coisas diferentes: o modo como as revoluções terminam historicamente e o vir-a-ser revolucionário das pessoas. Isso se relaciona com dois conjuntos diferentes de pessoas. A única esperança dos homens está em um vir-a-ser revolucionário: o único modo de soltar as amarras de sua vergonha ou de responder ao que é intolerável" (Deleuze APUD Zizek, op.cit.: 39).

O processo destaca-se do produto, autonomiza-se e converte-se em experiência libertadora, válida em si mesma. Sem dúvida os momentos são diferentes. Devem ser analisados de duas perspectivas também distintas. Enquanto mutuamente conectados por elos de causalidade sociológica e responsabilidade moral; e enquanto fenômenos circunscritos. O mesmo vale para o sexo e os filhos. A criação estética e a obra. A celebração orgiástica e as dinâmicas institucionais às quais remete a festa. O êxtase da violência vivido pelos agressores e o destino das vítimas. O fato de valorizarmos a experiência intersubjetiva insurrecional exige que o pesquisador se detenha sobre esse momento delimitado, observando suas especificidades. Entretanto, o resultado dessa pesquisa não pode dizer tudo sobre seu objeto (nem mesmo o mínimo necessário), porque ele não se esgota, senão analiticamente, na unidade circunscrita que o separa de suas consequências históricas, isto é, de seus desdobramentos. Quando outros indivíduos contemplarem no futuro a opção revolucionária, terão de considerar não só o gozo sublime do devir libertador, mas também o custo posterior que eventualmente suprima o porvir tolerável. Reconhecer a importância da liberdade individual não nega a responsabilidade que ela deveria pressupor. Parece-me simplista e ingênua a idealização da experiência que testa a estabilidade do sujeito e o pulveriza em novos fluxos e conexões, rompendo os grilhões da identidade, seja em sua face subjetiva, seja em sua face civil e institucional, sem admitir que esse plano da existência e os momentos em que se atualiza inscrevem-se na complexidade do social, dialogando com as rotinas, sem necessariamente abolir a diferenciação que conforma a sociedade e a própria vida individual. Por isso, concluo: sem abolir a responsabilidade pelos nexos causais eventualmente ativados.

Gilles Deleuze é autor de algumas obras-primas do pensamento contemporâneo. Entretanto, o trecho citado por Zizek, glosado acima, não me parece consistente. Sendo assim, o que, a meu juízo, devemos a Deleuze, em matéria de teorias sobre a individualidade, e o que, mesmo nessa passagem infeliz, merece, a meu ver, ser preservado?

Tanto quanto Foucault, Deleuze nos mostrou que a individualidade é uma construção multifacetada, cuja unidade é sempre impossível, entretanto evocada no jogo de expectativas e apostas, e sancionada pelo poder. O poder é justamente a cola externa que coesiona movimentos reflexivos, especulares, imaginativos e mnemônicos, para forjar, do alvoroço intermitente do, digamos, sujeito, aquilo que se chama indivíduo, dotando-o de nome e responsabilidade, tornando-o matriz de autorias, e o situando – sempre provisoriamente – em determinado lugar nas estruturas sociais. O sujeito é sempre parcialidade em movimento que adere à crença na (sua) própria totalidade, na sua unidade, convertendo-se na metáfora instável de si mesmo.

De meu ponto de vista, essa imagem antropológica complexíssima e inspiradora é o modelo com o qual devemos trabalhar. Não a considero em qualquer sentido inexoravelmente comprometida com um pensamento que se delicia, sádica e ludicamente, ao proclamar-se anti-humanista. Não a considero necessariamente incompatível com a imagem aberta do indivíduo e da individualidade, presente nas declarações dos direitos humanos – independentemente das intenções e da consciência dos formuladores. Não considero a filosofia da diferença, nas obras de Deleuze e Foucault, incoerente com o projeto de indivíduo que combina direitos e responsabilidades, mesmo que essa filosofia colida com as versões metafísicas do sujeito e com a filosofia da consciência, as quais aparecem nos debates acadêmicos frequentemente associadas aos direitos humanos. As teorias freudianas (em sua vasta e por vezes contraditória variedade) tampouco me parecem contradizer as bases antropológicas ou ontológicas das concepções sobre individualidade que fundamentam a dignidade – valor nuclear dos direitos humanos. Em outras palavras, de meu ponto de vista, nem o modelo de sujeito construtivista-desconstrutivista, subjacente ao pensamento de Foucault e Deleuze, nem o modelo psicanalítico (em suas várias acepções) refutam, necessariamente, a figura do indivíduo contemporâneo enquanto valor, enquanto sede e matriz da dignidade humana. Pelo contrário, não creio possível descrever o ser humano, hoje, sem levar em conta a extensão do repertório proporcionada pelas concepções elaboradas seja por Deleuze e Foucault, seja por Freud e a psicanálise. Claro que nenhum dos autores citados se reconheceria como autor de uma teoria do sujeito, muito menos do indivíduo. Tampouco concordariam, os dois franceses, com Freud, ainda que tenham dialogado intensamente com a psicanálise lacaniana. O que afirmo é que o indivíduo ou a individualidade, enquanto valor, categoria e experiência, definido de modo aberto e flexível –em sintonia com seu caráter histórico, processual, político e criativo – não pode prescindir, para ser o que vier a ser, da imaginação desses autores e de seus modos de narrar a individuação humana.[15] Quando lutamos contra ditaduras, não precisamos concordar com determinada teoria política, nem compartilhar concepções sobre democracia. Quando recusamos a tortura não precisamos abraçar as mesmas teses filosóficas ou antropológicas, nem precisamos justificar o repúdio evocando fundamentos abstratos. A violência abominável do torturador prescinde de fundamentos, enquanto prática, embora eventualmente procure justificações para evitar desgastes políticos e garantir a legitimidade do poder em cujo nome é exercida. Do mesmo modo, a prática da resistência prescinde de apelos metafísicos: basta a si mesma como ato soberano. Assim, os brados "cessem o genocídio" e "exterminem todos os malditos" remetem a teses e ideologias, mas suas dimensões performáticas os inscrevem em lutas concretas, como instâncias e movimentos dessas lutas, em situações históricas concretas: realizando

15 Desenvolvo essa reflexão em O Brasil e seu Duplo (Todavia, 2019).

a carnificina colonialista ou a ela resistindo. Adiante, a distinção entre tipos discursivos (metalinguagem e abordagem pragmática) ajudará a organizar a perspectiva aqui adotada.

Retomando o fio argumentativo original, parece-me razoável sustentar os direitos humanos, aceitar que o indivíduo deve se constituir como fonte de direitos e também de responsabilidades, diante dos outros ou da sociedade, sendo esse o melhor entendimento possível, em nossos marcos de referência, para a vida individual e coletiva, e, ao mesmo tempo: (a) reconhecer o caráter artificial e político da unidade subjetiva e da identidade pessoal, e (b) admitir que o "eu" remete a si mesmo no mesmo movimento em que se afasta de si, pois, como emissor do enunciado, "eu", toma-se a si próprio como objeto, agora transformado em linguagem, e só pode dizer de si o que um sujeito da linguagem enuncia sobre um objeto. Entretanto, esse processo de conhecimento e afirmação é também um processo de desconhecimento e negação de si, porque, para dizer e saber de si, o sujeito do enunciando desloca-se para a posição de objeto. Isso significa que o sujeito, pensando sobre si, falando de si, buscando conhecer-se, distancia-se daquilo que pretende conhecer ou expressar, isto é, de si mesmo, daquilo que, supostamente, ele seria, substantivamente, essencialmente. Em outras palavras, o sujeito, atuando como tal, nega sua hipotética substância e se realiza na linguagem, como ser da(na) linguagem, e desliza para a fumaça do tempo. Ou seja, não há o sujeito igual a si mesmo, no tempo, como uma extensão ou matéria permanente. O que há é o movimento de eterno retorno e, como diria Derrida, a reiteração. Para ser, o sujeito precisa se afirmar como tal, na fluência dos jogos de linguagem, de novo e de novo. Por isso, o sujeito contém em si, para reiterar-se, isto é, para ser, o risco que a ação no tempo comporta: o risco de não ser[16].

Repito: de meu ponto de vista, essas imagens lacanianas e deleuziano-foucaultianas (distintas entre si, mas em diálogo) não a exigem nem pressupõem, mas são compatíveis com a antropologia implicada no discurso dos direitos humanos. Hamlet serve de exemplo e ampara minha explicação: assim como na fita de Moebius, a face fracionada, processual e porosa do sujeito (sua não identidade a si, resistente a dialéticas totalizantes) desdobra-se na face política, cidadã, que interage com os outros como indivíduo livre e responsável. O ser e o não-ser que precipitam a tensão constitutiva do dispositivo de subjetivação, implicado no jogo de linguagem dos direitos humanos, em vez de

---

16 Foucault investiga o poder que substitui o vazio desse movimento individual pela autenticação de uma identidade, adornada de adjetivos, âncora de responsabilidades e propriedades. Consulte-se **A ordem do discurso** (1996).

oporem-se um ao outro como hipóteses polares e antagônicas, convivem e se realizam construindo a experiência do sujeito e o lançando além de si mesmo, na vida social, como corpo político e subjetividade agonística, subjetividade política e corpo agonístico.

Se confundirmos os terrenos e os *tropoi* retóricos (a teoria do sujeito, a moralidade cripto-nietzscheana e a teoria política) vamos fazer a pior política, contribuindo para o fortalecimento de tiranias, e arruinar as chances de nossa libertação, inclusive pessoal – até onde e do modo em que essa sentença faça algum sentido. Misturando os códigos, ignorando as especificidades, vamos atropelar nuances, gradações, a miríade de diferenças, as mediações, e terminaremos pensando mal sobre a política e experimentando mal nossa própria vertigem –a diferença – intrassubjetiva. Cairemos na tentação do super-homem, o poeta de si mesmo com P maiúsculo, pura *hybris*, idolatria do individualismo radical, que é prenúncio de barbárie e todo o contrário da sacralização do indivíduo, no sentido que lhe atribui Hans Joas e que me parece muito interessante (Joas, 2012). Mergulhando na complexidade do sujeito e na aventura de sua libertação dissipadora, enaltecendo o indivíduo como foz da potência que flui, os filósofos anarquistas (que não me perdoariam por rotulá-los) não pensam a complexidade do social e do político com a sensibilidade e o refinamento que exibem em suas genealogias críticas e em suas hermenêuticas filosóficas. A política dos dois gênios franceses (eu o digo sem ironia) oscila entre a mais assombrosa irresponsabilidade e um rosário de platitudes arrogantes. Essa tem sido uma das principais razões pelas quais tantos dos que pensam a política com seriedade não levam a sério a dupla de filósofos e desdenha suas obras, jogando fora, assim, a criança com a água do banho. Perdem, os que ignoram Foucault e Deleuze, dois patrimônios extraordinariamente importantes da cultura contemporânea.

A DIGNIDADE DA PESSOA E OS DESAFIOS DO RELATIVISMO CULTURAL

O que poderia haver de errado, de um ponto de vista antropológico, com o postulado central das declarações internacionais dos direitos humanos, a ideia de dignidade da pessoa humana? Para a antropologia, os valores são peças muito importantes da cultura. São categorias imantadas de afetividade, isto é, são ideias que formam o eixo organizador da cultura tanto pela relevância do conteúdo moral quanto pela intensidade das emoções que despertam e da adesão que promovem, unindo e separando as pessoas, os grupos e as sociedades. A antropologia também nos ensina que os valores não brotam da terra como árvores, nem florescem do espírito humano como a expressão natural de sua essência. Não são naturais e, portanto, não são universais. São criações culturais – embora essa distinção cultura/natureza esteja perdendo crédito, celeremente, na medida em que sua pseudo-universalidade tem sido desconstruída. Em síntese, os valores são singularidades históricas (Joas, op.cit.: 16) que surgem, desenvolvem-se, fundem-se a outras, transformam-se e, eventualmente, desaparecem, substituídas por outras. Por isso, diferem conforme o tempo e o lugar.

O segundo ponto a destacar é um truísmo, uma concepção há décadas consolidada: as culturas e suas concepções morais, assim como as sociedades, não são superiores ou inferiores, mas diferentes. Comunidades tecnologicamente mais evoluídas podem se tornar insustentáveis, destruindo o ecossistema em que prosperaram, condenando-se ao declínio e ao colapso. Sociedades mais aptas a proporcionar conforto físico e longevidade podem ser menos dotadas para promover o entendimento mútuo, a equidade, a cooperação e a paz. As coletividades humanas privilegiam objetivos distintos, os quais remetem a critérios diferentes e por isso não podem ser submetidas a avaliações comparativas. Até mesmo o crescimento pode ser preterido em benefício da estagnação. Cada alternativa implica perdas e ganhos, para os quais não há cálculo objetivo ou balança neutra, pendurada no vértice do cosmos, oscilando na mão da divindade ou de cientistas sociais oniscientes. Quem avalia usa seus próprios critérios, que espelham seus valores e sua história, seu engajamento em determinada sociedade e civilização (Lévi-Strauss, 1976: 328).

Não faz sentido tratar as sociedades que não professam nossos valores – ocidentais, judaico-cristãos –como inferiores ou portadoras de falhas civilizatórias a serem reparadas por nossa intervenção edificante e educativa, mesmo contra sua vontade. No âmbito da ideologia colonialista que professa a superioridade ocidental, base para os mais cruéis genocídios, tudo se passa como se as elites das nações poderosas do ocidente fossem pais amorosos de filhos rebeldes, os "povos inferiores, incultos, perdidos na obscuridade da magia e dos mitos, animados por valores bárbaros, refratários à dignidade humana". A severidade (das armas) expressaria apenas o senso de responsabilidade. Afinal, é preciso proteger as crianças de sua própria leviandade e elevá-las da ignorância à sabedoria (cf. Lindqvist, 2023). O colonialismo estaria justificado, e todas as modalidades de imperialismo. Esse perverso sentimento de superioridade – a serviço do interesse econômico –, fonte de tantas discriminações, recebe o nome de etnocentrismo nos estudos antropológicos. É o pecado original das visões de mundo. Nesse sentido, dignidade humana é o nome que algumas sociedades dão a um valor precioso para elas, mas ausente do repertório moral de outras sociedades. Ausente não porque lhes faltem sentimentos que chamamos amor, solidariedade, fraternidade, compaixão, simpatia ou empatia. Mas porque os afetos e os significados se combinam em desenhos diferentes, formando outras configurações, nas quais florescem emoções e ideias que ignoramos, em detrimento de outras que nos são familiares.

Há, entretanto, outro risco, além do etnocentrismo e do involuntário endosso da violência colonizadora. Um risco tão grave quanto o primeiro, que corresponde à sua inversão: o relativismo. Pretende ser uma reação radical ao etnocentrismo, aos imperialismos e a todo tipo de racismo, mas acaba levando as boas intenções ao inferno. O remédio converte-se em veneno. Responde às pretensões universais do ocidente com a afirmação da incomparabilidade entre as culturas. Afirma a diferença entre os valores, desautoriza críticas e silencia ante as inúmeras consequências dessa posição. Consequências que podem ser trágicas em alguns casos (Soares, 1990, 1994, 1998, 2001 e 2006; Soares e Guindani, 2010). Devemos calar-nos ante práticas tradicionais que mutilam as mulheres, por exemplo? A dominação dos homens sobre as mulheres, em sociedades patriarcais tradicionais, deve ser respeitada como traço cultural? O que dizer da escravidão? E a tortura? Sua abominação seria também uma categoria cultural, ligada a valores típicos do individualismo ocidental moderno? A violência do assassinato dos gêmeos, nas comunidades que repelem a gemelaridade, como lidar com ela? O que fazer? O que fazer com os direitos humanos? São apenas uma invenção ocidental moderna? Devemos reduzir sua aplicação ao mundo que os gerou? Não têm vigência além de nossas fronteiras culturais? Lutar por sua implementação em todo o planeta significaria adotar postura etnocêntrica e imperialista?

Uma saída simples e convincente seria dizer que as sociedades, mesmo as chamadas originárias, não são homogêneas: muitas delas experimentam divisões internas e conflitos materiais e espirituais. Não raro, grupos mais fracos, dominados por outros mais poderosos, resistem, mobilizando valores compatíveis com aqueles que incluímos no repertório dos direitos humanos, em cujo centro está o respeito à dignidade da pessoa. Nesses casos, a ponte estaria lançada e não haveria obstáculo para a afirmação da pauta ocidental de valores e, portanto, para a defesa intransigente da dignidade humana. Contudo, nem sempre isso acontece. Nem sempre a pauta ocidental é assimilada por grupos minoritários ou oprimidos em sociedades distantes da nossa, do ponto de vista cultural. Quando a assimilação espontânea inexiste, o que nos compete fazer? Como devemos posicionar-nos? Como pensar a diversidade de valores entre as sociedades? Como aplicar nossos valores onde eles não são reconhecidos, nem seus fundamentos estão presentes na cultura? Por outro lado, como renunciar aos valores que, afinal, nos fazem ser aquilo que somos (ou gostaríamos de ser), do ponto de vista moral?[17]

Há um ponto de vista que merece destaque e especial valorização, e é coerente com a perspectiva de quem organiza sua visão de mundo de acordo com os postulados morais pressupostos nas declarações internacionais dos direitos humanos. Assim se enuncia: todo ser humano é portador de dignidade e credenciado a ser respeitado por essa qualidade intrínseca. Qualidade que lhe é dada não por suas ações, ideias ou eventuais virtudes, mas pelo mero fato de ser humano – a grande tarefa histórica será transcender o antropocentrismo e atribuir valor moral àquilo que chamamos "natureza" em seu conjunto (não apenas aquela que se esgota no humano). Dignidade, nesse contexto, é o que não se compra nem vende. É o que, na ordem humana, situa-se, como vimos, fora do circuito das trocas e não encontra equivalências: "No reino dos fins, tudo tem um **preço** ou uma **dignidade**. Quando uma coisa tem um preço, pode-se por em vez dela qualquer outra como equivalente; mas quando uma coisa está acima de todo o preço, e portanto não permite equivalente, então tem ela dignidade" (Kant, 1980: 140; grifos constam da edição citada).

Marcel Mauss refere-se a "santidade da pessoa humana" (Apud Joas, op.cit: 83). Seu tio, Émile Durkheim, criador da sociologia, revoltado com o antissemitismo patente no caso Dreyfuss, dizia, em 1899, que a crença nos direitos humanos e na dignidade humana universal deveria ser concebida como "a religião da era moderna" (Durkheim, 1975).

Entre tantas obras extraordinárias, o patrono dos sociólogos nos legou a lição preciosa: "Essa pessoa humana, cuja definição é como a pedra de toque a partir da qual o bem deve se distinguir do mal, é considerada sagrada, como

17 Vários antropólogos e sociólogos brasileiros dedicaram-se, direta ou indiretamente, por ângulos diferentes, a refletir sobre os dilemas referidos e buscar soluções, a partir de de seus próprios objetos de estudo e de suas próprias formas de conceitualizar essa vasta problemática. Entre as diversas obras, estão as seguintes, devidamente indicadas na bibliografia do capítulo Direitos Humanos e Ciências Sociais no Brasil: Cardia, 1994; Fonseca, 2004 e 2007; Ramos, 1999; Peirano, 1997; Segato, 2006; Cardoso de Oliveira, R. e L., 1996; Velho, O., 1995; Pacheco, 1998; Carneiro da Cunha, 1986, 1987, 1992; Zaluar, 2002 e 2009; Silva e Souza, 2001; Corrêa dos Santos, 2003; Mott, 2006; Schwarcz, 1995; Carvalho, 2006; Corrêa, 1981 e 2000; Musumeci Mourão, 1999; Bandeira e Suarez, 1999; Kofes, 2001; Gregori, 1993; Debert, 2008; Velho, G., 1998 e 1999; Gomes Pereira s/d; Novaes, 2001; Kant de Lima, 2005; Rifiotis, 2007; Grossi, Lins Ribeiro, Zanotta Machado, Heilborn, Carrara - 2001, 2003, 2005, 2006, 2008.

se diz, no sentido ritual da palavra. Ela tem algo dessa majestade transcendente que as igrejas de todos os tempos emprestam aos seus deuses; é concebida como investida dessa propriedade misteriosa que produz um vazio em volta das coisas santas, que as subtrai aos contatos vulgares e as retira da circulação comum. E é precisamente daí que vem o respeito do qual se faz objeto. Quem quer que atente contra a vida de um ser humano (...), à honra de um ser humano, nos inspira um sentimento de horror, em tudo análogo àquele sentido pelo crente que vê profanarem seu ídolo" (Apud Joas, op.cit: 80).

Acusado de cultor do individualismo, credo liberal que se afirmava desde o Renascimento, Durkheim era visto por seus detratores contemporâneos como um avatar do anarquismo desagregador. Na mesma linha, mas por motivos distintos, lideranças católicas rejeitavam a sacralização da pessoa, cuja origem atribuíam aos iluministas. A declaração universal dos direitos da pessoa humana pelos revolucionários franceses de 1789 foi considerada, como vimos anteriormente, blasfema e idólatra, verdadeiro insulto a Deus. Durkheim respondia com a demonstração, hoje clássica, da diferença entre dois tipos de individualismo: um deles, a seu ver, seria, de fato, destrutivo. Quando o indivíduo é pensado como uma entidade isolada e egoísta, voltada exclusivamente para seus interesses privados, todos os laços comunitários dissolvem-se e os outros reduzem-se a meros instrumentos eventualmente úteis a estratégias que visam riqueza e poder. Essa seria a enfermidade de seu tempo, admite. Nem o mercado resistiria a essa degradação narcisista e materialista da experiência humana. O ator liberal auto-referido e calculista expressa, segundo Durkheim, um reducionismo teórico equivocado e uma opção moral patológica.

O individualismo construtivo que o sociólogo postulava desprezava o "culto egoísta do eu" ou a "apoteose do interesse privado", e inspirava-se nas filosofias de Kant e Rousseau, cujas marcas ele identificava na declaração dos direitos humanos da revolução francesa. No âmbito do individualismo que advogava, não havia indivíduo sem sociedade, cuja força instituinte incidiria sob a forma de coerção externa mas também como referência interna estruturante, proporcionando a cada ator social – sem suprimir-lhe a liberdade, pelo contrário, tornando possível seu exercício –desde a linguagem aos valores, dos afetos ao uso da razão, das crenças aos padrões de comportamento (cf. Joas, op.cit: 81).

A dignidade mencionada nas declarações sobre direitos humanos é, portanto, um atributo incomparável, impossível de medir ou calcular, não se reduz nem traduz em qualquer outro valor. Difere da série de objetos e bens intercambiáveis como um excesso ou uma propriedade singular, que não se encaixa em nenhum grupo mais abrangente de conceitos, furta-se a classificações e não cabe em hierarquias.

A dignidade – não é demais repetir –sacraliza a pessoa, em um sentido muito específico: separa-a de todo e qualquer conjunto com o qual pudesse ser identificada[18]. Mesmo pertencendo a uma comunidade, a uma sociedade, a uma nação, ela é sempre única como seu rosto e sua personalidade (Joas, 2012: 71, 80, 82). A vida de um ser humano não tem valor computável, de tal modo que sua destruição intencional pudesse ser compensada por alguma prestação reparadora. A vida eliminada não tem preço, não corresponde a outra vida, nem a nenhum somatório de outras vidas. Assim como a vida física é intocável, sagrada, sua dimensão subjetiva ou espiritual também deve ser considerada inviolável. Portanto, provocar a degradação moral de uma pessoa constitui uma violência brutal, injustificável, mesmo que os fins visados pelo caluniador sejam os mais elevados, ainda que os objetivos sejam sublimes. A dignidade é uma qualidade inerente a todo ser humano, que o deveria tornar imune a instrumentalizações de todo tipo e refratário a manipulações que o submetam a interesses alheios, qualquer que seja a natureza desses interesses – materiais, políticos, espirituais, sexuais, psicológicos, intelectuais (cf. Kant, op.cit.).

Nesse ponto, começam as complicações. Adotando essa concepção moral, produzimos uma aporia. Explico: se creio e ponho em prática o respeito à dignidade humana não posso deixar de tratar todo ser humano como portador de dignidade e exigir que lhe seja dispensado, universalmente, esse respeito, em qualquer circunstância, em qualquer lugar. O respeito que lhe é devido é tão incondicional quanto a própria dignidade. Por outro lado, se trato todos com respeito incondicional e exijo que essa relação respeitosa seja universalmente adotada, invado e desrespeito culturas alheias, isto é, desrespeito as pessoas que praticam outras culturas e reverenciam outros valores. Em outras palavras, respeitando a dignidade humana e a fazendo respeitar, estarei desrespeitando a dignidade da pessoa humana, por desprezar hábitos, costumes, valores e visões de mundo das pessoas cujas culturas são diferentes.

Admitir a diferença cultural, repito, significa aceitar que a dignidade da pessoa humana seja apenas uma criação cultural particular, uma descrição do ser humano entre outras. Sendo assim, lutar no plano mundial pelo respeito à

---

18 Boaventura de Sousa Santos escreveu um ensaio muito interessante e útil sobre os dilemas da dignidade entre as pretensões imperiais universalistas e os limites políticos do relativismo. O autor descreveu, didaticamente, três contradições especialmente significativas, que contextualizam o debate: regulação social X emancipação; Estado X sociedade civil; Estado Nação X globalização. Portanto, vale consultar "Por uma concepção multicultural de direitos humanos" In **Revista de Ciências Sociais**, n.48. Junho, 1997.

dignidade da pessoa humana implicaria assumir uma atitude violenta, hostil, intervencionista, desrespeitosa das culturas alheias e, consequentemente, desrespeitosa das pessoas que portam tal cultura. Em outras palavras, defender a aplicação universal do respeito à dignidade humana implicaria assumir uma postura contrária à dignidade humana. Entretanto, nesse caso, como vimos, recusar o etnocentrismo – ou seja, renunciar à sacralização da dignidade como atributo universal da pessoa humana –gera o mesmo resultado negativo: causa danos à dignidade da pessoa humana.

O que fazer? Como pensar essa contradição?

De fato, não se trata propriamente de uma contradição, mas do choque entre dois enunciados distintos que extraem seus sentidos de duas teorias que se situam em níveis diferentes e cujos objetos também diferem – e aqui está a originalidade, e o risco, do ponto de vista que ouso sustentar. Por um lado, há a teoria antropológica segundo a qual é invenção particular de cada cultura tudo que se diz sobre o ser humano e que lhe atribui qualidades permanentes e generalizáveis, independentemente das variadas contingências, dos fatos que cercam sua vida e dos atos que a marcam. Tecnicamente, tal teoria seria denominada *metalinguística*. Enfatizo o caráter metalinguístico dessa teoria (ou dessa narrativa antropológica) porque o estudo das outras sociedades e de suas construções culturais dá-se a partir da reelaboração de nossa linguagem e em paralelo à sua desconstrução crítica. Esse processo voltado para desautomatizar nossa linguagem ordinária alimenta-se da identificação de diferenças que permitem por em perspectiva os significados que produzimos em nossa cultura, relativizando-os e os desautorizando em seus efeitos miméticos ou em suas pretensões universalistas.

Por outro lado, há a teoria (ou narrativa moral) em cujo âmbito atribui-se ao ser humano uma qualidade distintiva, derivada de sua descrição como sede do valor supremo, incomensurável – por isso, sagrado: a vida humana.

Vale a pena explorar um pouco a diferença entre as duas teorias. Sublinhe-se: elas não diferem porque dizem coisas distintas sobre o mesmo objeto. Diferem porque são tipos diferentes de discurso ou de teoria, sua natureza não é a mesma. Uma visa o conhecimento; outra, o estabelecimento de um padrão de relacionamento entre os seres humanos, por meio da mudança de suas relações com a linguagem, com o discurso ou com o que aqui denominei teoria. Uma teoria é construída com base na separação entre sujeito e objeto. Outra se constrói a partir da circulação dos sujeitos por ambas as posições. Uma produz conceitos universais e análises de fenômenos empíricos particulares. Outra é pragmática, suscita o diálogo, convida parceiros para o jogo, incita à participação, de modo a realizar, na prática, ainda que essa prática seja simbólica ou imaginária, a verdade proposta na teoria, verdade que se confunde com o exercício do valor referido. Assim, a referência converte-se em realidade e experiência. A verdade da teoria moral é a encarnação do valor, e o sentido do discurso é a prática que o torna fala de sujeitos reais, empíricos, e plataforma para a interlocução realmente vivida. Antecipei algumas conclusões. Passo à explicação detalhada.

Dado que o sujeito que afirma a dignidade da pessoa humana é uma pessoa humana, a sacralidade atribuída ao objeto do discurso retorna, especularmente, sobre o sujeito. Isso significa que o ser humano que toma a moralidade como objeto deve ver-se a si mesmo como dotado de valor sagrado. Portanto, sacralizar a pessoa humana, valorizá-la, prioritária e incondicionalmente, consiste em um gesto de generosa compaixão, de amorosa empatia, de simpatia fraternal, de reconhecimento do outro, mas consiste também na postulação da dignidade do sujeito que sacraliza o outro. Vale dizer: sacralizar o outro, admitindo sua dignidade, constitui um ato que retorna a seu autor, bastando-lhe, portanto, como dignificação de si mesmo enquanto sujeito, quer dizer, enquanto núcleo subjetivo ao qual cabem os adjetivos generoso, empático e compassivo.

Como se vê, a sabedoria bíblica confirma-se em um curioso jogo de espelhos: ponha-se no lugar dos outros, isto é, faça aos outros o que gostaria que os outros lhe fizessem, o que também pode ser dito, inversamente, com idêntico resultado, graças ao efeito bumerangue, garantido pelo fato de que o sujeito do discurso moral ou da ação moralmente justa é tanto uma pessoa humana quanto a pessoa humana genérica à qual se destinam seus atos e palavras morais: encontre para si a definição moralmente ideal (o ser dotado de dignidade) e tome a si mesmo como o modelo universal que definirá todo ser humano. O valor é circular porque nas duas pontas (sujeito e objeto) do enunciado ou do gesto moral está o mesmo personagem: o ser humano, em sua generalidade, em sua condição permanente.

Posto que a ordem humana é mutável e a experiência humana no planeta é contingente, de que permanência se trata? A sacralidade da pessoa humana, sua dignidade, é incondicional e permanente porque independe de circunstâncias e variações, fatos ou atos, virtudes ou crimes, realizações grandiosas ou abominações. Mesmo alguém que tenha violado a dignidade humana, ultrajando-se a si mesmo e a outrem, não perde sua condição humana, o que significa o seguinte: sua dignidade não se esgota no que foi, no passado, não está sujeita aos atos que cometeu. Pelo contrário, põe-se e repõe-se como ilimitada abertura para a gratuidade do vir a ser. Gratuidade aqui quer dizer: imprevisibilidade, indeterminação, incerteza e liberdade. O tempo projeta o sujeito para o futuro renovando suas possibilidades de ser. Em outras palavras: mesmo o assassino pode mudar, enquanto houver vida – e disso dá testemunho o relato paradigmático do bom ladrão, perdoado por Jesus crucificado.

Essa ideia de permanência, correlata ao caráter incondicional do valor, só se sustenta se puder contar com uma das seguintes âncoras, ambas pressupostas, cada qual à sua maneira, em sua respectiva ambiência narrativa: Deus ou a linguagem moral. Assim como a concepção monoteísta da divindade, a linguagem moral não designa ou representa uma objetividade fáctica, ou seja, algo externo a si mesmo – no caso, a dignidade. Por isso, pode-se afirmar que a linguagem moral da dignidade não faculta o trânsito dessa qualidade entre sujeito e objeto, como se injetasse no primeiro a qualidade que o segundo exprime. Nesse sentido, transcendem sujeitos e objetos empíricos, e independem ou ignoram qualidades intrínsecas a coisas ou seres, a começar pela qualidade de serem. Ambos, Deus e a linguagem moral, encarnam a substância mesma do sentido e da moralidade, e imantam com essa qualidade (no caso, a dignidade) sujeito e objeto, porque tanto o sujeito quanto o objeto são funções suas ou seus agenciamentos – da divindade criadora e da linguagem moral instituinte do valor (e não reflexo do valor existente fora e antes dela) –, são Seus filhos, criados à Sua imagem e semelhança.

Eis a conclusão, optando pela via laica: enquanto a antropologia de viés relativista (há outras compreensões da disciplina) é menos uma teoria da sociedade e da cultura, e mais uma metalinguagem –cujo objeto a ser tematizado e relativizado é nossa linguagem ocidental ou nosso modo de vida, porque linguagem é modo de vida (Wittgenstein, op.cit) –, a teoria moral subjacente aos direitos humanos, cujo pilar é a dignidade da pessoa humana, poderia ser entendida como a formação do sujeito moral, antes de ser o reconhecimento empático do valor alheio. A empatia persiste, mas é o sujeito que se oferece para ser alvo da empatia e para servir de modelo – o que é diferente de narcisicamente afirmar sua superioridade e impor-se aos demais como camisa de força e paradigma a ser mimetizado. Afinal, o sujeito que afirma a moralidade e, ao designar a dignidade do Outro (isto é, de qualquer outro ser humano), instaura a própria dignidade, o faz ao preço de sublimar sua singularidade e de apartar-se do espaço particular de seu desejo – só assim qualquer um, inclusive ele mesmo ou ela mesma, indivíduo empírico que ocupa a posição do sujeito, poderá reivindicar a incomparabilidade que sacraliza o ser humano enquanto tal.

Essa moralidade de que falamos é arriscada. Não teme o contingente e o vício. Assume a inconsequência. Despreza o utilitarismo. Evita construir-se como imposição de limites para prevenir e negar a anarquia (porque seu problema não é a genealogia da ordem). A moralidade pressuposta nas declarações dos direitos humanos descarta o moralismo para cultuar a humanidade de cada pessoa, sempre única.

Chamo a atenção para o centro da tese aqui exposta: é o discurso moral da dignidade que cria o campo circular em que vigora a supremacia do valor incondicional da pessoa. É esse discurso moral que envolve sujeito e objeto, ambos funções discursivas ocupadas virtualmente por pessoas, ambos únicos e incomparáveis, ambos iguais na sacralidade da vida humana, ou seja, em sua irredutibilidade a instrumentalismos. A coletividade não é superior à individualidade, assim como a soma de várias vidas não vale uma. Vidas humanas não são unidades mutuamente comutáveis. Por isso, repito, desde Kant as dizemos, em sentido laico, sagradas.

Quando afirmo que é o discurso moral da dignidade que cria o campo em que vigora a supremacia do valor incondicional da pessoa, quero dizer que o que há nessa moralidade não é a vontade de poder disfarçada sob máscaras da mais pura virtude (Nietzsche, 2016), mas o convite à participação no jogo dialógico eu-tu. Nesse sentido, esse discurso moral ou essa teoria moral não pode ser analisada pela metalinguagem antropológica relativista (culturalista ou construtivista), uma vez que esta se estrutura sob o regime eu-eles objetificador, incompatível com o registro da moralidade dialógica. Se a metalinguagem identificar esse registro diverso do seu (o regime do eu-tu), não o podendo objetificar, far-se-á presa da lógica dialógica, dissipando-se e rendendo-se a ela, abandonando-se a outras falas na horizontalidade das trocas interpessoais, intersubjetivas.

Pensar a moralidade a instala. Ela não vai ao mundo, não o molda, não o violenta – seu pragmatismo cria no mundo apenas o circuito da interlocução eu-tu e se oferece como ponto de partida para a formulação de valores derivados e princípios traduzíveis na linguagem dos direitos. A moralidade instaura-se e nos convida a participar. O convite é universal, isto é, não descrimina, não admite vetos. É uma narrativa aberta, permeável a protagonistas imprevistos. Aí está o sentido de sua universalidade. Nada de essências ou de disputas com teorias alternativas. Trata-se de um jogo aberto a novos participantes. Sua existência, entretanto, disputa desejos e imaginações, e incide politicamente, gerando conflitos, os quais, entretanto, não são aqueles que opõem etnocêntricos (intervindo) a culturalistas (resistindo a incursões corsárias ocidentalizantes). Até mesmo porque essa ocidentalidade é pouco central aqui, nada hegemônica em nosso peculiar ocidente tropical.

Quem afirmar que toda pessoa humana é portadora de dignidade, afirma sua própria dignidade e mais que a afirma, realiza-se como ser moral, confirmando a dignidade que seu enunciado postulara. Uma tautologia que não se confunde com circularidade equívoca ou ilusionista, ou com redundância, porque discurso é ato e o sentido é a realização pragmática interlocucionária. Mesmo só, o enunciador evoca uma comunidade de sentido. Adotando o discurso, cada sujeito se valoriza, valorizando o interlocutor – não mais objeto. Fazer girar o discurso da dignidade é a atualização da dignidade, virtuosa profecia que se autocumpre.

A metalinguagem antropológica diz algo sobre nossa linguagem cultural ao estudar os seres humanos de outras sociedades a partir de categorias universais, tornando-os, portanto, objetos permutáveis, conceitualmente: "eles" podem ser subsumidos por um conjunto de proposições conceituais da ciência antropológica. O discurso da moralidade dialógica que postula a dignidade da pessoa – tal como o compreendo –define o ser humano como um tu incognoscível, que dirá o que pensa que é ou deseja ser. O conhecimento decorrerá da escuta e não incidirá sobre um objeto – isto é, como um redutor conceitual do múltiplo dos sentidos. O conhecimento, nessa acepção moral específica, será a confirmação do outro enquanto ser moral. Portanto, corresponderá ao reconhecimento e ao respeito à alteridade, em sua intangibilidade, em sua liberdade, o que não impede – antes desbloqueia –a comunicação.

O tema – o sentido da dignidade humana e seu lugar nas sociedades –não está vencido. Longe disso. Por ora, não fiz mais que apresentá-lo e incluí-lo na pauta, como têm feito tantos outros e tantas outras, ativistas, pesquisadores, pesquisadoras. Será necessário voltar ao tema sempre mais uma vez. Por ora, basta o registro de que o problema da violência é muito mais complicado do que parece, até mesmo porque o polo oposto – a paz, o respeito à pessoa humana e os valores ligados a esses conceitos – é mais controvertido e polêmico do que poderíamos supor.

REFERÊNCIAS BIBLIOGRÁFICAS:

ARENDT, Hannah. **A Condição humana**. Forense Universitária, 2016.

BENZAQUEN de Araújo, Ricardo e Viveiros de Castro, Eduardo. "Romeu e Julieta e a origem do Estado" In Velho, Gilberto. **Arte e Sociedade**. Zahar, 1977.

BERLIN, Isaiah. **Estudos sobre a humanidade**. Companhia das Letras, 2002.

________. **Dos Conceptos de libertad & El Fin justifica los médios & Mi Trayectoria intelectual**. Alianza editorial, 2014.

BLOOM, Harold. **Shakespeare, a invenção do humano**. Objetiva, 2000.

CARDOSO de Oliveira, Roberto. **Razão e afetividade: o pensamento de Lucien Lévy-Brull**. Editora da UnB, 2003.

DAMATTA, Roberto. "Você sabe com quem está falando" In **Carnavais, malandros e heróis: para uma sociologia do dilema brasileiro**. Editora Zahar, 1979.

DURKHEIM, Émile. "Sacré" In: **Textes**, v. 2. Paris: Minuit, 1975 (originalmente publicado em Bulletin de la Société Française de Philosophie, vol.15, 1917).

ELIAS, Norbert. **O Processo civilizador; uma história dos costumes**. Vol. I. Zahar, 1990.

______. **O Processo civilizador; formação do Estado e civilização**. Vol. 2. Zahar, 1993.

FOUCAULT, Michel. **A Ordem do discurso**. Edições Loyola, 1996.

___________. **História da sexualidade. O uso dos prazeres**. Vol. 2. Editora Paz e Terra, 2009.

___________. **História da sexualidade. O cuidado de si**. Vol. 3. Editora Paz e Terra, 2014.

GAUCHET, Marcel. **Le Désenchantement du monde: une histoire politique de la religion**. Paris, Gallimard, 1985.

GIRARD, René. **A Violência e o sagrado**. Paz e Terra, 2008.

GOLDMAN, Marcio. **Razão e diferença**. Editora UFRJ, 1994.

HASTINGS, Max. **Inferno, o mundo em guerra**. Intrínseca, 2012.

HELLER, Agnes. **The Renaissance man**. Routledge, 2017.

HERRERA Flores, Joaquín. "Os direitos humanos no contexto da globalização: três precisões conceituais" In **Lugar Comum**, nº 25-26. Dezembro, 2010.

HONNETH, Axel. **Luta por reconhecimento**. Editora 34, 2003.

HUNT, Lynn. **A Invenção dos direitos humanos: uma história**. Companhia das Letras, 2009.

JAEGER, Werner. **Paideia; a formação do homem grego**. Martins Fontes, 2013.

JOAS, Hans. **A Sacralidade da pessoa; nova genealogia dos direitos humanos**. Editora UNESP, 2012.

KANT, Immanuel. "Fundamentação da Metafísica dos Costumes" In **Kant II**, São Paulo, Ed. Abril, Col. Os Pensadores, 1980.

KOERNER, Andrei. "Ordem política e sujeito de direito no debate sobre direitos humanos". **Lua Nova** [online]. 2002, nº 57, págs. 87-111. ISSN 0102-6445. doi: 10.1590/S0102-64452002000200005.

LÉVI-STRAUSS, Claude. "Raça e história" In **Antropologia Estrutural II**. Rio de Janeiro, Tempo Brasileiro, 1976.

LIMA VAZ, Henrique. **Escritos de filosofia: problemas de fronteira**. São Paulo, Edições Loyola, 1986.

___________. **Escritos de filosofia II: ética e cultura**. São Paulo, Edições Loyola, 1988.

LINDQVIST, Sven. **Exterminem todos os malditos: uma viagem a Coração das Trevas e à origem do genocídio europeu**. São Paulo: Fósforo, 2023.

MAUSS, Marcel. **Antropologia e sociologia**. 2 volumes. Zahar, 1974.

MARX, Karl. **A questão judaica**. São Paulo, Moraes, 1991.

MEAD, George Herbert. **Mind, Self & Society**. The University of Chicago Press, 2105 (original, 1934).

NIETZSCHE, Friedrich. **O Nascimento da tragédia**. Companhia das Letras. 2007.

___________. **Genealogia da Moral**. BestBolso, 2016.

PINHEIRO, Paulo Sérgio. "A genealogia e o Legado de Viena". **Revista Direitos Humanos**, v. 5, págs. 6-11, 2010.

PRONER, Carol e Tavares, Juarez. "O suicídio do Reitor: a política de execração pública" In **Em Nome da Inocência: Justiça**, volume organizado por Jailson Lima da Silva, Lésio Rosa de Andrade e Sergio Graziano. Editoras Insular e UFSC, 2018.

RAWLS, John. **A Theory of Justice**. Cambridge: Harvard University Press, 1971.

REIS, Rossana Rocha. "A América Latina e os direitos humanos." *Contemporânea – Revista de Sociologia da UFSCar*. São Carlos, Departamento e Programa de Pós- Graduação em Sociologia da UFSCar, 2011, nº 2, págs. 101-115.

RORTY, Richard. "Human Rights, Rationality, and Sentimentality" In **Truth and Progress. Philosophical papers**, vol. 3. Cambridge University Press, 1998.

SIMMEL, Georg. **On Individuality and social forms**. University of Chicago Press, 2011.

SMITH, Adam. **Teoria dos sentimentos morais**. Martins Fontes, 1999.

SOARES, L.E. "A Paciência da metáfora". In **A Interpretação**. Imago, 1990.

_______. "Luz baixa sob neblina: relativismo, interpretação, antropologia" In **revista Dados**, vol. 33, nº 1. RJ: Iuperj & Vértice, 1990; republicado em **O Rigor da indisciplina**. Relume Dumará, 1994.

_______. "O Trabalho da inércia: história e teologia na formação da subjetividade moderna". In **O Rigor da indisciplina**. Relume Dumará, 1994.

_______. "Antropologia e moralidade sob o signo da crítica" In **O Rigor da Indisciplina**. Relume Dumará, 1994, republicado em **Legalidade Libertária**. Lumen Juris, 2006.

_______. **A invenção do sujeito universal: Hobbes e a política como experiência dramática do sentido**. Editora da UNICAMP, 1995.

_______. "Algumas palavras sobre direitos humanos e diversidade cultural" In **Direitos mais humanos**, organizado por Chico Alencar. Garamond, 1998.

_______. "Algumas Palavras sobre Direitos Humanos e Antropologia" In **Direitos Humanos: temas e perspectivas**. Organizado por Regina Novaes. Editora Mauad, ABA, F.Ford, 2001

Soares, L.E "Complexidade, pluralismo e transdisciplinaridade" In **Legalidade libertária**. Lumen-Juris, 2006.

_______. "Perdão e esquecimento: a cultura política brasileira e as lições da África do Sul." ***In***: **Legalidade Libertária**. Lumen-Juris. 2006.

_______. **Justiça: pensando alto sobre violência, crime e castigo**. Nova Fronteira, 2011.

_______. **O Brasil e seu duplo**. São Paulo: Todavia, 2019.

SOARES, L.E., Athayde, Celso e Bill, M.V. **Cabeça de Porco**. Objetiva, 2005.

SOARES, L.E. e Guindani, Miriam. Direitos humanos e ciências sociais no Brasil" In Lessa, R. e Martins, B. (orgs). **Horizontes das Ciências Sociais: ciência política**. 1ª. Edição. SP: ANPOCS/Bacarolla, 2010 (págs. 115-163). Republicado, com pequenas alteracões, em Soares, L.E. **Desmilitarizar; segurança pública e direitos humanos** (São Paulo: Boitempo, 2019).

TOCQUEVILLE, Alexis. **Democracy in America**. London: Penguin Classics, 2003.

WITTGENSTEIN, Ludwig. **Investigações filosóficas**. Editora Vozes, 2014.

ZIZEK, Slavoj. **Robespierre, virtude e terror**. Zahar, 2008.

CAPÍTULO 13

GIRO AO REDOR DO DIREITO PENAL E DA PSICANÁLISE OU: *COMO ABORDAR A INFÂMIA SUPREMA DE UM CRIME SEM VÍTIMA QUE ENCARCERA EM MASSA E SUSTENTA A GUERRA CONTRA OS POBRES?*[1]

Dedicado a Julita Lemgruber e Rubens Casara

O primeiro obstáculo a pensar com rigor qualquer tema é o senso comum. São as concepções correntes metabolizadas como crenças – hábitos da mente, como diriam William James e John Dewey – que nos dão a impressão de que conhecemos o objeto da indagação, justamente aquele que cumpre examinar. Tendemos, como dizemos nas ciências sociais, a naturalizar o discurso ordinário e tudo o que, por apresentar-se a nossos olhos como óbvio e já sabido, supomos prescindir de questionamento e investigação sistemática. Note-se, desde já, que sob cada concepção espontânea há pré-concepções, ideias ungidas de valor e emoção, uma espécie remota de cláusula pétrea do ilusionismo vulgar que nos seduz, comove e mistifica. O problema é que, quando se questionam concepções tidas por evidentes e indiscutíveis, embora nunca discutidas, removem-se nessa faxina epistemológica também as pré-concepções, vigas de sustentação que, ao tombarem, carregam consigo pedaços do mundo, aos

1 A primeira versão deste artigo foi publicada em "*Psicanálise, Direito e (Des)enlace social*", organizado por Paulo Ferrareze Filho, Paulo Silas Filho e Djefferson Ferreira, editora Thoth (2021).

quais se engatam pedaços do sujeito, levando de roldão para o ralo, além de crenças e valores, imagens de si, narrativas biográficas que, desestabilizadas, deixam quem ousa pensar diante de um abismo angustiante. Dali em diante não há mapas e bússolas: ou se avança com coragem e disposição para mudar, ou se recua, abraçado à ruína, renunciando às dolorosas exigências da (auto) crítica. Essa dor converte-se em ódio de tudo e de todos que fazem pensar. O refúgio é a redoma em que se abriga o homem assustado, a mulher assombrada, abraçando os joelhos em posição fetal, protegendo-se de seus próprios fantasmas, alimentando-se de sua própria neurose: miragens repletas de rancor e sofrimento que enrijecem a percepção, paralisam a imaginação e não cessam de se reproduzir, retroalimentando-se.

Quando a neurose impõe seu domínio, o Outro interno já foi cancelado, recalcado. Dali em diante o Outro social será abolido. Toda relação se dará com as extensões do mesmo, espelhos e espelhos de espelhos. Quando se chega a tamanha encrenca psíquica, como operar a linguagem? Como desembaraçar-se da linguagem, essa alteridade constitutiva, quando a alteridade mesma está condenada? Ela terá de ser experimentada, a linguagem, ou exercitada, feita voz, em infinita circularidade, impulsionada pelo esforço vão e desesperado do apagamento (da própria linguagem), da liquidação da voz e do que reverbera e ecoa, do que sobra e excede, dos sentidos que vazam e se bifurcam. Por isso, o maior inimigo da neurose claustrofóbica e totalitária do dogmatismo feroz – ou seja, do fascismo – é a literatura, de que a poesia representa a concisão exponencial.

Nesse ambiente turvo, tenso e vibrante, em que o sujeito se descobre ante o risco de descobrir-se, a psicanálise lança pontes. Insiste em oferecer escuta, opondo-se ao movimento titânico de cancelamento da voz. Abre-se à escuta, resistindo à pressão por esterilizar a linguagem, no que ela tem de excessivo, ou seja, de transgressor da circularidade aprisionante. O desejo se infiltra nas dobras e demanda uma escuta livre, sintonizada com o paradoxal rigor da autonomia. A neurose obstrui as vias de acesso ao chamado emancipador, essa vocação humana renascida em cada parto, aniquilada pela servidão voluntária. Servidão a que se devota – conspirando com relações sociais de domínio e exploração – aquilo que, no sujeito, o despotencializa. Aquilo que não tem nome porque não pode ser nomeado sem desconstituir-se. Eis aí a oportunidade para a incidência libertadora da psicanálise, aliada à literatura, aquela em que vale a pena persistir, porque trava com a morte, e suas figurações, o bom combate. Apresenta-se, a psicanálise, ao sujeito, sobretudo àquele que, diante do abismo, petrificou, como uma aposta venturosa: se há escuta, pode-

-se contar de novo a própria história e ela não será a mesma. A narrativa revificadora é o avesso da confissão, porque a verdade não se descobre, se produz. O relato libertador não identifica fatos tais como se deram, mas a versão que articule a memória, as emoções e fantasias, com o desejo, ponto (e impulso) de ruptura da circularidade aprisionante. A biografia tecida pela voz ante a escuta não judicativa da psicanálise prossegue. O termo de uma confissão encerra e confina. O direito aponta para o tribunal, arena em que se separam acusação, defesa e sentença. A psicanálise revela a indissociabilidade dos três papéis e sua comum cumplicidade com o crime.

O direito, ao contrário – e me refiro aqui mais especificamente ao direito penal –, mina pontes e remete o sujeito de volta a si mesmo, à declaração de sua impossibilidade, declaração que o próprio sujeito emitiu, porque anular o outro (matá-lo ou desconhecê-lo) era anular-se (sem outro não há sujeito), e a solidão era a solução para evacuar de si a alteridade e congelar-se no ato, remover do ato a alma, por no mundo o ato puro, evento sem sujeito. Eis o crime em carne viva: o ato é a parte que se desprega do sujeito, seu predicado, para que o espírito ganhe corpo e a vontade se enraíze no mundo, escarnecendo do desejo, maldizendo-o, enfeitiçando-o, condenando-o, expurgando-o dessa história de corpos e objetos. O crime dá-se em nome da negação e o desejo – exilado, mutilado, furtivo, cativo, temido – não tem mais destino: para sempre espectral.

O direito responsabiliza, carrega o ato-evento de intencionalidade, recobre o ato nu com a viscosidade visceral da subjetividade, essa constelação de sinais flamejantes – e enganadores – do desejo. O direito faz o percurso da linguagem a contrapelo, cobrando à sintaxe suas conexões inflexíveis, indo do ato ao móvel até compor a sentença, enquanto a psicanálise extingue a pena para libertar o tempo, descongelá-lo, despregá-lo do ato, soltar a linguagem do anzol de culpa e horror, devolvê-la ao mar das (vagas) possibilidades.

Vamos deixar em suspenso por ora o direito e a psicanálise, tratados de forma abstrata, e pensar o que parece trivial para revolver o terreno em que nos movemos, desmontar certezas e adubá-lo com interrogações e hipóteses férteis. Pois bem, não há sociedade sem indivíduos, ou atores sociais, em comunicação constante, relacionando-se, portanto, cooperando ou em conflito, movidos por intenções e interesses. O que é e como se dá a comunicação? Quem se comunica? O que se comunica?

Segundo a definição canônica, esquematizada pelo linguista e semiólogo Roman Jakobson, comunicação é a troca de mensagens entre um emissor e um receptor. Para que elas sejam inteligíveis em ambas as pontas do processo, eles têm de compartilhar o código que regula o funcionamento da linguagem adotada. Assim, há três elementos envolvidos na estrutura elementar da comunicação, além do código: o locutor que emite a mensagem, o receptor que a recebe e a mensagem que circula. Tudo parece muito simples, embora a relação entre código e mensagem nem sempre o seja, quando passamos, por exemplo, da troca de sinais elencados no código Morse para a linguagem verbal, em que se combinam, por regras sintáticas, as palavras que compõem o estoque léxico da língua para gerar significados, mobilizando o universo semântico. Mais complexo ainda quando nos damos conta de que um enunciado é mais do que a aplicação de um código estático, regras articulando sinais. Ou quando aprendemos com a fonologia quão sofisticadas são as microdecisões imperceptíveis que tomamos sem saber que o fazemos, emitindo os sons na fala. Ou ainda quando descobrimos que, além de descrever fatos, expressar sentimentos ou comunicar significados, as falas podem ser, elas mesmas, atos. Ao dizer, por exemplo, eu te batizo, ou eu os declaro marido e mulher, o padre não está dizendo que batiza e casa, está efetivamente batizando e casando. Se digo eu prometo, eu juro, eu perdoo, não estou dizendo que prometo, juro e perdoo, mas estou, concretamente, prometendo, jurando ou perdoando. Nesses casos, a linguagem é performativa, isto é, torna-se a prática por ela enunciada.

Mesmo sem entrar nessas áreas tão interessantes, permanecendo na exploração do esquema simples da troca de mensagens, verificamos que, depois de Freud, da linguística e da filosofia da linguagem, o triângulo se complica. O emissor que enuncia a mensagem é ativo, por definição. Contudo, a psicanálise não autoriza mais a ingenuidade. O sujeito não coincide com a consciência. A dimensão inconsciente é irredutível e onipresente nas manifestações de sentido. Portanto, a voz que enuncia, o faz segundo a orientação de sua consciência, mas não pode impedir a intervenção inconsciente, adensando, incluindo contrabandos, atravessando ou sobrecarregando a mensagem consciente. Em outras palavras, se o locutor é ativo, ao enunciar a mensagem, é também passivo, porque há algo no processo de formação e envio da mensagem que lhe foge ao controle. Inversão análoga ocorre na ponta do receptor, cujo papel é basicamente passivo, na fórmula original, uma vez que sua atividade reduz-se à decodificação da mensagem recebida, à qual nada adiciona. Pois se o ativo é também passivo, na ponta da locução, aqui, na ponta da recepção, o passivo é também ativo, porque há sempre adição inconsciente na decodificação da mensagem, em sua interpretação. Se há duas pessoas em comunicação verbal nem a mensagem escapa à torção: ela não se esgota na camada explícita; traz consigo, potencialmente, uma multiplicidade de sentidos, ou melhor, abre-se, necessariamente, a uma pluralidade de apropriações interpretativas. Cada interpretação adiciona uma camada de sentido, em nada se parecendo com a metáfora da escavação do tesouro que, uma vez encontrado, corresponderia à essência final e verdadeira, imutável, da mensagem, "aquilo que ela efetivamente quer dizer".

Em suma, quem fala não sabe tudo o que está falando, nem controla inteiramente os significados que o receptor poderá emprestar à mensagem, enquanto este tampouco estará diante do significado puro produzido pelo emissor, significado que seria o retrato da intenção mais íntima e consciente desse emissor. Mesmo porque aquém do íntimo e consciente há o que sequer o emissor conhece ou comanda. Não é de se espantar, por consequência, que tão frequentemente a comunicação humana seja um processo de redução de danos, conduzido por esforços de correções e ajustes sucessivos, que começa numa explosão semântica, de reverberações emocionais, uma espécie de *big-bang* inaugural. Essa a origem do universo de atritos, lapsos, vazios e conflagrações, que denominamos comunicação. Refiro-me àquela realmente existente, não ao modelo idealizado em que dois ou mais seres racionais e plenamente conscientes manejam palavras e se entendem, negociando consensos e contratando sentidos comuns para cooperar. Esse resultado evidentemente também existe, mas costuma ser colhido por armistício, após a carnificina das boas intenções, e mesmo assim desde que o processo esteja cercado por molduras institucionalmente estabelecidas e circunscrito por convenções ritualmente rememoradas.

Imaginemos agora o labor estoico da psicanálise, saltando entre minas e escombros, restabelecendo conexões contraintuitivas, não para aparar arestas, apaziguar os ânimos e iluminar o sentido conspurcado de um lado e outro, mas para surpreender o dono da consciência e da intenção com o anúncio de que só haverá paz se não houver trégua no corpo a corpo de uma comunicação de outro tipo, mais feroz e desarmada, consigo mesmo pela mediação da escuta analítica. Nenhuma comiseração com a autoindulgência, a alma é só o teatro de operações. A boa intenção está empapada de sangue, embora, óbvio, haja amor em SP, e alhures.

Imaginemos o direito penal lavrando a aridez mineral desse mesmo terreno: conflito de interpretações, versões, acusações, babel indiscernível. Em vez de reconhecer a impotência da consciência que tenta domar a palavra, o ato e a intenção, trata-se de distribuir papéis e montar a dramaturgia do tribunal para que as narrativas conflitantes abram passagem sob a nuvem de objeções recíprocas e imprecações, cumpridas as tarefas periciais.

Se lá, na comunicação humana face à psicanálise, o código, a linguagem enquanto estrutura instrumental, ocupava o lugar de plataforma de partida para a guerra nas estrelas, e o *big-bang* matricial, aqui, na sala de armas do direito penal, ele, o código, é duplicado: (a) é linguagem e rede cultural (afinal, é preciso entender minimamente o que dizem e disseram vítimas, suspeitos e testemunhas, em que contextos o fizeram), às quais se soma o saber sobre a psiquê humana que se supõe possuir (cada operador do direito faz suas apostas no que seriam verdadeiramente as intenções últimas de uns e outros); (b) mas é também repertório de ilícitos, com suas hierarquias e articulações. Atos são classificados, uma vez interpretados (para sê-lo é preciso traduzi-los em discursos, em relatos, narrativas, em linguagem), segundo a lógica da taxonomia legal. O sentido de um ato é atribuído por quem age, quem sofre a ação e quem a observa. Por vezes, é a existência mesma do ato que está em tela de juízo. O modelo judicial construído pelo direito monta o jogo e põe o sentido – alguns diriam: a verdade – em circulação. O ato é, por assim dizer, reencenado, dessa vez espremendo cada personagem no figurino de um dos três papéis disponíveis: vítima, perpetrador e testemunha. A explosão de significados e a conflagração do crime, real ou suposto, submete-se ao filtro ditado pela redução de indagações ao que importa para o juízo: quem fez o quê contra quem? Por quê? Em quais circunstâncias (que agravam ou deflacionam responsabilidades)? Tudo mais só é pertinente se puder socorrer o juiz e ou o júri a prover respostas, que sustentarão a decisão sobre a inocência ou a culpa e a pena.

A que desejo servem ou de que desejo fogem as vontades do sujeito, seus atos, intenções, motivações? Pergunta-se a psicanálise, na expectativa terapêutica (quiçá uma quimera utópica) de que, identificado o desejo, as máscaras cederão e o ajuste de contas permitirá um reencontro mais saudável (para si e os demais) e criativo com sua própria história e suas potencialidades. Um rousseauísmo arcaizante, talvez, em busca desse humano degradado pela propriedade, pecado original da civilização.

O direito interroga os fatos para reparar, na medida do possível, em nome do Estado – que representaria o bem comum (a sociedade em estado de beatitude, rosnariam os cáusticos) –, a violação sofrida pela vítima. E sinalizar aos desavisados que desvios têm custos, o que, supostamente, concorreria para que crimes não se repetissem (amarga ilusão). Os membros da cena desafortunada evocados na reprodução dramatúrgica judicial não têm desejo ou inconsciente, não são chamados a falar enquanto sujeitos, pelo menos não no mesmo sentido que o seriam no *setting* analítico. A verdade que transita lá e cá não é de mesma natureza.

Tomemos agora um fenômeno empírico.

No Brasil, há cerca de 800 mil presos, a terceira população carcerária do mundo e a que aumenta mais rapidamente desde 2001. O subgrupo que cresce com mais celeridade, na população prisional (já representa mais de 30%, entre as mulheres, 62%), compõe-se dos que cumprem pena ou aguardam julgamento sob acusação de tráfico de drogas, entre os quais, e com mais frequência, incluem-se os que foram presos em flagrante, atuando no varejo do comércio das drogas, sem armas, sem praticar violência e sem vínculo orgânico com organizações criminosas. Trata-se dos perpetradores de crimes sem vítimas. A única vítima é o bem jurídico, o que não passa de perversa tautologia, uma vez que esse bem só existe porque a lei o estabelece como tal. Ou alguém em sã consciência (perdão pela ironia inevitável) sustentaria que a saúde pública, tão zelosamente protegida por políticas de Estado universais e qualificadas (quem ousaria questionar o advérbio?), estaria ameaçada caso houvesse respeito à liberdade individual para o consumo privado das substâncias hoje proscritas? Embora esse processo (tautológico) se aplique a todo crime, pois não há crime sem lei que o estabeleça, nos casos em que há vítima, o hipotético silêncio legal não suprimiria o efeito causado pelo ato em pauta, ainda que vedasse sua definição como crime. Entretanto, quando o único bem violado é exclusivamente a lei, o bem jurídico, a tautologia pode enredar-se numa teia solipsista, a depender, como veremos, de suas características intrínsecas e de seus efeitos sociais. Cancelada a lei de drogas, cancela-se o bem, desaparece a vítima, some o crime.

Essa lei é hipócrita e irracional: criminaliza a pobreza, não reduz o consumo de drogas, corrompe as instituições, encarcera milhares, fortalece facções criminosas e mata inocentes. Seu efeito é a devastação da vida de centenas de milhares de jovens, os quais, presos, veem-se obrigados a aceitar a tutela de uma facção, que garantirá sua segurança e lhes cobrará lealdade subsequentemente à saída do presídio. Ou seja, a política criminal brasileira está contratando violência futura. O discurso demagógico proibicionista acena para a sociedade, imersa em medo e insegurança, acusando os defensores dos direitos humanos de indiferença relativamente ao drama das vítimas. Que vítimas? O bem jurídico não chora, nesse caso sequer designa qualquer benefício público: as supostas consequências benéficas do proibicionismo são puro embuste.

Examinemos de perto o que se passa, cotejando o direito penal e a psicanálise, que não grafo no plural para simplificar a exposição, posto que são tantas as linhagens e reinvenções, as mais criativas disputando fidelidade à letra do pai fundador.

A capitulação, no código penal – referência para o direito –, do circuito produtivo e comercial de determinadas substâncias psicoativas como crime corresponde à aplicação de uma política criminal, que define como bem jurídico a saúde dos cidadãos face aos riscos supostamente representados pelo uso de tais produtos. No caso do tráfico de drogas, há uma relação visada pelo legislador e, a seguir, pelos operadores da Justiça criminal: a troca de bens entre quem vende e quem compra, a droga por pagamento. Para impedir o consumo, prática que atentaria contra a saúde do próprio comprador do produto, a lei alcança o conjunto de atores e práticas (desde a produção até o transporte e a distribuição) que viabilizam a fruição da substância profanadora do bem-estar físico e mental do cidadão (reduzido, portanto, a três perfis: dependente químico, mal-informado ou incapaz de juízo responsável). Uma vez que a parte ofendida não é o comprador – este participa do negócio das drogas na ponta do consumo, inscrevendo-se na rede criminal –, mas o bem jurídico legalmente instituído, em sua abstração e generalidade, o que temos é um sistema de comunicação estruturado no plano normativo entre um locutor que emite uma mensagem (um perpetrador que produz ou repassa um bem ilícito ou que o adquire e o consome) e um receptor que, não sendo a vítima, a representa sob a forma do intérprete do bem jurídico: os operadores da Justiça criminal.

Quando o receptor é um indivíduo, há reapropriação da mensagem, interpretação e fruição, ou sofrimento decorrente da mensagem ou do ato. A comunicação pode ser reconhecida em sua complexidade e, em alguma medida, restabelecida, incluindo-se na restauração crítico-analítica a subjetividade do emissor. Quando o receptor é cancelado e transferido para o plano da abstração e da generalidade, a complexidade da comunicação deixa de existir, e ela permanece multidimensional apenas na ponta da emissão, não mais da recepção. E é do lugar dessa recepção truncada e transposta para a esfera repressiva que a atribuição de sentido será realizada, e o será de modo tendencialmente uniforme e indiferente ao processo real de comunicação. As variações derivarão dos *biases* que expressam racismo estrutural e preconceitos de classe e território. É a lei que se reificará, autonomizando-se, em sua (artificial) realidade autossuficiente, em seu solipsismo, derivando sua legitimidade não do ambiente relacional (a dor do outro, a intenção, as escolhas, a coerção) e das referências axiológicas realmente mobilizadas, mas de sua origem institucional. O policial, o promotor e o juiz confirmarão seus papéis, reafirmando seu poder, *esvaziando o sentido do que ocorre* e remetendo fatos e atos à serialidade exclusivamente taxonômica – nesse sentido mecânica e alienada – de práticas e procedimentos padronizados. A prisão será a consequência como que natural da extinção do lugar existencial do emissor (o perpetrador), espelho do bem jurídico que define a sociedade como a parte ofendida. A culpa aqui é apenas o expediente que inverte a afirmação da lei em sua positividade: o reflexo de sua negação.

Grifei *esvaziando o sentido do que ocorre* porque os acontecimentos empíricos, tanto os anteriores quanto os decorrentes da intervenção punitiva, contrariam toda a mitologia de que se nutrem as justificativas da legislação proibicionista. Não mencionei as experiências sociais ou existenciais dos atores diretamente envolvidos no evento objeto da ação repressiva porque suas respectivas histórias, necessariamente complexas, desaguariam inexoravelmente no mesmo oceano de perversidade e contradições descritas acima: vidas submetidas à moenda do sistema penitenciário que não cumpre a Lei de Execuções Penais, impõe excedentes de pena, fornece mão de obra gratuita às facções criminosas e devasta gerações de jovens. Sabemos quais jovens: os pobres, os negros, os moradores de territórios vulneráveis. Os mesmos aos quais se negaram, desde a infância, direitos à igualdade de oportunidades, celebrada no credo liberal e consagrada na Constituição. Eis aí bens jurídicos cuja defesa não enseja uma guerra.

Como é possível que um saber, uma técnica, uma disciplina, o direito penal, conviva com a infâmia e sirva, aplicando-a, a essa política criminal, máquina de morte e degradação? A que preço essa extensão do direito, cuja matriz é a própria justiça como conceito e valor, se inscreve no mundo, adaptando-se à violência puramente destrutiva mascarada de legalidade, no âmbito do Estado de direito? Por outro lado, não há só acusadores e juízes algozes, azeitando a máquina encarceradora. Os defensores resistem à moenda dantesca, manejando o saber para frear a dinâmica corrosiva.

Até determinado ponto, era razoável acompanhar a bifurcação dos caminhos entre o direito e a psicanálise, cada qual cumprindo funções distintas, até mesmo divergentes e opostas, sob certos aspectos, mas ainda assim, dir-se-ia do direito, respondendo a demandas que não podem ser descartadas facilmente sem provocar instabilidade insuportável em grande escala. Mas a partir daí, a face crepuscular do direito penal, engrenado à máquina da Justiça criminal, renuncia ao que parecia restar de seu vigor construtivo. Quando se afasta dos conflitos entre atores concretos, quando lhe escapa a afirmação de direitos, quando já não lhe basta mediar interesses e moderar os apelos de vingança, refratar o impulso punitivo ou abrandar a onipotência dos poderosos, passa a funcionar como simples aparelho de hegemonia, instrumento da dominação social. É o que ocorre quando se rende à política criminal proibicionista, que violenta os pobres e reproduz o racismo estrutural, em nome de um bem jurídico falso, na ausência de vítimas reais.

Já tínhamos visto que o direito penal lê os desencontros humanos a contrapelo da escuta analítica, na contramão da aposta que a psicanálise faz na mudança e na reconstituição da própria história. Já constatáramos que o direito penal insiste no passado para responsabilizar, oferecer alguma reparação aos ofendidos e sinalizar, prospectivamente, o que soa razoável. Entretanto, o modo como a Justiça criminal responsabiliza confunde responsabilização com culpabilização e acaba fechando portas a revisões críticas libertadoras. Nada menos propenso a estimular mudanças do que a privação da liberdade e o sistema de punições. A sentença de privação de liberdade instaura a prisão sintática, amarrando o sujeito ao verbo, ao ato, reduzindo-o ao papel de autor do crime pelo qual cumpre pena e transferindo-lhe as qualidades nefandas do ato, como se fossem suas propriedades intrínsecas, essenciais e indeléveis. Ainda mais grave é privar de liberdade em nome da proteção de um bem jurídico que corresponde apenas à dissolução dos sujeitos reais que se inscrevem em redes de comunicação horizontal e à disseminação de uma apreensão verdadeiramente alucinatória da existência coletiva, matriz da brutalidade institucionalizada.

E é aqui que os caminhos se apartam irremediavelmente. Nesse sentido, no limite, não há conciliação possível entre o direito penal e a psicanálise, embora os profissionais do direito possam exercer seu ofício de um modo politicamente transformador, criticando, na prática ou em teoria, os fundamentos da Justiça criminal, municiados de conhecimentos e inspirações psicanalíticas, e não só. Condenar centenas de milhares por crimes sem vítimas significa vitimar essa multidão, sobretudo quando a tais crimes contra vagas abstrações imaginárias se acrescentam o adjetivo hediondos para agravar as penas. O direito penal tem diante de si o desafio radical de abrir-se à escuta do Outro que o constitui.

CAPÍTULO 14

PERDÃO E RECONCILIAÇÃO: O HUMANISMO DEPOIS DE SUA DERROCADA[1]

À memória de Carlos Rodrigues Brandão

Capítulo estranho, este que você começa a ler. Abre pelo avesso, inventariando (e antecipando) as críticas, adiando a apresentação de seu objeto e optando por uma espécie de estilhaçamento preventivo do foco, que jamais se decidirá por um ângulo ou se renderá à disciplina da retórica linear. Caminha em círculos, buscando as sutis diferenças para insinuar, no espaço da reiteração, a espiral. Texto que tece a relação com sua temática por aproximações sucessivas, recuos e saltos em torno do não dito, provocando-o até fazê-lo precipitar-se. A justificá-lo apenas o testemunho de que seu autor não escolheu esse método obscuro por capricho, mas por necessidade. Era preciso fazer desse tabuleiro de conceitos a plataforma de uma experiência.

I. REFUTAÇÕES, ANTES MESMO DAS CONJECTURAS

O binômio, *perdão e reconciliação,* quando enunciado com a pretensão de estabelecer-se não apenas como o título de uma metodologia eventualmente útil e

---

1 Este ensaio, inédito em português e aqui revisto e ligeiramente modificado, foi originalmente publicado em DIAS, J. (Org.); HICKS, D. (Org.); NARVAEZ, L. (Org.). Filosofia Política del Perdón y de la Reconciliación IN Cultura Politica de Perdon y reconciliacion. 02. ed. Bogota: Fundación para Reconciliación, 2009, e em HICKS, D. (Org.); NARVAEZ, L. (Org.). Political Philosophy of Forgiveness and Reconciliation IN Political Culture of Forgiveness and Reconciliation. 3. ed. Bogota: Fundación para Reconcilianción, 2010.

aplicável a circunstâncias muito particulares, mas como a expressão sintética de um paradigma para a ação política, ética e social, soa, a princípio, simples e facilmente inteligível. No entanto, logo se revela muito mais difícil, polêmico e polissêmico, o que se atesta relendo-o pelo avesso, ou seja, pelo viés das rejeições que suscita – rejeições contraditórias entre si, o que não implica que se anulem, mutuamente. Seria apenas um truque escolástico lançar as críticas umas contra as outras, na arena do debate, até que o embate lhes drenasse toda potência argumentativa, lhes roubasse o ímpeto e a capacidade de interpelar. Entretanto, o fato de que *perdão e reconciliação* – aqui tomado como o título descritivo de uma abordagem abrangente dos conflitos e das relações que envolvem violência ou vitimização – provoquem refutações polarizadas, em vez de reações unívocas, pode ser um indicador interessante, a merecer exame no processo de problematização[2] do binômio, que terá curso adiante.

Uma etnografia ligeira da discussão travada com professores, estudantes, sindicalistas, militantes, psicanalistas, jornalistas e consultores políticos, sobre o binômio, conduz-nos a um quadro de largo espectro, com ressonâncias babélicas. Identifiquemos apenas as reações mais comuns. Simplista, dizem alguns. Reducionista, acusam outros. Insensível à complexidade da vida social e das dinâmicas (inter)subjetivas, denunciam certos interlocutores. Irremediavelmente conservador, porque tendente a suprimir o espírito crítico, o sentimento de indignação e a disposição de luta; ou, pelo contrário, inspirado na imagem pueril de um comunismo edênico e primitivo. Religioso e irracional; ou retórico e puramente doutrinário. Ingênuo e romântico. Matéria para idealistas sem compromisso com a realidade objetiva das sociedades e a profundidade das contradições políticas, econômicas, culturais e psicológicas. Funcional, acrescentam os críticos à esquerda, para a dominação burguesa e as diversas formas de exploração, do imperialismo ao racismo e à homofobia, passando pela opressão de gênero. Instrumental, concluem outros, para a pacificação dos impulsos subversivos e a coerção do desejo, através da normalização de comportamentos, a imposição das disciplinas e o exercício dos micropoderes. Mecanismo a serviço da reprodução do poder de Estado e de seus aparelhos repressivos e ideológicos.

As questões que apenas espelham preconceitos não merecem maior atenção, além do registro que, por si só, as desarmam. Quanto à crítica política,

2 O esforço hermenêutico, aqui empreendido sob a categoria "problematização", tenciona incorporar perspectivas e métodos distintos, que se poderiam denominar: desconstrução, reconstrução, recontextualização e redescrição.

vale um esclarecimento: se o argumento tecido ao longo do capítulo é denso, conduz-nos a uma interpretação bastante distante do senso comum, em cujos termos perdoar implicaria ceder, render-se ao agressor, desistir de se defender e de lutar para afirmar direitos e transformar as condições que tornaram possível a própria agressão. Perdoar nada tem a ver com capitulação. Pelo contrário, quem está amarrado ao passado pelo trauma ou quem se apega a uma autodescrição negativa, vendo o mundo da perspectiva da vítima, despotencializa-se e renuncia ao protagonismo.

Se o perpetrador continua a cometer crimes e brutalidade, o perdão está fora de lugar, porque todo o presente está tomado pela luta. O problema que se coloca, então, é como participar do inevitável confronto, preservando a dignidade humana em si mesmo e no "inimigo". Mesmo no confronto há formas distintas de posicionar-se e de aproveitar as oportunidades, apontando para fora do campo minado, que é o círculo vicioso do ódio e da revanche.

Quanto aos demais pontos, façamos um esforço de abertura para ouvi-los e lê-los, antes de condená-los, simplesmente porque nos condenam. E deixemos que a apresentação de nossas teses, subsequentemente, faça seu trabalho construtivo. Ao final do texto, nem todas as dúvidas e críticas estarão respondidas, mas o terreno estará cultivado para que se travem os diálogos em profundidade e sem preconceitos.

Há quem conteste os méritos do perdão, no campo da psicologia, por considerar o ressentimento (que cumpriria ao perdão suprimir) um meio saudável e legítimo de expressar autorrespeito, preenchendo o sentimento de vazio e fazendo com que a pessoa se sinta viva e fortalecida (Hampton, 1998, e Monteville, 1993: 120; *apud* Auerbach, 2004[3]).

Há também quem inverta o epíteto positivo, que dá título ao livro do Reverendo Arcebispo Desmond Tutu, *No Future Without Forgiveness*4. Dizem, provocativamente: "No past with forgiveness". O raciocínio é este: se a violência sofrida faz parte da história de uma nação ou um grupo social, removê-la da memória coletiva ou redescrevê-la em termos menos drásticos significaria da-

3 Auerbach, Yehudith . *The Role of Forgiveness in Reconciliation.* In Yaacov Bar-Siman-Tov, ed., From conflict resolution to reconciliation. (Nova York: Oxford University Press, 2004).. Págs. 149-176.
Hampton, J. 1Forgiveness, Resentment and Hatred" In *Forgiveness and Mercy*, eds. J.G.Murphy and J.Hampton.,(Cambridge: Cambridge University Press, 1988).
Monteville, J.V. 1"The Healing Function in Political Conflict Resolution". In *Conflict Resolution Theory and Practice: Integration and Application*, eds. D.J.D. Sandole and H. van der Merve, pp. 112-127. (Manchester: Manchester University Press, 1993).

4 Tutu, Desmond – *No Future Without Forgiveness.* (Nova York: Doubleday, 1999).

nificar o solo sobre o qual se edificam valores, o sentido de pertencimento e uma identidade (Auerbach, *op.cit:* 155).

Por sua vez, muitos dos que se autoproclamam realistas julgam o binômio inadequado para pensar os conflitos de nosso tempo e, mais ainda, para solucioná-los. De seu ponto de vista, o binômio "perdão e reconciliação" não ajuda a descrever a natureza dos conflitos, de forma a facilitar sua compreensão e orientar sua superação. Até mesmo porque teria a pretensão desmedida e inapropriada de aplicar-se a todos os casos, independentemente da escala, do âmbito, dos atores envolvidos, dos interesses e das paixões mobilizados, das molduras institucionais e dos contextos culturais, sociais, psicológicos e políticos – a falta de precisão pressuposta na enunciação genérica e vaga do binômio, esvaziando-o de qualificações, ampliaria de tal maneira o foco da "reconciliação", que ele abrangeria tanto a vida familiar e os dilemas interpessoais, quanto as guerras; assim como o objeto do perdão se estenderia ilimitadamente, abarcando desde as desavenças mais tolas até os genocídios.

Na esteira da última crítica, alguns interlocutores adotam uma postura moderada, admitindo o valor do binômio, mas de modo condicional, submetendo sua validade ou aplicabilidade a situações bastante específicas, que deveriam ser parte de um campo bem delimitado de fenômenos sociais, políticos e individuais. Outros, ainda, aceitam o valor de cada termo que compõe o binômio, mas recusam a conexão entre eles, pelo menos enquanto ligação necessária e permanente, aplicável a todos os casos. Perguntam: por que não apenas perdão, ou somente reconciliação, de acordo com cada circunstância?

Pensar desse modo condicional, sugerido pela última crítica, permitiria evitar questionamentos como os seguintes: podem os vivos (isto é, têm direito a) perdoar pelos mortos e em seu nome – por exemplo, uma geração pode perdoar em nome da anterior ou pelo que se cometeu contra a geração anterior? Podem os sobreviventes perdoar em nome das vítimas mortas? Podem os vivos perdoar os mortos? Haveria perdão unilateral, sem arrependimento e sem a celebração de um acordo em torno de uma narrativa consensual sobre os eventos geradores do sofrimento e/ou da injustiça e sobre as responsabilidades envolvidas? Poderia o sujeito – estendendo a abrangência da categoria perdão até o limite extremo de seu universo semântico – perdoar a si mesmo por um ato cometido contra si ou até mesmo contra terceiros, na medida em que esses atos tenham provocado danos sobre seu autor? Os danos que um sujeito provoca em si pela mediação de danos promovidos contra terceiros incluem: ódio, desprezo, medo ou repulsa, dirigidos ao autor dos atos danosos pela vítima, sua família, seus amigos ou sua comunidade (que pode ser ou não a mesma do autor). As consequências desses sentimentos e das práticas que suscitam podem ser negativas em sentido prático (quando se convertem em punições, privações ou estigmatização, isto é, corrosão da imagem) e/ou em sentido moral e psicológico (provocando vergonha, autodepreciação, indisposição para viver, culpa e degradação da autoimagem).

Outros questionamentos especialmente relevantes são os seguintes: todo crime, toda violência, toda violação de direitos e de princípios, todo mal perpetrado é perdoável? Mesmo que fosse perdoável, supô-lo, *in limine* (o que se daria quando não se aceitam limites para o alcance do perdão, ainda que apenas por hipótese e enquanto definição de potencialidades), não significaria minimizar a magnitude da violência cometida, sua dimensão, sua intensidade, sua capacidade de engendrar tragédia, barbárie, injustiça, destruição e sofrimento? Supor a possibilidade do perdão sem restrições, no plano teórico, não implicaria subestimar a gravidade dos atos negativos por classificá-los, invariavelmente, nesse nível abstrato, como perdoáveis? Classificá-los como potencialmente perdoáveis, *ex-ante*, não importaria em requalificá-los, deformando a percepção individual e coletiva do que seja o horror? Não implicaria, em certo sentido e em alguma medida, relativizar o horror, abrindo brecha para o cancelamento da necessária condenação de tudo o que seja arbitrariedade predatória?

Porém, a rejeição, no plano teórico-conceitual, à universalidade ilimitada do perdão, implicaria afirmar, por sua vez, que há reconciliações inviáveis, irremediavelmente impossíveis, *ex-ante*, independentemente dos processos históricos e políticos, psicológicos e culturais que viessem a transcorrer. Essa consequência seria aceitável, seria razoável, tanto ética quanto politicamente? Ou o correto seria propor a dissociação entre os termos do binômio, evitando, assim, negar, inapelavelmente e *a priori*, as chances de reconciliação, ao nível, digamos, político, quando se descarta a viabilidade do perdão, em determinadas situações?

Simplesmente para que não se perca a oportunidade de iniciar o diálogo com os críticos, mesmo não sendo este, ainda, o momento para a discussão das refutações destacadas nesse inventário de críticas, vale a pena observar o seguinte: o eventual descarte, *a priori*, do perdão dar-se-ia com base em considerações éticas – mesmo que a elas se acrescentassem outras, no domínio, por exemplo, da psicologia. Mas isso geraria uma situação ainda mais arriscada, uma verdadeira aporia, na qual ter-se-ia o estabelecimento de condições adequadas (justas, aceitáveis, razoáveis) para a reconciliação, mas não para o perdão, ou seja, não para uma reconciliação plena (aquela em que a reconciliação corresponde à superação de traumas e viabiliza a sociabilidade fluente). A reconciliação plena feriria a ética, mas não o princípio que rege a avaliação política. Estaria aberta a porta para a legitimação da dualidade ética, concedendo-se à política parâmetros valorativos específicos, distintos e, eventualmente, contraditórios com a ética ordinária. Daí, passar-se-ia ao reconhecimento da eticidade intrínseca à "razão de Estado", assim como se justificaria a dicotomia weberiana, em cujos termos o utilitarismo maquiaveliano poderia alcançar o estatuto respeitável de uma "ética da responsabilidade". Portanto, a perspectiva crítica à universalidade do perdão enfrenta dificuldades e paga seus preços, em seu próprio terreno, e gera dificuldades pelas quais teria de responder.

Creio importante expor esse inventário de refutações, inspiradas nas posições teóricas e políticas as mais diversas e contraditórias, para que se tenha clareza sobre a dificuldade envolvida na reflexão a respeito do tema – dificuldade intelectual e política. Para que se evitem ilusões. Ao contrário do que uma abordagem ligeira poderia sugerir, reitere-se, o binômio de referência não encontra respaldo no senso comum; ao contrário, surpreende por contraintuitivo. E para que reconheçamos a importância de compreender o que o caráter contraditório das críticas pode nos dizer sobre o binômio perdão e reconciliação.

II. CONJECTURAS

O que é o perdão? E a reconciliação? Por que propor o vínculo entre os dois termos, formando um binômio e uma equação?

Perdão é um conceito de origem religiosa, figurando com destaque na tradição judaico-cristã (o que não significa que esteja ausente de outras tradições, em termos que lhes seriam próprios). Isso tampouco quer dizer que tenha permanecido confinado no território da cultura religiosa, ainda que continue sendo pertinente a indagação sobre a legitimidade de que se postule um campo rigorosamente e absolutamente não-religioso para a ética e os valores, e as matrizes ideológicas da política. O debate sobre a ruptura da modernidade com as tradições religiosas não cessa de ensejar uma bibliografia crescentemente viva e fecunda[5]. A atualidade e a relevância, a riqueza heurística e pragmática do perdão, que é nosso propósito demonstrar, jogariam água no moinho da porosidade da cultura laica e da transitividade entre os campos.

No Antigo Testamento, o perdão aparece como uma dádiva da divindade aos pecadores, independentemente das considerações relativas à justiça e, mais ainda, chocando-se com estas. A dádiva divina expressa o amor e a misericórdia de que Deus é capaz. Caracteriza-se, portanto, como um movimento unilateral do Criador. Unilateral e gratuito, o que define esse gesto como arbitrário do ponto de vista dos princípios e das normas, de compromissos e recompensas, de penas e de toda e qualquer correspondência ou proporcionalidade com atos ou intenções dos beneficiados pela dádiva. Se, na cosmogonia teológica que o Ocidente herdou para constituir-se, o Espírito Supremo instaura-se como a marca radical da assimetria – como a inscrição da diferença que é fonte da linguagem, do sentido e da consciência, do conhecimento e da comunicação –, o perdão impõe-se como o símbolo matricial da deidade, enquanto, a um só tempo, transcendência quanto à reciprocidade (sua negação, por ruptura e excesso) e sua condição de possibilidade (sendo, todos os humanos, uma só manifestação d*a diferença* do Criador, Lhe atribuímos uma imagem – espelho sem fundo, de contornos inteligíveis, perceptíveis, na dimensão humana –, e nos igualamos, os humanos entre nós, posto que somos, em comum, criaturas – "filhos de Deus").

Em outras palavras, é preciso que uma figura dotada de poder e vontade, que compreenda os negócios humanos e seus limites, que realize o humano por concebê-lo e criá-lo, mas o supere por imortal, onisciente e ubíquo, onipotente e capaz de dar e tirar, unilateralmente, livre de toda lei e contrato, é preciso que esse Demiurgo se ponha além ou aquém da reciprocidade, para que esta se articule como o domínio do humano, tecendo o social e exercitando a sociabilidade. O humano se submete ao ciclo da vida, às determinações de espaço e tempo, à força e à fraqueza, e às regras do convívio. Deus, como o Leviatã hobbesiano em versão benigna e transcendente, torna possível o contrato entre os seres humanos, sem a ele subordinar-se, porque nenhum limite o contém ou o submete.

Assimetria, diferença, liberdade absoluta, poder sem constrangimento: a divindade não joga o jogo social da regra, nem participa da dinâmica das tro-

---

5 De que dá testemunho a obra de Charles Taylor, **A Secular Age** (Cambridge: The Belknap Press of Harvard University Press, 2007).

cas, ainda que não esteja impedida de respeitar seu significado e sua relevância prática para suas criaturas.

Esse derramar misericordioso e compassivo do perdão representa a soberania divina, que reina, autônoma, acima da justiça. Mas esse reinar poderia conduzir a intervenção demiúrgica para a violência aleatória e injusta? O panteísmo resolve esse dilema sendo o que é, a pluralidade de possibilidades do divino. Os vários deuses encarnam, indistintamente, o Bem e o Mal. O monoteísmo, não. Precisa enfrentar a pergunta, o que os teólogos têm feito ao longo da história, não sendo o propósito da presente reflexão considerar essa temática. Até porque nenhuma resposta deixaria de reconhecer que a gratuidade expressa o divino, liberando-O dos entraves normativos da reciprocidade, isto é, do princípio que norteia a sociabilidade humana. A tal ponto que, mesmo quando agisse em conformidade com os princípios da justiça humana, Deus estaria atuando no exercício da gratuidade, uma vez que nada O obrigaria a fazê-lo, nem mesmo as leis elementares da troca, que supõem certo equilíbrio: dar e receber; receber e dar; prestação e contraprestação, dom e contradom. Deus dá, sem esperar receber nada em troca (ou tira, sem que houvesse um motivo mundano, identificável no domínio da razão humana – mas esse é, de novo, o tema já tangenciado).

Observe-se que a justiça, nesse horizonte filosófico, está fundada no grande contrato que entre si teriam celebrado os humanos, a partir de uma disposição originária para aceitar o contrato com Deus, respeitando-Lhe a unilateralidade irredutível da vontade e do juízo (eis porque um contrato com Deus só submete os humanos).

Assinale-se ainda que, no mundo que é o nosso e do qual podemos falar, há também gratuidade, excesso, desproporção, unilateralidade, assimetria (mesmo que não aquela que deriva da diferença matricial, instituinte do humano, já referida). Em outras palavras, há irracionalidade, na vida social, do ponto de vista da reciprocidade e de sua medida. Desde as destruições rituais de bens, como no Potlatch, até o sacrifício por amor, a doação de si, quando não se espera retorno, nem mesmo em outra esfera de existência – o caso dos mártires islâmicos terroristas, por outro lado, seria, aqui, um contraexemplo, pois se enquadra à perfeição no quadro interpretativo kantiano, que reduz a gratuidade desinteressada ao campo do divino, considerando as dádivas sacrificiais humanas meros jogos de reciprocidade, cuja contrapartida seria a gratificante sensação do dever cumprido – convertida ou não em imagem pública –, ou a bênção de Deus e o sentimento de triunfo proveniente de sua aprovação, ou mesmo os supostos benefícios que se colheriam depois da morte.

O perdão de que o ser humano é capaz transcenderia, como o perdão divino, os limites das trocas, ditados pelo princípio da reciprocidade? Ou se inscreveria na dinâmica da reciprocidade, ao transformar em benefício para si mesmo (e, eventualmente, para outrem) a quebra do ciclo da vingança ou a interrupção da repetida experiência da vitimização, replicada, permanentemente, pela via da memória traumática? Deixemos em suspenso, por ora, essa questão, para atermo-nos ao entendimento do que poderia significar o perdão, no reino sublunar da vida humana.

Convoquemos o dicionário, porque toda categoria cultural deve ao vernáculo: "remissão de pena; desculpa; indulto. Renúncia de pessoa ou instituição à adesão às consequências punitivas que seriam justificáveis em face de uma ação que, em níveis diversos, transgride preceitos jurídicos, religiosos, morais ou afetivos vigentes" (Aurélio Buarque de Holanda). Dir-se-ia, desdobrando a definição, que perdoar significaria, além de estabelecer um consenso em torno da existência de uma ação transgressora, eximir de culpa e de responsabilidade seu(s) autor(es). Mas será preciso muita cautela, nesse ponto, uma vez que se pode duvidar que seja concebível uma simetria especular entre emissor e receptor, entre o ato de perdoar e a experiência de ser perdoado. Será necessário indagar se eximir alguém de culpa e responsabilidade, por intermédio do ato de perdoar (ato de fala e não apenas), suprime no outro, sem mais mediações, culpa e responsabilidade, diante de terceiros, da sociedade e da própria consciência de quem se beneficia do gesto generoso.

Aqui, seria mais apropriado precisar: o que está em jogo, no perdão, do ponto de vista de seus efeitos ou consequências para ou no destinatário do gesto, não é somente atingir sua consciência; mas alcançar além (ou aquém) da consciência, anulando culpas inconscientes e quebrando grilhões que amarram o sujeito perdoado a enredos sobre si e sobre o passado – grilhões, portanto, instalados em camadas mais profundas da vivência de si do que a consciência. Seria razoável atribuir a quem perdoa tamanho poder? A culpa do perdoado e sua responsabilidade nos atos perdoados não transcendem os domínios privados de quem perdoa? Pareceria adequado assumir que a culpa e a responsabilidade do perpetrador da violência não pertencem somente aos que sofrem o impacto da vitimização, direta ou indiretamente, ou aos que herdam seus efeitos? Seria aceitável afirmar que pertencem à sociedade e, especialmente, aos agressores e aos que com eles se identificam, por cumplicidade ativa ou passiva ou por adesão moral? Se a resposta for afirmativa, poder-se-ia concluir que o perdão concedido pelas vítimas (ou por aqueles que, simbólica, social e politicamente, falam em seu nome ou as representam – sendo esta representação, como já se observou, em si mesma bastante problemática) corresponde a um primeiro passo – sob a forma de uma autorização – na dinâmica da remissão de culpa e responsabilidade, a qual se completaria com o endosso social e, sobretudo, com a aceitação por parte do beneficiário. Por aceitação entenda-se o movimento pelo qual a remissão torna-se obra reflexiva ou auto(re)constituinte do sujeito – sujeito, por sua vez, constituído como objeto do perdão pela generosidade da vítima e por sua autorização libertadora. O grau de participação do endosso social nesse passo conclusivo do processo, provavelmente, varia conforme o contexto.

Se o argumento faz sentido, mais do que remissão de culpa (e de responsabilidade), o perdão, em sua versão mais ampla e inclusiva, ao cumprir, plenamente, seu percurso, equivaleria a uma repactuação ou à celebração de um contrato que redefiniria relações intra e intersubjetivas, afirmando responsabilidades. Ou seja, ao invés de supressão de responsabilidade, ter-se-ia responsabilização, religação, redefinição e pactuação em torno de novos laços entre atores, e entres esses e determinadas narrativas.

O encadeamento referido – que focaliza mediações entre emissor e receptor, assim como no interior dos próprios dispositivos subjetivos que os constituem como o que são, na esteira interlocucionária – não implica, entretanto, a negação de que o perdão produza efeitos imediatos sobre seu autor. Em outras palavras, dar o perdão significa, no mesmo movimento, constituir-se como sujeito que doa, potencializando o autor do ato, e também implica abrir-se para uma dimensão metalinguística e reflexiva, na relação com a própria história, engendrando uma nova narrativa, em cujos termos quem perdoa deixa de ser o objeto passivo de um ataque degradante para se tornar fonte de intervenção e protagonista capaz de ressignificar seu destino, relançando-o, por assim dizer[6].

6 É importante mencionar, aqui, a iluminadora aproximação que Leonel Narvaez e Jairo Ferrer propõem entre a tragédia de Prometeu e o círculo obsedante que liga a vítima ao episódio traumático (cuja memória está vetada ou se dá em narrativa redundante e mortificante, condenando a vitima à prisão perpétua em seu sofrimento). No mito grego, Prometeu rouba o fogo aos deuses para dá-lo aos humanos. Esse gesto lhe custa um castigo terrível. Zeus determina que ele seja agrilhoado no alto do monte Cáucaso, onde uma águia, todos os dias, virá dilacerar-lhe o fígado. A imortalidade o condena à repetição do martírio, que deveria estender-se por 30 mil anos, mas foi interrompido por Hercules e o Centauro Quíron.

O exercício desconstrutivo nos conduz a uma espécie de contato paradoxal entre dois solipsismos. Estendendo-o um pouco mais, atinge-se o inverso dessa aporia: a quase indistinção dos polos emissor-receptor, porque mergulhados no *continuum* do pertencimento a um mesmo processo sócio-simbólico[7]. Tornam-se peças quase intercambiáveis, uma vez que ambos se deslocam incessantemente entre as duas posições estruturalmente opostas[8]: quem perdoa dá o perdão e recebe o dom que liberta, no sentido preciso de que rompe o engate com a narrativa que traumatizava e que reiterava a vitimização; quem é perdoado recebe a dádiva, mas só a realiza se concordar (e esse verbo é, aqui, apenas aproximativo) em doar para si mesmo (e aos demais, os benefícios derivados) a nova possibilidade de autodescrever-se, identificar-se, engajar-se em narrativas diferentes e potencialmente emancipadoras sobre si e os outros. Há também a hipótese extrema (esse ponto é contraintuitivo, porque desnaturaliza uma expectativa simplificadora) de que o perdoado reconheça o gesto de quem perdoa e o(a) presenteie com sua gratidão.

O Reverendo Arcebispo Desmond Tutu argumenta que o perdão é libertador, sobretudo liberta quem perdoa da prisão representada pelo rancor (Tutu, 1999: 272). A animosidade torna-se um fardo e amarra o presente e o futuro ao passado, subordinando-os à experiência dolorosa, sob cujo signo a vítima assim se define e, carregando vida afora essa identidade, estende, desdobra e eterniza a fonte do sofrimento – o qual volta a acionar o círculo vicioso em que se afirma a identidade deteriorada da vítima, enquanto personagem que se descreve no espelho da dor e da humilhação.

---

7 Cf. Goldman, Márcio – 1994. *Razão e Diferença. Afetividade, Racionalidade e Relativismo no Pensamento de Lévy-Bruhl*. Rio de Janeiro: Editora Grypho / Editora da UFRJ.

8 Note-se que o circuito especular referido pode ser lido como um modelo simétrico inverso àquele que descreve o ciclo da vingança, no qual se anula a posição sujeito, por universalizá-la. Por isso, a espiral da vingança corresponde à banalização da violência, no sentido estrito da expressão: sem sujeito e objeto, posto que todos os polos tornam-se intercambiáveis, eliminam-se as diferenças entre agente e vítima da violência.

III. *QUEM* OU *"O QUE"* PERDOA? O *QUE* OU *QUEM* É PERDOADO? *QUEM* OU *"O QUE"*, NO SUJEITO E/OU NA AÇÃO, NA MEMÓRIA OU NAS NARRATIVAS SOBRE SI E SOBRE OS OUTROS SIGNIFICATIVOS, É PERDOADO?

Impõe-se identificar e analisar os pressupostos e as principais e imediatas implicações dessas perguntas, os quais, perscrutados, poderão estabelecer as primeiras condições de possibilidade para a formulação de respostas aceitáveis.

O primeiro passo deve ser descrever a problemática do sujeito. Pretendo fazê-lo a partir da interpretação de uma situação empírica. Será mais fácil e claro começar pela análise concreta de situações objetivas, cuja especificidade não impeça o longo percurso da reflexão rumo a graus superiores de abstração e complexidade.

III.1. Contingência e a dessubstancialização do sujeito

III.1.1. Apreciações introdutórias

O primeiro propósito desta unidade é demonstrar a presença estruturante dos dilemas determinação/imprevisibilidade, necessidade/acaso, essência/contingência, na linguagem praticada ou, se preferirmos, nas formas de vida experimentadas por expressivos contingentes humanos: os internos no sistema penitenciário do Rio de Janeiro[9]. Os prisioneiros vivem uma situação extrema que é, paradoxalmente, muito significativa, em si mesma, e perturbadora para nós todos, até mesmo porque as mulheres e os homens apenados reencenam, de forma paroxística, o drama do indivíduo (esse personagem tão exemplarmente moderno) que se autodefine como livre e finito, autônomo e

---

9 Evidentemente, os pares determinação e imprevisibilidade, necessidade e acaso, essência e contingência não remetem a conceitos científicos ou filosóficos; simplesmente procuram descrever âmbitos restritos de significação produzidos na prática cotidiana do discurso ordinário, o que, por certo, comporta problemas específicos, referentes aos critérios de análise semântica e de redescrição hermenêutica, e à complexidade peculiar que caracteriza os significados destas polaridades no contexto em que as discutirei. Mais adiante, a questão encontrará oportunidade mais adequada à sua elaboração. De todo modo, é importante acentuar, desde já, que homofonia e homografia não garantem sinonímia e tampouco autorizam analogias. Seria irresponsável supor qualquer paralelismo entre a presença dos pares assinalados, no interior da problemática do sentido do discurso ordinário, tal como a examino, e as temáticas do acaso e da determinação, tal como emergem nos quadros conceituais da lógica, da matemática ou da física, por exemplo.

social, singular e comum, condenando-se, portanto, desde o primeiro movimento de sua autoconstituição reflexiva, à dança imóvel de Sísifo, à insuperável hesitação agonística[10].

Cautelas são necessárias, quando se trata de operar com planos analíticos distintos e diferentes tradições disciplinares (cf. Santos, 1990) – no caso a antropologia, a sociologia e a crítica literária –, o que tento fazer sem ilusões epistemológicas, seguindo apenas as instruções autorizadas por uma postura pragmática (cf. Rorty, 1991a; 1991b). Para entender as razões da prudência, basta atentar para o contraste entre duas noções chave, uma de uso corrente na pesquisa de inspiração sociológica, "opinião", outra frequente nos estudos antropológicos, "representação". Independentemente dos juízos críticos que ambas possam suscitar, até mesmo no interior das disciplinas em que se legitimem, importa realçar as diferenças teóricas que expressam – das quais, na verdade, resultam, enquanto categorias vulgarizadas pelos respectivos jargões profissionais. Representações referem-se a imagens ou noções que encerram certas concepções socialmente construídas (nesse caso, o foco incide sobre o caráter construído e compartilhado de tais imagens ou noções). Opiniões referem-se a imagens, juízos ou noções valorativamente hierarquizados sobre determinados agentes, situações, ações ou outras opiniões (nesse caso, o foco incide seja sobre o caráter referencial e, eventualmente, discriminante, isto é, diferenciador da opinião, seja sobre sua vinculação tendencialmente prescritiva com a prática).

Uma representação pode estar subjacente a uma ou várias opiniões, assim como opiniões podem pressupor uma ou conter todo um leque de representações. Enquanto as opiniões frequentemente desdobram-se em séries inconsistentes, edificam conjuntos contraditórios ou se combinam segundo conexões logicamente nada clássicas, as representações, em função de esca-

---

10 Esse ponto será esclarecido adiante, quando puder explorar, em detalhes, as razões pelas quais o tratamento dos tópicos teóricos que importam à presente etapa das reflexões dá-se, aqui, a partir da abordagem de um grupo humano específico e de sua produção discursiva. O material empírico trabalhado consiste em cem histórias de vida obtidas em entrevistas realizadas, no início dos anos 1990, com internos do sistema penitenciário do Rio de Janeiro. São bem mais que 200 horas a desafiar nossa sensibilidade analítica, gravadas com internos do complexo penitenciário Frei Caneca, que inclui as penitenciárias Milton Dias Moreira e Lemos de Brito, além do presídio Hélio Gomes, e com internas da penitenciária feminina Talavera Bruce. O título provocativo da pesquisa realizada no âmbito do ISER, à época, "A Ética do Crime", indica o âmbito de seu objeto e sintetiza as interrogações de que partia: com que valores os internos julgam suas próprias trajetórias criminosas, as penalizações a que são submetidos e a sociedade que os pune? Versão completa da pesquisa foi publicada em meu livro *Legalidade Libertária* (Rio de Janeiro: Lumen-Juris, 2006).

parem à consciência de seu portador (mesmo combinando-se sincreticamente em conjuntos heterogêneos, quanto às fontes matriciais de cada unidade significativa), tendem a subordinar-se a padrões de relação mais estáveis e, segundo creem os que operam com esta categoria, dotados de consistência, nos termos da gramática subjacente à linguagem simbólica acionada, culturalmente determinada. Sobretudo, jamais transmitem-se diretamente à ação, exatamente por funcionar aquém da consciência dos agentes sociais, dependendo da arqueologia reconstrutiva do pesquisador para darem-se à luz. A introdução da tradição de estudos sobre literatura, neste ponto da rota da reflexão, não funciona como um complicador; ao contrário, resolve problemas, indica limitações de pontos de vista alternativos e torna acessíveis recursos indispensáveis. Veremos, através de alguns exemplos, que ampliações da sensibilidade hermenêutica e do espectro do próprio objeto de análise podem advir da aplicação de atenção crítica, inspirada em estudos literários, ao campo discursivo em causa.

Para mergulhar de vez no literário, isto é, nessa estética nada holista, involuntária e selvagem que encontramos nas narrativas dos internos, em cujo tempo estendem-se os múltiplos fios de vidas memoráveis e sombrias, entre heróis mínimos e máximas culpas, é preciso, desde logo, municiar-se da recomendação de Bakhtin: "(...) as relações do sentido entre enunciados distintos são de ordem dialógica (ou, pelo menos, têm um matiz dialógico). O sentido se distribui entre as diversas vozes (...) Os elementos linguísticos são neutros a respeito da segmentação em enunciados e se movem livremente, ignorando os limites de um enunciado, sem reconhecer nem respeitar a soberania das vozes (...) Como circunscrever o enunciado? Com o auxílio de fatores metalinguísticos" (Bakhtin, 1992: 342).

Atentos, tanto quanto possível, para o criado na arte cotidiana e espontânea do discurso ordinário (cf. Bakhtin, 1992: 349), devemos observar, com especial interesse, que "o sentido se distribui entre as diversas vozes", levando em conta que a pluralidade das vozes habita um único discurso, intervindo exatamente para, através de marcações distintas (como mudanças sintáticas; alteração no sistema de designação do sujeito; revoluções nos tempos verbais), separar perspectivas, mundos morais possíveis, conexões causais alternativas, articulações semânticas distintas, enfim, personagens virtuais diferentes, quando não opostos. Separar, diferenciar, mas, ao mesmo tempo, relativizar as distinções e contradições dramatizadas. Enfim, desfeito o novelo que se apresenta sob a aparência da unidade, é a própria leitura e seu centro que se veem desafiados. Ler é acompanhar metamorfoses, metamorfoseando-se – como escreveu Elias Canetti (1990).

III.1.2. As artes da culpa, os desafios da diferença e a produção institucional do mesmo e da continuidade

Ouçamos o que nos relata o primeiro de nossos narradores, quando o enredo atinge o ápice dramático e o autor está prestes a reencenar o momento culminante de sua trajetória. Ele nos conta que chega o momento em que sua vida sofre a mais significativa inflexão:

"Aí partimos pra lá. Tamos de longe olhando e nada do José sair[11]. Aí, descemos no intuito de pegar o José. Aí, já entramos na casa, os moleques tavam jogando bola, sabe? Aí, saímos, pegamos todo mundo. Aí, o José saiu correndo. Morreu o sobrinho do José, sabe? De um ano e oito meses. Morreu a Nara, a mãe do José. O José ficou com um lado todo aleijado (...) Morreu a Nara e a criança no quarto dos fundos, aonde o Carlinhos entrou e eu peguei a mãe do José e eu peguei o José, no quarto da frente".[12]

Eis aí, em ação, técnica narrativa cinematográfica: quando o ato máximo explode, afinal, o relato corta o fluxo narrativo em curso, suspende a cadeia sintagmática anteriormente instaurada e oferece um quadro frio e distante, objetivo e profissional, quase no tom de um laudo pericial, em que são resumidas as consequência do ato interrompido.

O sujeito que narra é o personagem que reúne em si a dupla autoria, do crime e do discurso. Isso, no início, enquanto a trama arma a emboscada e o salto para o assassinato; logo depois, quando é preciso mergulhar no olho do furacão, carregando a primeira pessoa na posição penosa de sujeito, é outra voz que se anuncia: as vítimas da violência deslocam-se inadvertidamente para o lugar do sujeito, apassivando-o: morreu fulano, morreu beltrano, sicrano ficou aleijado.

Parece haver, neste caso, dois processos geradores de sentido, ambos identificáveis pelo rastreamento da forma em que se constrói a narrativa: o primeiro elabora e ressemantiza a culpa, travestindo-a de pudor e defensivo recuo para trás do corpo ineliminável da vítima, isto é, do crime e suas consequências. E nisso há todo um juízo moral autocrítico e o reconhecimento da não

11 Todos os nomes citados pelos entrevistados foram substituídos por nomes fictícios, por óbvios motivos éticos.

12 Devo a João Trajano Sento Sé o material da presente entrevista.

gratuidade, ao contrário, da necessidade do castigo, como desdobramento natural do destino criminoso, que é pura determinação.

O segundo processo gerador de sentido elabora as relações nada simples entre sujeitos e seus atos, abrindo espaço para a relativização de juízos, ao acentuar o caráter contingente, arbitrário das circunstâncias do crime: quando se relata um gesto e, alterando-se o ângulo de observação, fracionando-se o contínuo temporal, arrebatam-se as vítimas das mãos dos criminosos, elas não chegam a ser salvas, mas suas mortes emergem em outros enunciados, como fatos independentes, que guardam relações agora problemáticas e contingentes com os atos figurados no enquadramento anterior. Episódios fortuitos condenam um homem a pagar, submetendo-se à imposição estrita da norma e, a seguir, à imposição das disciplinas do confinamento, que ordenam inteiramente tempo e espaço, criando o modelo reduzido de um cosmos que é pura determinação e necessidade. Pode o personagem eventual de uma conexão gratuita e aleatória entre ações e consequências arcar com a responsabilidade por dar sentido ao caos da experiência? Arcar com os custos de impor um fio de continuidade entre partes fragmentárias de alguns miseráveis destinos humanos?

Acrescente-se uma última observação, a respeito da passagem discutida. Wolfgang Iser, em sua obra *The Implied Reader*, escreveu: "The dialogue at times seems almost like a sequence of effects without causes" (1990: 154). O diálogo interno a um mesmo discurso, contraponto de enunciados ou vozes, pode atuar exatamente como a forma em cujo espaço efeitos e causas dissociam-se, desde que a ruptura desloque os enunciados em direções opostas, isto é, para planos diferentes e conflitantes, subsumidos por subjetividades apartadas – que são figuras postas pela própria narrativa, ou melhor, pela estética da culpa e da dissimulação da qual deriva.

Sob a aparência de realismo mimético descobrimos estratégias bastante mais sofisticadas e isso abre novas possibilidades interpretativas, para além das pesquisas sobre representação ou opinião. E abre, sobretudo, perspectivas para uma reflexão relevante e provocadora sobre a categoria sujeito. O preso nos interpela, indagando se aquele "eu" que matou, mutilou e feriu é o mesmo "eu" que, no momento da entrevista, relata o que se passou e enxerga as paredes de pedra do claustro. O interno se interroga sobre a continuidade do sujeito da ação, do personagem que age, do "eu" titular do verbo no passado e no presente, e sobre a necessidade intrínseca do vínculo entre ambos os momentos e ambos os sujeitos. Interroga a si mesmo e nos atrai para o círculo de questionamentos, instaurando um campo hermenêutico e um ciclo dialógico tácito. Quer saber, hesita, duvida: teria sido aquele "eu" o mesmo "eu", esse mesmo "eu" que ora narra com estranhamento e perplexidade os fatos evanescentes, mas que produziram efeitos indeléveis e irreversíveis sobre terceiros e sobre o "eu" que cumpre a pena? O vínculo seria a punição? O elo seria a culpa, essa pena internalizada e inescapável? O tempo é a passagem dos dias ou a diferença entre modos de ser, entre modos do "eu", entre distintas existências e experiências de si do sujeito? O corpo é o mesmo e disso a culpa dá testemunho (pelo menos nos limites em que um objeto permite essa modalidade de descrição no tempo), mas a conclusão se estende ao universo subjetivo, essa constelação efêmera e volátil de linguagem, desejo, fantasia, emoções e memória? Qual o sentido da história que se conta sobre si mesmo, restaurando uma unidade duvidosa, para apaziguar o espectro da dispersão? Ela vale como retrato exato ou representação – entendida como espelho – da unidade do sujeito, signo e sintoma de uma suposta identidade substantiva, essencial e ideal?

Não, a resposta só pode ser negativa, quando se levam em consideração as seguintes teses: não há linguagem privada; o sujeito habita a linguagem, na qual se constitui, ainda que a ela não se reduza, materialmente, uma vez que escapa, seguidamente, do lugar em que se instaura, em que manifesta o rastro de sua presença. O sujeito só se deixa surpreender pelos vestígios de seu deslocamento, de sua passagem fugidia – condenado à contingência. Não é senão (inclusive e sobretudo para si mesmo) aquilo que se apreende no exercício narrativo e metalinguístico, e aquilo que se reconstitui via leitura de suas pegadas na trilha da linguagem. Pontos cambiantes, portanto, no círculo hermenêutico, eis o sujeito. É e está em outro lugar. Institui-se como outro no território do outro, como nos ensinou Lacan[13]. O sujeito é esse movimento, essa articulação de alteridades. Não há mônadas individuais, pois, mas imersão no comum, comunhão societária. O sujeito se realiza nos atos de fala, nos atos, na fala, sendo sempre o outro de sua performance, a sombra de sua representação, cuja cena é, por definição, não-privada, intersubjetiva, social, não-solipsista: a linguagem[14].

Dessa perspectiva, não há resposta à pergunta que angustia o prisioneiro, mas, sim, a possibilidade de convocá-lo a um diálogo em torno do destino a ser,

---

13 Lacan, Jacques – Écrits (Paris: Seuil, 1966).

14 Seria interessante, nesse ponto, evocar o sócio-construtivismo de Kenneth Gergen, que constitui referência relevante para Narvaez e Ferrer, e que estabeleceria mais um vínculo entre nossas reflexões.

permanentemente, relatado, re-evocado, reencenado e reinventado. O passado que se evoca redefine o presente, que é sempre antecipação, isto é, invasão da vertigem do que (ainda) não é – futuro. Não há pertinência ou correspondência substantiva com "a realidade" da dúvida sobre a identidade-a-si de um sujeito, que protagoniza dois episódios, um assassinato e uma entrevista, muitos anos depois. O vocabulário com que se formula a pergunta torna-a desprovida de sentido. O que há são descrições do fato passado ou do fato posterior e protocolos de ação, aplicados em um e outro caso, e providências jurídico-políticas, em dispositivos de saber, poder e valor, historicamente instituídos, em contextos determinados. A questão sobre autoria diz respeito à instância institucional pertinente (como o sistema de justiça criminal), cuja função é distribuir responsabilidades civis e criminais, o que se faz com os sinais de identificação disponíveis e socialmente reconhecidos, no contrato coletivo – que é cultura e lei. Ou, contrária e complementarmente: A questão sobre autoria diz respeito à instância institucional pertinente (como o sistema de justiça criminal), cuja função é construir identidades, com legitimidade política, por meio da distribuição de responsabilidades – sob a forma, nesse caso, de penalidades.

O não-ser no âmago do que se designa como o sujeito é abolido com a prolatação da sentença e sua implementação: preso, o indivíduo está atado ao ato que cometeu no passado, o qual passa a definir o que ele é – assassino –, identificação suficiente e total para uma instituição total. O futuro, o não-ser (ainda)[15] prospectivo, que abre um boqueirão vertiginoso de mistérios, incerteza e imprevisibilidade, domestica-se com a costura sintática retrospectiva entre sujeito e verbo, a qual tece um manto protetor para as inquietações mais perturbadoras, porque dá sentido – isto é, unidade – à vida vivida. A prisão é, portanto, sobretudo grilhão sintático, que amarra sujeito a verbo e predicado; prende quem fez a seu ato. E não apenas isso, amarra de modo total, ou seja, faz desse elo, da permanência desse elo, dessa relação metonímica entre autor e obra, a metáfora que simboliza – com exclusividade – o sujeito. No presídio, tudo está contido nesse vínculo, porque tudo o que o sujeito é e pode ser, tudo o que está em seu domínio prático e perceptivo, tudo remete à sua conexão com o ato pretérito, tudo devolve o sujeito ao que ele foi – ou fez. O futuro é previsível, no cárcere, uma vez que espaço e tempo são rigorosamente disciplinados, ordenados, fechados, imutáveis. O cárcere domestica o tempo enquanto aber-

15 Atentemos para o advérbio da esperança, direcionando expectativas e ações presentes.

tura de possibilidades, diferença, riscos e negação, porque, em seu âmbito, o passado reina, cristalizado, reificado.

Abordando a interrogação do prisioneiro sob ângulo diverso, em registro conceitual distinto, poder-se-ia indagar: e quanto ao que não se reduz à substância orgânica da vida, ao que transcende a carne, ancorando-se nela sob a forma de emoções e imagens, ideias, crenças e valores – isso que uns chamam espírito ou consciência, ou vida íntima inconsciente? Há aí, nesse outro nível, continuidade? Há uma essência duradoura e permanente? Uma substância a ancorar a continuidade e a identidade a si? Há, nesse plano, a unidade que expressa ou determina a identidade-a-si de um ente?

O corpo é fonte das ações e é também a carcaça humana em que se depositam as responsabilidades legais e morais, fulcro da propriedade, núcleo da privacidade e da liberdade, morada de uma alma singular, que distingue e individualiza. Pelo menos é assim que a modernidade configura seu principal protagonista, o indivíduo, dotado de subjetividade, a qual corresponderia a uma verdade interna essencial, mesmo que, ou justamente porque, inexpugnável. Mas esse personagem moderno é coextensivo à complexidade que angustia o prisioneiro? Se os versos de Rimbaud, Verlaine, Baudellaire, Mallarmé e Apollinaire podem ser redistribuídos em cartografias poéticas que embaralham as autorias consagradas, porque os atos e gestos do condenado teriam de remeter, inexoravelmente, à mesma assinatura, à mesma "identidade", ao mesmo "nome", à mesma autoria, à mesma subjetividade ou ao mesmo sujeito? Foucault[16] nos autoriza a problematizar a conexão física e civil como a tradução de uma relação necessária (e não intercambiável) entre sintagmas e vozes, atos de fala e sujeitos, versos e autores. O indivíduo é o mesmo filho, irmão e pai, uma vez que a descrição desses laços independe da experiência de si do sujeito, por fundar-se em relações de natureza material passíveis de descrição instrumental. Mas se a pena deve incidir sobre uma consciência para restaurar sua inclinação à obediência aos ditames morais e legais de uma comunidade (eis a tese ultramoderna que justifica a privação da liberdade em nome da "ressocialização" dos apenados), a permanência do corpo não basta para garantir a precisão do foco. Se o propósito da pena é fazer o corpo purgar o mal cometido e humilhar, impingir sofrimento ao sujeito, em sua integralidade – qualquer que seja a definição de suas constelações constitutivas –, nesse caso, não ha-

16 Foucault, Michel. *L'Ordre du Discours* (Paris : Gallimard, 1971).

veria erro. Entretanto, cada vez mais o Ocidente afasta de si essa visão tradicional do castigo ditado e aplicado pelo Estado, em nome da tese edulcorada da salvação do indivíduo de si mesmo pela reeducação – ou até mesmo pela reedificação de suas bases "anímicas".

Por isso, para nosso entrevistado persiste a ansiedade quanto à justeza da punição. Explorando com mais cuidado a dúvida subliminar, presente em sua fala ambígua, chegamos à mesma conclusão, alcançada por caminho diverso: descobrimos que a pena é, antes e além de tudo, uma prisão sintática, um grilhão que amarra um sujeito e um verbo, em uma "sentença" determinada, destinada a narrar (conectando-os) o passado – em que se deu o dano a reparar – e o futuro (antecipando-o e o determinando, pela força da Lei e da coerção exercida pelo Estado). O futuro, na e pela "sentença", será igual ao dano (supostamente reparador) a promover[17].

Estamos no terreno inquiridor – quando inscrevemos na escritura a lógica da diferença e subvertemos as formações identitárias – que se estende dos pré-socráticos até Hume, Nietzsche e Heidegger, passando por pensadores céticos e chegando, em registros distintos, a Foucault, Deleuze, Derrida e Richard Rorty, entre outros. A problemática não é nova. Nem por isso perdeu legitimidade filosófica. E tampouco deixou de pôr-se e repor-se no domínio das teologias e cosmologias religiosas, com fecunda complexidade, sobretudo fora do horizonte das categorias ocidentais clássicas – pensemos, por exemplo, nos Araweté[18] (habitantes do extremo Ocidente amazônico) e em algumas

---

17 Creio que caberia, aqui, uma reflexão sobre os efeitos danosos da clandestinidade política para a construção de identidades individuais, dificultando, sobretudo e paradoxalmente, a flexibilidade que deixa a vida passar entre os poros da imagem-de-si do sujeito (espelho do olhar do Outro). Quando as condições da luta política conduzem à imersão do militante na clandestinidade, subtraindo-lhe as marcas iconográficas visíveis e a moldura de uma semiologia pública (não lhe restam nem o rosto, nem o nome), ele ou ela tende a apegar-se à identidade de um modo mais rígido e reificador, associando-a à sua fé doutrinaria e à sua fidelidade integral à fratria a que pertence ou da qual participa (para usar uma expressão alusiva ao tratamento Lévi-Brulliano). A falta de traços na superfície levam a uma essencialização muito perigosa para a vida autônoma do sujeito – diante de seu desejo e da alteridade. O social tende a reduzir-se a uma multiplicação solipsista do mesmo, a uma absurda universalização especular e narcisista, o que corresponde à negação da polifonia, do social, do Outro (e de si mesmo, enquanto abertura para o indeterminado e a finitude, isto é, para a vida). Daí talvez o suporte "interno", "subjetivo" ou "existencial" para a adoção de ideologias autoritárias ou mesmo totalitárias, e sempre violentas. O mais importante estudo sobre os efeitos desastrosos da clandestinidade (em uma esfera política), no Brasil, foi escrito por Gildo Marçal Brandão: *A Esquerda Positiva, as duas almas do partido comunista –1920/1964* (São Paulo: Hucitec, 1997).

18 Cf. Viveiros de Castro, Eduardo – *Araweté: os deuses canibais* (Rio de Janeiro: Jorge Zahar, 1995), e: *A Inconstância da Alma Selvagem* (São Paulo: Cosac & Naify, 2002).

linhagens da tradição Budista[19]. Mesmo encontrando no exterior do Ocidente clássico desenvolvimento mais frequente, a temática não lhe é exclusiva: pensadores cristãos e judeus a têm incorporado com viva criatividade[20].

O argumento serve para demonstrar – retomemos a conclusão já exposta, agora por viés complementar – que a continuidade ou a identidade a si do sujeito não é natural; exige o poder construtivo do Estado[21] e de filamentos institucionais que regem micropoderes, em instâncias capilares da vida social – em cujas dinâmicas se inserem os processos culturais de simbolização. Esses processos produzem o sentido e o sentimento de unidade e continuidade, encapsulando as linhas de tensionamento que gravitam em torno de negações, rupturas e diferenças. A permanência e a unidade são artefatos jurídico-políticos, com suportes e efeitos morais e cognitivos (entre os quais se destaca a prisão, como exemplo extremo), ao contrário do que suporia o senso comum sociológico, que trabalha com a categoria indivíduo como se fora a expressão conceitual ou descritiva de um dado empírico. O que foi não é nem está condenado a ser no momento subsequente sem que sua natureza eventual (no sentido de "événementielle") volte a se manifestar, reiterando sua existência pela ação de uma reinstauração – por isso, como talvez preferisse dizer Derrida, a continuidade é a ilusão provocada para sublimar os efeitos angustiantes da reiteração (angustiantes porque potencializadores da incerteza e da insegurança). Toda continuidade é truncada e se abre diante do abismo do não-ser; e volta a negá-lo para reinscrever-se no campo da existência (lembremo-nos de Sartre, enquanto autor de "L'Être et le Néant"[22]).

III.2. Por que *perdão*?

No contexto configurado pelo movimento reflexivo que se poderia denominar dessubstancialização do sujeito, de que tratamos pela mediação dos dilemas de um prisioneiro, a problemática do perdão assume o estatuto de tema estratégico, na fronteira entre disciplinas e tradições – fronteira, aqui,

---

19 Cf. Hagen, Steve – *Buddhism is not what you think: finding freedom beyond beliefs* (San Francisco: HarperCollins Publishers, 2003).

20 Cf. Vattimo, Gianni – *Dopo la Cristianità*. (Roma: Garzanti Libri, 2002), e Derrida, Jacques. *Acts of Religion*. Edited and with an introduction by Gil Anidjar (Nova York: Routledge, 2002).

21 Poder positivo, afirmativo –não destrutivo ou repressivo, para, de novo, evocar a obra de Foucault. Estamos, aqui, próximos de dois de seus conceitos mais interessantes: problematização e dispositivo (cf. Foucault, M. – *Surveiller et punir: naissance de la prison*. Paris: Gallimard, 1975).

22 Paris: Gallimard, 1943.

aludindo a confluência e fricção, convergência e diferença, mas também horizonte (que é, a um tempo, limite e ponto mais avançado e em deslocamento). Se a contingência de um ato não provoca ou implica, necessária e naturalmente, a fixação de um vínculo entre o sujeito e a ação, compreende-se o papel de uma acusação e uma sentença. Como vimos, a atribuição de penas e responsabilidades, assim como a culpa, funcionam como argamassa que coesiona as partes e estabelece a unidade, construindo a conexão. Do mesmo modo, mas em direção simétrica e inversa, o perdão propicia o descolamento das partes, liberando o sujeito do ato, garantindo o caráter contingente da ação e mantendo aberto um campo plural de possibilidades para a identificação do sujeito, desobstruindo-lhe o caminho para mudanças e renegociações dos pactos de sociabilidade.

III.3. Perdão: excesso e drama social

Na esfera da vida social, entendemos o perdão como um ato de fala cuja performance visa liberar alguém ou alguns (muitos ou poucos, o número aqui não é decisivo) da culpa e/ou da responsabilidade pela perpetração de uma ação geradora de danos. Trata-se, portanto, de intervenção interlocucionária de um sujeito humano que identifica a existência de danos, em sua trajetória biográfica, cujos efeitos perduram, tendo sido, tais efeitos – a dor física e/ou moral –, provocados, direta ou indiretamente, por ação alheia, deliberada ou não. Observe-se o que se afirmou: que o destinatário do perdão é alguém (um indivíduo ou uma coletividade), o que significa que a referida ação alheia tem como sujeito outro(s) ser(es) humano(s) – e não uma instituição ou a natureza. Nesse sentido, o que distingue o humano individual de entidades historicamente constituídas é a condição de "perdoabilidade" – ou a condição de ser perdoado.

Esse ponto merece exame detalhado: um Estado ou uma instituição, através de determinado governo ou de certa liderança, pode pedir perdão a um povo ou a fiéis de algum credo perseguido, dirigindo-se ao conjunto de seus herdeiros, enquanto coletividade, ao conjunto de uma nação, ou a dirigentes do governo daquele país e da instituição responsável por aquela tradição religiosa ou cultural, ou a lideranças de determinada etnia oprimida. Nesses casos, o ato de fala, ainda que fisicamente pronunciado por um ator individual (mesmo quando registrado em algum documento formal, é um líder que se dirige à audiência universal, que testemunha o movimento em curso, dirigido a um público específico, aquele ao qual o perdão é solicitado), constitui um gesto político, cuja finalidade é a pacificação ou até mesmo a reconciliação política, ou seja, a mudança das condições que cercam e limitam o relacionamento entre povos, Estados, instituições, etc., visando (re)estabelecer a paz e/ou favorecer o estreitamento de laços econômicos, políticos, sociais e culturais. Uma eventual resposta positiva corresponde à repactuação política de relações e, frequentemente, carrega consigo implicações geopolíticas no cenário global. Representa um movimento de peças no xadrez dos grandes interesses e afeta a imagem internacional de nações e instituições.

Mas o perdão expresso, vivido e performaticamente oferecido por um sujeito individual, como dádiva, a outrem (ou a outros – aqui, singular e plural são relativamente indistintos, até um certo ponto), apresenta características bastante diferentes. A "perdoabilidade" determina a humanidade do perpetrador da violência[23], restaurando-a sob os escombros da barbárie à qual se associara e que promovera, enquanto sujeito violador[24]. Se é assim, quem perdoa, no ato mesmo de perdoar – que determina a humanidade alheia, alienada de si pela instrumentalização abusiva e extrema do outro, desse outro que ora perdoa ou em cujo nome se o faz –, reconstitui sua própria humanidade pervertida pela reificação de que foi vítima. Aqui, evoque-se o historicismo de Vico: o ser humano conhece a história porque a faz. Dir-se-ia, por dedução: é passível de conhecimento, o ser humano, porque é feito na e como história. Sujeito e objeto, a humanidade concebe-se e se inventa na produção plural da cultura e da sociabilidade. Por analogia, a humanidade do perpetrador é identificada, chamada de volta à vida, sua dignidade é interpelada pelo perdão, porque, em última instância, a natureza sócio-histórica do perpetrador é compartilhada por sua vítima, que lhe estende o manto da coexistência, reconhecendo-o membro de seu reino, parte de sua matéria histórica[25]. Em o fazendo, quem perdoa abriga-se sob o mesmo céu que aquece, ilumina e protege seu inimigo, nutrindo-se da fonte que derrama sobre o outro o dote do reconhecimento e recolhendo, em sua ponta, a imagem refletida de sua virtude restaurada. Essa mesma imagem que fora ferida pela negação do outro/agressor a reconhecer a

---

23 Ou do perpetrador do gesto em torno do qual a questão do perdão se coloca, retrospectivamente.

24 Barbárie sendo aqui entendida como supressão da alteridade – seria melhor dizer: da alteridade enquanto sede de vontade livre e fonte respeitável da dignidade, e fim-em-si-mesmo – para afirmação de um domínio incontrastável, arbitrário e absoluto, no limite solipsista e narcísico, em cujo âmbito o outro é apenas instrumento do prazer, da autoconstrução de si do soberano como superior.

25 Essa formulação poderia ser aproximada do que Narvaez e Ferrer denominam lógica da existência e da composição.

humanidade de sua vítima, reduzida a instrumento e objeto. Assim, o que se dá quando se oferece a dádiva do perdão, retorna sob a forma de valorização da própria dignidade, aqui entendida como a expressão, sob o modo do valor, da irredutibilidade instrumental do humano. Uma vez que esses valores dos quais aqui se trata não são intercambiáveis a partir de uma *ratio* neutra e descartável, isto é, a partir de medidas independentemente estabelecidas, a troca sob nosso foco é intercâmbio de incomensuráveis e, portanto, de excessos. O que se pode descrever são os movimentos, em uma e outra direção, não a substância daquilo que o movimento conduz a um ponto e a outro. São os polos, o movimento de troca ou de interação que se dão à descrição. Em uma palavra, é a relação que pode ser identificada e, nela, seu sentido geral. E a relação poderia ser descrita como sendo a metamorfose humanizadora no exercício da reciprocidade ou a sublimação da barbárie por intermédio da encenação de um específico drama social performático e interlocucionário: o perdão. Em última instância, trata-se da comum imersão no campo do humano civilizado, enquanto superação da barbárie. Portanto, além da perdoabilidade, entendida como a condição de ser perdoado, também a capacidade de dar o perdão ou de perdoar humaniza aquele que a exerce.

Observe-se que o perdoado pode ou não estar presente, beneficiando-se do gesto de que é destinatário, o qual é unilateral e apenas evoca o outro, prescindindo de sua presença e até mesmo de sua disposição para beneficiar-se do perdão. O perdão, enquanto drama interlocucionário, consiste, portanto, apenas em uma possibilidade empírica e deve ser compreendido, sobretudo, como um tipo ideal[26].

Examinemos, agora, o sentido da totalidade reparadora, no descontínuo da existência: não é concebível uma situação em que se perdoa a alguém um de seus crimes, mas não outro, em um mesmo contexto relacional. Esse parcelamento dar-se-ia em um tribunal, quando não é de perdão que se trata, mas da aplicação de sentenças e de juízo sobre culpas e responsabilidades. Dar-se-ia também em contextos nos quais instituições ou Estados estejam envolvidos como fontes potenciais do perdão, visando propósitos políticos. Mas não se daria no âmbito de um encontro entre dois seres humanos, ou grupos sociais, quando esse encontro se desse em torno da problemática do perdão. Isso prova que o perdão, em contexto interpessoal, não visa cada violação perpetrada

---

26 Sabemos que tipos ideais, na acepção amplamente divulgada de Max Weber, são modelos teóricos que servem como instrumentos analíticos e/ou guias teleológicos, na prática política ou na vida ética da *polis*.

por um ator, mas o ator que perpetra a violência ou a agressão. O ato não será redimido, nem admitido à esfera do humano, da civilização ou da barbárie sublimada. O ator, sim. A perdoabilidade surge, portanto, como a qualidade distintiva do humano, assim como o perdoar assume o estatuto de manifestação duplamente humanizadora, reparadora e restauradora.

Se o perdão desata o nó que amarra um sujeito a uma ação pretérita, como vimos, ata-o a uma nova cadeia significante, conferindo-lhe um estatuto que o credencia a redefinir os termos em que constrói suas identidades e fixa qualidades, em meio ao fluxo descontínuo de sua existência.

Retomemos e examinemos, uma a uma, as indagações que dão título à presente unidade: *Quem* ou *"o que"* perdoa? O *que* ou *quem* é perdoado? *Quem* ou *"o que"*, no sujeito e/ou na ação, na memória ou nas narrativas sobre si e sobre os outros significativos, é perdoado?

Algo, no sujeito, opera a tessitura de laços e sua ruptura, em movimentos infra-individuais e não-conscientes, mas nenhum desses gatilhos inconscientes é suficiente para transformar a disposição para a liberdade – para a emancipação frente ao sofrimento, à humilhação e ao sofrimento – em declaração de independência ante o ato que escravizou quando feriu, gerando o trauma, isto é, a pregnância do ato pelos símbolos metonímicos que o vinculam aos sentimentos que suscitou, naquele preciso momento do tempo, marcando e suspendendo o fluxo da vida com uma âncora pesada: ressentimento, vergonha, medo (do outro e de si mesmo), porque o desejo de vingança ou o temor da repetição do sofrimento constituem a promessa de que o outro temido e odiado irromperá de dentro do próprio sujeito, impondo-lhe uma metamorfose radical que o igualará ao inimigo, tornando-o o outro repugnante e temido. O medo de si corresponde à hipérbole da incerteza, inexorável ante a indeterminação que a categoria futuro carrega. Por isso, o medo de si amplifica a insegurança e empurra o sujeito em direção à sua ferida, essa âncora, essa espada atravessada no deserto, essa treva espessa que cristaliza o tempo. Só a dor, a memória da dor, a presença renovada da dor, da ferida que não cicatriza – que não cumpre o trajeto do luto, nem aquele da elaboração da perda – minimiza a insegurança (que, no trauma, encontra a escala cósmica do mito), o medo do futuro, da vida.

O trauma é o compromisso possível com o destino, em que se oferece o direito de viver e o risco de – digamos, para simplificar – "ser feliz", em troca das garantias mínimas de segurança que a repetição da dor proporciona. Trauma significa segurança e proteção, ao preço da felicidade, da vida (com a qual vêm os riscos e, eventualmente, a felicidade, mesmo passageira). Escolhe-se a morte já para não ser surpreendido pela morte imprevista, imprevisível. Antecipa-se a morte, fazendo a vida adernar e encalhar nas pedras desse cais mórbido. O trauma é fruto de um pacto mefistofélico invertido (sacrifica-se a possibilidade da felicidade, não para reter a alma, mas para que se exorcize a incerteza) e produz um personagem à imagem e semelhança de Sísifo[27]. O perdão cura o trauma, liberta Sísifo, suspende as âncoras e rompe o acordo fáustico. O fluxo corre sem amarras, dali em diante, para o bem ou o mal: para a vida.

Para quem se ocupa das questões do trauma e dos potenciais libertadores das narrativas, Wolfgang Iser conclui um de seus ensaios de modo sugestivo: "*If this continual furtherance of the self is to be communicated to the reader, the 'story' must be based not on his expectations of everyday experience, but on the fundamental fluidity of human conduct, of which everyday experience is merely the tip of the iceberg. And so the construction of the novel, just like the characterization and the whole narrative technique, brings out the unpredictability of the self, at the same time unmasking convention as merely one restricted, pragmatically conditioned form of human reality*" (Iser, 1990: 163).

A literatura é campo de experimentação da desconstrução de fixações estigmatizantes e traumáticas, quando agencia a fluência regida pela diferença, na contramão da previsibilidade que aprisiona, ainda que oferecendo o benefício marginal que se pode extrair na redução da incerteza e da ilusória domesticação da imprevisibilidade, signo da morte.

O perdão opera como a literatura, a contrapelo de toda a *hybris*. O perdão, como a literatura, é campo de provas para a mudança – a metamorfose, diria Elias Canetti –, no qual se negocia com o medo da morte[28], admitindoa sob a forma de humilde reconhecimento da finitude e da incerteza.

Nesse sentido, o perdão é tão necessário para quem dá como para quem recebe. Por isso, pode ser concedido unilateralmente. A pergunta que se impõe é a seguinte: pode ser concedido, unilateralmente, a si mesmo? Não sem a mediação de um outro que – em nome do social e das regras de sociabilidade, e de seus valores consagrados (posto que não há linguagem privada) – autoriza o sujeito, em nome do outro que sofre ou que sofreu. Essa triangulação é inescapável, porque o movimento pode se dar no teatro de operações das guerras

27 Percebe-se quão próxima da estrutura do trauma a chamada "dependência química" pode chegar a ser.

28 Joga-se xadrez com a morte, como lindamente encenou Ingmar Bergman, em seu filme magistral "O Sétimo Selo".

intrasubjetivas, mas jamais será propriamente solipsista, no sentido de que jamais poderia prescindir da mediação do social, ainda que em sua feição introjetada, feita linguagem, estuário de valores coletivos e universo em que se vivencia, mesmo na solidão dos desertos, a imersão no comum, o pertencimento, a participação. Poderia esse "outro" ser o correspondente a uma figura ou a um valor internalizado pelo agressor, no processo de sua própria transformação libertadora? Sim, deveria ser a resposta. Vale dizer: se a vítima não perdoar, mesmo assim a liberdade interior (relativamente à fixação culpada no ato, enquanto avesso também traumático do trauma impingido à vítima) poderia ser alcançada, em uma terapia, em um processo ritual religioso, em um movimento subjetivo complexo, que incluísse mediações e envolvesse mudanças radicais. Ainda assim, o perdão recebido ou autoconcedido não se dirige a atos isolados, mas à totalidade do sujeito, que, nessa dinâmica, se renova.

A dor que perdura (na vítima) é o equivalente à culpa (do agressor) e à pena (intervenção externa que aprisiona o sujeito a uma determinada cadeia de atos e de significantes), porque ata o sujeito do ato a uma história e a sua narrativa, a um verbo e a determinadas qualificações, estabelecendo continuidade no tempo (contra a fluidez) e fixando identidades, em ambas as pontas da relação. Se o agressor alcança conceder-se o desatar desse nó da culpa, nem por isso concede-se o desatar do nó da responsabilidade. Pelo contrário, só poderia alcançar a libertação da culpa se e enquanto reconhecesse e assimilasse à sua autoimagem, e à narrativa de sua biografia, a assunção plena das responsabilidades pelos atos cometidos – esse movimento sendo ético e correspondendo aos valores sociais agora internalizados, não enquanto instrumentos a atormentar a consciência, sob a forma de castigos auto-impostos ou de culpa, mas de referências orientadoras para o convívio e a liberdade. Ou seja, o problema não é identificar-se com aquele que, no passado, perpetrou aquele ato, mas fazê-lo pela mediação da autocrítica e da responsabilização construtiva ou, ao contrário, ser instado a fazê-lo pela mediação da culpa paralisante ou da sentença que isola uma única qualidade – agressor –, com a qual passa a identificar o sujeito de forma totalizante e inescapável, aplicando o estigma a uma estrutura de plausibilidade (por exemplo, a prisão) que lhe serve de suporte "objetivo", coletivo, inviabilizando mudanças.

Há também um mundo possível sem tanto claro-escuro, sem contrastes e relevos abundantes. Uma paisagem pastel, esmaecida, repleta de zonas de superposição, novelo de interpenetrações e áreas ambíguas. Pensemos nos casos em que a vítima esqueceu o sofrimento, ou melhor, assimilou-o a ponto de libertar-se do fardo que ele poderia representar. Não deseja o sofrimento do agressor, mas tampouco colocou-se a problemática do perdão, a qual importaria em custos, porque envolveria conceder ao tema algum tempo interno e abriria o passado a reinterpretações talvez dolorosas.

Nesse mesmo mundo possível, seria razoável supor a existência de agressores confortáveis consigo mesmos, que já enterraram o passado bem fundo e viajaram para bem longe do território em que os sinais externos poderiam reenviá-los a um passado constrangedor e incômodo, para dizer o mínimo. Não há, portanto, somente traumas e culpas. Há a paz do oblívio. Mas o apaziguamento do olvido é duvidoso, porque suas bases são precárias. Basta uma foto, uma carta, um encontro em uma esquina, uma palavra em contexto alusivo aos sentimentos que cercaram o episódio a esquecer e todo o equilíbrio pode ruir, em qualquer uma das pontas da relação. Há vantagens na elaboração do que se passou. Não só para que feridas não sejam reabertas, mas até mesmo para que os sujeitos implicados se enriqueçam com a experiência dessa elaboração. Ambos os sujeitos implicados no perdão saem maiores, mais ricos e mais fortes do processo em que alguém perdoa e alguém é perdoado. Entre as formas de processar perdas e danos, depois de cumprido o calendário simbólico do necessário luto, as estratégias do perdão destacam-se pelo potencial já referido.

IV. A INCOERÊNCIA DAS VIRTUDES E A INCONSISTÊNCIA DO PERDÃO

O estudo sobre o pluralismo dos valores surpreende e desagrada os espíritos que admiram a unidade e o equilíbrio da forma. Na epistemologia tanto quanto na ética e na estética, esses herdeiros da sensibilidade clássica, cultores da harmonia e da simetria, esperam que o conhecimento da natureza confirme suas crenças, de tal modo que a verdade científica coincida com a virtude moral e essa espelhe o ideal estético. Em sua cosmovisão unitária, todas as leis, observáveis e normativas, deveriam coincidir, em algum nível superior, uma vez que seriam regidas pelos mesmos princípios, os quais, por sua vez, ver-se-iam coroados pela cosmogonia teológica do monoteísmo. Em cada dimensão, a verdade, a beleza e a justiça promoveriam a harmonia e o equilíbrio. A música celeste, a geometria dos astros, a matemática dos fenômenos físicos, a justiça da cidade, a beleza dos entes perfeitos seriam espelhos uns dos outros, em distintas modalidades de manifestação da mesma essência, cuja identidade-a-si seria garantida pela raiz teológica comum, caução da unidade suprema – e da própria razão.

Por isso, fere a sensibilidade clássica a descoberta de que os valores que prezamos, em nossas tradições mais reverenciadas, chocam-se entre si, seja em suas descrições, seja no plano de suas aplicações. Se tomarmos os valores matriciais das principais heranças religiosas e os enriquecermos com as contribuições ideológico-políticas oriundas dos movimentos fundadores da modernidade, como a Revolução Francesa, veremos que as virtudes cultuadas, isoladamente, contradizem-se, quando analisadas em relação e quando aplicadas[29]. Por outro lado, há tempos a estética já se divorciou das referências harmônicas e simétricas. Além disso, o conhecimento segue trilhas insuspeitáveis, no domínio das epistemologias clássicas, tendo abandonado a expectativa de chegar a um punhado de leis simples e claras, capazes de dar conta de todo o conjunto de fenômenos, em sua diversidade de escalas e dimensões, do subatômico ao cosmológico e astrofísico.

O mundo kantiano, em que a mentira deveria ser abolida porque contraditória com a universalização do suposto imperativo que a determinasse, colidiu com o planeta weberiano e maquiaveliano, em que a "Razão de Estado" ganha foros de fundamento autossuficiente, nos termos ditados por uma "ética da responsabilidade", por oposição a uma "ética da convicção". A própria polaridade representaria, para Kant, assim como para a tradição do platonismo, uma contradição em termos. Não para Aristóteles, todavia, certamente não para sua reapropriação criativa por Kolakowski, nas passagens em que demonstra a necessidade da incoerência e da inconsistência para a vida social. Se a mentira não pode ser descrita como a aplicação de um princípio cuja universalização constituiria mandamento para a razão, sob pena de autonegar-se o ato da própria formulação normativa, ela se justificaria se, dita a um sequestrador, salvasse a vida de sua vítima inocente. Se sonhamos com liberdade e justiça, teremos de proceder a escolhas trágicas. Se não admitimos a instrumentalização da vida humana, se a definimos como um fim-em-si, talvez nos vejamos obrigados a decidir contra nossa própria orientação, nos casos em que apenas

---

29 Berlin, Isaiah – *Estudos sobre a humanidade; uma antologia de ensaios*. Editado por Henry Hard e Roger Hausheer (São Paulo: Companhia das Letras, 2002).
_______. 1997. *The Sense of Reality; studies in ideas and their history*. (Nova York: Farrar, Straus and Giroux).
_______. 1981. "Vico e Herder". In: *Quatro ensaios sobre a liberdade*. (Brasília: Editora Universidade de Brasília).

alguns pudessem ser salvos e nenhuma chance haveria para ninguém se a eleição dos beneficiários não se desse, em homenagem ao princípio.

Alcançamos, nesse ponto, um nível elevado de complexidade, o que repõe os desafios em níveis superiores de dificuldade. Diante de nós, a clivagem entre intenções e consequências: a história humana não resulta de intenções e dos atos que as realizam, apenas, mas também e sobretudo de efeitos não-intencionais e não-antecipados das ações sociais – cuja denominação técnica é "efeito de composição" ou de "agregação". Um exemplo típico é o seguinte: ante boatos falsos de que um banco está à beira da falência, os correntistas apressam-se a sacar o que têm depositado para evitar riscos. Em o fazendo, provocam a consequência que temiam: levam o banco à bancarrota e perdem seus recursos. Do ponto de vista individual, os comportamentos foram racionais; do ponto de vista agregado, foram irracionais. Outro exemplo é a inflação inercial, de que os brasileiros padecemos longos anos: face à expectativa generalizada de aumento dos preços, cada agente econômico se apressa a remarcar os preços de seus produtos para evitar os efeitos negativos da desvalorização da moeda. Em o fazendo, geram os resultados temidos. A profecia se autocumpre porque os efeitos de composição contrariam as intenções individuais e a racionalidade do ator privado.

O argumento recontextualiza a problemática do perdão, da perdoabilidade e das intenções. Estamos diante de um quadro em que o mal pode ser cometido a muitos pelo efeito de composição de variáveis acionadas por atores cuja intenção era produzir resultados positivos. Trata-se de situação análoga ao crime culposo (por oposição a doloso). Qual o grau de responsabilidade na geração de efeitos danosos sobre terceiros, quando esses efeitos contrariam as intenções originais. Seria pertinente falar em gradações, aqui, estabelecendo uma hierarquia e identificando tipificações? O grau se fixaria segundo o acesso – do autor da decisão ou do agente da ação – ao conhecimento (e à precisão do conhecimento disponível) sobre os riscos para terceiros envolvidos na ação? E se autor e agente forem coletivos? O eventual benefício produzido pela ação para outrem compensaria o prejuízo provocado, mesmo que parcialmente? Nas sociedades contemporâneas, que chamamos "sociedades do risco", complexas, interconectadas a redes globais, cruzadas por dinâmicas refratárias a controles plenos, tais crimes seriam mais suscetíveis a merecer tratamento tolerante, na imputação de responsabilidades por danos involuntários? Ou, ao contrário, esse cenário deveria impor a cada gestor ou ator, individual ou coletivo, maior atenção aos eventuais efeitos perversos, o que, por sua vez, corresponderia à ampliação das cobranças posteriores, relativamente às respectivas responsabilidades? Digamos: um erro de cálculo de um engenheiro de certa empresa pode envenenar um rio e condenar à morte uma cultura ribeirinha, ameaçando severamente a vida de seus membros. Condenar-se-iam, nesse caso, à assunção de responsabilidades reparadoras e a penas determinadas, todos os componentes da cadeia de comando e controle da empresa, atingindo até mesmo seus acionistas? Mas isso bastaria? Os órgãos de fiscalização do Estado não teriam de arcar com parte dos prejuízos causados e das responsabilidades negligenciadas? Em que sentido e em que medida poder-se-ia, também aí, fazer prosperarem os temas do perdão e da reconciliação?

Haveria duas respostas inversas e extremas para os casos que envolvem danos coletivos ou individuais, provocados por ações não-intencionais, mediadas por processos complexos: (1) à Justiça, no Estado Democrático de Direito, caberia avaliar responsabilidades e reparações, de acordo com seus métodos e a legislação vigente, tornando-se inócua e impertinente a abordagem personalizada que avocasse a problemática do perdão. É como se a questão dos crimes culposos relativos a bens difusos ou a efeitos de agregação fossem próprios ao "sistema", por oposição ao "mundo da vida" (se adotássemos a dicotomia habermasiana[30]), ambiente adequado à experiência do perdão. É como se a intermediação da técnica e do cálculo transmutasse a ação danosa – promovida por um ou alguns seres humanos determinados – em equívoco cognitivo, engano metodológico, imperícia profissional, incompetência tópica, a exigir correção sistêmica. (2) Toda ação que produz danos a outrem pode se inscrever em uma dinâmica reparadora, na qual o perdão desempenha um papel chave. Não há ação que não tenha origem em uma decisão humana, por mais mediada e menos deliberada e consciente que seja, ou não estamos falando propriamente de ação e seus efeitos, mas do impacto de forças naturais[31] – o que, aliás, em uma cultura panteísta, dá no mesmo.

Politizar o tema pode significar que a ação é oriunda de um movimento humano, consciente ou inconsciente, voluntário ou não, e deve ser analisada nesse plano de interconectividade humana e social; mas também pode significar o contrário, que assim se enunciaria: o tema das causas e de suas consequências,

---

30 Habermas, Jurgen. *The Theory of Communicative Action*, vol. I. (Boston: Beacon Press, 1984); *Consciência Moral e Agir Comunicativo* (Rio de Janeiro: Tempo Brasileiro, 1989); *A Inclusão do Outro: Estudos de teoria política* (São Paulo: edições Loyola, 2002); *Entre Naturalismo e Religião: estudos filosóficos* (Rio de Janeiro: Tempo Brasileiro, 2007).

31 Esta diferenciação tem se mostrado cada vez mais problemática, considerando-se, no antropoceno, o impacto da ação humana sobre as condições denomindas naturais.

quando intervêm múltiplas mediações, deve ser explorado no âmbito exclusivo da institucionalidade jurídico-política. Ambas as interpretações autorizam a introdução do debate sobre a reconciliação, mas apenas a primeira reconhece a pertinência do perdão como momento possível de redirecionamento das tensões geradas ou mesmo de sua superação. Ressalte-se que introduzir o tema do perdão de modo algum exclui nem sequer subestima a reparação às vítimas.

Nossa opção contraria a tendência utilitária, hegemônica no espaço acadêmico da ciência política positivista, que mereceria os epítetos metodólatra e reducionista, quando não legitimadora da violência e da barbárie – tal como definida acima. Por isso, propomos a extensão do âmbito de aplicação da problemática do perdão a todos os contextos nos quais seres humanos estejam implicados, em ambas as pontas do ato gerador de danos, por mais complexa que seja a cadeia das mediações. Essa resposta à pergunta sobre a melhor interpretação restabelece vínculos entre sujeitos humanos, suspendendo a rede de mediações, sem deixar de reconhecer sua positividade, isto é, sua presença na arena dos atos em causa. Tais vínculos remetem a sentidos não-judicializados das categorias responsabilidade e reparação – embora não os excluam. Sentidos abertos à negociação na esfera do diálogo entre agente do ato danoso e vítima. A cena descrita restitui vigência à problemática do perdão, desde que os envolvidos se disponham a redescrever toda a situação dramática em que se envolveram, pelo viés da disposição de reinventar a narrativa sobre si e sobre sua relação com o outro.

Em síntese, a complexificação do social, que se traduz na separação entre as causas intencionais e seus efeitos sobre seres humanos concretos – instaurando dois nichos ecológicos distantes na geopolítica da ação –, não impede os jogos de sociabilidade entre as pontas extremas do ato danoso, desde que se implementem dinâmicas dialógicas orientadas para aproximar as duas pontas (coletivas ou individuais) e restabelecer sua conaturalidade, inaugurando condições mínimas para uma comunicação não-obstruída.

Ao contrário do que ocorre nos casos em que a violência é visível e sua trilha conduz ao autor, nas conexões danosas mediadas, em sociedades complexas, podem se passar duas situações limite: o agente do dano não ter sequer notícia do mal perpetrado e a vítima não ter noção de que o processo danoso teve origem humana voluntária, ainda que não necessariamente intencional quanto ao fim especificamente atingido (do ponto de vista do dano provocado), em algum ponto da cadeia de eventos. A ignorância do primeiro é reconfortante – ainda que alienada –; a do segundo, rouba-lhe a oportunidade de uma reparação. Não apenas material, o que se poderia fazer via Justiça, mas, sobretudo, subjetiva, uma vez que tornar inteligível a série causal danosa, dotá-la de vontade humana e personalizar seu movimento e sua direção, constituiriam elementos redutores do medo, da humilhação, do trauma eventualmente sofrido. Além de tudo, restituiria à vítima o poder de perdoar, ressituando-a diante de si e da sociedade, como vimos anteriormente. Restaurar a perdoabilidade do agente, em última instância responsável pelo evento danoso, corresponde a infundir sentido ao caos da experiência traumática. Responsabilidade, portanto, no âmbito não-jurídico, é a contraface da perdoabilidade (e, assim, codetermina o humano), ensejando a reciprocidade, em cujo ambiente ambos os polos da interação participam do mesmo, comungando sua mutuamente consentida e especular humanidade. Perdão e responsabilidade não se reportam a uma *ratio*, a uma medida, não são equivalentes, não significam um ao outro ou pelo outro, não se representam, portanto. São transbordamento que derrama algo, algo que escapa e ultrapassa, um excesso, um ingrediente que vai além do econômico e racional, e não poderia corresponder a uma troca de equivalentes. São dom e contradom, percorrem o circuito da dádiva e a reanimam, a reproduzem e perpetuam, mas por infundir movimento, energia e sentido ao jogo, diferenciam o que o outro dá e o que de si é ofertado a outrem, transgredindo a regra da equidade, pelo excesso – singularizante. A humanidade (como valor antípoda da barbárie) é o excesso, o que não se troca nem se retém, mas se derrama, inundando o campo da troca e lhe infundindo sentido compreensivo, aquém e além do que se troca em seu âmbito. Descrita como excesso e diferença irredutível, esse valor redefine a troca como encontro – não enquanto base material do intercâmbio de bens equivalentes, mas enquanto experiência incomensurável da imersão no que é dado como o terreno comum. Humano é, nesse sentido, o excesso compartilhado, o que vem a mais do outro e sai a mais de si mesmo – "a mais" do que qualquer medida, "a mais" relativamente à *ratio*32. Se a *hybris* é a desmedida orientada para o poder, o perdão é a desmedida voltada para a renúncia, a compaixão, o desapego e a disposição para imergir no comum, pertencendo e participando, e celebrando (a dignidade d)o humano[33].

32 Daí a magnífica síntese formulada por Leonel Narvaez, no contexto político do debate sobre anistia na Colômbia, sob a forma de uma surpreendente exortação: "Contra a irracionalidade da violência, a irracionalidade do perdão".

33 Sobre o dom, a troca e a deseconomia dos excessos, vide:
Mauss, Marcel.1"Ensaio sobre a dádiva. Forma e razão da troca nas sociedades arcaicas. In: *Sociologia e Antropologia*. v. II. (São Paulo : Edusp, 1974).

Por isso, Derrida pode declarar que o perdão é chave, mas paradoxal e intrinsecamente inconsistente, porque só pode ter como objeto o imperdoável. A impossibilidade do perdão e, ainda, sua necessidade, torna perdoável o imperdoável, o que implica a introdução de uma diferença que não faz sistema, não fecha o ciclo, não completa o circuito da identidade – uma diferença que é inconsistência: excesso. A reminiscência teológica pode ser sentida, quase tocada, nesse ponto: perdão interpela o humano de fora de sua órbita descritível, no interior da qual é inteligível sob o signo da consistência e da identidade a si das unidades significativas. Essa diferença corresponde a um elemento de não-significação que circula, entretanto, na linguagem (ou a atravessa, potencializa, perturba, instiga, subverte e limita). A voz (enquanto a linguagem que comunica) insiste e produz evento, o qual instaura um sentido, ou melhor, mobiliza sinais em direção a algo indefinido que interpela a expectativa de sentido, acionando a imaginação hermenêutica e a sociabilidade dialógica. Esse protosentido, quase sentido, essa direção sem conteúdo, simples sinal a suscitar interrogações, excesso a perturbar cálculos e resto a impedir a complementação das leituras, esse dispositivo de desleitura, essa fonte de incitamento ao desconforto com as leituras, jamais se deixará capturar pelo regime da representação. Por isso, evento – excesso e falta, resto expelido que circula na cadeia da linguagem como sua inexorável exterioridade, no lugar de sua (impossível) alteridade. Excesso remete à vertigem da alteridade, enquanto diferença irredutível. Perdoar é *hybris* inacessível ao humano que a ousa realizar, movimento que o expulsa do lugar em que se constitui. Perdoar não é gesto adocicado de bondade virginal e ingênua, mas a selvagem realização do espírito imprevisível em sua vitalidade feroz, potencialmente destrutiva, potencialmente vivificadora. O resultado será civilizador, se evitarmos babel.

Deleuze, Gilles. 19*fférence et répétition*. (Paris: PUF, 1968).

Bataille, George. 200 *Part Maudite*. (Paris, Les Éditions de Minuit, 2007).

________ *La Experience Interieur*. (Paris, Gallimard, 1943).

________ *La Litterature Et Le Mal*. (Paris, Gallimard, 1957).

________ *L'Erotisme*. (Paris, Les Éditions de Minuit, 1957).

________ *Théorie de la religion*. (Paris, Gallimard, 1973).

V. DO PERDÃO À RECONCILIAÇÃO

A cada volta do parafuso reflexivo redescrevem-se os aspectos implicados no perdão, girando a categoria sobre si mesma e fazendo variar seus significados, de acordo com os contextos argumentativos e com os dilemas a enfrentar.

Registre-se: o mesmo vale para a autorresponsabilização. Dir-se-ia, repetindo o enunciado: responsabilizar-se não é gesto adocicado de bondade virginal e ingênua, mas a selvagem realização do espírito imprevisível em sua vitalidade feroz, potencialmente destrutiva, potencialmente vivificadora.

Trata-se, agora, de extrair as consequências dessa tese. Desde logo, assinale-se que os dois movimentos permanecem mutuamente referidos, no plano da metalinguagem e do modelo ideal, mas podem ser implementados isoladamente. A responsabilização de si mesmo não se confunde com a vivência da culpa ou com autopunição, o que reduziria o fenômeno a uma troca trivial de equivalentes para redimir pecados e expiar a má-consciência, cujas consequências perversas poderiam incluir a cristalização autodepreciativa, socialmente paralisante, da relação entre sujeito e seu ato, já longamente examinada.

Responsabilização-de-si-mesmo importa no reconhecimento da irredutibilidade do ato perpetrado "contra" outrem (intencionalmente ou não), entendido como evento sempre singular (mesmo que reiterado). Importa no reconhecimento da *diferença* desse evento (ou de seu *excesso*), refratário à simbolização, de sua intratabilidade e, portanto, da inextinguibilidade (pelo menos potencialmente) do dano produzido. Essa inextinguibilidade traduz-se na atemporalidade do sofrimento provocado ou na permanência da dor, sob a forma de trauma ou de sintoma a marcar destino(s). Em outras palavras, autorresponsabilização importa na admissão da imperdoabilidade do ato praticado (sua irreversibilidade). Admiti-lo é conviver com o fracasso extremo – por definição, o evento é impermeável ao perdão e seu efeito é intratável, indomesticável pela cadeia de significantes, e, por consequência, no limite, é ininteligível. Admiti-lo implica deparar-se com a insuplantável finitude (constitutiva do humano) e corresponde a pôr-se, metaforicamente ou objetivamente, face ao outro, respeitando-o em sua dignidade, ou seja, em sua irredutibilidade, coextensiva à irredutibilidade de sua dor (essa irredutibilidade equivale à negativa em tratar o outro como instrumento e objeto).

Abrir-se para o convívio com a alteridade enquanto diferença inassimilável significa, por sua vez, estender a experiência de si e da linguagem até o limite, reconhecendo esse limite (anti-*hybris*). A palavra é dada ao outro, sem controle, sem conhecimento do que se ouvirá, sem manipulação, em termos tais que a abertura para a palavra alheia emerge como a aposta pascalina, assentada não na razão ou na força, mas na esperança, na expectativa de que o movimento alheio proverá o dom – nesse caso o perdão – por obra da imprevisível gratuidade. Responsabilizar-se é abrir-se para a gratuidade alheia.

Quando o esforço é individual e solitário, a abertura permanece como disponibilidade para o outro e afirmação em si mesmo dessa alteridade gratuita, disposta a ofertar o dom. O resultado é o sentimento ou a imprecisa percepção de que se é, imerecidamente (lembremo-nos de que o perdão dá-se ao imperdoável), destinatário de um dom, o que é libertador e reforça a disposição dialógica para a sociabilidade pacífica. Pôr-se na posição do ser que vive a condição da perdoabilidade é admitir a graça de usufruir do ser para a liberdade, sem compromisso com pagamentos, porque não há equivalentes, nessa reciprocidade, apenas a comum imersão no excesso da potencial mútua gratuidade – eis aí o paradoxo reiterado e a inconsistência duplicada: reciprocidade sem trocas, simétricas ou assimétricas, e, ainda assim, reciprocidade como horizonte de experiências irredutíveis. O tema conduz-nos a zona perigosa e sem garantias, área de incerteza, campo de diferença e excesso, região existencial em que um e outro se encontram à beira da dissipação e da alienação.

Estamos diante da imperdoabilidade do ato cometido pelo ser que se distingue pela perdoabilidade e pela capacidade de autorresponsabilizar-se. Mas não nos iludamos. A falta de solução é a solução, isto é, nos aponta o caminho ao pensamento e à ação. Imaginemos a dança de guerreiros que não se tocam. A coreografia desenha hieróglifos indistinguíveis no ar. Aos poucos, sem identificar os sinais, intuímos que os corpos já não insinuam a violência, mas simulam uma insuspeitada aproximação. Por fim, deduzimos que negociaram, silenciosamente, a paz. Os dançarinos descansam. Jamais chegaram a se tocar. Palavras não foram trocadas. Mas a comunicação fluiu. Misteriosamente, a passagem da guerra à paz pareceu natural. Pelo menos a posteriori, como o signo de Saussure, que é arbitrário *a priori* e motivado, *a posteriori*. Assim também dar-se-ia a dança entre um ser que se responsabiliza e outro que perdoa. Podem não se tocar, nem se falar. No entanto, seus movimentos subjetivos são intensos e exigem criatividade e elasticidade. O que era improvável e parecia impossível, realiza-se. Impossível era, *a priori*. No curso da experiência, fez-se possível. Perdão deu-se ao autor do imperdoável, que responsabilizou-se pelo perdão recebido, como antes o fizera por seus atos danosos. O que é dado, ao se perdoar, não tem tamanho, foge a toda medida, mal cabe em métodos ou na razão. O que se recebe é incomensurável. E o que se devolve a ambos é essa oportunidade extraordinária de experimentar a incomensurabilidade, esse excesso vivido em uma estranha comunhão de solipsismos – que é também paradoxal comunhão de alteridades internas a fraturarem o sujeito. O que se devolve a ambos é essa chance de pertencer ao mesmo, participando, paradoxalmente, como a diferença (e sua fonte). É essa oportunidade de experimentar a criação (de gerar o que antes não havia e, portanto, poderia ser impensável e impossível) e de vivenciar o oposto do trauma e da prisão, isto é, a realidade do humano como devir.

Nada se encaixa, nem as categorias finalmente alcançam o estatuto racional superior, subsumindo o múltiplo da experiência na unidade do conceito. Estamos, portanto, no território privilegiado do perdão e da responsabilização. Por isso, dança, movimento, passagens por fronteiras borradas, metáforas. Por isso, preferimos a demarcação do território e um movimento reflexivo, em espiral, que nos trouxe a sucessivas aproximações.

Ao fim e ao cabo, temos algumas conclusões: o perdão é um ato de fala performativo que se manifesta na gratuidade de um dom. Pode ser unilateral, assim como a autorresponsabilização, ainda que o modelo ideal os associe. Ambos se distinguem dos modos sistêmicos e institucionais de lidar com a violência e a perpetração de danos. O perdão, como indulto emocional ou anistia espiritual, não visa o ato cometido, mas seu autor, restituindo-lhe a humanidade truncada – e trincada no viés da violência perpetrada.

Isso significa que o perdoado é a pessoa que transcende o perpetrador do ato motivador do sofrimento e, mais adiante, motivador do perdão. Ou seja, supõe-se que quem comete o ato bárbaro não se reduz ao lugar de autor, à posição de sujeito da violência. Aposta-se em algo mais, em uma diferença inscrita em seu ser como virtualidade; investe-se no devir; no vir-a-ser indeterminado, cujo vazio pode ser preenchido por outro colocar-se-na-posição-sujeito, ou, simplesmente, por "outro" – ainda que, fisicamente, trate-se da "mesma" pessoa.

Perdoar é, assim, crer ou apostar em *outro no sujeito*, no alterar-se, na mudança: vale como manifestação de fé na apostasia e no avatar. Apostasia porque crê-se no rompimento do sujeito com a violência como linguagem. Avatar porque antecipa-se a transfiguração desse sujeito, supostamente apto a transcender a violência ou a barbárie (abandonando, portanto, a instrumentalização e objetificação do outro).

Por isso, dir-se-ia: não há perdão sem esperança – o que não significa que o outro tenha de justificar essa confiança dando testemunho de sua disposição positiva. O laço restabelecido por quem perdoa com quem é perdoado liga o primeiro não ao segundo, exatamente, ou não àquela pessoa-sujeito que se define no e por intermédio do ato gerador do dano; liga o primeiro a um outro posto como possibilidade e aposta no caminho a vir, e a construir-se.

Ao perdoar, a vítima se liberta do fardo que a vitimização lhe impõe e se "cura" do trauma. A autorresponsabilização é o reconhecimento da dignidade do outro, de sua irredutibilidade a objeto, meio ou instrumento para outros fins; é, simultaneamente, o reconhecimento de que um ato pode ligar-se a seu autor e a sua vítima de modos diferentes: atando-os ao acontecido, como agente e objeto; liberando-os a ambos; atando apenas uma das pontas, sob a forma da fixação traumática, seja o perpetrador, seja a vítima. A prisão faz as vezes do trauma, forçando-o de fora para dentro, por assim dizer, por intermédio do estabelecimento de estruturas de plausibilidade objetivas. É, nesse sentido, a institucionalização do trauma como política criminal. Além de ato de fala, performance, dramatização social, repactuação interlocucionária, redescrição de si e da narrativa biográfico-histórica, o perdão e seus satélites inscrevem-se no espaço da diferença e do excesso, abrindo a reciprocidade, a dialogia e a sociabilidade para a perspectiva do devir e da diferença.

Nesse contexto, reconciliação é a face social e política do processo que se inaugura com o perdão. A rigor, o perdão pode prescindir da reconciliação, mas apenas com ela se completa. A reconciliação pode resumir-se à dimensão política, quando envolve a reaproximação de instituições e Estados. Entretanto, como esta última obtém-se com uma simples repactuação, a partir de interesses comuns, sem que a experiência do perdão seja sequer evocada, deduz-se que a única verdadeira reconciliação a situar-se na esteira do perdão é a que denominamos social – por oposição à institucional e política. A reconciliação complementa o perdão porque exige a presença de ambos os polos, vítima e agressor. Enquanto o perdão não está impedido de transcorrer na esfera subjetiva, cumprindo seu ciclo na solidão, o mesmo valendo para a autorresponsabilização, a reconciliação requer a negociação dos afetos e a interação, historicamente circunscrita, de atores sociais, indivíduos, pessoas, cidadãos – não apenas sujeitos deslizando sobre suas fraturas internas.

VI. PERDÃO PRESSUPÕE JUÍZO E ATRIBUIÇÃO DE RESPONSABILIDADE: QUAIS AS CONDIÇÕES DE POSSIBILIDADE DO JUÍZO E QUE ALTERNATIVAS HAVERIA PARA A ALOCAÇÃO DE RESPONSABILIDADES? OU: A RELATIVIDADE CULTURAL DO PERDÃO

Ao longo das reflexões a propósito do perdão e da reconciliação, passamos ligeiramente, em sobrevoo, por um campo minado, cuja complexidade traz consigo a necessidade de enfrentarmos, ainda uma vez, agora por ângulo diverso, a descrição do fenômeno de que nos ocupamos: a possibilidade prática, conceitual, ética e psicológica do perdão e da reconciliação. Trabalhamos intensamente os pressupostos e as implicações do movimento da vítima em direção ao perdão e à reconciliação. Não concedemos a mesma atenção ao movimento anterior, cognitivo, valorativo, psicológico e simbólico, sem cuja existência a própria questão do perdão perde sentido: para que se coloque para um sujeito o perdão é preciso que se lhe tenha colocado a questão anterior da identificação de um dano provocado pela ação ou inação de alguém ou de alguns, deliberadamente ou não. Ao sujeito coube um exercício hermenêutico que se nutriu de informações e de estruturas emocionais, indissociáveis de valores, códigos linguísticos e simbólicos, imaginação e preconcepções. A interpretação em torno de um evento dá-se em contextos históricos, políticos e culturais, que não ditam uma leitura, mas limitam, até certo ponto, o universo de suas possibilidades – até certo ponto, porque esses limites são análogos a um horizonte (como diria Gadamer): sinalizam a finitude, mas movem-se, constantemente, acompanhando o deslocamento do sujeito que o observa. Limites redefinem-se, práticas reinventam regras, valores recebem novos significados. O universo hermenêutico está em expansão e é refratário à ideia de que sentidos captados decorrem da aplicação de regras prefixadas[34]. Portanto, papel decisivo cabe sempre ao intérprete; nesse caso, ao ator social.

34 Seria interessante comparar duas abordagens distintas dessa problemática, contrastando a leitura que Kripke – Kripke, Saul – *Wittgenstein on Rules and Private Language* (Cambridge: Harvard University Press, 1982) faz de Wittgenstein com obras de Gadamer – Gadamer, H-G. *Truth and Method.* (Nova York: Crossroad, 1984) e *The Relevance of the Beautiful* (Cambridge: Cambridge University Press, 1986) – e Perelman. Vide: Perelman, Chaim e Olbrechts-Tyteca, Lucie – *Tratado da Argumentação: a nova retórica* (São Paulo: Martins Fontes,

Para a vítima, portanto, trata-se, em primeiro lugar, de viver essa posição e dar-lhe um sentido, conectando seu lugar e sua experiência dolorosa com ações alheias, cuja trilha pode conduzir a algumas causas, origens ou sujeitos, aos quais se imputará responsabilidade direta ou indireta pelo evento gerador do dano. Duas categorias desde logo destacam-se: causalidade e responsabilidade. Se a vítima não operar com ambas é porque, provavelmente, situa-se fora da órbita em cujo núcleo está a cultura e o código linguístico e ético para os quais faz sentido a categoria perdão. Há culturas segundo as quais um ato danoso, ainda que fisicamente praticado por um indivíduo, atinge aquela vítima, naquele momento, por intervenção de uma lógica mágica ou de uma força divina. Outra hipótese seria descrever o próprio ato gerador do dano como tendo sido imposto ao seu autor por uma ordem cósmica insondável, o que implicaria reconhecer que, malgrado dispusesse de vontade própria, o perpetrador do dano sentiria uma vontade que não seria unicamente sua ou que não encontraria em si a sua fonte última. Outra interpretação – uma variante da anterior – poderia definir o sujeito agressor como desprovido de vontade e liberdade, tendo agido como instrumento de uma entidade anímica, a serviço do mal. Necessidade e liberdade coincidiriam, aqui – em uma espécie de "ontologia spinozista" em idioma próprio.

A circunscrição ajuda-nos a reconhecer a natureza relativa e histórico-contextual do perdão – e da filosofia política que o pensa –, o que não lhe retira interesse e importância, considerando-se, inclusive, o peso histórico, político, social e econômico do universo cultural em que se inscreve. Em todos esses casos, as noções culpa e responsabilidade teriam de ser nuançadas, na mesma medida em que ter-se-iam de rever as ideias de vontade e liberdade – e, consequentemente, de indivíduo. O que, finalmente, fica patente é a associação entre o perdão (e a responsabilidade) e o individualismo, para cuja formação as tradições monoteístas foram decisivas. Por isso mesmo, alternativas à filosofia política do perdão seriam, por exemplo – entre tantas outras que a etnologia vem estudando e valorizando – o Budismo, algumas outras tradições orientais e ramificações diversas do hermetismo ocidental. A vantagem da filosofia do perdão é a possibilidade que ela oferece de combinar aspectos especialmente iluminadores dessas tradições com conquistas importantes do pensamento

1996) –, nas quais os argumentos são trabalhados em registro filosófico diverso. Outras obras de Perelman especialmente relevantes para esse debate são: *Justice, Law, and Argument: essays on moral and legal reasoning* (Dordrecht, Boston, London: D. Reidel Publishing Company, 1980); e *Ética e Direito* (São Paulo: Martins Fontes, 2002).

dito moderno, socialista, libertário e democrático, as quais constituem um patrimônio valioso que o Ocidente oferece ao repertório comum da humanidade.

Para que esse diálogo ecumênico, pluralista e planetário flua com menos obstruções, devemos aprofundar a reflexão sobre o juízo, de modo a mostrar que é possível preservar culpa, responsabilidade e perdão, em um espaço discursivo mais sofisticado e complexo do que suporiam os críticos generalistas que repudiam qualquer ligação com o que definem como eurocentrismo, os quais tenderiam a apresentar uma versão reducionista do individualismo e da liberdade, condenando, de um modo unilateral, as visões modernas sobre democracia e justiça. Para examinar a fundo o individualismo, entendido em sentido amplo, evitando simplificações e valorizando o potencial civilizador que representa[35], sem deixar de trazer à tona seus dilemas contemporâneos, além de mostrar como a problemática do perdão pode ser um espaço privilegiado para a reflexão a respeito de riscos e perspectivas ético-políticas e existenciais da cultura moderna de extração judaico-cristã, é necessário contemplar o vasto panorama em que se inscreve o indivíduo e seu correlato, o sujeito. Em o fazendo, elementos axiais da problemática do juízo e da responsabilização serão explicitados.

A intenção é demonstrar, a seguir, que a construção moderna do sujeito do conhecimento desenvolveu-se paralelamente à constituição do sujeito político e que, para ambos, foram imprescindíveis as seguintes condições: tal subjetividade suportaria o ponto de vista *sub specie aeternitatis*; fundaria critérios de juízo moral[1], além de princípios universais de justiça; e identificaria a teleologia política capaz de regular a ação coletiva, gerando, pela mediação do pacto e do artifício político daí derivado, a ordem social pacífica e igualitária, destinada a prover segurança e condições de prosperidade a seus membros.

Isso significa que a criação do "sujeito universal", figura estratégica para o pensamento moderno, corresponde a um movimento epistemológico e, simultaneamente, ideológico-político (talvez mais próprio fosse dizer mítico), na mesma medida em que seu colapso atual, no contexto do conjunto de desafios e impasses contemporâneos, volta a associar epistemologia, teoria do sujeito e problemas políticos, particularmente os dilemas na definição de critérios de juízo sobre legitimidade de estruturas de poder e justiça na ordem social[36].

---

35 Elias, Norbert. *O processo civilizador.* (Rio de Janeiro, Jorge Zahar, 1994).

36 Parte do argumento que se segue foi incluído em *A Crise do Contratualismo e o Colapso do Sujeito Universal*, publicado em: Soares, Luiz Eduardo – *Legalidade Libertária* (Lumen-Juris,

A principal obra de Thomas Hobbes, *O Leviatã* (1964), a despeito de sua intenção de defender o absolutismo, é responsável por diversas conquistas intelectuais que, mais do que marcar época, tornaram-se referências permanentes para o pensamento político e filosófico da posteridade. Muitas vezes, esse lugar matricial não é reconhecido; mesmo assim, a presença de perspectivas e conceitos hobbesianos pode ser verificada na produção intelectual mais relevante e nas opiniões ordinárias dos atores políticos, desde o século XVII. Uma das contribuições decisivas de Hobbes foi a invenção – compartilhada, certamente, por outros pensadores e cientistas de seu tempo – do que poderia ser denominado lugar discusivo-social comum ou, mais precisamente: do sujeito universal como posição prático-teórica. Essa invenção apoiou o desenvolvimento de diversas outras e representou uma abertura revolucionária de horizontes – aos níveis científico, filosófico e político. Em certa medida, o esclarecimento – movimento no terreno das ideias com amplas consequências políticas e, possivelmente, responsável pela formulação, em seus principais aspectos do projeto moderno – é herdeiro da invenção hobbesiana: a vontade geral de Rousseau, sujeito político, e o ser racional kantiano, sujeito da moralidade, descendem, em alguma medida, do sujeito universal implicado nas postulações pioneiras de Hobbes.

No *Leviatã*, essa figura virtual é concebida em vários momentos da obra: sob a forma do leitor ideal, desindividualizado e derivado do próprio sistema conceptual proposto pela obra; sob a forma do sujeito autor, implicado pela afirmação de determinado ângulo hermenêutico, a partir do qual dever-se-ia ler e interpretar o ponto de vista do autor, segundo sugestões da própria obra; sob a forma do personagem objeto, construído pela antropologia hobbesiana, que, afinal, se constitui no ator da sociabilidade e de seu malogro; sob a forma do celebrante do pacto, artifício da razão, a serviço da paixão primordial que se manifesta como a vontade política, instituindo a ordem social. Mas é, sobretudo, na teoria da ciência que essa subjetividade vazia e comum é apresentada de modo mais detido e elaborado. Resumindo bastante, poder-se-ia dizer que Hobbes distingue duas modalidades de conhecimento: (1) factual, cujo acesso é – salvo para os protagonistas diretos – mediado pelo testemunho alheio; (2) racional-científico, cujo acesso é facultado diretamente a todos os interlocutores capazes de acionar razão e linguagem.

2006).

Próprio aos fatos são sua contingência e, enquanto matéria de consideração pretérita, irrevogabilidade. Essas qualidades vedam a possibilidade de comprovação ou verificação. Por isso, não estão sujeitos, enquanto objetos do testemunho humano, ao critério da verdade, mas ao da correção. Esta obtém-se de forma extremamente precária e dependente da natureza das relações sociais que associam os atores envolvidos: via confiança no discurso alheio e nas sensações às quais este – e outros, quando a cadeia comunicativa é mais extensa – se reporta. O saber teológico, por exemplo, por basear-se em uma remota revelação, sustenta toda sua arquitetura conceitual em um episódio, isto é, em um objeto contingente, irrevogável (não passível de controle cognitivo), reconstruído pelo testemunho humano: a revelação. A correção depende, portanto, da confiança no interlocutor e nos demais elos da cadeia que se estende até a experiência sensível referida, assim como na adequação heurística da própria sensação original. Conhecendo-se o ceticismo com que Hobbes trata o tema da percepção humana, deduz-se facilmente as implicações que extrai das observações anteriores.

O objeto da ciência é, por contraste, sempre condicional: o discurso plenamente racional, isto é, nos termos de Hobbes, científico, apenas nos diz que, *se* A, *então* B: jamais nos informa que A seja ou não o caso, empiricamente, a menos que A resulte de inferência condicional anterior. Por outro lado, uma proposição só é dita verdadeira se e enquanto puder ser demonstrada, entendendo-se por demonstração a viabilidade de ser ensinada e de, por meio dessa transmissão, ser acolhida pelo interlocutor como perspícua.

Central é compreender que demonstrabilidade não se confunde com capacidade persuasiva. Não se trata propriamente de persuasão, no sentido mais elementar do termo, pois é indispensável que o interlocutor retome o discurso, o conjunto de proposições articuladas que lhe foi transmitido, e refaça o cálculo, isto é, todo o percurso do raciocínio, desde a primeira das premissas até a derradeira inferência que lhe foi proposta. Somente na medida em que, assimilando os argumentos expostos, o novo sujeito do discurso racional seja capaz de reconstruí-lo inteiramente, fazendo-o, nesse sentido, também seu, assumindo, ele próprio, o lugar e a função de sujeito, somente assim dir-se-á, do discurso exposto ao crivo crítico do jogo intersubjetivo, que é passível de ensino, donde de demonstração perspícua, donde que é, até prova em contrário, aceitável como verdadeiro. Condição *sine qua non* para aceitar sua verdade é ser capaz de restabelecê-la, retomando, agora como autor, o fio do discurso em pauta. Cada parceiro da comunicação racional apenas reconhece o estatuto de aceitabilidade do discurso – ou de seu provisório estatuto de verdade – se pode considerar-se e, mais que isso, experimentar-se, em sentido prático, como seu autor. Pesam, sobretudo, argumentos poderosos o suficiente para generalizarem-se e obterem adesão consensual – ou tendencial e provisoriamente consensual – da comunidade de interlocutores mobilizada, e não o fascínio carismático de qualquer sujeito concreto, individual, capaz de seduzir retoricamente seus interlocutores, atraindo-os para uma identificação projetiva ou psicológica com o autor.

Portanto, só se pode, racionalmente, aceitar a veracidade de um discurso, vale dizer, de uma série articulada de proposições estruturadas em linguagem e visando a universalidade, caso seja possível tornar-se sujeito desse discurso, isto é, caso seja possível pensá-lo como seu autor, do ponto de vista estruturante do sujeito. Apenas sujeitos racionais, aptos a duvidar, desconfiar e criticar, credenciam-se a participar da comunidade de interlocução, sobre cuja rede repousa a débil arquitetura da ciência. Sob a teoria do conhecimento hobbesiana, está em gestação o projeto de uma sociedade de individualidades autônomas, críticas, insubordinadas a credos e comandos não mediados pela razão, uma sociedade ativamente devotada à polêmica, aos confrontos dialógicos e, nesse sentido – pelo menos em potencial –, radicalmente democrática.

O processo pode ser descrito com simplicidade: da razão, associada ao poder universalizante da linguagem – e também à sua dupla função mnemônica e comunicacional –, passa-se ao conhecimento científico; para definir as condições de verdade de uma proposição ou de um conjunto de enunciados científicos, ordenados como discurso. Hobbes propõe a demonstrabilidade como critério, fazendo-a depender da interlocução, necessariamente presente no ensino: será verdadeiro ou consensual o discurso que puder reportar-se a uma subjetividade vazia e puramente racional, apta a ser ocupada por qualquer sujeito empírico, sem que se alterem a ordem argumentativa e suas conclusões. Esse lugar vazio e formal é puramente racional: pode ser obtido por reconstrução analítica, exercício experimental ou dedução transcendental, correspondendo, sempre, à função de um sujeito universal, figura capaz de subsumir toda e qualquer realização particular das razões empiricamente atuantes. Na epistemologia hobbesiana, o foco da condição de verdade desloca-se das relações entre conhecimento e objeto, discurso e referente, linguagem e realidade, teoria e ontologia, para centrar-se no polo oposto, visando a relação entre sujeito e discurso e, por esse intermédio, a relação intersubjetiva, contraface da relação social ou da sociabilidade. No universo conceitual hobbesiano, a paz, condição da ordem social, depende de comunicação humana, a qual, por sua vez, depende da possibilidade virtual ou ideal-reguladora do consenso (ou entendimento mútuo), para o qual é indispensável a estabilização semântica, cuja manifestação paroxística encontra-se no discurso científico – realização superior, vale acrescentar, da racionalidade. Por isso, a comunidade implicada pela ideia de interlocução racional como reversibilidade das posições-sujeito, comunidade caracterizada pela atualização de qualidades como autonomia e suspeita ou criticidade – mas também receptividade dialógica à argumentação e à crítica, sem o que não se põem as bases mínimas do consenso e, por consequência, da verdade –, constitui-se no modelo ideal de sociedade, sem cuja suposição não seria possível compreender a própria tese fundamental do *Leviatã*, o contrato. Tese fundamental para nossa tradição intelectual e política, ainda hoje viva e fértil.

A reversibilidade dos sujeitos particulares pela função sujeito de um discurso com pretensões universalistas engendra esse personagem metaconceitual, o sujeito universal, que se tornará, desde então, o principal protagonista de nossos debates políticos, éticos e culturais.

Contemporaneamente, o lugar intercambiável e reversível, que denominamos sujeito universal – responsável pela dilapidação das externalidades negativas entre subjetividades empíricas, vontades particulares, paixões ou inclinações, interesses ou estratégias contraditórias –, continua desempenhando seu papel de comutador. O sujeito universal é uma figura especulativa, de enorme pregnância cultural e presença política, que funciona como um dispositivo equivalente, no plano intersubjetivo, à moeda. Enquanto essa é a medida, a referência comum, a *ratio* determinante da comensurabilidade dos objetos, o dispositivo de comutação intersubjetivo é a razão, que reduz à unidade inteligível o múltiplo das razões empíricas (Simmel, 1982). Graças a essa redução, é possível estipular racionalmente princípios de justiça, nos termos da linguagem contratualista, que remetem sobretudo a Kant, Rousseau e Hobbes[37]. Uma das principais obras do pensamento político de extração liberal (ou social-democrata), à qual todas as demais teorias políticas contemporâneas

---

37 Cf. Soares, Luiz Eduardo – *A Invenção do Sujeito Universal; Hobbes e a política como experiência dramática do sentido* (Campinas: Editora da UNICAMP, 1995), e: "Antropologia e Moralidade sob o Signo da Crítica" *in Legalidade Libertária* (Rio de Janeiro: Lumen-Juris, 2006). Kant, I. - *Fundamentação da Metafísica dos Costumes* (São Paulo: Abril Cultural, 1980). Rousseau, J. J. -*Do Contrato Social* (São Paulo: Abril Cultural, 1973).

aludem explicitamente, é *A Theory of Justice*, de John Rawls[38]. O próprio autor reconhece que pretende estabelecer os princípios de justiça de um ponto de vista determinado, aquele que ele próprio adjetiva *sub specie aeternitatis* – ah-istórico, indiferente a contextos sociais particulares e não exposto ao desafio da relatividade cultural. A simples razão, kantianamente, desenha esse ponto de vista para produzir nosso velho e sempre renovado personagem conceitual, cego (nesse caso, pelo "véu da ignorância") para as diferenças empíricas que particularizariam, inviabilizando a plena circulação intersubjetiva pela função que ele, sujeito universal, inaugura. Por isso, todo e qualquer ser humano, desde que logre libertar-se, especulativamente – isto é, por exercício da razão –, de seus interesses, de suas paixões, de suas opiniões e, até mesmo, de sua identidade socialmente configurada, desde que siga essa receita da razão e realize essa ascese metódica, habilitar-se-á a experimentar a reversibilidade concebida por Hobbes, vale dizer, habilitar-se-á a tomar como sua a tarefa de definir princípios de justiça exatamente como se fosse, nesse momento, todo e qualquer um, de tal modo que a mesma função pudesse ser ocupada por qualquer outro sujeito empírico, sem que se alterasse o resultado do cálculo – para usar a expressão cara a Hobbes. Na linguagem conceitual de Rousseau, dir-se--ia: qualquer sujeito racional empírico habilita-se a definir princípios de justiça ou critérios de legitimidade, desde que assuma a perspectiva da "vontade geral" (Rousseau, 1973). Observe-se que, no espaço semântico constituído sob a égide do sujeito universalizado pela redução de seus atributos diferenciais (ou empíricos) à pura razão, toda alteridade é eclipsada: o outro é subsumido pelo dispositivo de comutação, ao menos naquilo que, desse outro, é espontaneidade racional. Diferenças são resíduos que resistem à confluência determinada pela redução universal, instauradora do ponto de vista *sub specie aeternitatis*.

Nosso século foi marcado pela emergência da alteridade; pelo retorno do recalcado; pela ocupação da cena cultural e política por parte dessa figura subversiva. É verdade que Hobbes, Rousseau e Kant, para ficar apenas com os heróis da modernidade europeia já referidos, lidaram com a questão da alteridade – que fere de morte o sujeito universal, na medida em que nasce como negação a seu pleito de validade. Fere de morte o "sujeito universal" na medida em que nasce como denúncia de sua inexorável origem particular, relativa e histórica. Kant, na terceira crítica; Rousseau, em seu veio romântico; Hobbes,

38 Rawls, J. – *A Theory of Justice* (Cambridge: The Belknap Press of Harvard University Press, 1973). Ver também, do mesmo autor: *Justice as Fairness*, edited by Erin Kelly (Cambridge: The Belknap Press of Harvard University Press, 2001)

reconhecendo que a razão é sempre una e certa, mas as razões dos homens, seja de que número de homens for, não constituirão jamais a certeza ou a garantia de verdade. Daí Hobbes deduz a necessidade inevitável, no limite, da arbitragem e, portanto, da transformação de soluções gerais substantivas em preceitos mínimos formais de procedimento. A própria imagem mítico-paradigmática do estado de natureza acentua a irredutibilidade das paixões, da pluralidade das razões, das diferenças, dos conflitos e da alteridade. Há outros momentos em que a figura idealizada do sujeito racional-universal é duramente problematizada na obra de Hobbes. Todavia, mesmo não sendo nova (o que foi o confronto dos diversos Romantismos com tradições oriundas do Esclarecimento?), a presença da alteridade como questão e desafio para o pensamento político ganha força inaudita no século XX e nessas primeiras décadas do século XXI. Afinal, esses são tempos da emergência histórico-política de vários "outros", vários atores coletivos rebeldes às categorias que tiveram origem excluindo-os ou para excluí-los: classes subalternas, minorias estigmatizadas, identidades étnicas, sociedades não-ocidentais, as mulheres etc. A abrupta entrada em cena dos que não foram convidados para o banquete do saber e da acumulação primitiva de capital refletiu-se, respeitadas as mediações, na filosofia, que vem sendo profunda e abundantemente marcada pelo tema da alteridade e da intersubjetividade. Em suma: a entrada em cena do "outro" põe em xeque a construção central do Esclarecimento, que aprendemos a confundir com o próprio projeto moderno. Vale acrescentar: refiro-me ao Outro externo e interno – este representado pelo inconsciente ou pelo descentramento da subjetividade imersa em linguagem.

Com sua celebrada acuidade, Hannah Arendt[39] pôs o dedo na ferida, assinalando que, de Parmênides a Hegel (até Rawls, eu acrescentaria), buscou-se construir um ponto de Arquimedes, externo ao mundo e independente de sua historicidade, um ponto de vista *sub specie aeternitatis*, a partir do qual fosse possível decidir entre valores, entre critérios de juízo da legitimidade de estruturas de poder e entre princípios de justiça. E concluía: agora, para nós que perdemos a inocência, vivendo as grandes rupturas representadas pelo nazifascismo e pelos genocídios, e vivendo – eu aduziria – o choque da diáspora dos valores e das razões (promovido seja por certa antropologia, seja pelos movimentos anticoloniais, entre outros), para nós não faz mais sentido a solução idealista: impõe-se buscar, no sublunar, no mundo empírico da razão múltipla

39 Arendt, Hannah – *Entre o passado e o futuro* (São Paulo: Perspectiva, 1979), e *A condição humana* (São Paulo: EDUSP/Forense Universitária, 1981).

e das paixões conflitantes, as referências para a justiça possível, a legitimidade possível e o projeto plausível de sociedade justa, igualitária e livre.[40]

São pelo menos dois os níveis mais sensíveis ao abalo provocado pela emergência da alteridade como questão relevante e fenômeno histórico-político: (1) o nível teórico, em que a circulação intersubjetiva idealizada tem de dar lugar à afirmação conceitual da diferença; da contingência dos pontos de vista orientadores de definições racionais quanto a critérios éticos, de legitimidade e justiça; e da pluralidade irredutível da razão humana, cujas construções, portanto, não autorizam antecipações de pretensão universal, mas, ao contrário, exigem o recurso a modelos dialógicos abertos ao confronto radical dos interlocutores, cuja comunicação é apenas uma hipótese e um projeto, a serem permanentemente testados e reconstruídos na prática interativa, em suas dimensões pragmática e micropolítica[41]; (2) o nível mítico-simbólico, estruturante dos horizontes de percepção e interpretação que caracterizam nossas tradições culturais. Examinemos esse nível com mais atenção, assinalando, desde já, que tencionamos pensá-lo como momento intrínseco e, portanto, indissociável do processo político.

Tanto quanto o contrato, a razão idealizada e sua contrapartida, o sujeito universal, cumpriram importante papel simbólico na história da cultura ocidental moderna, substituindo paradigmas míticos que foram progressivamente deslocados do centro da vida intelectual, desde a Reforma, a começar pela separação entre Igreja e Estado e a afirmação da legitimidade do experimentalismo da ciência.

O tríptico categorial (contrato, razão ideal e sujeito universal) forneceu um mito de origem alternativo à sociedade, abandonada à sua sorte pelo processo de laicização e deterioração do sentido unívoco e totalizante (de inspiração cosmológica) da experiência comum.

---

40 Hannah Arendt não diria isso, não exatamente. Fiel ao liberalismo e refratária ao socialismo com que me identifico, ela, provavelmente, se referiria ao totalitarismo e evitaria o adjetivo "igualitária".

41 Cf. De Man, Paul. The Resistance to theory (Mineápolis: University of Minnesota Press, 1989), e:
Soares Luiz Eduardo. "Hermenêutica e ciências humanas". In: Revista de Estudos Históricos 1. (Rio de Janeiro/São Paulo: CPDOC-FGV/Vértice, 1988).
__. "*Luz baixa sob neblina: relativismo, interpretação, antropologia*". Dados, 33(1). (Rio de Janeiro/2são Paulo: IUPERJ/V[ertice, 1990)
__. "Complexidade, Pluralismo e Transdisciplinaridade". In: Legalidade Libertária (Rio de Janeiro: Lumen-Juris, 2006).

Consenso, comunicabilidade desobstruída e transparência do mundo articulam a configuração arqueológica que se projeta, como orientação teleológica, prefigurando a moldura de uma escatologia moderna, da qual são derivados tipos ideais reguladores da prática e do juízo ético-político.

Portanto, a descontinuidade, representada pela irrupção dos elementos históricos que identificam a modernidade, é relativizada e refratada pela afirmação do contrato e das categorias conexas como formadores de um mito de origem alternativo à cosmogonia teológica: aspectos centrais desta (consenso, paz e conhecimento do mundo) são preservados naquele. Introduzindo características de continuidade no processo marcado por rupturas e, no mesmo movimento, adaptando antigos valores e expectativas às novas condições, a nova linguagem mitológica foi eficiente e apresentou longo e fecundo rendimento cultural e político, concorrendo para o desenvolvimento da transição e dotando de inteligibilidade, nos séculos subsequentes ao de sua primeira formulação nos termos do código moderno (na obra de Hobbes), a experiência da vida social – que se torna, assim, psicologicamente, mais tolerável e produtiva.

Se a emergência da alteridade e da dialogia põe em xeque as figuras-chave, não só da razão ético-política, mas também do imaginário coletivo, a crise que desencadeia tem todos os motivos para assumir foros de radicalidade inaudita – especialmente se combinada com determinantes de outras ordens. O pacto é o mito de origem da sociedade moderna, politicamente organizada como nação; o contrato é o substrato mitológico da identidade nacional laicizada – o qual, por isso mesmo, não descreve corretamente casos contemporâneos da maior relevância. Por outro lado, a equidade de seres racionais orientados por uma regularização ética universalista esteve sempre no princípio e como princípio nos projetos de justiça e liberdade, que nutriram, na fonte, as tradições socialistas. O pacto recua, aí, para outra esfera e reúne os seres humanos entre si, em sua comum humanidade; regula sobretudo o fim visado, isto é, orienta principalmente a formulação da utopia.

Postas a pique essas figuras da modernidade – contrato, razão transcendental e subjetividade universal (ou aquilo que Paul De Man [op.cit.] certa vez denominou “simetria substitutiva”, em uma memorável crítica a Bahktin e à ideologização do dialogismo e da hermenêutica neokantiana) –, tendem a ruir, como um castelo de cartas, as construções teóricas que lhes são vicárias e os paradigmas mítico-simbólicos que nelas encontram sua matriz. Claro que os ritmos são variáveis, até porque há inúmeras mediações bastante complexas e concretas a considerar.

Feitas as devidas ressalvas e com as reservas necessárias, pode-se concluir que identidades nacionais e suas sínteses institucionais, os Estados-Nação; que princípios universalistas de justiça, representados por sujeitos históricos determinados, como o Partido ou a Classe Operária; e que, enfim, projetos ético-políticos, inspirados em utopias univocamente estabelecidas, estão em risco. E mais: esforços reativos voltados para a recomposição do arsenal em chamas tendem a ser regressivos e dificilmente sustentáveis.

Para onde caminhamos e em que sentido é ainda possível retomar o fio originalmente libertário do enredo socialista? Essas, entre outras, são interrogações abertas e provocadoras, que nos animarão ainda por muito tempo. O que, sim, já é visível no horizonte, é que a política pode estar destinada a adquirir, em nosso contexto crítico, uma nova e insuspeitada dignidade: não se trataria mais de simplesmente negociar ou convencer em nome de princípios últimos que sustentam projetos representativos de interesses (estrutura de argumentação que, iniciando pela atribuição de legitimidade a valores e princípios gerais, termina atribuindo-a aos interesses e à sua implementação), mas de promover, pelo radical confronto com todos os desafios da alteridade e da dialogia, os pactos possíveis – inevitavelmente precários – em torno dos próprios critérios de legitimidade, celebrados com sujeitos porosos e abertos à redefinição. Que cenário isso implica, ainda é difícil saber, mas seu mérito pode vir a ser inversamente proporcional às ambições iluministas que ele expressa; o que o tornaria extremamente atraente.

Em sociedades pós-industriais – ou que, afirmando-se em desenvolvimento, buscam a modernidade que as redefinirá, em algum momento, provavelmente em termos análogos àqueles que definem, hoje, as sociedades capitalistas avançadas –, nas quais o trabalho e a inscrição na estrutura produtiva deixam de ser as principais fontes de identificação dos atores sociais e, portanto, dos projetos políticos, tendem a tornar-se centrais os recortes culturais dos grupos humanos, as solidariedades específicas, as atividades e os valores extraprodutivos. A nova dignidade política decorre exatamente do fato de que ela realiza o que, outrora, os marxistas costumavam chamar "ilusão idealista": é, em parte, a própria política – renovada em seu alcance e em sua circunscrição institucional, exercendo-se além do Estado-Nação – que inventa atores e interesses (ao propor, a determinados receptores, certa interpretação de sua identidade, do sentido de sua experiência e dos fins que ela pode ensejar), libertando-se parcialmente do constrangimento estrutural e atribuindo às próprias práticas dos agentes inaudito poder de reinvenção sociológica.

Em plena crise dos modelos culturais e ético-políticos que apoiam os projetos socialistas e liberais, categorias e realidades institucionais básicas para nosso modo de apreender os processos sociais em curso estão em xeque: do Estado-Nação à cidadania, enquanto identificação homogeneizante, que porta implicações superiores aos direitos que afirma. As sociedades reagem às disciplinas que coagem seu impulso criativo e diferenciador, gerando, pelos artifícios mais diversos, nichos particulares e, mais que isso, nichos singulares de experiências e simbolização da existência. A fragmentação é um movimento crescente, associado à revolução paradigmática em curso, na cultura e nas tradições mitológicas, ainda fundamentais para nós. A renovação das figuras-chave de nossa cultura política repõe, para nosso tempo, dilemas que a civilização ocidental conhece desde os ancestrais gregos: como é possível, ante a pluralidade empírica das razões e a multiplicidade irredutível de identidade e padrões axiológicos, recolocar a questão da justiça, da legitimidade do poder, da ética e da utopia social?

Quando nos reconhecemos responsáveis pelas decisões fundamentais a respeito dos critérios ético-políticos que regem a vida comum e qualificam a justiça da experiência societária; quando não nos resta senão a pluralidade irredutível de valores, desejos e interesses; quando o dilema básico da sociabilidade transfere-se do Olimpo – o domínio transcendental da razão pura – para o mundo real e sensível, onde não há fundamentos ou axiomas acima do diálogo humano, só nos resta apostar nos acordos tópicos, provisórios e precários. Quando o cenário assume características francamente incertas, somente um caminho construtivo permanece aberto: o diálogo, inclusive e sobretudo com os novos atores recém-introduzidos em nossa paisagem cotidiana. Abrirmo-nos ao diálogo verdadeiro, em que a escuta seja praticada com humildade e radicalidade, significa reviver o programa contratualista, ainda que lhe subtraindo o caráter idealista e o redefinindo. Diálogo que não pode ignorar a assimetria ditada pelo capitalismo e a divisão de classes.

Sai de cena a diluição do outro – arrogante, etnocêntrica e onipotente –, típica da simetria-substitutiva e do idealismo racionalista. Em seu lugar, ergue-se a arena para encontros imprevisíveis e arriscados entre individualidades que vivem a liberdade de seus respectivos projetos de autoinvenção, descobrindo-se crescentemente interdependentes e corresponsáveis, enquanto partes de um conjunto que os engloba e se autonomiza, contraditoriamente, na exata medida em que se ampliam os mecanismos de intercomunicação, controle e participação.

Considerando a formação moderna do indivíduo, esse personagem social e essa experiência de si que nasceu no universo simbólico, filosófico e jurídico-político que expusemos acima, enuncia-se a pergunta que deu origem à presente unidade: como o sujeito que perdoa conhece os eventos danosos, identifica autores, julga procedimentos e distribui culpas ou responsabilidades, no tribunal interno de sua consciência, que é sempre também um tribunal coletivo e público, mesmo que informal? De que modo o perdão corrobora o juízo subjetivo ou o questiona, abrindo brecha para que a própria individualidade seja posta em tela de juízo, ao lado da constelação de valores idealistas e autoritários, vinculados ao que se poderia denominar primeiro individualismo moderno?

Não há uma resposta única, nem garantias. As experiências do perdão são múltiplas e não devem ser idealizadas. Todavia, ao nível do modelo conceitual que o presente ensaio tem procurado elaborar, poder-se-ia ousar uma resposta simples e direta: para que um dia haja perdão, tal como se entende aqui, teriam de ser revogados – por quem perdoa – os protocolos do juízo, socialmente sancionados e fundamente radicados no imaginário coletivo (aludimos a uma sociedade individualista típica, que joga o jogo da expiação dos males pela terceirização de culpas e a criminalização – ou penalização – desenfreada, e que se move com a energia precipitada pelos esforços individuais voltados para evitar que responsabilidades por danos provocados por terceiros sejam compartilhados).

Quem perdoa, libertando-se da posição de vítima, não pode fazê-lo plenamente se não põe em dúvida a própria posição estrutural da vítima, que apenas alcança inteligibilidade quando se mostra parte de um sistema. Recusar ocupar a posição constitui o primeiro passo; recusar reconhecer a legitimidade cognitiva e psicológica, simbólica e ético-política da posição de vítima corresponde ao segundo passo; compreender que a posição-vítima é um dispositivo de subjetivação e assujeitamento representa o terceiro e decisivo passo na direção da emancipação e da assunção de um papel protagonista na reinvenção do próprio destino – o que envolve a admissão de que só se existe em sociedade.

Nada disso significa que a vítima deva relativizar o mal sofrido ou corresponsabilizar-se pela violência perpetrada por seu agressor. Sabemos a que esse raciocínio tem levado, sobretudo nos casos de violência de gênero. Mas a clara e necessária reprovação da violência, o nítido repúdio à produção de danos contra terceiros não devem impedir que avancemos (nós, os observadores, e também as vítimas) além dos atos em foco, até vislumbrarmos a longa cadeia de violência e vitimização que se estende e se desdobra, nas mais diversas dinâmicas sociais, sem que se lhes deem a atenção devida. Esse esforço não quer dizer cumplicidade, resignação, negligência ou passividade ante a violência sofrida. Em absoluto. Reitere-se: a violência perpetrada não pode, não deve ser relativizada por quaisquer ponderações, nem mesmo por considerações quanto aos próprios sofrimentos porventura vividos pelo perpetrador. Os atos violentos não se justificam mutuamente, nem se anulam. Mas o perdão é mais forte como audácia gratuita e reparadora, quando envolve o comprometimento, em algum nível, com a mudança das condições que tornam possíveis as práticas da violência e sua reprodução.

Esse movimento crítico que acompanha o perdão, quando vivido em plenitude, nem sempre se dá conscientemente, mas traz consigo um vasto conjunto de implicações. Eis por quê é razoável aludir a uma filosofia política do perdão.

Nesse ponto, já nos é permitida uma analogia: o sujeito que produz sua libertação da dor e da posição de vítima, que o reenvia à dor (moral e física), por intermédio de um deslocamento reflexivo (cognitivo-imaginativo) até a posição ideal (*sub specie aeternitatis*), de onde deduz mandamentos universais, com base nos quais julga seu algoz, dificilmente poderia conceder-lhe o perdão – porque seria intrinsecamente incongruente com a universalização das normas. Por outro lado, quem desce ao mundo e pisa o chão com os pés de todo homem, de toda mulher, pode, eventualmente, reconhecer-se singular, dispor-se a introduzir uma diferença na vida coletiva e em sua rotina subjetiva de infortúnios, abrindo-se para o convívio com a inconsistência e com o excesso. Quem desce ao mundo pode, eventualmente, fazer circular um dom – que a razão não determina, mas não desautoriza; talvez por não compreender.

REFERÊNCIAS BIBLIOGRÁFICAS

ARENDT, Hannah. **Entre o passado e o futuro.** São Paulo: Perspectiva, 1979.

________. **A Condição Humana.** São Paulo: EDUSP/Forense Universitária 1981.

AUERBACH, Yehudith. **The Role of Forgiveness in Reconciliation. In Yaacov Bar-Siman-Tov.** (Ed.). *From Conflict Resolution to Reconciliation.* New York: Oxford University Press, 2004.. Págs. 149-176.

BAKHTIN, Mikail. **Estética da Criação Verbal.** São Paulo: Martins Fontes, 1992.

BATAILLE, George. **La Part Maudite.** Paris, Les Éditions de Minuit, 2007.

__________. **La Experience Interieur.** Paris: Gallimard, 1943

__________. **La Litterature Et Le Mal.** Paris: Gallimard, 1957

__________. **L'Erotisme.** Paris: Les Éditions de Minuit, 1957

__________. **Théorie de la religion.** Paris: Gallimard, 1973.

BERLIN, Isaiah. **Estudos sobre a Humanidade; uma antologia de ensaios.** Henry Hard e Roger Hausheer (Ed). São Paulo: Companhia das Letras, 2002.

_______. **The Sense of Reality; studies in ideas and their history**. Nova York: Farrar, Straus and Giroux, 1997.

_______. **Vico e Herder.** In: *Quatro ensaios sobre a liberdade.* Brasília: Editora Universidade de Brasília, 1981.

CANETTI, Elias. **O Ofício do Poeta.** In *A Consciência das Palavras*. São Paulo: Companhia das Letras, 1990.

DE MAN, Paul. **The Resistance to theory**. Minneapolis: University of Minnesota Press, 1989.

DELEUZE, Gilles. **Différence et répétition.** Paris: PUF, 1968..

DERRIDA, Jacques. ***Acts of Religion.*** Edited and with an introduction by Gil Anidjar. Nova York: Routledge, 2002.

ELIAS, Norbert. **O processo civilizador.** Rio de Janeiro, Jorge Zahar, 1994..

FOUCAULT, Michel. **Surveiller et punir: naissance de la prison.** Paris: Gallimard, 1975.

___________. **L´Ordre du Discours**. Paris : Gallimard, 1971.

GADAMER, Hans-Georg. **Truth and Method.** New York: Crossroad, 1984.

__________. **The Relevance of the Beautiful.** Cambridge: Cambridge University Press, 1986.

BRANDÃO, Gildo Marçal. **A Esquerda Positiva, as Duas Almas do Partido Comunista – 1920/1964.** São Paulo: Hucitec, 1997.

GOLDMAN, Márcio. **Razão e Diferença. Afetividade, Racionalidade e Relativismo no Pensamento de Lévy-Bruhl.** Rio de Janeiro: Editora Grypho / Editora da UFRJ, 1994.

HABERMAS, Jurgen. **The Theory of Communicative Action**. Vol. I. Boston: Beacon Press, 1984.

____________. **Consciência Moral e Agir Comunicativo.** Rio de Janeiro: Tempo Brasileiro, 1989.

____________. **A Inclusão do Outro: estudos de teoria política.** São Paulo: edições Loyola, 2002.

____________. **Entre Naturalismo e Religião: estudos filosóficos.** Rio de Janeiro: Tempo Brasileiro, 2007.

HAGEN, Steve. **Buddhism is not what you think: finding freedom beyond beliefs.** San Francisco: Harper Collins Publishers, 2003.

HAMPTON, J. **Forgiveness, Resentment and Hatred**. In *Forgiveness and Mercy*, (eds). J.G. Murphy and J. Hampton, Cambridge: Cambridge University Press, 1988.

HOBBES, Thomas. **Leviatan.** Nova York: Washington Square Press, 1964.

ISER, Wolfgang. **The Implied Reader: patterns of communication in prose fiction from Bunyan to Beckett.** Baltimore & London: The Johns Hopkins University Press, 1990.

KANT, Immanuel. **Fundamentação da Metafísica dos Costumes**. São Paulo: Abril Cultural, 1980.

KRIPKE, Saul. **Wittgenstein on Rules and Private Language.** Cambridge: Harvard University Press, 1982.

LACAN, Jacques. **Écrits.** Paris: Seuil, 1966.

MAUSS, Marcel. **Ensaio sobre a dádiva. Forma e razão da troca nas sociedades arcaicas.** *In: Sociologia e Antropologia*. V. II. São Paulo : Edusp, 1974..

MONTEVILLE, J.V. **The Healing Function in Political Conflict Resolution.** In *Conflict Resolution Theory and Practice: Integration and Application*. D.J.D, 1993.

PERELMAN, Chaim. **Justice, Law, and Argument: essays on moral and legal reasoning.** Dordrecht, Boston, London: D. Reidel Publishing Company, 1980.

____________. **Ética e Direito.** São Paulo: Martins Fontes, 2002..

PERELMAN, Chaim e OLBRECHTS-TYTECA, Lucie. **Tratado da Argumentação: a Nova Retórica.** São Paulo: Martins Fontes, 1996.

RAWLS, John. **A Theory of Justice.** Cambridge: The Belknap Press of Harvard University Press, 1973.

__________. **Justice as Fairness.** Erin Kelly (Ed). Cambridge: The Belknap Press of Harvard University Press, 2001.

RORTY, Richard.. **Objectivity, Relativism, and Truth: Philosophical Papers**. vol. I. Cambridge: Cambridge University Press, 1991.

_______. **Essays on Heidegger and Others: Philosophical Papers**. Vol. II. Cambridge: Cambridge University Press, 1991.

ROUSSEAU, Jean-Jacques. **Do Contrato Social.** São Paulo: Abril Cultural, 1973.

SANDOLE and H. van der Merve, págs. 112-127. Manchester: Manchester University Press.

SANTOS, Wanderley Guilherme. **Discurso sobre Objeto.** São Paulo: Companhia das Letras, 1990.

SARTRE, Jean Paul. ***L'Être et le Néant.*** Paris: Gallimard, 1943.

SIMMEL, Georg. **The Philosophy of Money**. Boston, Routledge & Kegan Paul, 1982.

SOARES, Luiz Eduardo. **A Crise do Contratualismo e o Colapso do Sujeito Universal.** In *Legalidade Libertária.* Lumen-Juris, 2006.

_________. **A Invenção do Sujeito Universal; Hobbes e a política como experiência dramática do sentido.** Campinas: Editora da UNICAMP, 1995.

_________. **Antropologia e Moralidade sob o Signo da Crítica**. In *Legalidade Libertária.* Rio de Janeiro: Lumen-Juris, 2006.

_________. **Hermenêutica e ciências humanas.** In: *Revista de Estudos Históricos* 1. Rio de Janeiro/São Paulo: CPDOC-FGV/Vértice, 1988.

_________. **Luz baixa sob neblina: relativismo, interpretação, antropologia.** *Dados,* 33(1). Rio de Janeiro/São Paulo: IUPERJ/Vértice, 1990.

_________. **Complexidade, Pluralismo e Transdisciplinaridade.** In: *Legalidade Libertária.* Rio de Janeiro: Lumen-Juris, 2006.

TAYLOR, Charles. **A Secular Age.** Cambridge: The Belknap Press of Harvard University Press, 2007.

TUTU, Desmond. **No Future Without Forgiveness.** New York: Doubleday, 1999.

VATTIMO, Gianni. **Dopo la Cristianità.** Roma: Garzanti Libri, 2002.

VIVEIROS de Castro, Eduardo. **Araweté: os deuses canibais.** Rio de Janeiro: Jorge Zahar, 1995.

________________. ***A Inconstância da Alma Selvagem.*** São Paulo: Cosac & Naify, 2002.